アーカイブズの構造認識と編成記述

国文学研究資料館 編

思文閣出版

アーカイブズの構造認識と編成記述◆目次

アーカイブズの構造認識と編成記述

序　論――本書刊行のねらい――

大友一雄

人類が社会的な営みのなかで生み出した文書量は厖大である。高度情報化社会といわれる現在においては、磁気媒体の文書（情報）が爆発的に発生する。これらの文書を個人や組織の権利や、創造的な活動を支える情報資源として活用するアーカイブズの仕組みの必要性がさまざまに主張される。また、震災からの復興をはじめ、実感できる地域文化の創造には住民との協働が必須となる状況であるが、これは文書の保存や平等な公開が実現してはじめてなし得ることであり、記録類のアーカイブズ化は、現在、そして未来の社会を切り開くために、また社会の透明性・平等性などを実現するために不可欠といえる。

このための学問であるアーカイブズ学は、文書の保存・公開を実現するための、理論・システム研究と具体的な取り扱い（実技）を中核とする学問であり、諸学のための基礎学として位置づけ得るものである。言い換えれば、文書の発生から保存（廃棄を含め）にいたる全過程を利活用も含めた分析を通じて、モノ・情報の両面で管理・コントロールする方法・技術についての研究ということになるが、基本となるのはアーカイブズ資源をその出所（発生母体）との関連で具体的に示すための分析である。

従来、この取り組みは、アーカイブズ資源の構造的把握の問題として捉えられ[(1)]、出所の組織体構造と対応させた構造的把握を基本としてきたが、近年では、組織体構造とともに出所の機能に注目してアーカイブズ資源の全体像を提示することの可能性に関する議論も見られる。もちろん、個々の文書は特定の組織（部局）・個人のもとで発生するわけであり、作成部局情報を軽んじて、機能情報のみで構造化するということではない。アーカイブズの全体像をいかに提示するか、まさにこの問題に関わって、機能による編成の可能性が提案されているといえる。

とまれ、この構造的把握の問題は、個々のアーカイブズごとに欠かせぬことであり、その蓄積が普遍的な理論を生み出す。本書『アーカイブズの構造認識と編成記述』での取り組みは、個々のアーカイブズの分析と、その理論・動向とをつなごうとする試みであり、構造認識を前提に、編成記述に関する新たな展開のための可能性を探ったものである。

このため検討は、二〇一〇年度に三年計画で開始された国文学研究資料館による共同研究（基幹研究）「近世地域アーカイブズの構造と特質」において行なわれた。収録論文に近世関係のものが多いのは、共同研究のテーマ設定と関連する。また、近世以外の論文を配置した理由は、アーカイブズの構造を適切に捉えるには、時代を超えた研究や理論、その動向に関連する検討が必要と考えたことによる。

研究活動を通じての大方の課題認識は、①編成記述の必要性や意義についてはすでに研究成果が存在するが、構造分析の理論、編成記述の実現に関する研究・報告が充分とはいえない、②組織体構造を踏まえて編成記述を行なう方法では、組織の改編などの変化が頻繁になると編成記述の実現が不可能となる、③こうした場合を含め、組織体の構造分析の成果をそのまま反映させると編成記述が煩雑になり、ときに利用者にも使いにくいものとなる、などであった。

なお、①などにかかわっては、社会の情報化の進展により、記録管理の段階からメタ・データを整備し、その情報を活用したアーカイブズ管理の可能性もあり、構造分析や編成記述の方法が今後大きく変化するとの指摘もあった。重要な問題であるが、現段階では、そのような一体的な情報利用が実現していないこと、実現後であってもアーカイブズ管理に構造的な理解が不可欠であることに変化はないと判断された。今回は、とくに②③についてさまざまな形で議論を展開することができた。一つの回答を得たということではないが、議論を深化させるための土台を形成することができたと考えている。それは、①のような状況への対応ということにもなる。

以上のような判断から本書では、出所の組織や機能も曖昧で、いうならばゼロから分析を要する文書群を多くその対象として、構造分析、編成記述の手続きも含めより具体的な議論を試みた。また、近世・近代から今日に連続するような地域文書群、現代の個人文書など多様な文書群をとりあげ、議論の深化を試みた。いわゆる組織体文書については、自治体・大学などを分析対象として組み込んだが、その場合も、その構造をどのように捉えうるか、そのような問題に注目して議論を組み立てた。

以上の課題認識から本書の構成は、第一編「アーカイブズの編成記述――理論と動向」、第二編「アーカイブズの構造認識と編成記述論」、第三編「近世の記録管理とアーカイブズ」とした。

＊　　＊　　＊

第一編「アーカイブズの編成記述――理論と動向」は、研究・動向の整理、課題の析出などと同時に編成記述のうえで前提となる構造分析について理論的な整理を試みた。近年日本においても適用が議論されるシリーズ・システムについても、その仕組みの特性について成立背景なども含めて紹介した。

太田富康「アーカイブズ機関における編成記述の動向と課題――都道府県文書館の目録と検索システムの状況から――」は、主として近年刊行されたアーカイブズに関する目録およびｗｅｂ上の検索システムを通して、わが国における編成記述の実態と動向を概観し、そこから課題を析出する。国際標準などの問題についても言及するが、とくに編成記述を文書館活動全体のなかで位置づけ、アーカイブズ・コントロールを視野に入れて論じた点に大きな特徴がある。

アーカイブズの構造分析のための理論的整理を目的とした柴田知彰「アーカイブズの内的秩序構成理論と構造

分析の課題」は、構造分析の前提として理論面での整理を行ない、これまでの関連研究が編成方法や個別実践例の議論に偏重し、中心核となる内的秩序の構成理論に関して演繹的な考察を欠いていたと分析し、時空世界の概念を用いて理論の再検討を試みた。そしてアーカイブズの内的秩序を、個人および団体が時空座標上に展開した諸機能の秩序である「連続性」と「組織性」を反映したものと定義し、編成記述におけるシリーズ論を前者、階層構造論を後者の表現方法と位置づけた。その上で、個別実践で多様な文書群を整理する際、いかなる編成方法を選択しても生じる構造分析上の課題について、数式の形を借りた理論モデルを元に考察する。

森本祥子「アーカイブズ編成・記述の原則再考――シリーズ・システムの理解から――」は、オーストラリアから起こり、近年日本においてもとりあげられつつあるシリーズ・システムの発生・適応性について紹介し、その可能性について検討する。森本は、シリーズ・システムが出所原則と原秩序尊重の原則のひとつの実現方法であると理解し、編成・記述論にとどまらず、理想的なレコードの作成からアーカイブズまでの全体を包含するレコードキーピングの実現につながる可能性を展望する。本システムの可能性をどのように考えるかは、今後の動向などを交えた我々自身の取り組みに関わると判断されるが、森本が触れるように、その対象がどのような文書群の場合により適合的であるのか、その点への留意も必要となる。

以上のように第一編では、アーカイブズの構造分析、編成記述について、これまでの動向を整理するとともに、理論的整理を試み、課題の共有に努めるとともに、新たな動きについて紹介した。これらは第二・三編での議論のための準備としての意味もある。

＊　＊　＊

第二編「アーカイブズの構造認識と編成記述論」は、構造分析を踏まえて、編成記述をどのように実現できるのか、その実践にかかわり、問題の析出と対応について、具体的な事例をあげて検討した。ケース・スタディとなることも意識したものである。

編成記述の成果は、保存管理やデータベース検索システムの実現に直結し、アーカイブズ諸活動にとって極めて重要な情報となる。分析は記録管理・伝来・文書群構造・物理的状態などの諸情報を集約する方法で進められるが、成果を誰もがわかりやすく示すには、その考え方・方法が問われることになる。なお、本書がタイトルにおいて「構造」ではなく「構造認識」を採用した理由は、提示するあり方を加味して示すもの（「構造認識」）と、「構造」そのものとを、区別することが必要と判断したことによる。

渡辺浩一「日本近世・近代在地記録史料群の階層構造分析方法について」は、編成記述原則の諸動向と、関連の議論を踏まえながら、具体的な適用について検討し、その可能性について提案する。いくつかの事例をとりあげるが、各記録史料群の特徴によって、実際の場面での対応を異にするという指摘は重要である。具体的には、サブ・フォンド（内部組織）として認識されるべき記述単位と、シリーズ（機能）として認識されるべき記述単位が併存するという、柔軟な階層構造分析の方法などが指摘されるが、それが実践の積み重ねのなかでの指摘であることに我々は注意すべきであろう。

西村慎太郎「商家文書の史料群構造分析――松代八田家文書を事例に――」は、前近代の信濃国松代の商家八田家の史料群の全体構造を示し、構造分析の取り組みをケース・スタディとして提示する。商法・会社法が存在しないなかでの商業活動がどのように実現されていたのか、領主や同族的な関係をはじめ、同業的な連携や奉公人などによる別家の創設など具体的な展開の確認が重要となる。西村論文は、商売と家政の未分離、内方が店方を統括する組織的な構造を踏まえて具体的な編成方法について論点を整理する。また、商家は商いを拡大させるなかで藩御用などに多くかかわり、儲けを地主経営などへ出資するなど経営の多角化も認められ、関連の文書を蓄積させる。それらも予想した構造分析の必要性を指摘し、商家文書ということでは、逸脱の感もあるが、藩の産物会所なども含めた議論を試みている。商家が発生させる文書群を考えるうえで一つのモデルとなることが期待される。

また、前近代の村・地域の文書群構造についての言及から目録編成を論じたのが、工藤航平「名主家文書における文書認識と目録編成――分散管理と情報共有の視点から――」である。近世の村数は、幕末・明治初年の状況を示す「旧高旧領取調帳」から七万余以上であることが明らかである（明治二二年施行の市制・町村制の施行で一万五〇〇〇余）。そのため地域運営では広域的な問題処理にかかわってさまざまな組合が設置され、村役人文書は「村文書」と「組合文書」で構成されることになった。工藤論文は、従来、充分に言及されていない「組合文書」の重要性を歴史学の動向も念頭に自覚的に析出し、組合文書の管理・形成を踏まえる形で村役人文書の構造を示し、文書目録の編成記述に言及した点が特徴である。こうしたケースは、多くの村役人文書に共通するため、今後の構造認識に関わり一つのモデル的な作業になるものと判断される。

近現代では、前近代に家に付いていた役所的機能、会社的機能が分離し、それぞれ独自の団体となり、活動施設も別個のものとなった。文書も基本的にそれぞれの施設に蓄積された。行政・司法・立法の三権が分離確立するなど、社会的な仕組みの変化も起こる。こうした変化にかかわる研究では、地域の行政機関に関する研究がみられるが、会社組織の成立など他の分野での具体的な研究が少ない。

本書では、近現代の個人文書にも注目した。前近代には家に包摂され、職業的選択も大きく制約された個人が自立性を獲得することで、文書群の構成はそれまでとは大きく異なることになった。加藤聖文「近現代個人文書の特性と編成記述――可変的なシリーズ設定のあり方――」は、個人が社会と関係するなかで蓄積した文書群に、本人が帰属した組織にかかわる文書、個人の日記、覚書、写真など多様な性格・内容の文書が包含されることを確認したうえで、それらをいかに編成記述するか、国際的な記述動向なども視野に利用提供における実用性という観点から、編成記述のあり方を提案する。

また、現代の組織体文書の事例として大学アーカイブズをとりあげ、構造分析の方法を紹介することを試みた。清水善仁「組織体の機能構造とアーカイブズ編成――大学アーカイブズを中心に――」は、大学アーカイブズでの経験から、大学の文書管理規程に示された文書分類表に注目した。構造分析の作業では、さまざまな分析ツールの発見・作成が必要になる。組織表、組織歴、役職職員録などもその一つであるが、清水は文書分類表が大学機能を説明するうえで有効な存在と捉えた。もちろん、清水自身もこの存在を十全なものとは考えているわけではなく、組織構造的な記述が求められることを承知する。そうしたなかでの可能性として提案された点が特徴である。

＊　＊　＊

第三編「近世の記録管理とアーカイブズ」は、組織・機能の構造分析、編成記述の実現にかかわり、文書群または個々の文書をいかに理解すべきか、発生母体の性格・活動、記録管理、文書認識、料紙使いなどの観点から検討したものである。これらは、文書群個々の特性に応じて取り込むべき課題といえるが、ここでは上記の問題に関わり、とくに作業が必要となる近世のアーカイブズを事例に検討を試みた。

大友一雄「転封にみる領知支配と記録――編成記述のための歴史学的アプローチの可能性――」は、近年検討が進みつつある大名文書を対象に伝存状態と構造認識について検討する。大名文書の認識では、笠谷和比古が大名にかかわる文書群を、「藩侯の文書（家伝の文書）」と、「藩庁の文書」に二分できることを指摘した(2)が、これらは、廃藩置県・版籍奉還・府県統合などの一連の政策の影響を強く受けた「藩庁の文書」を前提にしていないか、また、「藩侯の文書」も「家」の論理を大きく後退させ、まさに崩壊のなかで作りあげられた「藩侯の文書」ではないか。大友は、同時代の文書管理に着目することで、この二類型の考え方の深化をはかることを試みる。

また、その追究が藩・大名の基本的な性格にかかわる問題と連動すると考え、転封の実行過程に注目し、大名の文書の全体的な理解についても言及する。

文書理解のうえで同時代の記録管理の仕組みと、文書認識が重要となることは間違いないが、それらに直接取り組んだのが、商家文書を対象とした西向宏介「近世の商家と記録管理」である。ここで西向が用いる「記録管理」はレコード・マネージメント(3)の意であり、発生母体自体が文書類を組織活動にいかに利用(利活用・保存)したのか、文書の利用管理の実態が追究される。西向は経済的なリスクに常にさらされる商家が、そのリスク回避に関連して、記録管理の合理化と、情報の集約化を実現し、証拠機能も確保した商業帳簿類を生み出したこと、それは私文書類のなかで、もっとも機能が高度化した存在であるとする。この解明は、近世における文書システムの到達点を示すものともいえる。また、さまざまな文書群に含まれる商取引などを理解するうえでも重要となる。

以上のような当時の仕組みの問題と同時に重要となるのが、長期にわたりそれを保存しようとする人々の認識である。蓄積される文書を人々は、どのように捉えたのであろうか。山﨑一郎「萩藩士家における「御判物・御証文」の保存と管理」は、まさにこの問題を、藩士家の「御判物・御証文」類を事例に検討を試みたものである。その保存認識やそれを反映する保管形態は、文書群の伝来を規定する。家文書全体のなかでの位置づけをどうすべきか、それらを考えるための基礎研究である。

東昇「近世石清水八幡宮の神人文書と文書認識——分散管理と情報共有の視点から——」も、同様に当時の文書認識から生み出された独自な利用・管理体制を、石清水領の「神人」文書を通じて解明する。将軍発給文書が独自の神人制度を作りあげたということもできるが、それを創造したのは身分集団の神人であり、「身分」獲得にかかわり独自な文書管理を実現させたのであった。すなわち、関係の文書は、神人の家々に保存されたが、集団によって管理される文書群としての性格を有していた。共同管理という現象面で捉えるならば、工藤が扱った組合文書なども関連する。身分集団の証となる機能（仕組み）を集団みずからが文書を利用して作りあげた点についても地域の主体的な情報共有活動という点では共通する。独自な管理形態であるが故に普遍的な議論を可能とする報告になっている。

また、構造分析・編成記述では、以上のような問題にとどまらず、モノとしての文書への注目が重要となることはいうまでもない。青木睦「近世アーカイブズの紙質調査と組織体の料紙」は近世アーカイブズの料紙研究に関わり、紙質調査方法と料紙利用の一端を紹介する。古代・中世文書では料紙研究の進展が著しいが、近世文書での可能性についてはさらに検討が必要である。全国的な料紙に関する研究を積み重ねることが必要となっている。

（1）　アーカイブズ（記録史料）の階層構造の分析については、安藤正人『記録史料学と現代』（吉川弘文館、一九九八年）、国文学研究資料館史料館編『アーカイブズの科学』（柏書房、二〇〇三年）がある。アーカイバル・コントロールの概念については、青山英幸『記録から記録史料へ――アーカイバル・コントロール論序説――』（岩田書院、二〇〇二年）を参照されたい。また、比較的近年の成果には、国文学研究資料館アーカイブズ研究系の共同研究による成果『アーカイブズ情報の共有化に向けて』（岩田書院、二〇一〇年）がある。さらに国際的標準類の一部については、アーカイブズ・インフォメーション研究会編訳『記録史料記述の国際標準』（北海道大学図書刊行会、二〇〇一年）などがある。

（2）　笠谷和比古『近世武家文書の研究』（法政大学出版局、一九九八年）第一章「現存する近世武家文書の所在と概要」、第四章「近世武家文書の存在構造」を参照されたい。

（3）　レコード・マネージメントについては、ウィリアム・ベネドン（作山宗久訳）『記録管理システム』（勁草書房、一九八八年）を参照されたい。

第一編

アーカイブズの編成記述——理論と動向

アーカイブズ機関における編成記述の動向と課題
――都道府県文書館の目録と検索システムの状況から――

太田富康

目的と分析対象

本書のベースとなった基幹研究「近世地域アーカイブズの構造と特質」では、その開催にあたって次の三つの目的が掲げられた。

一、史料群を発生させた組織体における作成、管理・保存、利用・廃棄のシステムの歴史的究明
二、組織の構造・機能との関連で史料群の全体像を追究する
三、これらの情報をいかに整理記述し、モノそのものをコントロールすべきかの検討

このうち、課題一、二は研究テーマ名を直接反映するものであり、本書では第二編、第三編において、さまざまな組織体を実例として直接に応えている。これに対し、課題三に応えるのが第一編であり、本稿もその一助となることを目指すものである。「実務の学」であるアーカイブズ学は、各組織体における記録管理システムや資料群の全体像が究明されたとしても、それにとどまるものではない。利用者に対して、その究明の結果を有効に伝え、効果的な利用を成立させねば一連の調査研究が完結したとはいえない。それは論文という形でもなされようが、資料群の編成記述という、もう一段階の検討・究明を経て、検索システムという形で直接的に提供されて

そのものであり、一資料群に対する検討究明は、これによってひとまずの完結といえる。(1) その「もう一段階」が「いかに整理記述し、モノそのものをコントロールすべきか」という三つめの課題である。

本稿は、この課題に対して、主として近年刊行されている目録およびweb上の検索システムをとおして、編成記述のわが国における実態と動向を概観し、そこから課題に対する手掛かりを考えようとするものであり、その対象を、都道府県立の文書館・公文書館など(以下「文書館」で総称する)に設定した。

アーカイブズの所蔵状況には、組織内に閉ざされ、限定された利用しか認められないものもある。しかしながら、それはアーカイブズ学が検討の対象とすべき、本来的なアーカイブズのあり方ではないし、方法でもないであろう。文書館は、社会一般のさまざまな組織に設置されるものであり、市民一般が使いえるものとして考えるべきである。編成記述の方法も、そのような管理や利用のあり方に応えるものとして考えられる必要があろう。具体的には、次のような要素を備えた目録やDB(データベース)検索システムに反映される編成記述となる。

まず、日常的な閲覧提供がなされており、そのために使われるものであること。自治体史編さん事業や文化財保護事業において出版される報告書としての目録、あるいは、科研費などによる調査研究成果としての目録や報告書には、個人などの所蔵で一般には利用提供していない資料群のものも少なくないが、そうではなく、利用請求があればすぐに出納が行われるような利用のための編成記述である。

次に、その作成がルーティンの事業として行われることがあげられる。特定研究プロジェクトとして、特別に編成された調査研究グループにより数年をかけて行われるものではなく、人事異動はあるにせよ、一定の組織成員が毎年度あるいは何年度かごとの定期的事業として作成していくものを想定して考える必要がある。よって、その編成記述者は一定の専門性を備えたアーキビストであったとしても、必ずしも当該資料群の時代範囲や組織活動分野に専科した専門性は有さないことになる。

一方の利用者も、特定分野の研究者ではなく、より一般的・広範囲な層を対象として考える必要がある。もちろん、たとえば本書が主たる対象とする近世アーカイブズを例にとれば、ある程度近世の社会や制度などへの理解や知識、「くずし字」に対するリテラシーなどを獲得しなければ、結局のところ利用が困難であることから、一般的・広範囲な層を対象とすることへの疑問は想定されるところではある。しかし、そのリテラシーを獲得しようとする層も目録を繰る。大学学部の学生、古文書の解読を学習する熟年層、教材化を図る教員、まちづくりのアイデンティティをさぐる地域住民。所蔵者や地域への説明・還元も考えねばならないだろう。アーカイブズは誰が必要とし、誰が使うべきものなのか、誰に使ってもらいたいのか。アーカイブズを使うことによってなにを求めているのかが、その答えとなる。個々の資料の読解に一定の学習が必要だとしても、それらの資料にたどりつくために、編成は理解しやすいものである必要があり、それらの資料を理解するために記述は有効な手助けとなる必要がある。

最後の要素として、標準性・汎用性があげられる。複数の資料群を有する文書館では、目録も何冊にもおよぶシリーズを形成することになるので、それぞれの資料群のユニークさにだけ依拠するのではなく、一定度の共通性・標準性をもたせることになる。その標準性が一機関内にとどまる問題ではないことは、同一出所文書の複数機関での分割・分散管理という現実を想起すると理解しやすいところであるが、同一出所でなくとも、一つの調査や研究を一機関だけで完結させせられるとは限らない。出所原則を尊重するアーカイブズは、一つのテーマに対して複数の資料群、複数の機関の利用を一般的とするからである。

以上のような諸要素が求められる設置主体として、わが国では都道府県文書館が条件をおおむね満たしていると考える。市町村などほかにも同様に条件を満たす機関はあるが、都道府県文書館の方が、母数に対して一定度の数的普及を果たしているとともに範囲限定も明瞭にしやすいこと、協議会などの連絡交流性をもつことによる研究・検討を経たうえでの類型性を有すること、わが国では比較的長い歴史を有し、検討対象となる目録蓄積があることなど、グループピングとしての条件も考慮した。

一方、分析にあたっての「ものさし」としては、編成記述の「いかに」に対する一つの「答え」としての国際的指標であるISAD(G)を参照した。(2)

ISAD(G)の目的には、次の四点が掲げられており、前述の要素とおおむね同じような位置に立っている。

(a)一貫して適切かつわかりやすい記述を保証する

(b)記録史料に関する情報の検索・交換の便宜を図る

(c)オーソリティ・データの共有化を可能にする

(d)種々の所蔵機関における記述を、ひとつの情報システムへ統合することを実現する

その一方で、資料群の構造を階層的に編成し記述するという方法およびその国際標準に対しては、その困難さが指摘されてきた。ISAD(G)は、組織性を基本とする編成のうえにたっての記述を前提とする。それゆえ、行政機関に代表される組織性の明確な資料群、現用文書のライフサイクルに連続した現代の組織アーカイブズであれば、すぐに編成記述にかかることができよう。しかし、多くの収集アーカイブズの場合、生成した組織の構造自体の解明からはじめる必要がある。(3)とくに組織がすでに存しない、あるいは資料群形成時の機能・活動をすでに有していないような場合、解明自体が当該組織の歴史的・制度的研究そのものとなってしまう困難さがあり、完全にはできない方が一般的となる。

さらに、その組織構造は固定したものではなく、時間を追って変化したものであることを前提に分析しなければならない。そのような不明要素を含んだままに、かつ、組織変化の連続性もあわせて再現・提示するという編成は可能であろうか。仮に両者ともに「適切に」できたとしても、それが「わかりやすい」「使いやすい」とも

限らないのである。

このように考えれば、本書が主たる対象とする近世アーカイブズはISAD(G) での編成記述に適さない、編成記述が困難な資料群ということになるだろう。近世アーカイブズは、伝来した家や地域での伝承などを参考とするものの、基本的には資料群そのものの調査分析から生成母体および資料群に関する情報を見出していくことになる。

そのためには、その資料群の生成された時代や社会、地域などに対する知識・理解が必要であり、関係する諸分野の研究にも通じている必要がある。その作業は、個々のアイテムと、それらがおかれている「現秩序」から読み解き、再構成していくことになる。

しかし、アーカイブズは、元来当事者間での情報伝達を目的としたもので、第三者、ましてや時代を隔てた者に理解できることを前提として書かれてはいない。近世アーカイブズでは、作成年月日が記されていない、作成者の位置づけを示すような肩書きがない、などは通常にあることであり、全文解読できたとしても内容が理解できるとは限らない。書札例や用紙にも注意を払わねばならず、また、長年月にわたる伝来過程における散逸や破損・断簡化・作成者が意図した「原秩序」の崩壊などにより、条件はさらに厳しくなっている。このような偶然性にも左右されて残されたもののみから、生成母体の組織性、資料群の構造を再現することは困難な作業であり、完璧な再現は不可能でもあろう。

さらに、再構築すべき組織性自体がもともと曖昧、あるいは、元来存在しないアーカイブズも少なくない。生成主体が「家」である時代・社会では、内部組織が未成立・未分化であり、公私の区別をつけようとすること自体がそぐわないことが多い。すべての活動と記録が当主に帰属し、それ以上の組織性はないというケースも少なくないであろう。そのような生成主体、資料群に対しても、何らかの階層性をもった構造により編成し記述することが求められる。そうして編成を構築したとしても、前述のようなアイテムの性格からは、いずれのサブ・フォンドあるいはシリーズに帰属させればいいか解明不能なものが出てくる。日記や書状などのように、多くの役職・生業・生活にまたがる記述がなされ、機能しているアイテムも存在する。

このように、近世アーカイブズをはじめとする多くの収集アーカイブズは、編成記述を行うにさいして、行政文書などの組織アーカイブズと同じ土俵に立つまでに多大な調査研究を必要とし、それぞれに異なる専門知識を必要とするものであり、そのうえでも、客観的な再現は不可能であるという性格をもつ。そうでありながら、そうであるからこそ、閲覧利用者は編成記述者以上に理解が困難となるため、良質な編成記述成果の提供が必要となる。その意味では、組織アーカイブズよりも丁寧な目録や検索システムが必要とされることが予想される。

一九八〇年代以来のアーカイブズ学提唱、そして九〇年代なかばのISAD(G)の紹介[4]などを経た現在、編成記述の総合的成果である目録やＤＢ検索システムはいかなる状況・動向を示しているのか。

一　都道府県文書館の目録刊行状況

二〇一三年十二月現在、文書館を設置している都道府県は三四である[5]。目録は段階的に整備されるべきものであり、いずれをもって当該機関の基本目録とするかの判断はむずかしいが、外部に広く配付されることにより検索の基本ツールとなっている印刷刊行目録を対象とした。また、印刷刊行ではなくｗｅｂを基本としている機関もあるので、これらも調査した。もちろん、印刷刊行の有無には予算などの外的要因が関係しており、編成記述が反映していても館内配架にとどまっている目録も想定されるが、分析対象とすることが困難なため除外した。

さて、これら機関の組織アーカイブズである行政文書（公文書）は、ライフサイクルにそって継続的に移管されてくる点に特徴のある資料群であるが、文書館のもっとも早い設立は昭和三十四年（一九五九）の山口県文書館であり、その後に作られた文書館の多くは一九八〇年代以降の設立であるため、明治から昭和戦前期（あるいは戦後の一定期まで）の文書は、開館時などの一括移管であることが一般的である。そのため、この一括移管分については、性格的に収集アーカイブズに近い要素があり、実際の各機関における管理、本書のテーマである編成記述にさいしても、それ以後の継続的移管分とは異なるあつかいがなされていることが少なくない。

ここでも、両者を区別して目録の刊行状況を瞥見してみると、明治〜昭和戦前期（一部の県では戦後一定期まで）文書の目録は、編成記述論としての議論・認識をいまだみない、早い段階に刊行を終えてしまっている例が少なくない。滋賀県（一九五九〜六七年、一九八三年）、福島県（一九六五年）、京都府（一九六七年、一九七三年）、埼玉県（一九六九年）、東京都（一九七四〜七八年）、山口県（一九七九年　ただし「仮目録」の位置づけ）などの簿冊単位の目録（簿冊目録）がそれにあたる。近年の刊行は秋田県（二〇〇四〜二〇一一年）などに限定されるが、新たな編成記述により二度目の刊行を行った東京都（二〇〇〇年）や山口県（一九九三〜二〇〇六年）の例もある。一方、これら一括移管年代以後の文書に対しても目録刊行を継続した機関は、次の六県に限定される。このうち、二〇一〇年以降の刊行は茨城一県にとどまる。

茨城県（最新刊行二〇一三年　昭和四十九年文書まで）、群馬県（最新刊行一九九九年　昭和三十年文書まで）、埼玉県（最新刊行一九九三年　昭和五十五年度完結文書まで）、新潟県（最新刊行二〇〇一年　平成十一年度移管文書まで）、長野県（最新刊行二〇〇一年　昭和四十五年文書まで）、岐阜県（最新刊行二〇〇九年　昭和五十七年度文書まで）

これらの簿冊目録に対し、簿冊に編綴されている一件ごとを単位とした目録（件名目録）となると、その刊行は北海道・群馬県・埼玉県・東京都・神奈川県などに限られる。対象も明治〜昭和戦前期文書の一部にとどまっている。たとえば、埼玉県ではいまだ未刊行分があるものの、一九九二年以降刊行されていない。二〇一〇年以後の刊行は群馬県・山口県のみである。(6)

このように、行政文書の目録は近年、大半の機関で刊行されていない状況にある。ことに、もっとも基本的かつ特徴的な存在である、定期的・継続的な移管文書の目録刊行はほとんどみられず、北海道・埼玉県・神奈川県・福井県・長野県・大阪府・沖縄県などでは、順次データベースに追加され、ｗｅｂ上のＤＢ検索システムによって利用に供しているほか、秋田県や宮城県ではエクセル・ファイルにより、また、千葉県ではＰＤＦファイルにより、昭和五十年代までの目録をｗｅｂ公開している。一方、愛知県や岡山県、徳島県などは、明治以来の文書も含めて開館当初から印刷目録を刊行せず、ＤＢ検索システムをメインのツールとして目録データの公開を進めている。二〇一一～一二年に新たに開館をみた島根・佐賀・福岡の三県も、ＤＢ検索システムやエクセル・ＰＤＦファイルのｗｅｂ公開によりスタートさせている。このような動向のなか、定期的移管文書に対しても階層構造を表示し、各レベルに記述をもつＤＢ検索システムを構築・運用している唯一の機関として沖縄県公文書館がある[7]。また、明治～昭和戦前期文書では山口県文書館も同様のシステムをもつ。

一方、古文書・私文書などの収集アーカイブズは、行政文書に比して多くの機関で刊行実績があり、行政文書目録を刊行していない栃木県・千葉県・岡山県・広島県・大分県でも継続的に刊行されている。また、近年も比較的多くの機関で刊行が継続されており、平成二十年以降の刊行は一六道県にのぼる（北海道・秋田県・福島県・茨城県・栃木県・群馬県・埼玉県・千葉県・富山県・長野県・岐阜県・和歌山県・岡山県・山口県・香川県・大分県）。収集アーカイブズを主たる収蔵対象としない館も少なくないことを考えれば高い比率といえる。

近年、いずれの機関も財政状況は厳しく、印刷刊行予算も縮小傾向にあることが推察される。また、ＩＣＴ（情報通信技術）の進展・普及により、データベースによる検索システムをはじめ、エクセルやＰＤＦファイルといった非印刷による目録提供など、選択肢が増えている。ｗｅｂ上で何らかのＤＢ検索システムを運用している館は二二館、目録を掲載している館は九館におよんでいる。公文書管理法（公文書等の管理に関する法律　平成二十一年法律第六六号）の制定などにより、行政文書への傾斜傾向が一層強まっていると思われる自治体の文書館であるが、組織アーカイブズではなく、収集アーカイブズに対して印刷予算を傾注している機関が多いという状況をみることができるのである。

二　編成記述論からの考察

次に、本書のテーマである編成記述論の観点から、この状況の意味するところを考えてみたい。

まず、行政文書目録の作成が少ないことに対してであるが、現用段階からのライフサイクルの流れにのり、毎年度定期的に移管されてくる文書は、その作成年代と移管年代が比較的近い。それゆえ、組織や事務分掌、あるいは、記録管理の制度・システムなども既知の事実であることが一般的となる。また、平成十一年（一九九九）の情報公開法（行政機関の保有する情報の公開に関する法律　平成十一年法律第四二号）制定以降、文書館でも移管後速やかな利用提供が求められるようになったことがある。

そこでは、組織変化の連続性を気にすることもなく、単年度ごとに現用段階の階層構造をそのまま利用することになる。それは、時間的制約による消極的な選択というものでもない。現用段階の文書管理における階層構造、たとえば、ファイリング・システムを採用していれば「知事部局」以下「個別フォルダー名」までのフォンドおよびシリーズ、ファイルにあたる階層は文書作成当初から設定されている。また、これらの名称をキーワードとした検索によっても、一定度の階層構造間の移動や年度をまたいでの移動・集積も可能である。現代の組織・事業・業務・用語であるから、多くの記述を必要としない。むしろ、文書館が新たな編成を加えることの方が、理解をむずかしくする可能性もある。

一方、記述に関しても文書館が新たに行うまでもなく、それに替わる行政刊行物などの既存のツールが存在する。編者による新たな叙述を用意するまでもなく、客観的なこれらの情報が、コンパクトで参照しやすい「記述」となっている。新たな記述を省力化する「ツール」の存在する現代の定期移管文書には、むしろ、コンテクスト情報の情報源を確保する合理性の方が優先されている。ここでのアーキビストの専門性は、編成記述を移管後から考えるのではなく、レコード・スケジュールにおけるファイル基準表などの編成や文書作成という段階から関与し、コンテクスト情報の情報源を制御し、保持することに注がれる。

こうして、新たな編成記述をほどこすことなく、毎年の移管文書のアイテム・レコードをデータに追加していくことでも対応は可能となる。むしろ、毎年新たな資料が加わる可変的な資料群には、可変性のあるDB検索システムの方が適しているともいえる。ICT活用の推奨・要求や、研究的利用よりも単体の文書捜索的利用が主である利用状況などもあいまって、目録刊行の減少、DB検索システムへの移行がうながされているといえる。

一方、古文書・私文書などの収集アーカイブズに対してもデータベースに搭載し、アイテム・レベルでの検索システムを提供している機関は少なくないし、編成記述をともなわない、整理番号順の目録をエクセルやPDFのファイルで提供している機関もある。しかし、前述のとおり印刷刊行目録に選択されている資料群は、行政文書（組織アーカイブズ）よりも、これらの収集アーカイブズの方が多い。これには、さまざまな要因があり一概にはいえないであろうが、段階的な目録作成・検索ツールの提供という観点からすると、自治体にとって印刷刊行という行為のもつ意味は大きく、改訂再版の可能性がないわけではないが、多くの場合恒久的に使われる「基本目録」、場合によっては、唯一の公開目録となる(8)。それゆえにこそ、資料分析のうえでの編成記述を施した目録が刊行の対象となるのであろう。

逆にいえば、編成記述なしには理解や利用が困難な資料群こそ、印刷刊行の対象にしたいということになろう。現代行政文書が、検索結果から得られる現用段階からのメタ・データをもとに、アイテム・レベルの検索システムだけでも、フォンドやシリーズをたどることが可能なのとは異なる。この違いが、編成記述措置が早期に求められるか否かの差異につながり、その結果が、印刷刊行目録の出版傾向として現れているといえるのだろう。編成記述が困難な資料群ほどそれが必要とされており、その表現形式として印刷刊行目録が選ばれている、という現状がうかがわれる。(9)

次に、その構成を通観するとき、(10)構造分析という考え方は相当に浸透していること、その一方で、その目録への反映には差があることがうかがわれる。(11)対象とされた資料群は、ほとんどが近世から近代に形成された家文書であるが、異なる出所が複合している場合は、サブ・フォンドで明確化させる方法がみられる。北海道の十文字家文書では、同家に混入する「千石家関係文書」を析出して「十文字家関係文書」とともにサブ・フォンドに位置づけており、岡山県の勝山藩家老九津見家資料では本家と分家の文書を明確化させている。また、香川県富井家文書のフォンドは現在の富井家所蔵文書であり、出所の異なる「富井家文書」と「大久保家文書」はサブ・フォンドとして明確に示されている。

出所の混在をみないそのほかの資料群でも、大きくは公的・社会的な役職と家政を二分し、さらに複数の役職などを析出する分析がなされ、編成に反映されている。しかし、その編成としての表現においては資料群ごとに固有の差異を示すことになる。大きな組織的区分としてサブ・フォンドで公職と家政を大別する例（茨城県岡崎家文書〈「藩政」「役職」および「岡崎家」〉、群馬県山田松雄家文書〈「近世議原村名主文書」と「山田家私的文書」〉、大分県森家文書〈「村政」と「家政」および作成・保管の経緯が不明な文書をまとめた「その他」〉など）、サブ・フォンドで複数の役職を家政と同列に編成する例（茨城県鈴木誠一郎家文書〈「村役人」「副戸長」「吉田用水組合」「上山川村会議員」「家」〉など）、近世・近代などの時代区分を組み合わせた例（岐阜県花村武史家文書〈「近世公文書」「近世私文書」「近代公文書」「近代私文書」〉など）というように。これは、資料群の質量的な特色や、各機関での目録一貫性などからの選択であろうし、統一されていなくとも「わかりやすさ」に差異はないと思われる[12]。

このようにみてくる限り、多くの都道府県文書館では資料群を形成した組織の構造・機能、それが反映された資料群の構造を分析・解明し、その成果を用いることによって表現・提示しようとしていることがわかる[13]。

三　近世アーカイブズ編成記述の課題

以上みてきたように、都道府県文書館が現在必要としている編成記述論は、組織アーカイブズと収集アーカイブズで異なる様相を示しており、それぞれの課題を抱えている。そのいずれもが、アーカイブズ学に要請されている重要な研究主題であるといえるが、本基幹研究が掲げた三つの課題は、とくに収集アーカイブズこそが必要としているものであることがわかる。近世アーカイブズに代表される、時代や社会そのものを異にするアーカイブズは、一般市民にとって難解な資料群であるからこそ、なおさらである。

しかし、その難解さは、組織の解明と資料群構造の分析、その結果の編成記述という作業にも同様にのしかかる。内部組織が未分化な家などのアーカイブズでは、組織と業務・機能が混雑しているため一層であり、それをサブ・フォンドとシリーズの関係のなかで階層的な編成に表現するにさいして混乱をきたす。それは、正確な構造分析を果たせばこと足りるものではなく、適切な記述とあわせ、「わかりやすさ」「使いやすさ」を備えた目録やDB検索システムに反映させる必要がある。さらに、それが個々の資料群で成立するだけではなく、ほかの資料群とあわせた利用のため、標準性・汎用性が求められる[14]。これらを研究ではなく日常の業務として、必ずしも当該資料群の分野や時代を専門とするとは限らない職員が担うことを前提に考えることになる。

本書の各論考は、いずれもこのような状況の改善に資することを目的とするが、本稿でも以下、目録などの現状をとおして若干の整理をしておきたい。

（1）　連続性と組織性の整合的表現

編成記述論の大きな課題として常に提起されてきたものの一つに、連続性と組織性の整合的表現の困難さがある。[15] この課題は、規模が大きく内部組織が複雑かつ明確な組織体でとくに顕在化する問題である。一方、収集アーカイブズ、ことに組織性が明瞭でなく、かつ、その生成・蓄積を終えている近世アーカイブズなどでは、比較的大きな問題としては意識されていない。連続性と組織性の整合的表現を意識するほど、組織とその連続性自体が解明されないことが前提にあろう。[16]

しかし、明治〜昭和戦前期の府県の歴史が八〇年程度であるのに比し、近世から近代にかけて社会的機能を果たし続けた家の歴史、資料群全体の蓄積年代域は一〇〇年、二〇〇年という長さになる。そのあいだに、明治維新などの大きな社会的変革を経ることから、組織や機能によるサブ・フォンドの上位に、近世・近代などの政治・社会的な時代・時期的区分を設定する、あるいは、時代と組織・機能などを組み合わせたサブ・フォンドを設定する（前掲岐阜県花村武史家文書など）などの方法が広くとられている。これは、各資料群の組織や機能による固有の時期区分ではなく、日本史や地方行政史の時代区分だが、多くの組織にとって影響をおよぼすものであるため、長期間にわたりすぎる資料年代域を区分する有効性を果たしている。

もちろん、このような選択は各資料群の量や質によることになる。点数の少ない資料群に対して、近世、近代、あるいはそれ以外の時期区分を一律に設定することは、同一シリーズの連続一覧性を遮断してしまい、「わかりやすさ」「使いやすさ」を逆に阻害するおそれもある。同様のことは、家業や文芸活動などを主とする家や個人の資料群で、近世・近代という時代変化がおよぼした影響よりも、家や個人の活動連続性の方が大きい場合にも該当するものである。

しかし、それよりも下位の階層において、ある一時点の内部組織や全機能を体系的に示すことは困難であり限界がある。そのため、同一階層に並列される組織や機能は、それぞれ異なる時期に発生し、廃止・消滅したものが混在することとなる。その存在年代域にはズレがあるものであり、同時期には存在しなかったものも並ぶことになるが、それぞれの年代的関係は各サブ・フォンドないしシリーズの記述要素である年代域で示すという方法がある。編成表現に拘泥することは、過重な分析作業を必要とする一方で、組織に偏重した編成となって連続一覧性を損なったり、不分明な資料の無理な編成におちいるなどのリスクを大きくする。ある一時点で同時に存在した組織や機能は、利用者が年代域記述からそれぞれの必要に応じて読みとる方が機能的であろう。

このように編成と記述の相互関係で考えれば、必要以上に編成上での時期区分・連続性を意識しない方がよいとの考え方が一般にとられているといえよう。

(2) 組織、機能の潜在性に対して

すでに述べたように収集アーカイブズに特徴的な困難性は、整合的な編成表現以前に、組織や機能が自明ではなく潜在している資料群に対し、調査研究のなかからその構造を解明していかねばならない点にある。それは、整理者にとって、未知の時代・未知の社会・未知の組織であればあるほど一層のものとなる。さらに、公私の区分が必ずしも明確ではなく、内的組織をもたない「家」などの組織では、その構造をサブ・フォンドなどの階層設定による編成で表現することに混乱が生じ、困難さをいや増しにする。[17] 内部組織の分化・成立がないまま当主が担った役職や家業などの活動にともなって生成・蓄積された記録は、いかに蓋然性の高い組織編成を設定しようとも、すべての記録を泰然と区分編成することはできない。複数のサブ・フォンドにまたがる資料、いずれのサブ・フォンドに帰すべきか不明な資料、元来サブ・フォンドになじまない資料などが存することになる。それ以前に、そのような資料の集合体から、組織性を明確に抽出すること自体が難易度の高い作業となろう。

ここで想起されるのは、類別部目制による行政文書目録の編成である。類別部目制は、明治〜昭和戦前期の多くの府県でとられた「部―類―目」などの階層による現用段階の管理分類基準である。組織と分掌事務の組み合わせによるものであるが、現実の組織改編に動かされることなく標準表にそって文書は編成される。組織性も含めてシリーズ化した、階層性を優先する管理である。たとえば、「埼玉県―内務部―庶務課―記録掛」などという組織上の階層が明瞭であるにもかかわらず、これを編成には用いず、府県というフォンドの下位階層に、サブ・フォンドなしで「部―類―目」というシリーズやサブ・シリーズがくる編成とみることができる。

これは、ドキュメントは各課単位に作成・管理されるが、レコード管理は府県庁全体として行うという考え方といえる。課や掛などの下位組織は業務・機能を遂行する必要上設けられているにすぎない単位と考え、それ自体が「組織」ではなく「機能（の集合体）」としてとらえることができるならば、アーカイブズの編成は現実に存した組織に拘泥する必要もなくなってくる。これは、組織構成の変動に対する現用段階からの対応ともいえる。

これを現用段階の原秩序として尊重すれば、アーカイブズにおける編成もこれにしたがうことが自然となる。アーカイブズ学の導入よりも早く編集された東京都や埼玉県の目録は、組織よりも部類というシリーズが前面に出た編成をとっている。また、類目別簿冊編纂をとっていた北海道庁の明治三十年代〜昭和十年代拓殖関係文書では、「類目―年次―類目番号順―件名目録」という、文書編纂類目を編成構成の軸とする類目別件名目録が作成されている。(18)

ここには、文書の作成から完結・編綴までのタイム・ラグ（時には一〇年以上におよぶ）を含めての、組織の時系列的変化を包み込む要素もある。サブ・フォンドに対応しうる明確な内部組織がありながらも、それを用いることを避けるこの方法は、ましてや、組織未分化の家文書などのサブ・フォンドに対し、無理に組織性を求める必要はないことを示唆する。もともと、組織はなく機能を組織に仮定しているのであれば、現実の組織・機能に則して、フォンドの直近下位階層に直接シリーズをおく戦前期府県の類別制度型の編成の方が自然であろう。

青山英幸氏は、ISAD(G)も、編成レベルモデルにサブ・フォンドなしで直接フォンドからシリーズへと編成されるパターンを示していることを紹介し、「団体の「業務遂行上の下部組織」が認められない家や個人のみならず、「下部組織」が認められる団体に対しても、「機能」に焦点をあてたアプローチがここに含まれており、機能的観点からのアプローチは上記の組織的観点からのアプローチと同等な位置を占めている」としている。(19) そこで、あらためてISAD(G)のサブ・フォンドとシリーズに対する定義をみてみたい。

【サブ・フォンド】相互に関連のあるまとまった記録をもつ下部フォンド。これは、作成組織または機関の業務遂行上の下部組織に対応して設定されるか、またはそれが不可能な場合は、資料自体の地理的区分、編年、機能、あるいは類似の分類によって設定される。［記録の］作成組織が複雑な階層構造をもつ時は、基本となる業務遂行単位の階層構造を反映するために、各サブグループは必要に応じてさらに下位のサブグループをもつ。

【シリーズ】ファイリング・システムに従って編成された記録。または、同一の蓄積やファイリングの過程で生じたり、同一の活動から生じたためにひとつの単位として管理される記録。または、特定の形態をもっていたり、記録が作成・収受・使用される際に生じたほかのなんらかの関係により、ひとつの単位として保持されている記録。シリーズはレコード・シリーズとも呼ばれる。

サブ・フォンドは「設定される」ものであり、その設定の根拠は組織に限定されてはいない。「機能」や「類似の分類」までを含む広範囲なものであることがわかる。この定義からすれば、下部組織が未分化、あるいは不分明な組織の資料群においては、仮定してまで「組織」にこだわる必要はないことをISAD(G)も想定していることがわかる。一方、シリーズは「ひとつの単位として管理される」または「保持されている記録」とされているが、近世アーカイブズの場合、管理する単位を定める記録管理の方式・制度も不分明であり、また、保持されている「現状」も意味のある単位をなしているか不分明であることが一般的といってもいい。

このような近世アーカイブズに対して、ISAD(G) の定義を厳密化させることに大きな意味はないであろう。「下部組織」は絶対的なものではなく、「地理的区分、編年、機能、あるいは類似の分類」という「設定」でもい い、という柔軟性を理解することこそが重要であろう。そして、異なる設定の基準や記録の単位などが、同一の階層で混交・混乱することを回避しつつ、「わかりやすさ」「使いやすさ」を優先させた、編成する側にとっても緩やかなものとして対した方がいいのではないか、と考えさせられるものである。

現実の組織構造が明瞭であってさえも編成に用いない、という類別部目制は、構造分析の結果をそのまま目録上の編成とする必要はないことも示唆する。解明された構造をもとにはするが編成は別ものであり、理解促進のための簡略化・簡明化も必要とされる。分析結果としての構造を編成という形ですべて表現・反映させようとすれば、全文書をいずれかに組み入れられるような完璧な体系が求められることになるが、それは非常に困難なことであり、仮に実現したとして利用者に理解できるものからは乖離していく可能性がある。前述した大分県の「その他（作成・保管の経緯が不明な文書）」に相当するサブ・フォンドは、「その他」「関連不明文書」などと他機関でもみられるが、むしろ積極的に設けられてもいいものではないだろうか[20]。

これは、典籍・版本・写本・編纂物・風説書などのあつかいにも共通する。これらの資料のうち、単一の機能に限定・特定しきれるものはきわめて限られるだろう。また、単一のシリーズとして管理・把握されていたという蓋然性もない。仮に特定できたとして、閲覧者の利用目的や利用形態を考えると、そこに編成されることが有効な種類の資料とはいえないであろう。千葉県有原家文書の「写真」「物資料」、長野県清水家文書の「書籍・雑誌・カタログ類」、和歌山県堀家文書の「板本・写本・摺り物」「錦絵」などのシリーズは、そのような意味合いから設定されたものと思われる。[21]

そのさい、注意したいのは、解明した情報まで埋もれさせてしまわないようにすることである。機能や目的の解明した典籍や編纂物なども少なからずあるであろうし、一部のアイテムから存在自体は確認できる組織や機能もあろう。それらの情報を編成に反映して表現することは困難であるし、実務的でないが、相当する階層での記述、あるいは、判明しただけの範囲でアイテムに注記して提供することは有効であるし、望まれることであろう。構造は編成だけで示されるものではなく、記述との組み合わせを積極的に考えていく必要がある。

以上のようにサブ・フォンドとシリーズを緩やかに考えたとき、求められるのは最上位と最下位の階層、すなわち、フォンドとアイテムの設定であり、その記述標準化であろう。[22] 同一出所文書がわかれて分割・分散管理されていた場合、中間の階層設定が同一となるとは限らない。むしろ、分割・分散は特定分野、特定機能によってのかたよった資料分布を示す可能性も高く、同一の階層設定とならない方が自然かもしれない。そのさいにも厳然として必ず存する階層がフォンド（資料群の複合的伝来や「収集文書」などの場合にはサブ・フォンドを含め）とアイテムである。よって、この両階層の記述方式こそは、同一出所文書の分散管理への対応、検索システムの汎用性・横断性、そして、「わかりやすさ」「使いやすさ」におよぶものとして、ISAD(G)、ISAAR(CPF) などを踏まえた標準化が重要となるであろう。

おわりに――研究およびモデル蓄積の必要性――

一九八〇年代以来、国際的な研究動向を受けながら、日本における編成記述論は進展をみてきた。そのなかで、国文学研究資料館は、その進展に寄与し、その成果を提示してきた。一九八八年刊行の『史料の整理と管理』においては、基本的な考え方についての普遍的な問題として「史料の整理と検索手段の作成」が論じられ、

第Ⅱ部「史料の特質と目録編成」では、史料認識にもとづいた各種の史料群の目録編成がとりあげられた。一五年後の二〇〇三年には『アーカイブズの科学』を刊行し、第Ⅳ部二編「アーカイバル・データの構築と提供」の諸論文によって、ISAD(G)・ISAAR(CPF)という国際標準や電子化動向を受けてのわが国における到達点と課題がまとめられた。そして二〇一〇年には、国際標準の改訂やシリーズ・システムの考え方などを受け、『アーカイブズ情報の共有化に向けて』、とくに第二部「アーカイブズ情報の概念と構造」がまとめられた。これらの成果からは、おおよそ一〇年ごとを隔てての理論的な進展と到達をみることができる。

しかし、近年の都道府県文書館における目録やDB検索システムの動向をみるとき、その理論的な進展が反映されているとはいえず、むしろ、現場が編成記述にかける比重は低下しているように思われる。そこにはさまざまな要因があり、一概にいえないが、一つには、近年の理論的な進展は冒頭に掲げた三つの課題でいえば、第三の「これらの情報をいかに整理記述し、モノそのものをコントロールすべきかの検討」に応ずるものであり、その前提としての第一、第二の課題、すなわち、組織体における記録管理システム、組織の構造・機能、そして資料群の全体像の究明という、資料群ごとの個々の課題克服が依然として困難であることがあろう。編成記述者たるアーキビストにとって、それが未知の時代や社会のものであればある程、潜在性の高いものとなり、構造分析を困難なものとする。前近代、あるいは近代、さらに現代においても、それぞれの時代と社会・制度、さらには意識や観念などに規定された組織・集団は限りない。最終的には、収集アーカイブズの編成記述の最大の困難さはここにあろう。それぞれの時代や分野の研究課題でもあるこれらの究明は、アーキビストとしての専門性だけで対処できるほど生やさしいものではない。

くり返しになるが、その構造は組織体、資料群ごとに異なる固有性を有するものであり、まったく同一の編成となる資料群はないのであろう。だからといって、まったくの白紙状態では分析にかかりようがない。そこに手を加え、修正をくり返して最終的な編成にたどりつくにしても、最初の段階で同類型の組織体における記録管理や構造分析の研究成果を有し、モデルともなる編成記述の先行研究を有しているか否かは、その作業と成果を大きく左右することになろう。『史料の整理と管理』第Ⅱ部「史料の特質と目録編成」では、大名家文書・商家文書・農家文書・コレクション史料という組織類型別に、史料的な特質と目録編成にかかわる問題が実務的にもとりあげられていた。比較的事例の多い名主・庄屋家文書のように、商家文書・藩政文書・旗本文書・各宗派寺院文書・神職家文書・小学校文書・用水組合文書・青年団文書・政治家の文書・経済人の文書など、多くの類型で多くの研究と実例が蓄積・提示されることがあらためて求められているのである。

本書第二編、第三編は、まさにこれに取り組んでいる。個々の機関に所属する個々のアーキビストだけではできない、歴史学をはじめとする多くの学問分野との学際的な共同研究による蓄積と提示こそが、アーカイブズ学の資源研究、認識論には求められるところであり、国文学研究資料館の共同研究への期待は大きい。

(1) 資料群の個別具体的な固有の体系を再構成する「編成」(arrangement)、その構造に対応した「記述」(description)に対し、「検索システム」は「記述された情報の表現様式や記述された要素がさまざまな角度から利用されるための方法」(finding aids; index)と定義される(青山英幸「記録史料」図書館情報学ハンドブック編集委員会編『図書館情報学ハンドブック第二版』丸善株式会社、一九九九年、五二七頁)。これに対応し、「編成論」「記述論」「検索システム論」という三分野が存在するが、実務的にはその連携によって資料群の構造やさまざまな情報が利用者に提示される。すなわち、冊子体やカードによる紙目録およびＤＢプログラムにより自動化されたシステム(以下「ＤＢ検索システム」という)などの「検索システム」が、構造分析から編成、記述の検討を経た成果を総合的かつ最終的に提示する具体的な姿である。そこでは、編成と記述は独立したものではなく、相互補完的な関係が十分に意識される。記述は編成を前提として、その情報量や内容、スタイルが定められる。論文として提示する場合とは異なるものとなろう。よって、本稿は編成記述を論ずるものであるが、その具体的な検討対象は目録やDB検索システムになる。

（2）ISAD(G) は、国際アーカイブズ評議会（International Council on Archives : ICA）記述標準特別委員会（Ad Hoc Commission on Descriptive Standards）が作成し、一九九四年に国際アーカイブズ評議会が承認した、アーカイブズ記述一般原則の国際標準であり、一九九九年に改訂第二版 ISAD(G) 2nd が採択された。ＩＣＡによる国際標準には、このほかに、「原則の声明」（一九九二年）、ISAAR(CPF)：「国際標準：団体、個人、家に関するアーカイブズ　オーソリティ・レコード」、同第二版などがある。これらの国際標準については、森本祥子「アーカイブズの編成と記述標準化――国際的動向を中心に――」（国文学研究資料館史料館編『アーカイブズの科学』下、柏書房、二〇〇三年）、青山英幸「国際標準（ISAD(G) 2nd/ISAAR(CPF) 2nd/ISDF）による組織構造体と機能構造体としてのフォンドの統一的把握――アーカイブズ・レコード・マネジメントにおけるアーカイバル・コントロール構築のために――」（国文学研究資料館編『アーカイブズ情報の共有化に向けて』岩田書院、二〇一〇年）参照。また、ISAD(G) 第一版は、アーカイブズ・インフォメーション研究会編訳『記録史料記述の国際標準』（北海道大学図書刊行会、二〇〇一年）に全文訳が収録されている。本稿の引用も同書によった。

（3）「組織アーカイブズ」「収集アーカイブズ」は、それぞれ “institutional archives” と “collecting archives” の訳語で、この二つの類型をアメリカ・アーキビスト協会の用語集は次のように説明している（Society of American Archivists “A Glossary of Archival and Records Terminology” http://www.archivists.org/glossary/2014-02-18参照）。

institutional archives：組織アーカイブズ

A repository that holds records created or received by its parent institution：親組織によって作成または受理された記録を維持し保存する場

collecting archives：収集アーカイブズ

A repository that collects materials from individuals, families, and organizations other than the parent organization：親組織以外の個人、家、組織から資料を収集し保存する場

ここでは、「保存する場」、機関としてのアーカイブズの意で説明されているが、本稿では主として資料としての意で用いる。すなわち、組織アーカイブズは「親組織によって作成または受理され、移管され保存されるアーカイブズ（記

録資料）」、収集アーカイブズは「親組織以外の個人、家、組織から収集し保存されるアーカイブズ（記録資料）」である。組織や個人の活動のなかで生みだされる資料であることに変わりはないが、親組織のものなのか、他の組織から収集するものなのか、の違いがある。都道府県文書館の多くは、この両者を収蔵しており、比較的に検討できる対象でもある。

（4）編成・記述・検索システム論の側面から山口県文書館設立以来五〇年間の成果と課題を考察した論考として、清水善仁「アーカイブズ編成・記述・検索システム論の成果と課題」（『アーカイブズ学研究』一一号、二〇〇九年）がある。

（5）北海道立文書館、宮城県公文書館、秋田県公文書館、福島県歴史資料館、茨城県立歴史館、栃木県立文書館、群馬県立文書館、埼玉県立文書館、千葉県文書館、東京都公文書館、神奈川県立公文書館、新潟県立文書館、富山県公文書館、福井県文書館、長野県立歴史館、岐阜県歴史資料館、愛知県公文書館、滋賀県県政史料室、京都府立総合資料館、大阪府公文書館、兵庫県公館県政資料館、奈良県立図書情報館、和歌山県立文書館、鳥取県立公文書館、島根県公文書センター、岡山県立記録資料館、広島県立文書館、山口県文書館、徳島県立文書館、香川県立文書館、福岡共同公文書館、佐賀県公文書館、大分県公文書館・大分県立先哲史料館、沖縄県公文書館。以下、本文中では都道府県名に略して表記する。

（6）このほか、『福井県文書館資料目録第二集　公文書1』（二〇〇五年）は、明治三十二年から昭和三十五年までの文書を対象に、簿冊目録、件名目録両方を収録しているほか、『岐阜県行政文書目録』は、簿冊ごとに件名を「本文」として掲出する。また、『茨城県行政文書目録』一～一二（二〇〇二～二〇一三年）や『埼玉県行政文書総目録』二～五（一九八三～一九九三年）は簿冊目録であるが、件名から抽出したキーワードを注記するなど、昭和戦後文書に対しても件名目録的要素を付加している。

（7）大城博光「公文書目録情報のデータベースモデル――階層構造を持つ目録情報のリレーショナルデータベースでの実装――」（『沖縄県公文書館紀要』二号、二〇〇〇年）、豊見山和美「公文書目録データベースにおける階層構造の表現に関する試み――琉球政府文書を中心に――」（同三号、二〇〇一年）、同「階層性を意識した公文書目録の作成」（『記録と史料』一一号、二〇〇一年）、呉屋美奈子・富永一也「公文書館における私文書の収集と整理：実践と課題」（『沖縄県公文書館紀要』九号、二〇〇七年）、富永一也「公文書評価選別と整理のための作業仮説：シリーズ最強論へのステップ」（『京都大学大学文書館研究紀要』六号、二〇〇八年）など参照。

（8） 段階的整理と目録については、安藤正人「史料の整理と検索手段の作成」（国文学研究資料館史料館編『史料の整理と管理』岩波書店、一九八八年）参照。

（9） これは、さまざまな条件下における過渡的な「現状」ゆえのことであって、将来的にはｗｅｂ上での表現が指標となるのかもしれない。

（10） 以下の分析は、おおむね継続的な刊行がみられる機関の本稿執筆段階での最新刊を中心に、具体的には次の目録を対象として行った。

北海道立文書館『所蔵資料目録二〇　十文字家文書』（二〇〇五年）、秋田県公文書館『所蔵古文書目録第七集　佐竹文庫目録（秋田藩関係文書Ⅱ）』（二〇一一年）、『同第八集　佐竹北家文書・佐竹西家文書目録（秋田藩関係文書Ⅲ）』（二〇一二年）、福島県歴史資料館『収蔵資料目録第四二集　県内諸家寄託文書（三六）』（二〇一一年）、『同第四三集　同（三七）』（二〇一二年）、茨城県立歴史館『史料目録五四　結城市矢畑鈴木誠一郎家文書目録（一）』（二〇一〇年）、『同五五　常陸松岡中山家中高橋家文書目録』（二〇一一年）、『同五六　常陸水戸徳川家中岡崎家文書目録』（二〇一二年）、栃木県立文書館『栃木県史料所在目録第三九集　坂本治家文書・横尾健一家文書』（二〇一〇年）、群馬県立文書館『収蔵文書目録二九　多野郡鬼石町譲原山田松雄家文書』（二〇一一年）、『同三〇　佐波郡境町東福島英一家文書・利根郡新治村新治村布施区有文書』（二〇一二年）、埼玉県立文書館『収蔵文書目録第四七集　坂本家文書・高橋（周）家文書目録』（二〇〇八年）、『同第四九集　新井（侊）家文書目録1』（二〇一〇年）、『同第五〇集　川田氏収集文書目録』（二〇一一年）、『同第五一集　新井（侊）家文書目録2』（二〇一二年）、千葉県文書館『収蔵文書目録第二四集　東金市台方有原家文書目録（上）』（二〇一一年）、『同第二五集　同（下）』（二〇一二年）、富山県公文書館『文書目録　歴史文書二六』（二〇一〇年）、『同二七』（二〇一一年）、『同二八』（二〇一二年）、長野県立歴史館『収蔵文書目録6　大町市清水家文書目録』（二〇〇七年）、『同7』〜『同11』（二〇〇八〜二〇一二年）、岐阜県歴史資料館『岐阜県所在史料目録第五六集　花村武史家文書目録』（二〇〇七年）、『同第五七集　五島孝家文書目録』（二〇〇八年）、『同第五八集　江馬寿美子家文書目録』（二〇〇九年）、和歌山県立文書館『収蔵史料目録九　紀の川市名手市場堀家文書目録』（二〇一〇年）、岡山県立記録資料館『所蔵記録資料目録　第三集　勝山藩家老九津見家資料』（二〇〇八年）、山口県文書館『諸家文書目

録八　平生町佐合島佐川家文書　第一分冊』（二〇〇八年）、『同九　同第二分冊』（二〇〇九年）、香川県立文書館『収蔵文書目録　第十一集　讃岐国多度郡新町村富井家文書目録』（二〇〇八年）、『同第十二集　讃岐国高松松平家中小夫家文書目録・小夫孝之助家文書目録』（二〇〇九年）、『同第十三集　讃岐国大内郡馬宿村八木家文書目録』（二〇一〇年）、『同第十四集　讃岐国三野郡羽方村森家文書目録』（二〇一一年）、大分県立先哲史料館『収蔵史料目録五　五馬市村森家文書』（二〇〇七年）、『同六　渡辺文庫・賀来家資料』（二〇一一年）

(11)　もちろん、すべての目録が資料群の構造分析などにもとづいた編成を基本構成としているわけではなく、資料番号順や編年順によるもの、当該機関の分類整理基準によるものもある。前者は、他の機関においても総点数の少ない資料群には用いられている。一定度の点数がなければ、編成の有効性が求められない（資料番号順、編年順の方が「わかりやすい」「使いやすい」）という判断であろう。後者は、同一機関での目録シリーズとしての一貫性・統一性を保つ必要があるという判断から、早い時期に策定された分類を踏襲していることが考えられる。一貫性・統一性も「わかりやすさ」「使いやすさ」のための一要素である。なお、今回調査対象とした目録のうち、同一機関のシリーズでありながら、編成目録から整理番号順目録に編集構成が変わっているものもみられた。このことは、当該機関での構造分析や編成記述の後退を意味するものではなく、段階的整理の過程のうち、印刷刊行に付す目録段階が変わったと考えるべきなのであろう。とはいえ、構造分析から編成記述という業務が一層困難になっている現場の状況をうかがわせるものであるかもしれない。

(12)　ただし、公私、複数の役職、時代区分などが組み合って同列のサブ・フォンドとして数多く列記されるようになると、一見しての「わかりやすさ」が低減するおそれも高まるであろう。

(13)　ｗｅｂ上のＤＢ検索システムで階層構造を示し、レベルごとの記述をもつのは、行政文書同様に山口県と沖縄県に限られる。このほか、記述はないもののサブ・フォンドやシリーズレベルが設定されている北海道の例がある。また、富山県では資料群統一の分類表を用いているので、この統一分類による資料群横断の階層検索機能をもっているが、資料群ごとに階層を示すことはしていない。その他の機関では、フォンド（概要記述）とアイテム（一点目録）との相互リンクに限定される。ここでは、構造分析がなされ、その編成と記述が印刷刊行目録に表現できた場合でも、ＤＢの機能としてシステム構築することが、さらなる課題となっていることがうかがわれる。

(14) 長沢洋氏は「印刷刊行されることの多い「成果物としての目録」は、一般読者（利用者）にとっての「分かりやすさ」を実現するために、「記録史料記述」の標準化とは異なった固有の方法意識（史料群の性格に応じた表現上の工夫）を必要とする」と、両者の相違を指摘し、意識的に分離すべきである、としている（「記述標準化の前提について――ISAD(G)と記録史料記述と目録――」（『広島県立文書館紀要』五号、一九九九年）。

(15) この課題については、柴田知彰「記録史料群の内的秩序の復元に関する一考察」（『秋田県公文書館研究紀要』七号、二〇〇一年）など参照。

(16) 近世・近代の商家文書に対して、この問題を指摘するものとして、西向宏介「商家文書における経営帳簿組織の復元と目録編成――備後尾道橋本家文書を事例として――」（『広島県立文書館紀要』四号、一九九七年）がある。

(17) この課題にたいしては、第二編渡辺論文が具体的な目録編成の実例をもとに詳しく論じており、本稿も参照するところが大きい。

(18) 青山英幸「フォンドとシリーズの関係について――北海道庁本庁拓殖関係文書の編成と記述に携わった経験を振り返って――」（前掲註2『アーカイブズ情報の共有化に向けて』）。青山氏は「分掌事務にもとづく業務と類目の関係は、業務活動とシリーズ／サブシリーズレベルのタイトルとの関係である」と説明している。

(19) 前掲註(2)青山論文一三一頁。また、西向氏は、前掲註(16)論文で、商家文書の整理・復元に経営帳簿組織の復元を基準に据える方法が有効としたうえで、その場合「〝文書群を組織別に整理する〟ということと、〝文書（帳簿）そのものの相互のつながりを重視する〟ということが必ずしも合致しない」という問題をあげるが、「文書群を有する組織体そのものの構造に文書をあてはめていく（あるいは戻していく）という考え方」ではなく「それ以前に重要であるはずの文書そのものの相互の関連性」を重視すべきであるとしている。

(20) 表現にこだわれば「不明」と「その他」は編成上で表す意味が異なるであろう。「その他」を文字どおりに解すれば、内容理解や数量的な問題から独立のシリーズを立てないものの、他のシリーズには属さないことが明確な資料を集めたものとなろう。これに対し、「不明」に配された資料は、他のいずれかのシリーズに属するかもしれない可能性をもつ。その意味で、「その他」は他のシリーズと並ぶ一つのシリーズであるのに対し、「不明」はシリーズではなく、編成を保留したものを列記したエリアである。なお、よく用いられる「雑」「雑纂」という名称は、両者のニュアンスを包含する感があり明瞭ではない。

そのさい、「不明」に配される資料の量は、編成者の能力によっても差が出てくるであろう。編成者よりも当該資料群の時代や関係分野などに対する知識や理解を有する者であれば、「不明」に配された資料のなかにも、本来配されるべきサブ・フォンドやシリーズを見出すことができるものがあろう。しかし、それをいつまでも待って目録やDB検索システムの整備を遅らせることは実務的ではない。公開後に本来の編成位置が判明した場合の修正も、無理に位置づけたシリーズなどからよりも、「不明」からの修正移行の方が自然であり、混乱は少ないであろう。

(21) ただし、役職や機能から設定された他のシリーズなどと、同階層に同列に並ぶのが妥当かどうかは議論があろう。ISAD(G)でいえば「地理的区分」「編年」「機能」などの異なる分類軸を複数用いるのであれば、まず、それを上位におく編成も考えられる。

(22) 呉屋美奈子・富永一也両氏は、ISAD(G)の「シリーズ」定義は、もともとファイリングシステム、あるいはそれに類する記録管理システムの存在を前提としており、公文書を含めた組織文書についてはよく適用できるが、大部分の私文書の場合はシステマチックな記録管理がされているわけではないため、私文書整理におけるシリーズ編成はたいへんに困難であり、原理的な問題をはらんでいる、と指摘している（前掲註7呉屋・富永論文）。その問題のひとつとして「分類の軸を複数設定しなくてはなら」ず、「目録編成者によって、全く異なるシリーズ編成となってしまうであろう」ため「目録編成作業における恣意性が大きい」ことをあげている。「公文書を含めた組織文書についてはよく適用できる」というISAD(G)も「シリーズを定義するための分類軸が複数存在することになり、シリーズ編成の仕方において客観性を損なう要因ともなる（例えば形態による蓄積のあり方をシリーズとして認めることは、分類に恣意性を持ち込む誘因となりえる）」としている。

しかし「全く」とはいわないまでも、目録が編成者によって異なる編成となることは避けられないことであり、可能な限り整合性のとれた編成方針を採用し、その方針が記述によって説明されることが重要なのではないか。ISAD(G)の「分類軸が複数存在する」という方法は、それを許容したうえで、あらゆる資料群に適応できる標準を求めるためのものではないだろうか。ISAD(G)は「記述標準」であって「編成標準」ではない。マルチ・レベル記述という方法のために基本的な階層構造の組み立てが統一されていればよく、標準化・汎用化という目的に、サブ・フォンドやシリーズという中間階層の具体的な設定までを客観性をもって統一させる必要性はないのではないか。この中間階層は、個々の資料群ごとに読み込んでいく必要のあるレベルであろう。ただ、このように考えると、中間階層は資料群によって階層数や設定の分類軸などが異なる「個性」が強くなってくるため、あらゆる資料群に共通するフォンド・レベルとアイテム・レベルの記述は一層重要となる。

アーカイブズの内的秩序構成理論と構造分析の課題

柴田知彰

はじめに

アーカイブズの内的秩序は、連続性と組織性から構成される[1]。二十世紀以来、アーカイブズ編成論には、組織性を重視する階層構造論と、連続性を重視するシリーズ論の潮流が存在している。たとえば、一九九四年にＩＣＡが公表したISAD(G)は前者、近年注目されるオーストラリアのシリーズ・システムは後者の流れに入るものである。

日本のアーカイブズ編成論は、一九七〇年代に従来の図書分類法から脱却を始め、一九八〇年代には階層構造目録を研究する段階へ進んだ。一九九〇年代末から二〇〇〇年代初めにかけては、ISAD(G)にもとづく編成記述の研究と実践がさかんに行なわれた。反面、ISAD(G)に対しては、時間の経過に伴う階層構造の変化（経年変化）が、導入当初から問題点として指摘されていた[2]。二〇〇〇年代前半からは、経年変化への対処からか、オーストラリアのシリーズ・システムを研究する動きが顕著になっている[3]。巨視的には日本国内に限らず、アーカイブズ編成論は階層構造論とシリーズ論の間を現在も振幅し続けていると言えよう。

さて、アーカイブズ編成論は、理論から実践にいたるまでを四つのステージ（表1）で検討されるべきと考え

表1　アーカイブズ編成論：4つのステージ

段階	ステージ	内容	備考	関連分野
理論	第一ステージ〈内的秩序論〉	アーカイブズの内的秩序の構成理論	連続性の内的秩序 組織性の内的秩序	アーカイブズ学＋数学、物理学
理論	第二ステージ〈秩序復元論〉	内的秩序の目録等編成上での復元理論	組織レベル・機能レベル・文書レベル 経年変化への対策	アーカイブズ学
方法	第三ステージ〈編成方法〉	復元理論を前提とした目録等の各種編成方法	インベントリー、レジスター(米)、シリーズ・システム(豪)ほか、各公文書館の編成方法、MAD 2（英）、ISAD(G)等のマルチレベル記述	アーカイブズ学＋情報工学
事例	第四ステージ〈個別実践例〉	各種編成方法を実際に史料群に適用した事例	国内外における各公文書館の目録編成例	アーカイブズ学＋歴史学等

られる。各ステージを明確に区分して論じないと、いたずらに混乱を招くおそれがあるためである。

まず、階層構造論もシリーズ論も、ともに第三ステージに位置するものであることを確認しておきたい。ISAD(G)もシリーズ・システムも第三ステージ上で論じられるべき「編成方法」の一つである。本来、第三ステージの「方法」は第一および第二ステージの「理論」を前提に検討されるべきだったが、実際には階層構造論もシリーズ論もアーキビストの現場経験から帰納的に生み出されてきた。中心核となる内的秩序の構成理論（第一ステージ）、そして編成上での復元理論（第二ステージ）に関しては、演繹的な考察を欠いたままである。アーカイブズ編成論は、第三および第四ステージに議論の偏重した、言わばドーナツ化の状況にある。その意味で、ISAD(G)もシリーズ・システムも方法レベルでの発展にとどまり、前提となる理論レベルではいまだ停滞の中にあると言わざるをえない。

本稿では、アーカイブズ編成論の中心核となる第一ステージ、すなわちアーカイブズの内的秩序の構成理論を再度検討する。第三および第四ステージを論じる前提として、理論の確立は不可欠だからである。内的秩序に反映される個人や団体の機能は時空世界に展開されるため、数学や物理学の基礎的な理論も学際的に応用してみた。第一ステージを踏まえた第二ステージの理論に関しては、拙稿「記録史料群の内的秩序の復元に関する一考察」を参照されたい。第三ステージに関しては、すでに数多くの先行研究がある。本稿は、アーカイブズの構造分析の課題について論ずる役割をあたえられた。これは、第四ステージの個別実践において、行政文書や民間史料など多様な史料群を整理する作業に関わるものである。そこで、第三ステージでいかなる編成方法を選んでも第四ステージで構造分析を行なう際に生じる課題について、第一ステージの理論を元に検討してみることにしたい。

一　アーカイブズの内的秩序の構成理論

アーカイブズの内的秩序は、どのような要素で構成されているか。アーカイブズ編成論の中心核であり、根本的な理論的考察を要する部分である。かつて、テオ・トマセンは「アーカイブの構造は論理的且つ機能的次元を持つ」と述べた[4]。これは本稿の「内的秩序」に該当すると思われるが、その構成の分析までは行なわれていない。

本稿冒頭でも述べたが、アーカイブズの内的秩序は「連続性」と「組織性」から構成される。連続性の内的秩序は「同一機能から作成された文書の連続性」、これに対し組織性の内的秩序は「出所の機能分化を反映した文書群全体の組織性」と定義したい。前者はシリーズ、後者は階層構造にもとづいた目録編成によって表現できる。

二つの内的秩序の存在について、帰納法的には、アーカイブズ編成論に組織性を重視する階層構造論と連続性を重視するシリーズ論の二大潮流が存在している事実から説明できる。研究史についてはすでに先行書で詳述されているので省略したい[5]。本節では、二つの内的秩序の存在を演繹法的に数学や物理学の基礎的な理論を応用し時空世界の中で説明してみたい。時間と空間の座標上で、連続性と組織性の内的秩序がどのようにして発生するのかを考察する。

時空世界の概念については、ドイツの数学者ヘルマン・ミンコフスキーの理論を応用する。[6] ミンコフスキーは幾何学や整数論のほか数理物理学でも業績をあげ、二十世紀初めにゲッチンゲン大学で「四次元時空連続体（ミンコフスキー空間）」を理論化した。四次元時空連続体とは、三次元座標の空間位置（長さ・幅・高さ）に四次元座標の時間位置を加えた時空間である。ミンコフスキー以前のニュートン力学では、空間は三次元であり、時間はそれとは独立して流れるものと考えられていた。ミンコフスキーは従来の概念に疑問を抱き、「空間は本来独立して存在せず、時間と一体となったもの」と考えた。事象は「どこで」という空間的な位置のみでは特定できず、「いつ」起きたかという時間的な位置も必要とするからである。すなわち、宇宙に発生するあらゆる事象は、四次元時空連続体における四つの座標上で位置づけられる。たとえば、「いつ、どこで彼女とお茶を飲んだ」「いつ、どこで恒星が爆発消滅した」など。事象は四次元時空連続体の中における一個の点であるが、物体の運動は時間とともに位置を変えるため一本の軌線を描く。[7]

では、ミンコフスキーの四次元時空連続体を応用してアーカイブズ編成論の第一ステージを整理してみたい。個々の事象は四次元時空連続体における一個の点だが、時間の流れに沿って継続する活動の一過程でもある。このことは、非生命体でも生命体でも同じである。継続する活動は、過程における事象間で時間的または空間的な間隔を空けることもあるが、巨視的には四次元時空連続体の中で論理的なつながりをもつ一本の軌線を描いているると考えられる。

次に、生命体（個体および団体）の機能について考えてみよう。生命体の一機能は関係ある複数の諸活動によって構成される。たとえばスズメの営巣を一機能と見れば、場所探し・巣材採集・運搬・巣作りなど複数の活動から成る。一活動が四次元時空連続体の中で一本の軌線を描くとすれば、関係諸活動の集合体として構成される一

写真　飼い犬Ｃの諸機能：番犬仕事・遊び・友達付き合い

機能も同様である。ゆえに、生命体の一機能は「四次元時空連続体の中を時間の進行に伴い継続する一本の軌線」と考えられる。時間の進行に伴う拡大や縮小、消長もあるが時間軸に対しては安定しており、過去から現在そして未来に向かい連続性をもつ。

そして、個体および団体は、通常、四次元時空連続体において複数の機能を展開している。たとえば、公文書館職員Ａの場合は、職場で評価選別・史料整理・調査研究・普及広報ほか、家庭で家族団欒・趣味・家事手伝・犬の散歩など。地方行政機関Ｂの場合は、総務・土木・農政・林政・観光・福祉ほか細分化された行政分野。また飼い犬Ｃの場合、番犬仕事・遊び・散歩・友達付き合いなど。一個体および一団体は、四次元時空連続体において多方面に展開するみずからの複数機能をキャパシティに応じて統御している。統御は意識的もしくは無意識的（本能的・遺伝子的含む）に行なわれる。そして多方面に展開させた複数機能を統御する際、各機能の間に上下・並列・同一・包含ほかの関係秩序が発生する。これが組織性である。

図１は、ミンコフスキーの時空図に一個体および一団体の機能の軌線を概念的に描いたものである。[8] 四次元時空連続体であり四本の座標軸になるところを、ミンコフスキーは三次元座標を一本の空間軸に省略し表現している。さて、四次元時空連続体における個体および団体の機能の秩序は次のように定義できる。

連続性…四次元時空連続体において、個体および団体の一機能が時間軸に沿い

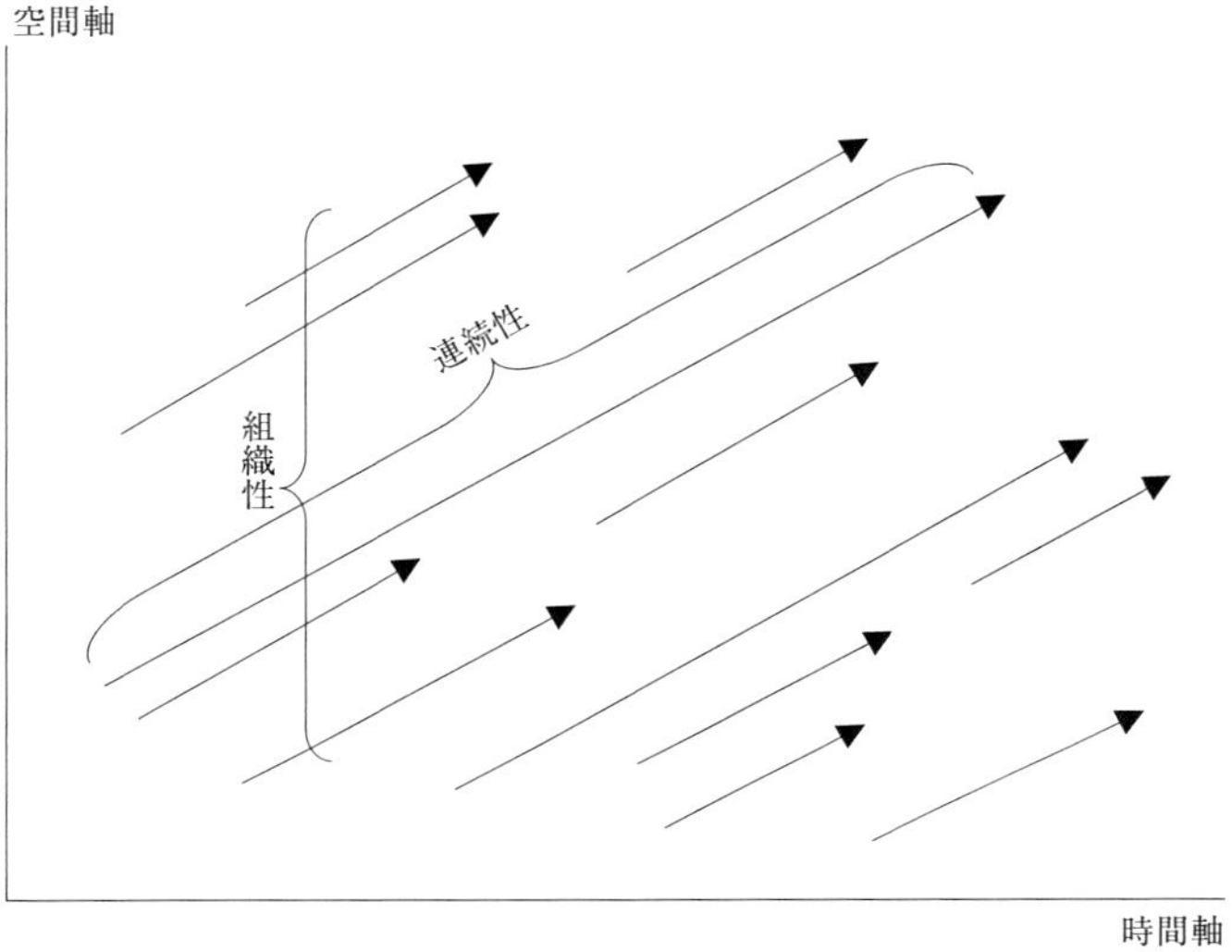

図１　１個体および１団体の諸機能（四次元時空連続体における軌線）

連続する際に発生する秩序

組織性…四次元時空連続体において、個体もしくは団体がみずから展開する複数の機能をそのキャパシティに応じて統御する際に発生する機能間の関係秩序

図１および定義に見るとおり、連続性と組織性とは根本的に性質の異なる秩序である。連続性は一機能において時間軸上に継続して発生する。これに対して、組織性は複数の機能間において特定時点間に発生することを確認しておきたい。

さらに、機能の連続性と組織性は、物理的痕跡または情報的痕跡に反映されることがある（反映されないこともある）。物理的痕跡は、意識的あるいは無意識的に残される。事例をあげれば、動物の足跡、巣穴、また動物自体の遺体や化石など。前頁の写真中央で、飼い犬Ｃが掘った穴は「遊び」の物理的痕跡である。人間の場合、考古資料や歴史的建造物、また日常的には家の什器や調度品、個人の道具や蔵書なども物理的痕跡になる。

情報的痕跡は意識的に残されるもので、非記録痕跡と記録痕跡に分類できる。前者は一部の動物に見られる体臭や体液ほかを用いた情報のマーキングである。後者は人類のみに見られ、非文字記録痕跡（絵、図、記号、写真、音声・映像記録など）と文字記録痕跡（文書）に分けられる。

地球上では人類のみが、みずからの機能の連続性と組織性を記録痕跡に反映させうる。アーカイブズは人類の記録痕跡である。ゆえに、アーカイブズの内的秩序として、連続性と組織性の存在は必然性をもつのである。また、人類の場合、一機能から物理的痕跡と情報的痕跡（記録痕跡）の両方を残すことがある。現代人も日々、物理的および情報的痕跡を残しながら生きていると言える。それゆえ、個人宅の文書とモノ資料を一括して調査する方法は、整理の考え方としては理にかなうものである。

二　機能の文書反映率

個人および団体の機能には、文書作成を伴うものと伴わないものとがある。私的活動においては、一般的に文書作成を伴う機能は全体から見てごく一部分である。口頭での情報伝達で事足りる場合が多いからである。職業活動においても、職種によっては主要な機能に文書作成を伴わない場合もある。ゆえに文書は、個人および団体が四次元時空連続体の中で展開する全機能に対して「不完全なる影《シャドー》」にならざるをえない。この不完全さは機能の文書に反映する度合いに起因し、かつ文書の作成母体により異なっている。

本節では、機能の連続性と組織性が文書に反映する度合いを、数式の形を借りて考察してみたい。実数計算は行なわないが、数式の形を借り個別史料群の事例から一旦離れることで、論理的に概念を整理して思考することができ、あらゆる史料群に共通し存在する構造分析の課題を明らかにできるはずである。

（1）　時空図における機能の文書反映率式

機能の連続性と組織性の文書反映率を、ミンコフスキーの時空図を使って考えてみたい。また、これから使用

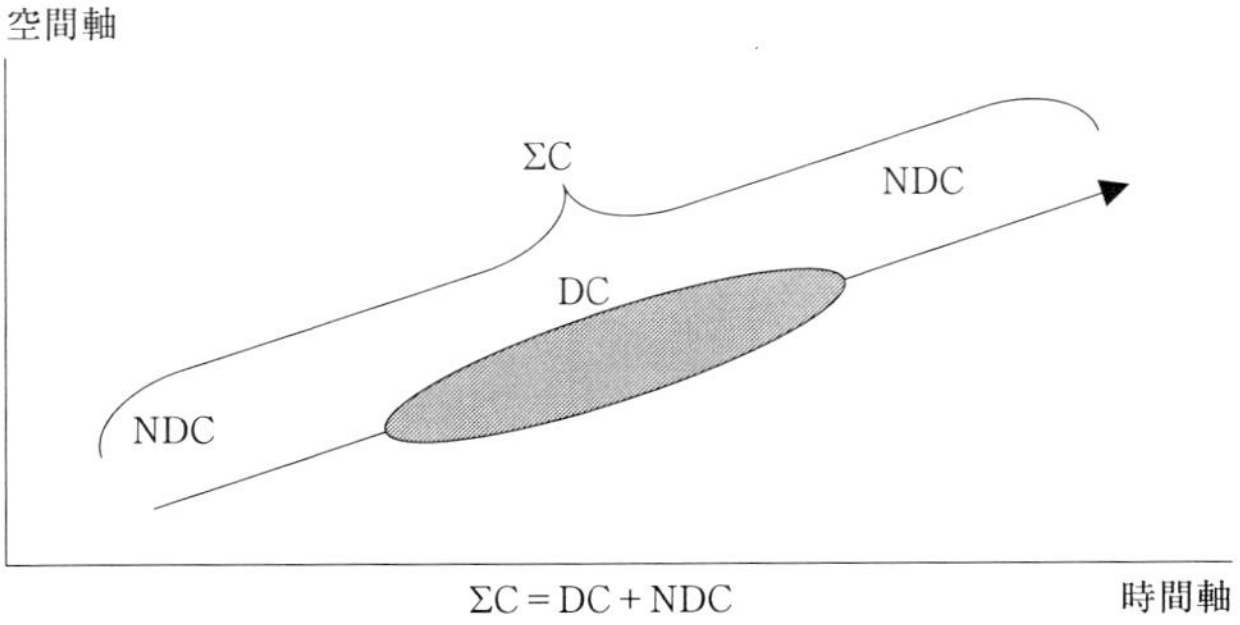

図２　機能の連続性と文書反映

$$\text{DC率} = \frac{DC}{\Sigma C}$$

式１　DC率（連続性の文書反映率）

する記号の定義は次のとおりである。

Σ…総加記号、D…文書（Document）、C…連続性（Continuity）、O…組織性（Organization）

最初に、連続性の内的秩序の文書反映率（DC率）を検討する。上の図2において、ΣCは「個人または団体の一機能の連続性」、そしてDCが「文書に反映された一機能の連続性」、NDCが「文書に反映されない一機能の連続性」を表している。つまり、DCはある機能に関する文書が作成され続けた期間、NDCは作成されなかった期間に該当する。図2は理論モデルのために単純化した概念図で、現実の史料群ではもっと複雑な形になる。しかし、あらゆるケースが、［ΣC＝DC＋NDC］の式に収まるはずである。

連続性の内的秩序はDC率として、式1の形で表すことができる。DC率は「一機能の連続性の文書反映率」と定義される。すなわち、一機能に関して文書がどの程度の期間作成され続けているかを表すものである。具体的にDC率の高い事例としては、大店の商取引機能において、代々連綿と作成され続けた大福帳など。DC率の低い事例としては、家庭の家計管理機能において、数か月で記帳継続を挫折した家計簿などが考えられる。また、同一の個人あるいは団体においても、各機能によってDC率に高低差を生じる。さらに、個人や団体の性格や考え方もDC率に大きく影響する。

次に、組織性の内的秩序の文書反映率（ＤＯ率）を検討してみよう。次頁図３は、機能の組織性と文書反映を表したものであり、理論モデルのため単純化し、全部で五機能しかもたないケースを仮定した。図３において、ΣＯは「個人または団体が展開する全ての機能の組織性」、そしてＤＯが「文書に反映された機能の組織性」、ＮＤＯが「文書に反映されない機能の組織性」を表している。図３の場合、時空間に五機能しか展開していないので、［ΣO＝DO１＋DO２＋DO３＋NDO４＋NDO５］の式になる。ただし、現実世界の個人や団体は、数十あるいは数百の機能を展開しているので、式は右記よりはるかに長い形になると想定される。

図３のケースについて言えば、組織性の文書反映率は式２で表すことができる。ＤＯ率は「複数機能間の組織性の文書反映率」と定義される。すなわち、時空間に展開した全機能の内、文書がどの機能分野にわたるまで作成されているかを表すものである。具体的にＤＯ率が高い事例としては、行政機関において各部課の各事業にわたり公文書を作成している場合など。ＤＯ率が低い事例としては、家庭において年金や保険関係など必要最低限の書類をファイルに綴じている場合などが考えられる。家庭生活は、当然、年金や保険に関する機能だけで成り立たない。一般的に、個人の生活で文書作成を要する機能はごく一部であり、ＤＯ率の低い傾向にある。ただし、個人の性格や考え方、また職業によってＤＯ率に高低差も生じる。団体でも、種別（行政機関、企業、町内会、サークルほか）や組織体質などがＤＯ率に大きく影響していると思われる。

また、ΣＯは時間の経過につれて変化する。古い機能の消滅、新しい機能の誕生が原因である。構造分析における経年変化の問題は、ΣＯの変化によって起こる。そして、図４のようにΣＯの変化に伴いＤＯ率も変化する可能性がある。

では、連続性に関するＤＣ率と組織性に関するＤＯ率を使って、一個人または一団体における機能の文書反映率（Ｄ率）を検討してみよう。図３のケース、つまり、全部で五機能しかもたないケースを仮定して考える。そ

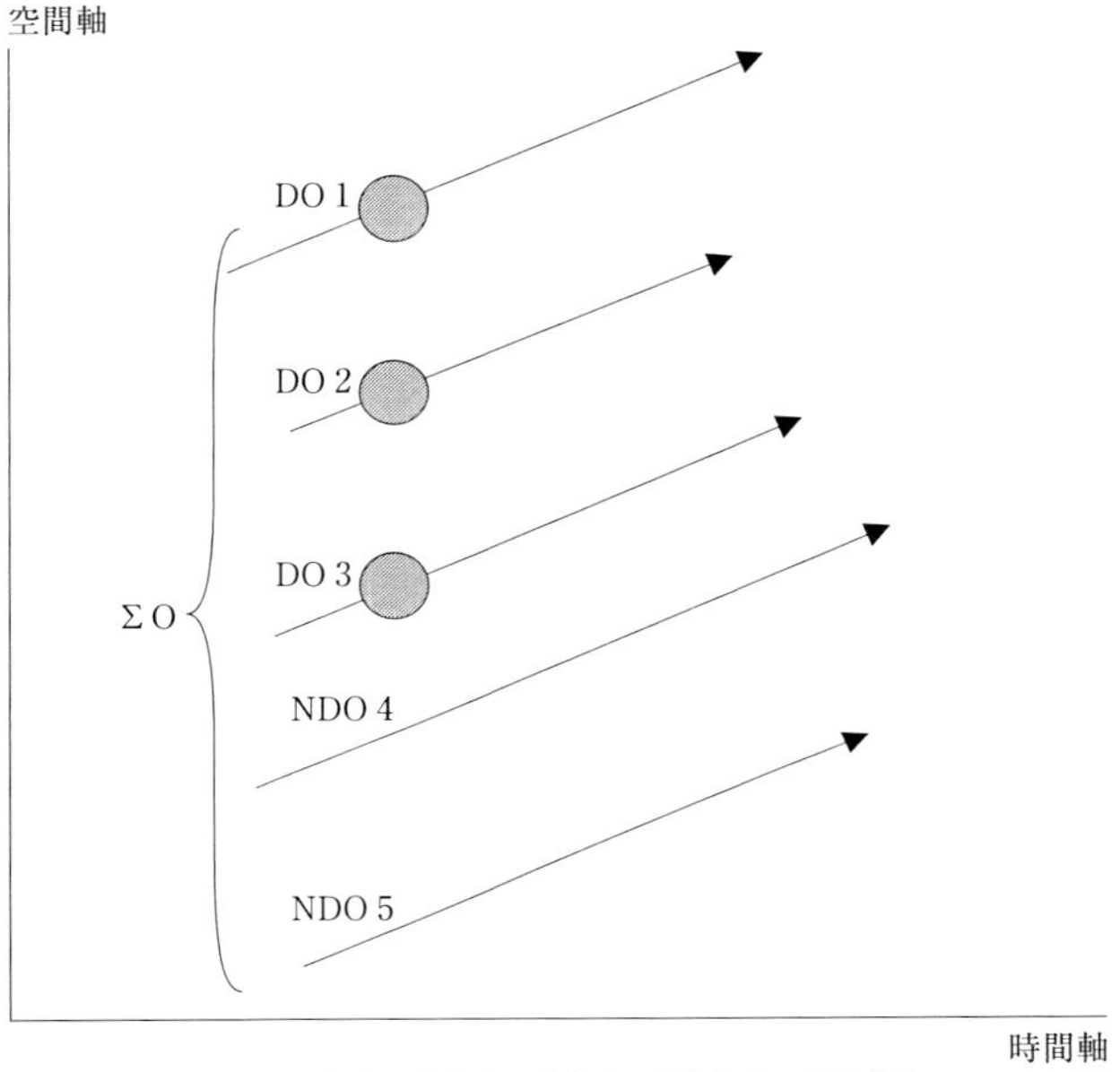

$$\Sigma O = DO1 + DO2 + DO3 + NDO4 + NDO5$$

図3　機能の組織性と文書反映

$$DO率 = \frac{DO1}{\Sigma O} + \frac{DO2}{\Sigma O} + \frac{DO3}{\Sigma O} = \frac{DO1 + DO2 + DO3}{\Sigma O}$$

式2　DO率（組織性の文書反映率）

$$D率 = \frac{DC1}{\Sigma C1} \times \frac{DO1}{\Sigma O} + \frac{DC2}{\Sigma C2} \times \frac{DO2}{\Sigma O} + \frac{DC3}{\Sigma C3} \times \frac{DO3}{\Sigma O}$$

式3　D率（1個人または1団体における機能の文書反映率）

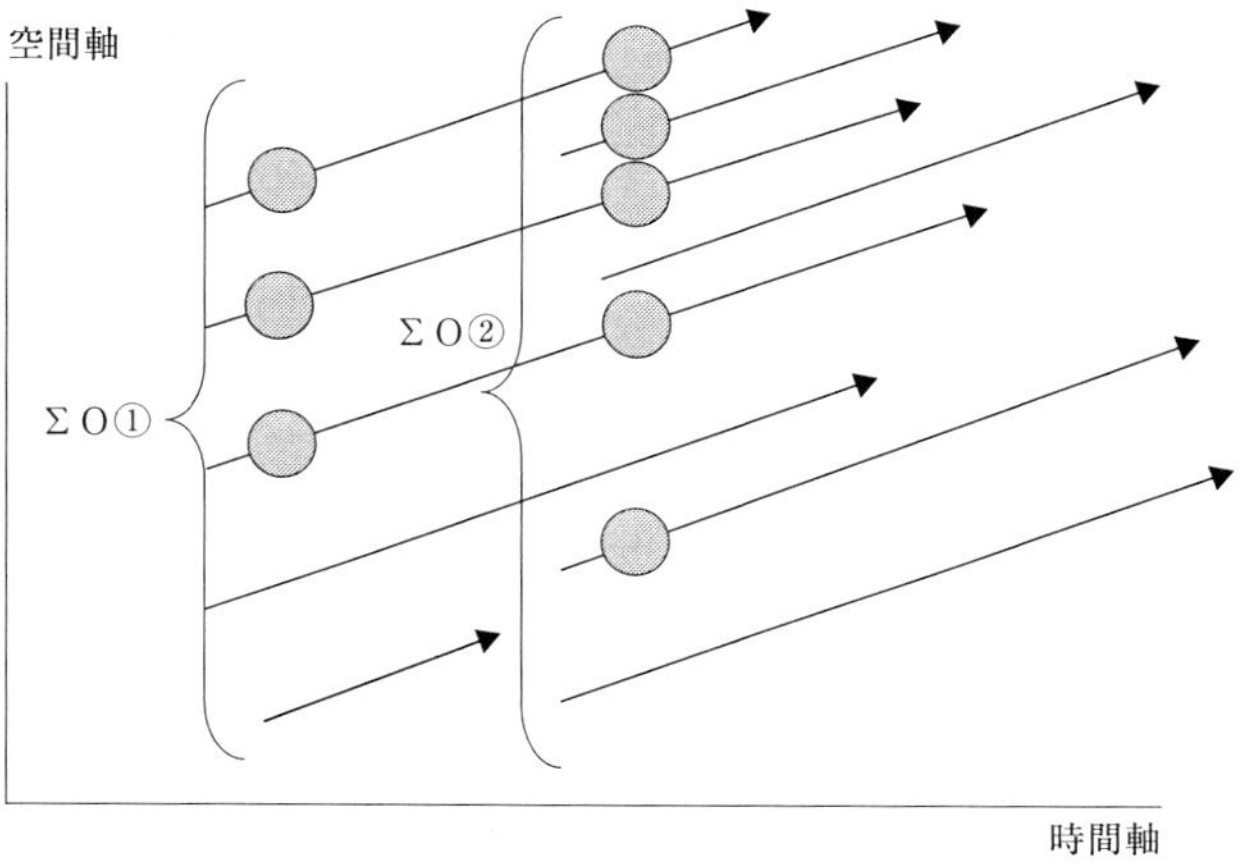

図4　時間軸とΣOの変化

※ΣOは時間の流れに沿って変化（古い機能の消滅、新たな機能の出現）
K率も時期によって変化する可能性

の場合、D率は式3の形で表される。D率は「個人または団体における機能の文書反映率」と定義される。すなわち、文書がどの機能分野にまでわたり、どの程度の期間作成され続けているかを表すものである。そのため、D率式では、各機能の連続性と組織性の文書反映率を相乗した上で総加した。実際の史料群を考えると、各機能のDC率が高い反面、全体のDO率が低いケースもありうる。前にあげた事例、年金や保険関係など必要最低限な書類だけを連綿とファイルし続けた家庭を想像してもらいたい。また、全体のDO率が高い反面、全体あるいは一部の機能のDC率が低いケースもありうる。行政機関である事業について文書手続きを途中から簡略化・廃止した事例などが該当するだろう。どちらの事例にしても、D率は全体として高くはならない。個人および団体の展開する全機能に対して文書が「不完全なる影《シャドー》」であるのは、D率が一〇〇パーセントに絶対になりえないからである。

（2）文書残存率式と構造分析

文書反映率（D率）は、文書作成時において、機能の内的秩序が文書に反映された度合いを表す。しかし、出所における作成時から公文書館などにおける整理時までの間に文書の一部が失われるケースは少なくない。史料

$$\mathrm{DK率} = \left(\frac{\mathrm{DC\,1}}{\Sigma \mathrm{C\,1}} \times \frac{\mathrm{DO\,1}}{\Sigma \mathrm{O}} + \frac{\mathrm{DC\,2}}{\Sigma \mathrm{C\,2}} \times \frac{\mathrm{DO\,2}}{\Sigma \mathrm{O}} + \frac{\mathrm{DC\,3}}{\Sigma \mathrm{C\,3}} \times \frac{\mathrm{DO\,3}}{\Sigma \mathrm{O}}\right) \times \mathrm{K率}$$
$$= \mathrm{D率} \times \mathrm{K率}$$

式４　DK率（文書残存率①）

$$\mathrm{DK率} = \frac{\mathrm{DC\,1}}{\Sigma \mathrm{C\,1}} \times \frac{\mathrm{DO\,1}}{\Sigma \mathrm{O}} \times \mathrm{K\,1率} + \frac{\mathrm{DC\,2}}{\Sigma \mathrm{C\,2}} \times \frac{\mathrm{DO\,2}}{\Sigma \mathrm{O}} \times \mathrm{K\,2率} + \frac{\mathrm{DC\,3}}{\Sigma \mathrm{C\,3}} \times \frac{\mathrm{DO\,3}}{\Sigma \mathrm{O}} \times \mathrm{K\,3率}$$

式５　DK率（文書残存率②）

整理時においては、作成時の文書が保存管理されている度合いも考慮に入れねばならない。そこで、保存管理率（K率）という概念を設定してみる。Kは保存（Keep）を指す。K率は、作成された文書が後に保存管理される度合いを表す。K率は、保存体制や保存環境、また保存方針などの変化によって大きな影響を受ける。作成時の文書反映率（D率）に後の保存管理率（K率）を相乗すれば、構造分析の対象とした史料群の状態を表すことができる。これが文書残存率（DK率）であり、図３のケースで考えた場合、式４の形で表せる。なお、一個人や一団体の中においては各機能によりK率が異なることもある。重要機能を反映した文書は保存され、それ以外の文書は廃棄されるわけである。その場合、文書残存率式は式５の形になる。式中のK１率・K２率・K３率には、それぞれ高低差がある。また、完結した文書群ではD率は定数になるが、K率は変数であり続ける。つまり、D率は作成母体の機能が停止した後には変化しないが、K率はある時急激に変化する可能性をはらんでいる。

K率は、史料所蔵者の場所的・経済的・時間的・人的余裕によって左右される。文書の保存管理には、スペースを要する上、費用や手間暇も相当にかかるからである。大名、武家、地主、商家、また近代行政機関などの文書は、一般に右記の余裕に恵まれ比較的良く残る傾向にある。しかし、文書作成から何十年あるいは何百年か後に、内外状況の急変によって保存管理の余裕を失うこともある。

また、K率は史料所蔵者の文書保存意識によっても大きく左右される。文書を保存管理できる余裕が充分にあっても、関心がなければ保存管理されるとは限らない。当主の代替わり後、文書が処分された話も少なくない。一方、災害・戦争・事故・犯罪などは、史料所蔵者の余裕や意識に関わりなく、一挙にK率を低下させるものである(9)。

では、DK率式から構造分析作業について考えてみよう。公文書館は、通常、種別の異なる複数の史料群を所蔵している。大名文書、藩士文書、地方文書、商家文書、府県庁文書、郡役所文書、そして郷土史家や収集家の文書など、それぞれの種別でDK率は一様でない。かつ、同じ府県内の郡役所文書であっても、各郡によりDK率に差異が見られる。

構造分析作業は、連続性または組織性の内的秩序の復元を目指すものである。より正確には「復元（restoration)」よりも「接近（approach)」と言った方が良いだろう。連続性の内的秩序への接近は、シリーズの分析作業になる。これに対し、組織性の内的秩序への接近は、階層構造の分析作業になる。シリーズにしろ、階層構造にしろ、分析作業の難易には対象史料群のDK率が大きく影響してくる。

まず、DK率式からシリーズの分析作業を検討してみたい。シリーズの分析は、ΣCの中にDCを位置づける作業になる。シリーズは、各ΣC、すなわち作成元の個人または団体が展開した各機能を解明すれば設定しやすくなる。そのため、作業の難易度は各ΣCの全容に接近できる関係資料の多寡によって左右される。また、DC率の高い機能はシリーズを設定しやすい。文書を多く生み出した機能ほど、シリーズのまとまりが明瞭になるからである。そして、K率の高低も作業の難易度に大きく影響する。文書がより多く残された機能ほどシリーズを設定しやすい。

次に、ＤＫ率式から階層構造の分析作業を検討してみる。階層構造の分析はΣＯの中にＤＯを位置づけする作業になる。階層構造は、ΣＯ、すなわち作成元の個人または団体が展開した全機能の組織性を解明できれば、設定しやすくなる。そのため、作業の難易度はΣＯの全容に接近できる関係資料の多寡によって左右される。その点に関して、行政機関や企業などは、組織機構を調査できる資料も比較的多く有利である。また、作業の難易度はＤＯ率の高低によっても影響を受ける。より広い分野にわたり文書が作成されていれば、階層構造の全容に接近できる手掛りも豊富である。そして、やはりＫ率の高低が難易度に大きく影響する。より広い分野にわたり文書が残されているほど、階層構造を設定しやすいからである。

三　構造分析の課題

構造分析作業は、アーカイブズがもつ連続性または組織性の内的秩序への接近（approach）である。ゆえに、作業のかなめはシリーズや階層構造の洗い出しであると言えよう。構造分析の課題は、各対象史料群によって洗い出し作業の難易度が異なることにある。階層構造にもとづく編成記述のISAD(G)が国内に導入された際、日本の古文書には適用しがたいとの意見も出された[10]。これも右記の課題に起因するものである。

そこで、本節では、まず個人および団体の活動を大まかに類型化した上で、前節の文書反映率を使って各傾向を分析してみたい。構造分析作業の難易度を、文書作成母体の類型による条件の違いから検討する。次に、連続性と組織性の内的秩序の潜在性と顕在性という問題についても検討してみたい。これらの検討を踏まえて、第四ステージで用いる方法として「外部的構造分析法」と「内部的構造分析法」を提示する。その上で、多様なアーカイブズをあつかう構造分析の課題に対して、いささか私見を述べてみたい。

（1） 個人および団体の活動の類型

本項では、個人および団体の活動を四つの類型に大別し、それぞれについて文書反映率を検討してゆく。

第一の類型は、職業活動が外部で行なわれる場合である。公務員や教員、会社員や銀行員、また近世では藩士など、勤め先を個人の家の外部にもつ人々が該当する。個人は勤め先である組織体が展開する職業活動のある部分にある期間従事する。すなわち、個人は組織体のΣOと各ΣCに部分的にたずさわっている。そのため、職業活動の参考にするため作成・収集された文書や資料が個人宅に保存されるケースもある。反面、職業活動に文書作成を要しない組織体に勤務した場合、個人宅にも文書はほとんど残らない。職業活動のDO率は、勤め先である組織体の職種によって高低差を生じる。ただし、DO率の低い職種であっても、DC率の高い機能は存在しうる。個人がDC率の高い部門にたずさわれば、文書の残る可能性も大きくなる。しかし、個人宅に保存される文書は、一般にK率が不安定な傾向にあると言える。個人の考え方、あるいは事情の変化によって保存文書を処分することも起こりうる。また、藩士などのような世襲の職業でない場合、文書の保存管理が世代交代後に引き継がれないこともある。

一方、個人は内部の私的活動に対してΣOと各ΣCに全面的に関わる。私的活動の中で文書作成を伴う機能はごく一部であるため、一般にDO率が低くなる。ただし、財産や冠婚葬祭、また趣味活動など個人にとって重要な機能に関してはDC率が高くなる。また、K率に関しては、個人単位の近現代の方が家単位の前近代にくらべて不安定な傾向にあると言える。生活単位が個人一代で終わるため、文書の保存管理が世代交代後に引き継がれにくくなったためである。

第二の類型は、職業活動が内部で行なわれる場合である。商家や農家、町工場、開業医、税理士ほか、いわゆる自営業の人々が該当する。近世の大名家の場合、公的な藩政を行なったため右記の自営業と同列に論じることはできない。しかし、大名文書には藩政文書と家政文書とを含むことから、この類型にやや近いのではないかと思われる。さて、個人はみずから営む職業活動に対して、全ての部分に直接または間接的にたずさわっている。すなわち、個人は自営業のΣOと各ΣCに全面的に関わっている。この形は小規模経営であるほど明瞭である。大店の商家で、奉公人に細部の仕事を任せていても、主人が商売全体をとりしきっていることに変わりない。自営業においても、職業活動のDO率は職種によって高低差を生じる。文書作成の必要性や経営規模などに起因するものである。ただし、DO率の低い職種においても、DC率の高い機能は存在しうる。

また、自営業の場合、職業活動で作成された文書のK率は、経営の継続期間により影響を受けやすい。世襲の商家や地主であれば、K率は比較的安定している。しかし、何代目かの時点で転業または廃業すれば、K率は不安定な状態になる。保存文書が経営の参考資料としての価値を失うほか、保存管理の余裕を失うこともあるからである。一代限りの自営業であれば、経営活動を終えた後、K率が不安定な状態に置かれることになる。

一方、私的活動の文書反映率に関しては、第一類型の場合と同様に考えておいて良いと思われる。職業活動が外部あるいは内部で行なわれても、個人の私的活動については文書反映率の傾向に大差はない。

第三の類型は、職業活動のみが行なわれる場合である。行政機関、教育機関、企業、病院ほかの組織体が該当する。個人の私的活動は基本的に存在しない。組織体は職業活動のΣOと各ΣCに全面的に関わる。そして、組織体の性質や規模にもよるが、一般にDO率とDC率は高い傾向にあると考えられる。組織体は、通常、多くの構成員を擁しており、内部の意思決定・指示・伝達・報告・連絡などのため文書を作成する。また、外部との連絡などにおいても文書を作成する。私的活動が存在しないことも、DO率やDC率を高める要因になっている。さらに、K率も一般には高い傾向にあると言えよう。行政機関で発達した近代的文書管理制度の影響、また文書保存スペースの余裕などが関係している。ただし、各組織体におけるアーカイブズ意識の成熟度によって個別差が生じる。また、行政機関や企業などであっても、必ずしも永続して存在する訳ではない。統廃合や合併、倒産などによってK率が急変することもありうる。

第四の類型は、私的活動のみが行なわれる場合である。個人は私的活動のΣOと各ΣCに全面的に関わる。すなわち、私的活動の文書反映率に関しては第一および第二類型の場合と同様に考えて良い。私的活動に時間的余裕がある場合、趣味活動に関わる文書が数多く作成されることもありうる。

以上、個人および団体の活動を四つの類型に分けて検討してみた。第四ステージの個別実践で多様な史料群をとりあつかう際も、大体は四つの類型のいずれかに分類できよう。しかしながら、構造分析作業は、DO率やDC率、またK率が高ければ必ずしも容易になる訳ではない。

次に、アーカイブズの内的秩序における潜在性と顕在性の問題が、構造分析作業の難易度に大きく影響してくるのである。

(2) 内的秩序の潜在性と顕在性

内的秩序の潜在性は次のように定義できる。

内的秩序の潜在性…活動における連続性と組織性の内的秩序が、個人または団体構成員の頭脳内でのみ整理され、第三者には情報共有されていない状態

内的秩序の潜在性は、個人や家庭、また自営業などによく見られる特徴である。前項で示した第二および第四類型、また第一類型の私的活動に大体重なる（職種や経営規模によっては第三類型、また第一類型の職業活動に重なることもある）。前近代の古文書、また近代でも民間史料で構造分析に苦労するのは、内的秩序の潜在性にも原因があると言えよう。

次に、内的秩序の顕在性は、次のように定義できる。

内的秩序の顕在性…活動における連続性と組織性の内的秩序が、明瞭に可視化され、個人または団体構成員のほか、第三者にも広く情報共有されている状態

内的秩序の顕在性は、公共的性格をもつ組織体、または経営規模の大きな組織体などによく見られる特徴である。前項で示した第三類型、また第一類型の職業活動に重なることが多い（職種や経営規模によっては第二類型に重なることもある）。私的活動のみが行なわれる第四類型にはほとんど見られない。

さて、機能の内的秩序は、団体の規模が大きくなり、社会との関わりが深くなるほど顕在化される傾向にあると考えられる。団体内部においては、各機能を多数の構成員間で分担共有し、かつ異動や世代交代後も長期間継続させる必要性がある。また、団体外部に対しては、第三者に利用の便を図り、各機能の内容をある程度周知させる必要性がある。

連続性と組織性の内的秩序は、あらゆる個人および団体の機能に潜在しているが、多数の人間と情報共有するためには人為的な顕在化の手段を講じなければならない。人手を加えて誰が見ても認識できる形にすること、つまり可視化である。

内的秩序の可視化においては、一定のルールにしたがい恒常性をもたせることが重要になる。連続性の内的秩序を可視化した例としては、事業名やプロジェクト名、共同研究名などがあげられる。一方、組織性の内的秩序を可視化した例としては、部課係名などセクション名、職務規程、また事務スペース区画などがあげられる。内的秩序の可視化は、組織体の発展拡大、そして成熟に伴い進む傾向にあると考えられる。近代における官僚制度の発達は、行政機関の組織機構を精緻なものに整備させた。これは、民間の会社や銀行などの組織機構にも影響をおよぼしている。また、商店が経営規模を拡大し企業に成長した場合、組織機構を整備し可視化することを求

表2　秩序発生・付与の3段階

段　階	当　事　者	発生・付与時点	備　　　考
第一次的秩序	文書作成者	文書作成時	・作成時に自然発生（連続性と組織性） ・メタ・データの有無に関係なし ・可視的または不可視的 ※「記録連続体論」のCREATEに該当
第二次的秩序	文書作成者 文書管理担当者	文書作成時 簿冊編纂時	・意識的に第二次的秩序を付与 ・記録媒体のメタ・データ、または記録保管場所の位置関係に反映 ・可視的 ・第一次的秩序を完璧に反映しえない ※「記録連続体論」のCAPTUREとORGANIZEに該当
第三次的秩序	アーキビスト等	目録等編成時 文書作成時から時間的・空間的距離あり	・文書作成者の残した記録史料群を整理する過程で第三次的秩序を付与 ・第一次的秩序への接近を目標（第二次的秩序を足掛かり） ・第一次的秩序を完璧に復元しえない

められる。

そして、機能の内的秩序の潜在性と顕在性は、作成された文書にも反映されうる。表2に示したように、アーカイブズの秩序発生・付与には三段階があると考えられる。第一次的秩序は、文書が作成された時点で自然発生するものである。メモ書き一枚であっても、作成者が四次元時空連続体に展開した機能を反映しており、連続性と組織性の内的秩序を必ず潜在させている。これに対し、第二次的秩序は文書の作成者もしくは管理担当者が、人為的に付与するものである。すなわち、文書の表題や年月日、作成元、備考などのメタ・データに該当する。第二次的秩序を意識的に付与することで、内的秩序が初めて顕在化される。第二次的秩序を付与しなければ、内的秩序は文書作成時と変わらず潜在したままである。また、第二次的秩序が不十分あるいは不適切に付与された場合も潜在に近い状態になる。

第一次的秩序は自然に発生するが、第二次的秩序になると連続性と組織性の内的秩序をより正確に反映させたり、整合性を考えたりなど手間のかかる人為の作業を必要とする。近代的文書管理制度は、この作業をシステマティックに規定したものである。そのため、近現代行政機関の公文書では、内的秩序が原則的に顕在化されている。また、第二次的秩序の付与は、フランク・アップワードの「記録連続体論（Records Continuum）」における「捕捉（CAPTURE）」の段階に位置する作業とも言えるだろう(11)。捕捉の段階で、メタ・データに連続性と組織性の内的秩序を適切に反映させるシステムを構築し、これを継続して運用管理すれば、顕在性を恒常的に維持することが可能になる。右記のシステムを構築し運用するためには、人的・時間的・経済的ほか余裕に加え、統一的に徹底させる強制力も必要になる。行政機関で文書管理制度が発達したのは、この条件にかなっていたためと言えよう。

さて、第三次的秩序の付与は、アーキビストなど史料整理を担当する人間が文書作成時から時間的・空間的距離を置いて行なうものである。第三次的秩序は、文書作成時に発生した第一次的秩序、すなわち連続性と組織性の内的秩序への接近を目指して付与される。第二次的秩序が付与された文書の場合、これを足掛かりに第三次的秩序を検討できる。それに対して、第二次的秩序が付与されていない文書の場合、諸資料を調査し第一次的秩序を推定した上で第三次的秩序を検討しなければならなくなる。前者は内的秩序が顕在した史料群、後者は潜在した史料群に該当する。

構造分析作業は、言い換えれば第三次的秩序の付与である。個人文書や民間史料の構造分析の困難さは、内的秩序の潜在性に原因すると言えよう。個人文書や民間史料の場合、第二次的秩序を付与されていない史料を多く含む傾向にある。また、第二次的秩序を付与された史料でも、記載が不備あるいは不統一であるケースも少なくない。これは、個人などの場合、第二次的秩序を適切かつ統一的に付与する文書管理システムと、継続的な運用を維持させる強制力とをなかなかもちがたいためである。対照的に、右記のシステムと強制力をもつ行政機関や企業などの場合、史料群の構造分析は比較的容易である。

第三次的秩序を付与する構造分析は、内的秩序の潜在性と顕在性によって作業の難易を左右される。顕在性は、第二次的秩序の有無に大きく関わる。ただし、第二次的秩序を付与するシステムをいかに精緻に構築し確実な運用に努めても、所詮は人間の手によるものである。第二次的秩序が第一次的秩序を完璧には反映しえないことを念頭に、第三次的秩序を検討しなければならないだろう。

（3）外部的構造分析法と内部的構造分析法

本項では、第四ステージの個別実践で用いる二つの構造分析法を提示したい。それぞれを「外部的構造分析法」「内部的構造分析法」と呼んでみる。

外部的構造分析法は、次のように定義できる。

外部的構造分析法…史料群を作成した個人または団体の活動の連続性または組織性を、関係諸資料から解明し、各史料をシリーズまたは階層構造に位置づけする分析方法

定義中の「関係諸資料」とは、対象史料群の外部にある関係資料、具体的には、他史料、書籍や新聞、口伝やオーラル・ヒストリーほかを意味する。これらから、作成元の組織歴や活動内容ほかを調査し、連続性と組織性を解明する構造分析法である。

次に、内部的構造分析法は、次のように定義できる。

内部的構造分析法…史料群を作成した個人または団体の活動の連続性または組織性を、史料群自体から解明し、各史料をシリーズまたは階層構造に位置づけする分析方法

「出所の原則」と「原秩序尊重の原則」は、この分析法を用いる際にこそ本領を発揮する。史料群を混ぜず、

かつ原秩序を崩さないことで、内的秩序を分析する手掛りを確保できるからである。

では、構造分析の二方法を、内的秩序の文書反映率との関係から考えてみよう。内部的構造分析法は、文書が広い分野にわたり、かつ多数残されているほど有利に進められる。すなわち、DO率とDC率、そしてK率が高い史料群ほど好条件ということになる。これに対して外部的構造分析法は、DO率、DC率、K率の高低に関わりなく進めることができる。

次に、内的秩序の潜在性および顕在性との関係を考えてみたい。外部的構造分析法は、機能における連続性と組織性が顕在化している場合、有利に進められる。また、内部的構造分析法は、顕在化した連続性と組織性が文書に反映されている場合、有利に進められる。

以上のことから、構造分析の二方法の適用について、近現代行政文書と個人文書・民間史料の傾向を対比してみたい。全般的に見て、近現代行政文書は、外部的および内部的構造分析法のどちらにも有利と言える。対照的に、個人文書・民間史料は、外部的および内部的構造分析法のどちらにも不利と言えよう。両者を分けるものは、組織機構の整備、そして文書管理システムの構築と長期的運用管理である。ただし、あくまでも全般的傾向であり、当然ながら個別差が存在する。「出所の原則」と「原秩序尊重の原則」、またMAD 2やISAD(G)など階層構造にもとづく記述標準は、近現代行政文書の整理から生み出された。これは、内部的構造分析法を適用しやすい有利さに因ると考えられる。一方、ISAD(G)が日本の古文書に向かないとする批判は、内部的構造分析法を適用しづらい不利さにも一因している。

最後に、二つの構造分析法がそれぞれ抱える限界について述べておきたい。外部的構造分析法の限界は、関係諸資料の残存度による制約である。文書の作成元がかつて多方面に各種機能を展開していたとしても、現在残る資料から確認できない機能までは分析困難である。一般に関係諸資料の残存度は時代をさかのぼるにしたがい低下する傾向にある。ただし、関係諸資料に記されていない機能も、内部的構造分析法の併用で史料群自体から判明することもありうる。

内部的構造分析法の限界は、史料群自体の状態による制約である。分析作業の難易が、文書の作成分野の幅（DO率の高低）、文書作成数の多寡（DC率の高低）、そして文書の残存度（K率の高低）によって大きく左右される。残存度の低い史料群を内部的構造分析法だけで整理した場合、ΣOにおけるDOの位置づけを誤る危険性もはらんでいる。つまり、作成元が現実に展開した組織的活動とは見当はずれな解釈を文書にあたえてしまうことも起こりうる。外部的構造分析法を併用すれば、関係諸資料を調べてΣOや各ΣCに接近することができる。

編成作業の実際においては、外部的構造分析法と内部的構造分析法を相互補完して用いることが有効と思われる。ただし、二つの構造分析法を併用しても、対象史料群の内的秩序を解明できないケースが往々にしてあることも念頭に入れておかなければならない。

（4） 個別実践段階における構造分析の課題

本項では前項までの検討を踏まえ、第四ステージの個別実践で多様な史料群を構造分析する際の課題について考えてみたい。第四ステージの個別実践では、文書反映率や文書残存率、また内的秩序の潜在性・顕在性にも違いがあるさまざまな史料群をとりあつかう。外部的および内部的構造分析法を併用してすら限界のあるケースも少なくない。そのような状況下において史料群の内的秩序にどれだけ正確に接近できるか、これが構造分析作業の課題と言えよう。

構造分析は、より正確に内的秩序に近づくことを目指すが、一〇〇パーセント完全な復元は不可能である。第二項でも述べたが、文書作成時に自然発生する第一次的秩序が本来の内的秩序である。これに対し、第二次的秩序であるメタ・データの付与、第三次的秩序である構造分析による編成は、あくまでも人為的・意識的なものである。しかも、第三次的秩序の付与は、アーキビストなどが文書作成時から時間的・空間的間隔を置き、かつ制約の多い条件下で行なわれる。構造分析とは、制約ある条件下で可能な範囲において史料群の内的秩序への接近を試みる作業と言えよう。

さて、構造分析における最大の課題は、内的秩序への接近が困難な史料群をどのようにとりあつかうかにある。構造分析の作業面から史料群のタイプを大まかに三つに分類してみよう。

①文書の作成元に明瞭な組織機構と事業が存在し、かつ現在判明しており、これを元にシリーズや階層構造を設定できる史料群

②文書の作成元に明瞭な組織機構と事業は存在していたが、現在判明しておらず、作成当時の機能を調査して推定によりシリーズや階層構造を設定しなければならない史料群

③文書の作成元に明瞭な組織機構と事業が存在せず、作成当時の機能を調査して推定によりシリーズや階層構造を設定しなければならない史料群

具体的に言えば、①は府県庁文書や企業文書など、③は個人文書などがイメージされる。大名文書、また近代の町村役場文書などは、個別の状態によって①か②に分かれるだろう。これに対し、個人文書や民間史料では③のタイプになるケースが多いと思われる。個人の場合は当然だが、豪農や商家など経営規模の比較的大きい場合であっても、行政機関のように精緻にセクション化された事例は稀である。また、行政機関のように文書管理システムを整備していないため、第二次的秩序の付与が不統一になりやすい。それゆえ、第三次的秩序は、構造分析の際、関係諸資料の調査や史料群自体の分析から付与せざるをえない。かつて安藤正人氏は越後国頸城郡岩手村佐藤家文書（大肝煎・庄屋・地主文書）を整理し、史料群自体の分析から、サブ・グループ、シリーズ、サブ・

シリーズの階層構造を設定した。(12) 機能の組織性が潜在している場合、アーキビストなど第三次的秩序を付与する者が組織性を推定して設定することも、構造分析作業において必要になるのではないかと思われる。そこで、本稿では仮にこれを「推定組織」と呼んでみたい。批判対象とされるのは、推定組織を設定すること自体の是非ではなく、個々の設定精度や妥当性の問題だろう。

前述したとおり、外部的および内部的構造分析法は、関係諸資料および史料群の多寡によって制約を受ける。個人文書や民間史料の場合、この制約により推定組織の設定に困難を伴うことが少なくない。しかしながら、構造分析作業とは、内的秩序への接近（approach）である。推定組織の設定はその手段であり、アーキビストなどが所与の条件下で可能な範囲において試みるべきものではないだろうか。設定においては十分な調査分析と慎重な検討、そして研究の進展に応じて修正を加える柔軟な姿勢が大切であろう。

また、さまざまな職種にわたる個人文書や民間史料を構造分析した事例の蓄積が、推定組織の設定方法を検討する上で、今後、参考資料になると思われる。職種ごとに推定組織の共通性がある程度見出せるものと期待される。ただし、スタンダード・モデルの安易な普及はかえって危険であり、共通性を元にしつつ個別史料群の実態に即した推定組織を設定する慎重さが肝要である。

おわりに

構造分析は、基本的に周到な準備を要する作業である。その意味で、短期「野戦」よりも長期「攻城戦」にたとえられる性質のものだろう。そして、構造分析作業の難易度から、近現代行政文書は「巨大な平城」、個人文書や民間史料は「小さくとも山城」と見てとりかかるべきである。構造分析作業のみを純粋に考えれば、人員的・時間的・予算的に充分な余裕をもって慎重に行なわれなければならない。

公文書館で利用者に提供する目録を刊行する段階では、構造分析目録の形に固執する必要はない。閲覧提供の場においては、利用者の用途に応じた目録を提供する方が望ましいこともある。ただし、利用提供のための目録を刊行する際、収録史料群を構造分析した基礎データが母体として存在すれば理想的である。構造分析目録は必ずしも刊行の形態をとる必要はないが、これを母体に刊行される目録にとっては収録史料群の作成背景や内的秩序を知る寄辺となる。かつて構造分析目録が「基本目録」と呼ばれたことを、私は右のように理解したい[13]。構造分析は目録編成の前提となるデータ、いわば「マザー・データ」を準備する作業として史料整理の中核に位置づけ認識されるべきであろう。

また右の理念を保持した上で、史料群によって異なる構造分析の難易度、分析自体の可能不可能を考慮し現実的に作業を進めることも大事である。

（1）拙稿「記録史料群の内的秩序の復元に関する一考察」（『秋田県公文書館研究紀要』七号、二〇〇一年）。

（2）鎌田和栄「公文書館の国際化と史料記述標準化問題について――21世紀にあたり公文書館・アーキビストは何をしていくべきか――」（『記録と史料』一一号、全国歴史資料保存利用連絡協議会、二〇〇一年）、前掲註（1）拙稿。

（3）森本祥子「オーストラリアのアーカイブズ・システムについて――概観――」（平成十五年度～平成十八年度科学研究費補助金（基盤研究（A））『歴史情報資源活用システムと国際的アーカイブズ・ネットワークの基盤構築に向けての研究』課題番号一五二〇二〇一五、学習院大学、二〇〇七年）、国文学研究資料館平成十六～平成二十一年度研究成果報告『アーカイブズ情報の資源化とネットワークの研究』（人間文化研究機構国文学研究資料館、二〇一〇年）。学習院大学の科研では、オーストラリアの公文書館でシリーズ・システムの現地調査を四回にわたり実施した。また、国文学研究資料館の研究プロジェクトでは、二〇一〇年一月九日公開研究会「アーカイブズ編成の理論と実践――公文書館の現場からの提言――」の開催趣旨でシリーズ概念の積極的位置づけを強調した。

（4）テオ・トマセン（石原和則訳）「アーカイブズ学入門」（記録管理学会・日本アーカイブズ学会共編『入門・アーカイブズの世界——記憶と記録を未来に——』日外アソシエーツ、二〇〇六年）。

（5）大藤修・安藤正人『史料保存と文書館学』（吉川弘文館、一九八六年）、安藤正人『記録史料学と現代——アーカイブズの科学をめざして——』（吉川弘文館、一九九八年）、森本祥子「オーストラリアのアーカイブズ——その背景と現在の概観——」（『レコード&インフォメーションマネージメントジャーナル』二号、ARMA東京支部、二〇〇七年）。

（6）ヘルマン・ミンコフスキー（一八六四～一九〇九）はユダヤ系ドイツ人数学者でロシアに生まれた。ボン大学、ケーニヒスベルク大学、チューリッヒ工科大学、ゲッチンゲン大学で数学を教授。四次元時空連続体の理論は、アインシュタインの相対性理論に数学的基礎を与えた。

（7）Hermann Minkowski, *Raum und Zeit*, Leipzig & Berlin, 1909, First Edition 菅原正巳訳「空間と時間」は『幾何学の基礎をなす仮説について』（清水弘文堂書房、一九七〇年）に所収。

（8）物理学で使われる時空図では、縦軸を時間軸、横軸を空間軸にとっている。本稿では機能の時間経過に沿った連続性を見やすくするため、縦軸を空間軸、横軸を時間軸にとった。

（9）日本における戦後のアーカイブズ保存運動は、戦災による史料の消失を大きな契機として始まった。昭和二十年代における文部省史料館の設置は、民間史料の保存、すなわちK率の安定化を目的とする側面をもっていたと考えられる。同じくK率の安定化を志向した動きとしては、昭和・平成の町村合併時における公文書保存運動、昭和三十年代以後の全国各県における公文書館設置運動、二〇〇九年の公文書管理法制定などがある。みな、K率の急激な低下を防ぐ役割を果たしている。

（10）前掲註（2）鎌田論文。鎌田氏はISAD(G)が国内に普及しない原因として、日本の「文書資料」の形が多岐にわたることをあげた。

（11）フランク・アップワードの記録連続体論に関しては、坂口貴宏「記録連続体論の理論とその適用——記録の評価選別における構造分析プロセスを例に——」（『レコード・マネジメント』四七号、記録管理学会、二〇〇四年五月）、中島康比古「レコード・コンティニュアムが問いかけるもの」（『同』四九号、二〇〇五年五月）、「レコードキーピングの理論と実践：レコード・コンティニュアムとDIRKS方法論」（『同』五一号、二〇〇六年五月）などを参照されたい。

(12) 前掲註(5)安藤書。安藤氏は、佐藤家文書を「岩手組組合村文書(大肝煎文書)」「岩手村村方文書(近世庄屋文書及び明治初期戸長文書)」「岩手(村)近代行政文書(戸長・改正御用掛・惣代文書)」「佐藤家「家」文書」の四サブ・グループに大別し、その下にシリーズ、サブ・シリーズを設定した。

(13) 前掲註(5)安藤書。

アーカイブズ編成・記述の原則再考——シリーズ・システムの理解から——

森本祥子

はじめに

日本で、アーカイブズ資料の編成・記述をするにあたって出所原則および原秩序尊重の原則が根づいて久しい。これら原則の表現にあたって最も一般的にとられている編成・記述手法は、単一出所のもとにそこで作成された資料すべてを位置づけて一フォンドとして、そのなかに階層構造等の内的秩序を見出す、というアプローチである。この考え方はたとえば、比較的フォンドの範囲を確定しやすい個人宅からでた資料のかたまりである場合には採用しやすい。しかしその場合でも、その内部の編成においては、一点の資料に複数の作成者[1]がかかわったり、あるいは一点の資料が複数の業務にかかわっていたりなど、サブ・フォンドと個々の資料とが「一対一」対応とならず、固定化された階層構造の提示がむずかしい場合がある。

ましてや、組織変遷が頻繁に発生する現代の組織運営文書の場合には、文書の作成者と文書との関係は流動的であり、ある業務にともなって文書が作成され始めた時と、その業務が終わって文書のまとまりができあがった時とでは、作成組織が変わっている、ということは珍しくない。ある業務とそれにともなって作成される文書シリーズは一貫しているにもかかわらず、文書の直接的作成者（たとえば、課や係といった単位）はいうまでもなく、フォンド・レベルの作成者も変わる（省庁名が変わった、市町村合併が行われた、会社が吸収合併された、など）ことがある。このような場合は、作成者と資料とは「一対一」対応との前提に立ち、単一の出所のもとにすべての文書を関連づけるというツリー型の階層構造では、作成者と文書の関係を正確かつわかりやすく表現することはむずかしい。

オーストラリアでは、この問題を解決するため、作成者についての記述と文書についての記述とを切り離し、個別に記述したうえで、必要に応じてその記述同士をリンクさせる、という手法を一九六〇年代に開発した。これは、その編成記述の中心をレコード・シリーズにおいたことから、シリーズ・システムと呼ばれ、現在ではオーストラリアの国および州のアーカイブズ機関すべてにおいて取り入れられている。見かけ上、作成者と文書についての記述が切り離されるために出所原則が崩されたように見えるが、その本質は真の意味で出所原則を守れることにある。

本稿では、このシリーズ・システムの基本的な考え方を確認し、現代情報化環境をふまえて編成記述を考えるさいに、シリーズ・システムが示唆する可能性を検討する[2]。

一　シリーズ・システム

（1）　前史――イギリスの伝統からの出発[3]――

オーストラリアの文字文化は十八世紀なかばからのイギリスの植民地としてはじまり、当然ながらその文書管理手法のルーツはイギリスにある。そこで、まず簡単にイギリスの伝統を確認しておきたい。

本稿の課題の視点からみたイギリスのレコードおよびアーカイブズ管理の特徴としては、第一に、レコードとアーカイブズを一貫したものとして捉え、そのあいだの断絶を意識しないというレコード認識と、それを支える現用段階のレジストリー制度の充実があげられる。レジストリー制度は、レジストリー（文書登録担当部署）が、文書の作成・収受時に文書情報を登録簿に記録して管理するという制度である。すなわち、文書は作成・収受の時点から集中管理され、それにもとづいて現用の場で利用されてきた形を維持してアーカイブズに移管されるため、アーカイブズはあえて一から編成し直す必要がない(4)。

二十世紀前半のイギリスの理論家ヒラリー・ジェンキンソンはしばしば、本来的にはアーキビストの職分であるべき業務を文書作成者に依存しすぎる、アーキビストの姿勢が受け身に過ぎるとして批判される。しかしイギリスでは、基本的に現用の文書管理との連絡が比較的よかったことから、出所原則や原秩序尊重の原則を実現するには、現用からアーカイブズへの「途切れのない保管体制（unbroken chain of custody）」を築き、作成者ごとに文書をグルーピングして配架すればそれでおよそ十分であった、という現実がある。つまり、受け身であってもアーカイブズの質は保て、アーカイブズの諸原則は維持できたのである。

実際のアーカイブズ編成を、パブリック・レコード・オフィス（旧国立公文書館。以下、ＰＲＯと呼ぶ）の事例でみていく。ＰＲＯでは、主として省庁単位での文書のまとまりをレコード・グループと呼び、その下に内容などにもとづく文書のまとまりとしてレコード・クラスという単位を設定した。たとえば、一八五六年から一九〇五年にかけての駐日外交代表と本国外務省との情報のやりとりがまとめられた「FO46」という文書群があるが、これは外務省を出所とする文書のまとまりであるレコード・グループ「FO」に属する、ひとつのレコード・クラス「46」である。ただしジェンキンソンによれば、レコード・グループという定義はフォンドのような厳密なものではなく、なにをもってグループとするかは、柔軟にとらえられるという(5)。したがって、ＰＲＯにおけるレコード・グループは、個々の省庁のみでなく、関連する諸出所の文書をまとめたものも存在する。

また、ある文書シリーズが複数出所をもつ場合は、それがすでに閉じられたものであれば、図1のように、出

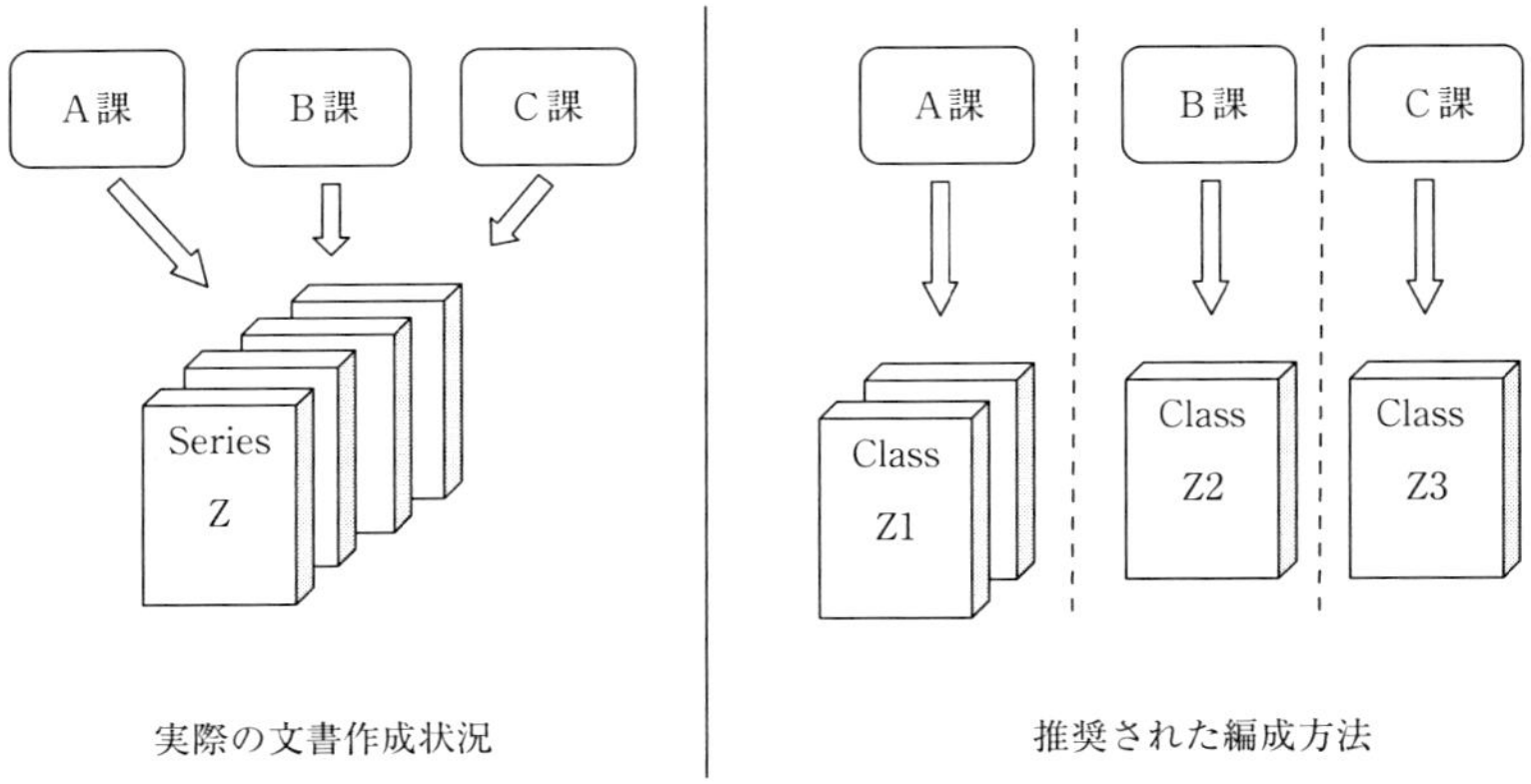

図1　文書の「一対一」対応を実現する編成方法

所単位でシリーズをわけるのがよいとされた。これによって、文書とその作成者との「一対一」対応が維持されるためであり、レコードの全体性よりも出所原則を重視した考え方である。一方、途中から別組織に機能が移り、現在も作り続けられている文書シリーズであれば、それは現在の組織を出所とすべきだとした。複数出所をもつ文書をたどるには、参照ツールが用意された。

このように、オーストラリアがアーカイブズ構築に着手したときには、レコードとアーカイブズの連続性を基本理解とし、レコード・クラスに編成することで出所原則を実現するというアーカイブズ管理理論がイギリスでほぼ成立しており、オーストラリアはそこを基点にとりかかったといえる。

しかし現実には、分断されたレコード・クラスを追うための参照システムの構築は煩雑であったし、また理論面からも、本来は一連のシリーズであるものを作成組織が変わるたびに分断して別クラスとすることは原秩序尊重の原則に反するものともいえた。この課題克服はシリーズ・システム成立の重要な契機となった。

このほかにオーストラリアに影響をあたえた重要な観点は、ジェンキンソンの提示した、アーカイブズのモラル・ディフェンスという考え方である[6]。ジェンキンソンは、「アーカイブズ編成の基本の唯一の正しいあり方は、アーカイブズが作成された当初の業務遂行目的を明らかにすること」であるとし、そのために、アーカイブズがもつさまざまなコンテクスト情報を保存すべきだと主張した。ジェンキンソンはそのための具体的な作業（ナンバリングや原秩序を記録するファイル単位のメモ作成など）も詳細に規定している。このアプローチは、アーカイブズの編成作業が物理的な文書の並べ替えに縛られていた当時の一般的な方法から脱し、コンテクスト情報をいわば「紙の上で並べ替える」ことによって、物理的秩序の制約から離れて情報面からアーカイブズを編成することを可能にした。ジェンキンソンの議論ではそれ以上には十分発展しなかったが、この視点もシリーズ・システム成立において、重要な理論基盤となった。

（2）シリーズ・システム成立の経緯

オーストラリアの国の公文書保存への取り組みは二度の世界大戦を契機とし、とくに第二次世界大戦が国立公文書館の設立へとつながった[7]。一九〇〇年に建国したばかりのところに戦争によって大量の文書が発生し、その管理が必要となり、さらにアーカイブズには事実上半現用の状態——彼らの表現を借りれば「生成されつつあるフォンド《in the process of becoming》[8]」——で文書が移管されてくるという困難な状況のなか、一九四〇年代にまず試行された手法は、「移管システム《Accession System》」である。

「移管システム」とは、特定年度に受け入れる文書を移管元の組織ごとにわけ、同一組織から移管された文書は一つの「移管シリーズ《accession series》」として登録する、というアプローチである（図2）。しかし移管システムでは、長期にわたって作成され続けている文書シリーズの場合、個々の移管シリーズについてその作成者とレコードとの関係は正確であっても、移管年度によってそれぞれ別個の移管シリーズとして登録されるため、本来の文書のまとまりが分断され統一性が失われるという問題を抱える。情報検索面からみても、本来はひとまとまりに作成され

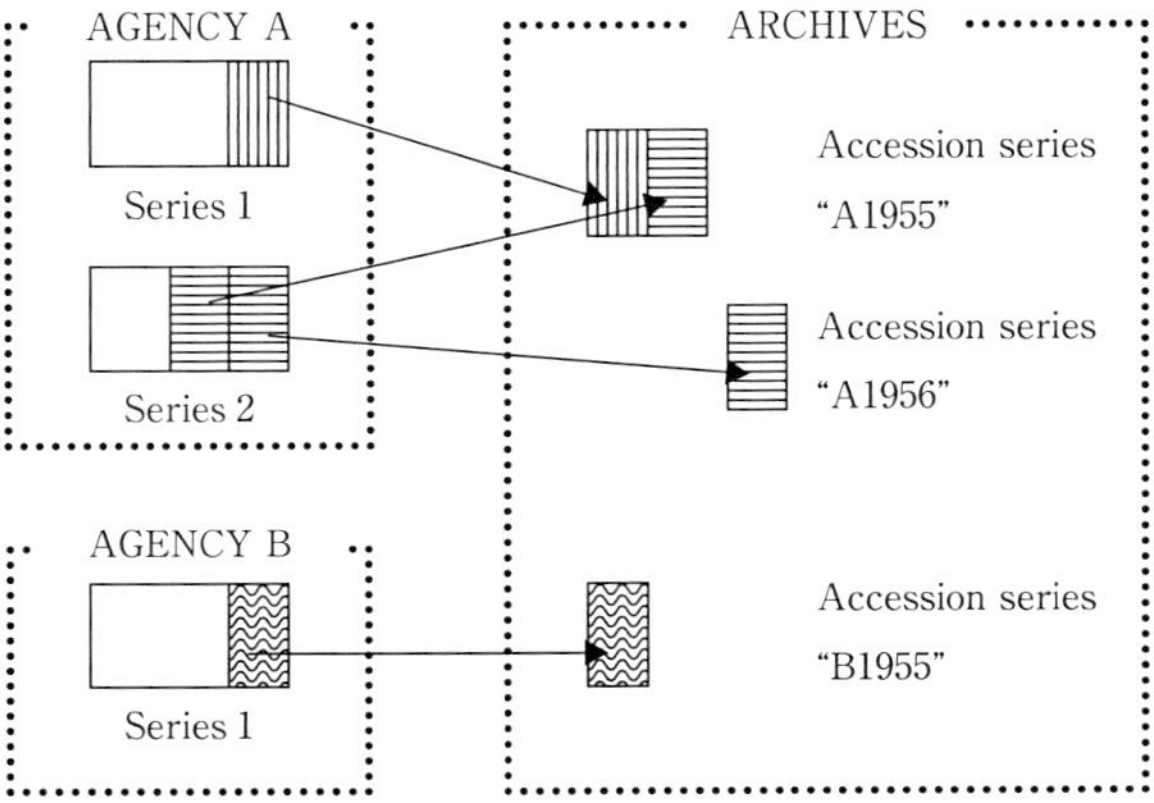

図２　移管システムのイメージ

ている文書シリーズが「一九五五年に移管された分は、同じ出所の他シリーズとともに移管シリーズA1955を構成し、その続きは三年後に移管されたシリーズA1958にある、ところがそこで一九五五年移管分より古い文書がでてきて翌年移管された分は、また別のシリーズの一部とともにA1959を構成し……」といった具合にばらばらの情報を拾っていくこととなり、非常に煩雑である。つまり、移管システムにおいては、作成者―レコードの関係は正確に記述できても、本来のシリーズ全体の統合性は十分に表現できていなかった。

ジェンキンソンが主張したのは出所単位でレコード・シリーズをわけることであったが、それに加えて移管年という、場合によっては偶然にも依拠する単位でシリーズを分断したことにより、複雑さが増したといえる。しかしそれは、完結したシリーズをアーカイブズ側で編成するというジェンキンソンが想定していた状況と、完結していないシリーズが年ごとに任意に分割されて移管され続けるというオーストラリアの現実との違いが、背景にあったといえる。

こうした試行錯誤のなかで、国立公文書館のアーキビスト、ピーター・スコットが一九六〇年代に考案したのが、シリーズ・システムである。スコットが当時直面していた課題をどのように整理し、その解決策をどのように考え、シリーズ・システムとしてまとめられていったのか、スコット自身の論考を引用しながら、理解したい。(9)

スコットは、レコード・グループを基本単位としてアーカイブズの編成・記述を行う場合に生じる問題を五点に整理している。

一点目は、「レコードの移管者」をレコード・グループの作成者とする場合に生じる問題。移管者と実際のレコードの作成者が異なる（レコード作成中に組織替えがあるなど）、あるいは業務が途中から複数の部署に分割された場合に、移管者となった部署以外の関係部署が作成者として情報が採録されないなど、作成者とレコードとの関係が正確でないことがある。

二点目は、「レコード作成者」をレコード・グループの作成者とする場合に生じる問題。レコード・グループを作成した部署が複数ある場合にそのうちの任意の一部署のみを作成者とすると、ほかの部署の時代に作成されたレコードにとっては実際とは異なる部署が作成したこととなってしまう。その解決のために、全体をカバーしうる組織名を記述の便宜用に作り出すとすると、それはどのレコードにとっても架空の作成者ということになる。レコードと実際の作成者との関係維持を重視し、作成者が変わるごとにシリーズを分断すれば、作成者―レコード関係は正確だが、シリーズ内の原秩序が残せず全体の統一も崩れる。なおこのアプローチでは、当初の作成者をわりだすには組織歴に関する相当の調査分析が必要になる場合も少なくなく、そのために手間がかかり整理が遅れることは望ましくない、という問題も指摘されている。

三点目および四点目は、レコードの物理的管理にかかわる問題。レコード・グループ内での編成および書庫内の配架がすんでから新たに別シリーズが移管された場合、シリーズに対する番号付与や書架内での並べ替えといった作業が発生し（三点目）、シリーズ内に追加レコードがあった場合も同様の事態が発生する（四点目）。これは、出所原則・原秩序尊重の原則の実現が、物理的な配架に縛られていた当時の意識・手法を反映した指摘である。

五点目は、そもそもレコード・グループという概念について一貫性のある定義ができない、という根本的な問題。当時のオーストラリアでは、ジェンキンソンの定義をベースにしつつ独自に定義を整理しているが、ここでレコード・グループを、「特定の省庁や部局のアーカイブズ全体（all the archives of a department or office）」と定義しており、下位の組織のあつかいも明確にされていない。またスコットは指摘していないが、上記定義にみられる「of」は曖昧であり、省庁や部署が作成者にあたるのか移管者にあたるのか、明確でない。このことが先にふれた第一点目および第二点目の問題を引き起こしているといえよう。

以上の五点の問題を明らかにしたうえで、スコットが提示した解決策は、編成を出所からみるのではなく、レコード・シリーズに基点をおいて考えることであった。現代の目からみれば、スコットの発案が理論面で大きな転換であることが評価されるが、スコットの問題整理をみると、日々の実務上の困難から解放されることがそもそもの出発点であったことがわかる。このように、シリーズ・システムは机上で構築された理論ではなく、現場から生まれたすぐれた知恵の賜であることが理解されるのである。

（3） シリーズ・システムの基本的考え方

次に、シリーズ・システムの基本的な考え方を整理する。

スコットのもとでシリーズ・システム確立期に業務にあたったクリス・ハーレーは、シリーズ・システムの本質を、保管者という受け身の視点から、文書の作成からの全体を包含する視点への転換であると指摘する。(10)

すなわち、従来は、アーカイブズに移管されてきた資料群についていかに編成・記述するか、ということばかりが議論されたが、シリーズ・システムにおいては、文書が作成されたところからすべてを包含する「統合レコード・マネジメント」の視点にたち、文書作成時点で記述を始めるという考え方を整備したのであり、そのこ

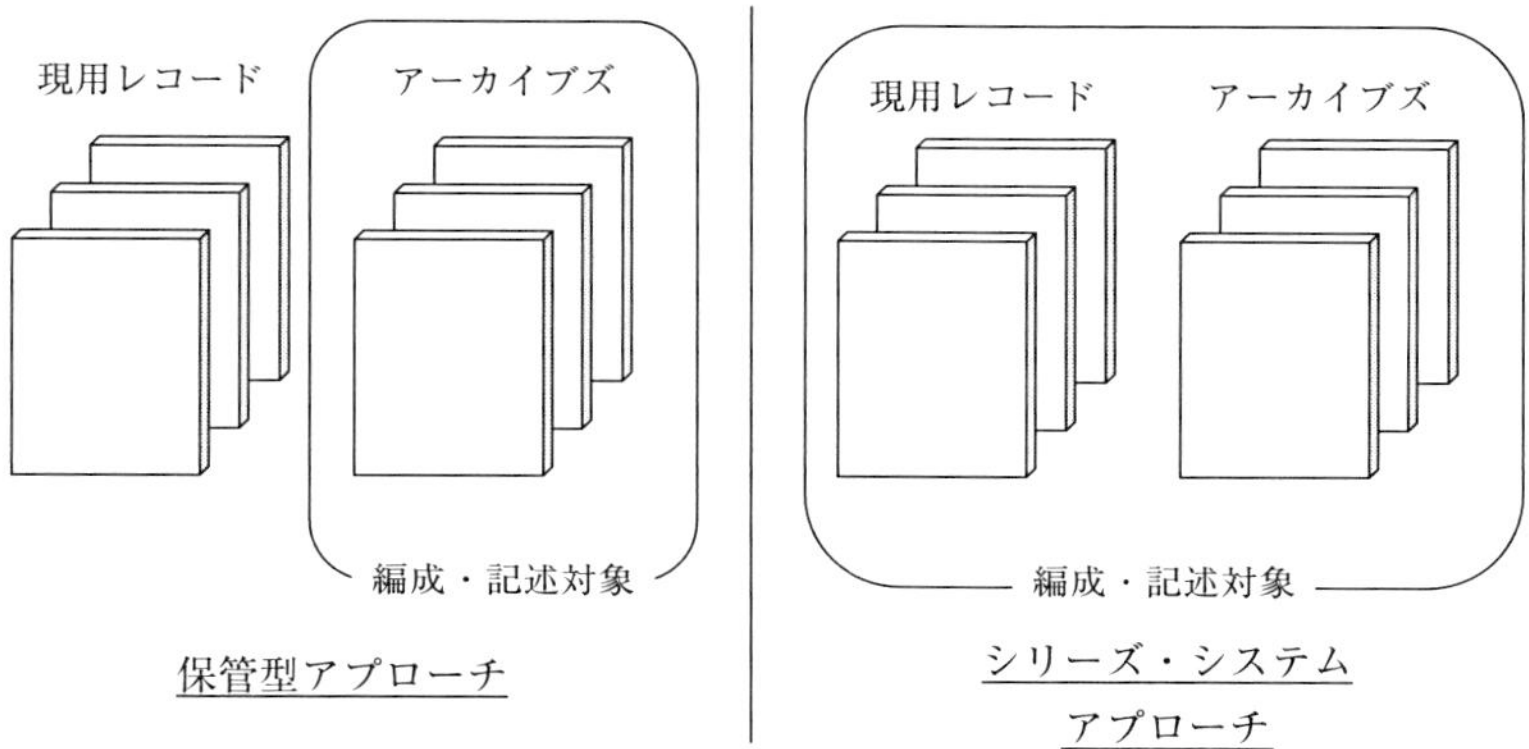

図3　シリーズ・システムが対象とする資料の範囲

とこそが、シリーズ・システムのもっとも大きな意義であるとする。現在、オーストラリアのアーカイブズ管理を学ぶさいの教科書となっている『Keeping Archives』において、シリーズ・システムによる記述にあたっては、たとえ文書がアーカイブズに移管されていなくても、まずは文書作成者の情報を登録せよと指示されていることは、この思想をよく示している。(11) 移管された文書を総体としてその内部を分類するという考え方（保管者のアプローチ）ではなく、そもそもどのような組織のどのような活動を経てどのような文書が生みだされ、今アーカイブズに移管されている文書はそれら作成文書全体のなかでどのような位置づけなのかを考え、その情報を記述するためのアプローチが、シリーズ・システムの基本的考え方である（図3）。

スコットが実務的に開発した方法論は、こうした理論的に重要なシフトをともなうものであった。その点は十分意識しつつ、以下では記述の方法論としての側面に焦点を当てて理解を進める。

記述の方法論としてのシリーズ・システムのポイントを改めて整理すると、「アーカイブズの編成の基本を、業務遂行のコンテクストに縛られない、独立した単位としてのレコード・シリーズ」(12) におき、コンテクスト情報とレコード情報を分離し、さらに各記述情報を独立させて必要に応じてリンクさせることで、情報同士の「多対多」のゆるやかなむすびつきを可能にし、それにより出所原則と原秩序尊重の原則を実現することである。

シリーズ・システムと呼ばれるこのアプローチは、いわゆる標準ではない。ハーレーは、これを方法論だと説明する。[13] それゆえに、スコットの発案以降、多くの論者と実務の場で練られ、結果として、採用しているアーカイブズ機関ごとに用語や定義にバリエーションも生じている。しかしここでは、もっともベーシックなオーストラリア国立公文書館によるマニュアル『連邦シリーズ・システム・マニュアル』[14] でまとめられている定義を提示することとする（図4）。

【コンテクスト要素】

オーガニゼーション…政府全体、学会、教会、企業など、独立した（またはおおむね自律的な）組織。出所単位であるエージェンシーの、より上位レベルの業務遂行コンテクストを表す手段。オーガニゼーションの業務や機能は、下位にあるエージェンシーを通じて実行されると考える。

エージェンシー…他から独立して認識できる組織単位で、業務機能を遂行する責任をもつもの。エージェンシーは、その組織階層に見合った意志決定権限のある責任者をもち、法規類にもとづいてその設置や機能が確立されており、独自のレコードキーピングシステムをもつ。

【レコード要素】

シリーズ…特定のエージェンシーまたは個人によって作成・維持されたレコード群で、その現用性、価値、

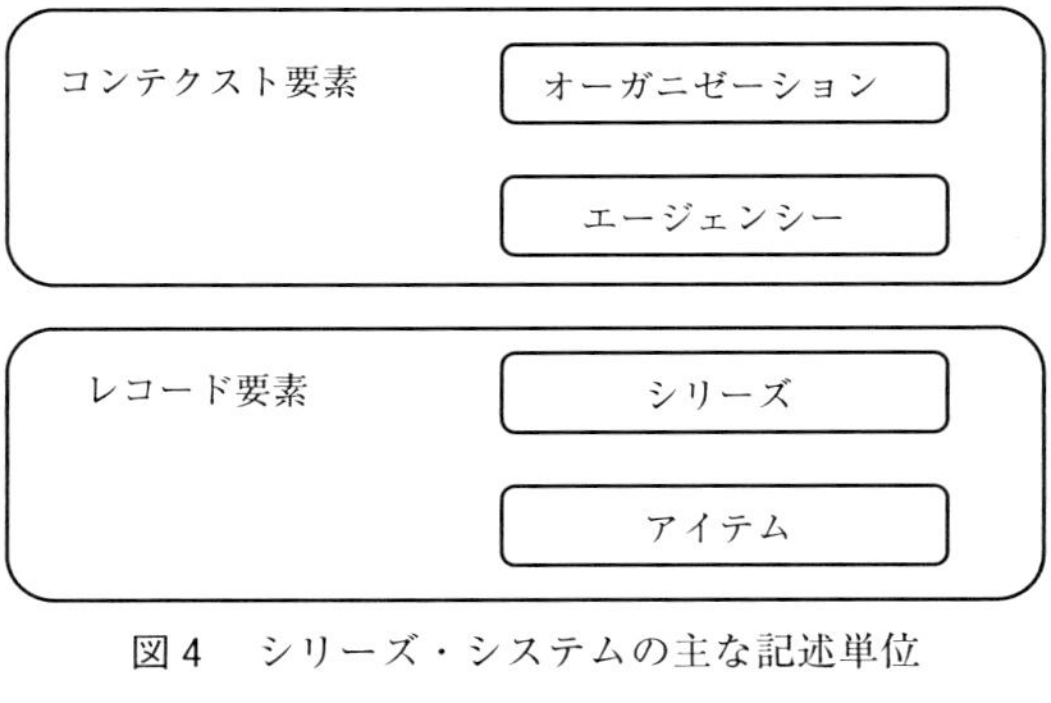

図4　シリーズ・システムの主な記述単位

現在の管理者を問わず、以下の秩序をもつもの――(一)同一の番号体系、アルファベット順、年代順その他の秩序をもつ、または、(二)同一の蓄積の流れやファイリングプロセスで生成され、類似の機能、形態、情報内容をもつ。

アイテム…シリーズを構成する、個々のレコードキーピング単位。

シリーズ・システムにおいては、フォンド・ベースの階層構造と異なり、オーガニゼーションとエージェンシーとのあいだを除き、組織の上下関係が固定されないため、「サブ(下位)」といった概念がない。省庁レベルでも課レベルでも、組織の単位はすべてひとしくエージェンシーであり、「サブ・エージェンシー」という表現はしない。

現代の組織では組織の上下構造は一定ではなく、たとえば部―課―係という基本ラインに、特定のプロジェクトを遂行するためのグループが課横断的に時限的に作られる、ということもありうる。あるいは組織が大きくなって部の上に局が設けられるようになったり、支店や出張所が設けられるようになるかもしれない。このように組織構造は常に単線的とは限らず、またさまざまな方面に展開していく可能性を考えると、すべての組織をひとしくエージェンシーとし、必要に応じて相互の関係性を規定しリンクすればよい、というしくみは柔軟性をもち、多様な編成・記述ニーズに対応できる。

またこのことは、組織歴を厳密に調べ、組織変遷をすべて明らかにしなければ記述できないために整理が進まない、という問題に対する解決ともなる。なぜならば、各組織・レコードそれぞれを独立した単位として記述するという方法をとれば、すべての関係性が判明していなくても記述が可能であるためで、分析が進んで相互の関係が明らかになれば、そのリンク情報を追加していけばよいのである。結果として、迅速な資料提供につながるといえよう。

また、レコード要素についても、シリーズ・システムはシリーズとアイテムという二種類にとどめており、ISAD(G)で定義されるファイルという中間単位を設定していない。シリーズとファイルの区別は時に明確でないため、無理にいずれかに位置づけるよりも、文書が単体（アイテム）か、一定のまとまりをもつもの（シリーズ）か、といったゆるやかな区別でよいというのは、現用文書をあつかう職員からアーキビストまで定義の揺れが生じず、共通認識のもとに一貫した管理がしやすいという利点がある。さらにはアーカイブズ利用者が記述を読む場合にも、ファイルとシリーズの区別に悩まなくてよいというメリットがある。

なお、スコットは、アイテムの下に、「情報」という単位も設定している。一般に欧米のアーカイブズではアイテム記述さえも省力することが少なくないなかで、実際に情報という単位まで記述するということは想像しづらく、その後の実務マニュアルなどでも目にしない。しかし、電子文書の管理を考えるうえでは、物理的なアイテムよりも情報という視点で文書をみる必要が出てくるかもしれない。改めてこの情報という単位のあつかい方の議論が求められるだろう。

さて、スコットは編成の中心はフォンドではなくシリーズであるという立場を明確にするために、シリーズ・システムと呼称したが、エイドリアン・カニンガムは、その本質は個々の記述を独立させたうえでリンクでむすぶという発想にあるとし、それがリレーショナル・データベースのアプローチであることから、むしろリレーションシップ・システムとでも呼ぶべきであると指摘する。(15) この指摘は我々のシリーズ・システムに対する理解を大いに助ける。リレーショナル・データベースとして個々の情報を保存しておき、あるレコードが他のレコードと関連がある場合にはリンクを設定する。シリーズ・システムで規定するのはこうした基本データの作り方のみであって、目録として提示するさいには、好きなようにこのデータの組み合わせを編集すればよい。

たとえば、一般に馴染みのある、フォンドについての文章型記述とそれに続くリスト目録といった形式も、フォンド（オーガニゼーションやエージェンシー）のデータは記述型で表示し、シリーズごとにまとめたアイテム情報をリスト表示する、という具合にデータの見せ方を加工すればよい。一般的なリレーショナル・データベースでレポートの作成がさまざまに工夫できるのと同じである。なお、インターネット環境のリンク機能を活かした基本的な提示方法は、オーストラリア国立公文書館の検索システムがわかりやすい(16)。

以上、シリーズ・システムの概要をみてきた。これまでに明らかなとおり、シリーズ・システムは出所原則や原秩序尊重の原則と対立するアプローチではまったくなく、むしろ本来の文書のシリーズとしての全体性を維持しつつ、コンテクストとレコードの結びつきを常に正確に保持・表現できるという点で、アーカイブズの原則の本質を表現する考え方である。次に、具体的な記述イメージをもつため、日本の文書情報を素材に記述例を作成してみる。

二 「恩給裁定原書」を素材とした記述例

独立行政法人国立公文書館には、「恩給裁定原書」という資料群が保存されている。恩給制度は、死傷した軍人およびその遺族の扶助を目的として、明治八年四月に発足し、現在に続いている。このように一〇〇年以上にわたって同一業務が継続している恩給制度において、恩給の申請と国による裁定にかかわる文書が一貫して綴られてきたのが、「恩給裁定原書」である。文書自体は要審査公開または非公開であって、筆者も国立公文書館が公開する目録記述以上の情報は当該文書についてもっていないが、複数の作成組織を経ながらも同一簿冊が作成され続けている事例の一つとして、ここで記述素材としてとりあげることとする。なお、ここでは恩給制度の正確・完全な記述は目的ではなく、あくまでもシリーズ・システムによる記述のイメージをつかむための素材として公開情報を組み替えるだけであることを、あらかじめ断っておく。

表１　「恩給裁定原書」の資料群詳細記述

タイトル	恩給裁定原書
階　　層	行政文書　＞　総務庁
年 月 日	1879(明治12)―1975(昭和50)
簿冊件数	48, 498件
作成部局	太政官庶務係恩給掛、庶務課恩給掛、庶務課、太政官恩給局、内閣恩給局、会計局恩給課、恩給局、総理庁恩給局、総理府恩給局
組 織 歴	明治11年１月太政官庶務係に恩給掛が設置された。明治14年４月、太政官庶務課恩給掛となり、明治15年11月太政官庶務課の事務整理により恩給掛が廃止される。明治17年１月、太政官に恩給局が設置された。明治18年12月22日、内閣制度創設にともない内閣恩給局となる。同月24日恩給局を廃止し、内閣会計局に恩給課が設置され、明治23年７月、内閣恩給局が設置された。昭和22年５月、総理庁官制施行により総理庁恩給局となり、昭和24年６月、総理府設置法施行により総理府恩給局となった。昭和59年７月、総務庁設置法施行により総務庁恩給局となった。平成13年１月、総務省人事・恩給局となった。
移管省庁	総理府恩給局、総務庁恩給局から移管
内　　容	恩給制度は、「陸軍武官傷痍扶助及ヒ死亡ノ者祭粢並ニ其家族扶助規則」(明治８年太政官達第48号)及び「海軍退隠令」(明治８年太政官達第148号)によって発足している。恩給裁定原書は、申請者側が提出した申請書、戸籍、診断書等のほか、当局側の裁定に関する資料が個人別に整理され、一つの原書に20人以上のデータが存在している。宮内省年金録原書を含む。
公開状況	要審査公開・非公開
言　　語	日本語
参考文献	総理府恩給局編『恩給局百年史』総理府恩給局、昭和59 総理府恩給局編『恩給制度史』総理府恩給局、昭和39

出典：国立公文書館デジタルアーカイブ

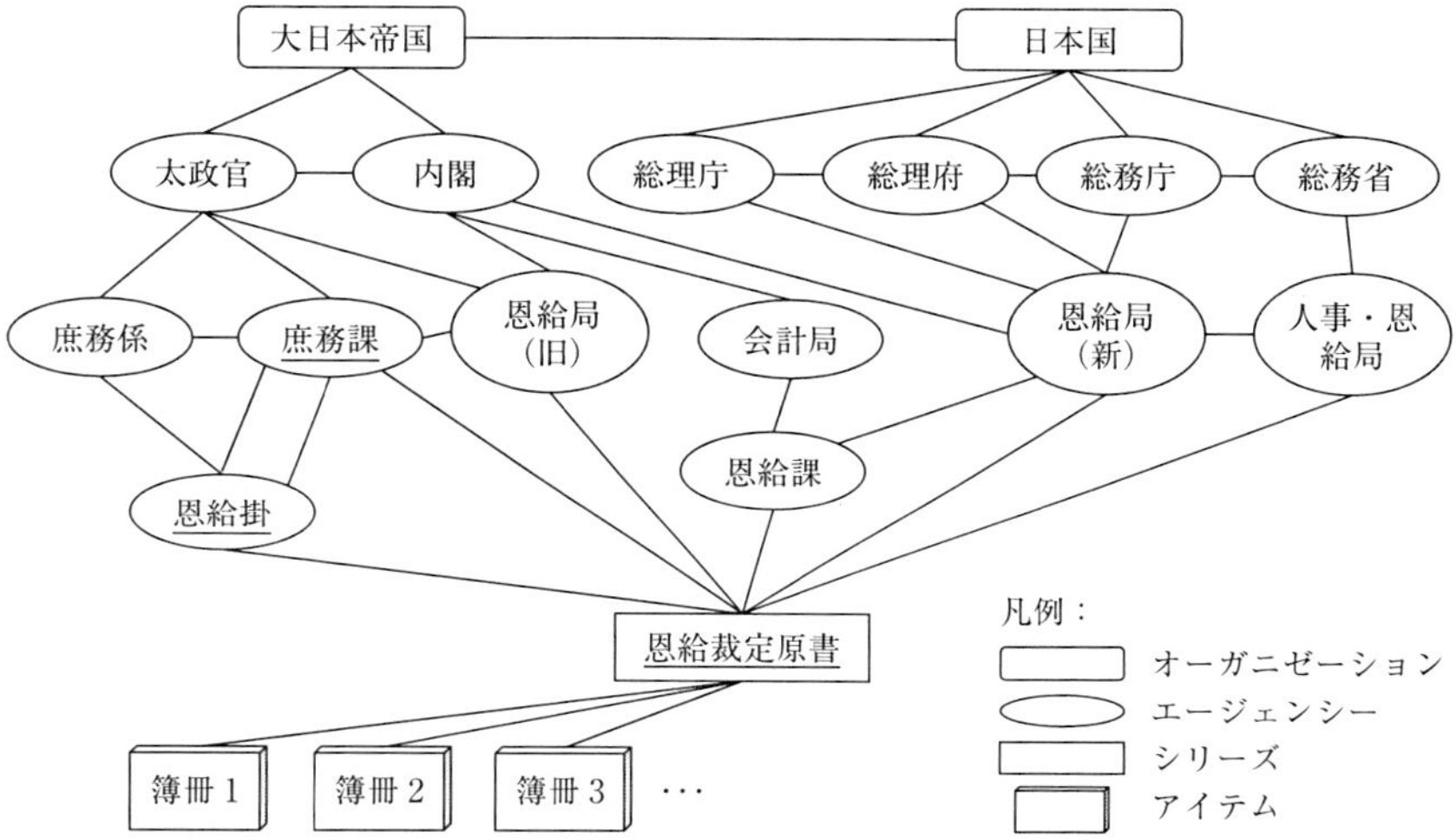

図5　「恩給裁定原書」に関わる記述単位の関係図

まず、「恩給裁定原書」という資料群に関して国立公文書館で提示している記述は、表1のとおりである[17]。

この記述をもとにシリーズ・システムにあてはめ、一つ一つの記述単位をとりだすと、次のようになる。

オーガニゼーション…大日本帝国、日本国

エージェンシー…太政官、庶務係、恩給掛、庶務課、恩給局（旧）、内閣、会計局、恩給課、恩給局（新）、総理庁、総理府、総務省、人事・恩給局

シリーズ…恩給裁定原書

アイテム…（各簿冊）

これら各記述要素は、たとえば図5のような関係にあるといえる。

上記のように切りわけた各記述単位について、所定の記述項目（メタデータ）およびリンクについての情報を採録することになる。ここでは例として図5で下線を引いた記述単位三件、すなわち、恩給掛・庶務課・恩給裁定原書について記述してみる[18]（表2）。なお項目は『Keeping Archives』第三版に拠り、表中のID番号は本稿内で便宜的に付与したものである。

表２－１　恩給掛（＝エージェンシー）の場合

記述項目

ID	A１
名　　称	恩給掛
開 始 日	明治11年(1878年)１月11日
終 了 日	明治15年(1883年)11月10日
権限根拠	明治９年(1876年)10月23日太政官達第99号「陸軍恩給令」 明治８年(1875年)８月24日太政官達第148号「海軍退隠令」
所 在 地	東京
記　　述	明治８年に発足した恩給制度の業務増加が見込まれたため、専任にとりあつかう組織として、太政官庶務係に恩給事務専門員を配し、掛が設置された。明治15年の掛廃止後は、担当事務は太政官庶務課が直接担当し、明治17年からは新たに太政官に設置された恩給局に事務が引き継がれた。
機　　能	F１　恩給事務　　　　　…　etc.

リンク先

オーガニゼーション	（なし）
エージェンシー	上部組織：A２　庶務係　明治11年１月～明治14年４月 A３　庶務課　明治14年４月～明治15年10月 後継組織：A３　庶務課　明治15年10月～明治17年１月
機　　能	F１　恩給事務　　　　　…　etc.
シリーズ	S１　恩給裁定原書 S２　恩給本簿　　　　　…　etc.

表２－２　庶務課（＝エージェンシー）の場合

記述項目

ID	A３
名　　称	庶務課
開 始 日	明治14年(1881年)４月30日
終 了 日	明治18年(1885年)12月21日
権限根拠	明治14年(1881年)４月30日内閣書記官局分課処務概目並処務規程
所 在 地	東京
記　　述	太政官組織の改正により設置された。課内は３席にわけて業務を分担したが、恩給事務については別に専任の恩給掛を設置してあたった。ただし恩給掛は明治15年に廃止され、その業務は課で直接とりあつかった。
機　　能	F２　公文の受付伝達；F３　上申回議；F４　照会往復；F１　恩給事務　　　…　etc.

リンク先

オーガニゼーション	（なし）
エージェンシー	上部組織：A４　太政官 前身組織：A２　庶務係 A１　恩給掛 後継組織：A５　恩給局　明治17年４月１日～
機　　能	F２　公文受付伝達 F３　上申回議 F４　照会往復 F１　恩給事務
シリーズ	S１　恩給裁定原書 S２　恩給本簿　　　　　…　etc.

記述項目

表2－3　恩給裁定原書（＝シリーズ）の場合

ID	S1
名　　称	恩給裁定原書
シリーズ開始日	1879(明治12)年
シリーズ終了日	1975(昭和50)年
内容開始日	1879(明治12)年
内容終了日	1975(昭和50)年
機　　能	F1　恩給事務
数　　量	48,498冊
物理的特徴及び利用上の技術的要請	簿冊
記　　述	申請者側が提出した申請書、戸籍、診断書などのほか、当局側の裁定に関する資料が個人別に整理され、一つの原書に20人以上のデータが存在している。宮内省年金録原書を含む。
評価選別	〔評価選別・移管に関する情報〕
累　　積	〔今後の移管の可能性およびその分量予測〕
管 理 歴	総理府恩給局および総務庁恩給局から移管
編成方法	年度・号順による編綴
管理番号	分館-01-040-00・平3総務00348100 ～分館-01-040-00・平3総務00983100
公開の可否	要審査公開・非公開
著作権及び複写	〔著作権および複写に関する制限など〕
言　　語	日本語
検索手段	国立公文書館デジタルアーカイブ　オンライン検索
所 在 地	簿冊は国立公文書館つくば分館；デジタル情報は http://www.digital.archives.go.jp/
複　　製	〔複製の有無など〕

リンク先

シリーズ	〔上位にあるシリーズ、付属するシリーズ、先行するシリーズ、後継シリーズ、関連シリーズの情報を記載する〕
エージェンシー	A1　恩給掛 A3　庶務課 A6　恩給局(旧) A7　恩給課 A8　恩給局(新) A9　人事・恩給局
機能	F1　恩給事務

このように、記述単位は一つずつ分離され、関連する記述単位はなにか、というリンク情報が提供される。リンクは直接の関係をもつものに限られ、たとえば課レベルのエージェンシーがオーガニゼーションにリンクされることはないし、あるエージェンシーが二世代以上離れたエージェンシーにリンクを貼られることもない。利用者はその都度自分に必要なリンクをたどり、求める情報がどのような文書に記され、その文書はどのような組織によってどのような業務（機能）を通じて生みだされてきたか、あるいは他に関連するシリーズはなにか、を順次理解していくこととなる。リンクをたどるには、表中のリンク先のＩＤ番号や名称をもつ記述を探すことになるが、リストを紙に印刷する場合には、たとえば一ページに一記述というレイアウトとし、ＩＤ番号を手がかりにページを繰るという方法も可能であるし、デジタル環境が整っているならば、記述内のＩＤ番号をクリックして他の記述に飛ぶということが可能である（例：オーストラリア国立公文書館）。利用者はこうしてみずから前掲図5のような関係図を自分の頭のなかで構築していく。

複数の組織の変遷や簿冊名の移り変わり、他の業務や文書との関係は、時間軸をともなって四次元で複雑にかかわりあう。それを二次元の表現方法に固定して落とし込むのは困難だが、利用者の頭のなかでは四次元に組み立てることができる。それを支援するのが、記述単位を分離しリンクでむすびつける、シリーズ・システムの発想である。(19)

三　「非」現代組織運営文書の管理におけるシリーズ・システムの有用性

開発の経緯からも明らかなとおり、シリーズ・システムはもともと現代の組織運営文書の管理のために生みだされた方法論である。それでは、それ以外の文書の管理に対する適性はあるのだろうか。

「非」現代組織運営文書は、文字どおり、現代の組織活動にともなって生みだされた文書「以外のすべての文書」を指すものとする。たとえば、日本の家文書、一定の目的をもって個別の資料を集めたコレクション、個人の活動にともなって集積したその個人だけの資料群、などがあげられる。組織運営文書との違いに注目してこうした資料群の特徴をみると、資料群の範囲が確定しているため、階層構造などの内的秩序を固定しやすい、ということが考えられる。こうした資料群の場合、あえてシリーズ・システムというアプローチをとり、コンテクストとレコードを分離して編成記述するメリットが考えにくいかもしれない。それでは、オーストラリアにおいてはこうした「非」現代組織運営文書にシリーズ・システムを適用することについて、どのような議論がなされているのだろうか。賛否双方の主張を掲載したオーストラリア・アーキビスト協会収集アーカイブズ部会のニューズレターの議論をみてみる。なおここでは、「非」現代組織運営文書の例として、主に個人文書を想定して議論している。

まず、「非」現代組織運営文書への積極的適性を主張するのは、エイドリアン・カニンガムである。(20) カニンガムは、シリーズ・システム導入の適切なマニュアルやガイドがなかったことや、記述に手間がかかることが収集アーカイブズでのシリーズ・システム導入の妨げだったことに理解を示したうえで、みずから個人文書をあつかった長い経験から、それらにもシリーズ・システムは適用可能であり、むしろ資料群アプローチよりも望ましいことを主張する。

その理由は、第一に、個人文書においても複数出所が見出されるからであり、第二に、資料群が各所に分割して保存されている場合に情報を共有できるメリットがあるからである。たとえばある複数の作成者が密接にかかわった記録がまとまって一つの資料群として残されている時、資料群を無理に個々の作成者単位にわけてそれぞれの元で編成することは、本来の実態を反映せず、原秩序を破壊することになる。また、もともと単一の資料群が複数機関で別れて所蔵されているとき、作成者情報とレコード自体の情報を分離して記述するというシリーズ・システムのアプローチにもとづき、作成者情報はオーソリティ・レコードとして共有し、各機関は手元のレコードについて記述し、これらをネットワークで共有すれば、資料活用の可能性が広がる。このように、個人文書にも多く発生する、複数出所や分散保存の問題に対応するうえで、シリーズ・システムは積極的な有効性をもつ。

一方、カニンガムと反対の立場をとるのは、ポーラ・ウェアリングである[21]。ウェアリングは、組織運営文書と個人文書等との違い、そしてそれゆえにシリーズ・システムを採用するインセンティブとならない点として、以下の点をあげている。

第一に、個人文書の場合には個人単位で資料群が完結し、組織のように変化しながらつながっていくものではないこと。第二に、個人文書など組織だって作成されていない資料群ではシリーズ設定が厳密にできず、編成・記述のベースをそのようなシリーズにおくことに無理があるし、小規模な個人文書に無理やり理論どおりにシリーズを設定しても少量ずつの資料をもつシリーズが沢山できるだけで、かえって利用しづらいこと。第三に、一つの資料群が何度にもわかれて収蔵機関に入ることがあり、当初から資料群の全体像をみることができないこと。第四に、アーカイブズの人手などが十分でないなか、現用段階の検索手段（リストなど）があるならば、資料群を分析してシリーズ・システムで編成記述しなおす手間をかけるよりは、元の秩序のまま利用するのが現実的であること。第五に、完結した資料群の場合は、ISAD(G)型の全体から部分へと導かれる検索方法にメリットがあり、シリーズ・システムで各記述をばらばらにすると、利用者はかえって全体像を把握しづらくなること。

これらの指摘に共通するのは、想定している資料群が完結した比較的小規模なものであることと、編成記述にかけられる人的資源が不十分だという現実である。つまりウェアリングは、現実面・運用面から、収集アーカイブズでシリーズ・システムを採用するさいの問題点を提示している。

実は両者の立場は必ずしも対立するものではない。シリーズ・システムは理論上どのような資料群にも適用可能であることは共通理解であり、そのうえで、カニンガムはさらに理論面から積極的評価をし、ウェアリングは実践面で直面する課題を指摘した、といえる。しかし、ウェアリングは理論面を厳密にとらえすぎ、それ故に実践面で難しいと結論づけているところがある。たとえば、ウェアリングのあげた問題点の第三点と同様のケースについて、記述単位として作成者（コンテクスト情報）、個々の資料（レコード情報）、作成者が果たした機能のみを登録し、それで利用を始めるという方法も提示されている。[22] シリーズは、すべての移管が完結したと判断された時に、資料全体をみて設定・記述すればよい。

ウェアリングが同じ状況をシリーズ・システムの導入に適しない状況と考えたのは、「シリーズ」という呼称に囚われ過ぎていたためと考えられるが、ハーレーやカニンガムが指摘するように、シリーズがあることがシリーズ・システムの本質ではない。シリーズ・システムの本質は、コンテクストとレコードの記述を分離することであり、仮にシリーズが設定されずとも、コンテクストとレコード実体についての記述がなんらかの形でできるならば、シリーズ・システムは機能する。

編成・記述作業は、資料を最大限に活かすために行うものであり、また作業に投入できる資源の制約など現実的対応を求められるものである。総合的な判断の結果、いくら理論的には可能であっても、「非」現代組織運営文書をあつかう機関があえてシリーズ・システムを適用しないと判断することは当然ある。[23] しかし、一口に「非」現代組織運営文書といっても、そのあり方は多様であり、シリーズ・システムによる編成・記述がその資料群の情報をよりよく引き出す場合もありうる、ということはここで指摘しておきたい。

おわりに

本稿では、シリーズ・システムの基本的考え方を理解することを目指した。それは、シリーズ・システムが、文書の発生からアーカイブズ管理までの全段階を対象とするレコード管理のアプローチであり、真の意味で出所原則・原秩序尊重の原則を表現できる編成・記述方法論だ、ということである。これは実際のアーカイブズ管理業務上、具体的にどのような形で取り入れていけるだろうか。

第一に、すでに当たり前のこととなり、今後ますます広がっていくデジタル環境での情報提供を考えるうえで、コンテクスト情報とレコード情報を分離してデータをもつシステムの構築ということが考えられる。一般にデジタル環境では情報は全体を一つのデータとするのではなく、分割して保持し、処理の都度関連データをむすびつける。こうした情報管理の方向性は、シリーズ・システムの方法論と相性がよいものであり、オンライン記述システムを構築するうえで、示唆をあたえるだろう。

また、シリーズ・システムは記述単位同士の曖昧な関係性を許容する方法論であることも、組織運営文書と「非」組織運営文書とを問わず、複雑な内的秩序をもつ資料群を扱うさいに、打開策となる可能性をもつ。コンテクスト情報とレコード情報を分離してもよい、ということを知っていれば、その考え方を取り入れたかたちでそれぞれのアーカイブズ機関あるいは収蔵資料に適した情報集積・発信ができる。

シリーズ・システムを、そのマニュアルどおりに、あるいはオーストラリア国立公文書館と同じように採用することだけが目指す先ではない。必要なのは、シリーズ・システムが示したのは出所原則と原秩序尊重の原則のひとつの実現方法だということを知り、現代の情報化環境でよりよい編成・記述、さらに理想的にはレコードの作成からアーカイブズまでの全体を包含するレコードキーピングの実現につながる可能性をもっている、ということを知ることである。シリーズ・システムは生まれ故郷のオーストラリアを離れた環境でも適用できる普遍性をもつ方法論かどうか、これから我々は経験を積み重ねて検証していく必要があろう。

（1） 本稿において、「作成」という語は原則として、ある組織・個人が文書を作成・収受する行為、すなわちその組織・個人が業務を遂行する過程で文書が蓄積する行為全体を指すものとする。これは本稿で対象とするシリーズ・システムを含む英語圏での一般的な「create」の用法を前提にしたものである。日本語としての一般的な用法とは異なるが、本稿がシリーズ・システムをあつかうものでもあり、煩雑を避けて原語の用法によることとした。

（2） シリーズ・システムについては、先に青山英幸氏による紹介がある（「国際標準（ISAD(G)2nd/ISAAR(CPF)2nd/ISDF）による組織構造体と機能構造体としてのフォンドの統一的把握――アーカイブズ・レコード・マネジメントにおけるアーカイバル・コントロール構築のために――」および「フォンドのシリーズの関係について――北海道庁本庁拓殖関係文書の編成と記述に携わった経験を振り返って――」ともに国文学研究資料館アーカイブズ研究系編『アーカイブズ情報の共有化に向けて』岩田書院、二〇一〇年）。ここで青山氏はアーカイブズ編成において機能に注目することの重要性を論じており、シリーズ・システムにおけるシリーズ概念もその点からとらえられるとしている。しかしシリーズ・システムにおける「シリーズ」定義は厳密に文書そのものを対象としており、シリーズという概念が機能を含意することはないと筆者は理解している。一方でシリーズ・システムには「機能（function）」という別の記述要素が設定されており、これを分析することが青山氏の議論に重なるものであろう。ただし註(14)でふれるように、本稿では議論が煩雑になるのを避けるため、機能については取り上げなかった。

（3） イギリスの近現代公文書管理理論およびそのオーストラリアでの理解と展開については、主として以下の文献を参考にした。Hilary Jenkinson, *A manual of archive administration including the problems of war archives and archive making*, Clarendon Press, Oxford, 1922（Reprint from University of Toronto Libraries）；Ian Maclean, 'An analysis of Jenkinson's 'Manual of archive administration' in the light of Australian experience', Albert E. J. Hollaender ed., *Essays in memory of Sir Hilary Jenkinson*, Printed by Moore and Tillyer Ltd., Chichester, 1962, pp. 128–152；Susan Healy, 'The classification of modern government records in England and Australia', *Journal of the Society of Archivists*, vol. 11, nos. 1/2, 1990, pp. 21–26.

（4） たとえば現代でも、イングリッシュ・ヘリテイジ（歴史的建造物の保存にたずさわる特殊法人）や旧ベアリング銀行では、アーカイブズとレジストリーは同一の組織として設置されており、文書の作成・収受からアーカイブズまで一貫した管理がなされている。さらに、文房具としてのファイルの支給管理を行ったり（イングリッシュ・ヘリテイジのレジストリー）、レコード・マネジャーが登録されていないファイルをみつけたら原課に確認する（ベアリング）など、レジストリー段階から強力なコントロールを行っている。

（5） 前掲註（3）、Jenkinson、八〇頁。

（6） 前掲註（3）、Jenkinson、六六～一〇六頁。

（7） オーストラリア国立公文書館の歴史については、以下の文献を参照した。Hilary Golder, *Documenting a nation: Australian Archives - the first fifty years*, Australian Government Publishing Service, Canberra, 1994; Keiko Tamura, 'Archives as records and memory keepers of war', Keiji Fujiyoshi ed., *Archives, accountability, and democracy in the digital age*, 2011, pp. 57–75; Anne-Marie Schwertlich, 'The Australian War Memorial and Commonwealth records, 1942–1952', Sue McKemmsih and Michael Piggott eds., *The Records Continuum: Ian Maclean and Australian Archives first fifty years*, Ancora press in association with Australian Archives, Clayton, 1994, pp. 18–34; Steve Stuckey, 'Keepers of the fame?: The custodial role of Australian Archives - its history and its future', Sue McKemmsih and Michael Piggott eds., *The Records Continuum: Ian Maclean and Australian Archives first fifty years*, Ancora press in association with Australian Archives, Clayton, 1994, pp. 35–48.

（8） Sue McKemmish, Barbara Reed and Michael Piggott, 'The archives', Sue McKemmish [et al.] eds., *Archives: Recordkeeping in society*, Centre for Information Studies, Charles Sturt University, Wagga Wagga, 2005, p. 167.

（9） Peter J. Scott, 'The record group concept: A case for abandonment', *The American Archivist*, vol. 29, no. 4, 1966, pp. 493–504.

（10） Chris Hurley, 'The Australian（'Series'）System: An exposition', *The Records Continuum: Ian Maclean and Austra-*

lian Archives First Fifty Years, Sue McKemmish and Michael Piggott eds., Ancora Press in association with Australian Archives, Clayton, 1994, pp. 150–172.

（11） Jackie Bettington［et al.］eds., *Keeping Archives*, 3rd ed., Australian Society of Archivists, Canberra, 2008, p. 272.

（12） 前掲註(11)、四九七頁。なお、当時は物理的管理の問題がクローズアップされていたため、スコットの定義では「アーカイブズの物理的編成の基本」といっているが、この定義が物理的管理に限らず、理論面での編成においても有効なため、本稿ではスコットの定義から「物理的」という制約を除いた。

（13） 前掲註(10)。

（14） マニュアルは以下にてアクセス可能。http://naa12.naa.gov.au/manual/Introduction/CRSIntroduction.htm（二〇一三年十二月十日現在）各要素の定義は、もっとも初期的なスコットの定義をベースに、その後、国立公文書館やアーキビスト協会によって少しずつ改善がなされており、その表現にはバリエーションがある。また、ここにとりあげた要素のほかに、コンテクストには「家」「機能」「個人」、レコードには「ドキュメント」「情報」といった単位も定義されているが、複雑化を避けるため、本稿ではとりあげなかった。なお「機能」は、行政組織がますます複雑になり組織改編が頻繁になる昨今、より安定した記述単位として重視されつつあるが、組織名や文書名と異なり、定義に一定の恣意性が含まれうると考えられる。もともと物理的に存在する記述単位から出発したシリーズ・システムが、どのように機能という視点をとり込んでいったのかについては、筆者の今後の分析課題である。

（15） Adrian Cunningham, 'Collecting archives and the Australian 'Series' System', *Limited addition: Newsletter of the ASA Collecting Archives Special Interest Group*, no. 15, 2004, p. 3. カニンガム同様に、シリーズ・システムという名称がフォンド概念の否定のように誤解されていると懸念するクリス・ハーレーは、Australian System という呼称を提唱している。

（16） オーストラリア国立公文書館のオンライン検索は、RecordSearch というデータベースで提供されている。国立公文書館のトップページ（http://www.naa.gov.au/）から、「Search the collection」→「RecordSearch」の順に選ぶ。検索のスタートはキーワード検索になるが、検索結果の記述を開くと、本稿で例示したような記述が示され、他記述へのリンクもたどれる（二〇一三年十二月十日現在）。

(17) 独立行政法人国立公文書館デジタルアーカイブ「恩給裁定原書」の資料群詳細記述による。

(18) 記述にあたっては、国立公文書館の記述のほか、総理府恩給局編集発行『恩給局開局百年史』（一九八四年）を参照した。

(19) イギリスのＰＲＯでは、現在のような完全なオンライン検索システムに移行する以前、「カレント・ガイド」という紙媒体の検索手段を用いていた。これは三部構成で、組織ごとの組織歴を記載した第一部、レコード・クラスごとの記述を記載した第二部、第一部・第二部への索引である第三部からなっていた。利用者は、検索したい主題や用語を第三部の索引で引くと、それにかかわるレコード・クラスや関連組織がみつけられ、それについての記述を第一・二部で探すことにより、自分が必要な文書のレコード・クラスレベルでの特定と、作成組織についての情報を得ることができた。このように、コンテクストとレコードの記述を分離し利用者が必要なリンクをみずからの頭の中で作る、ということはイギリスでも行われており、かつそれは紙媒体でも十分有効であった。ＰＲＯの「カレント・ガイド」構築の歴史や、それがシリーズ・システムと何らかの影響関係があったかどうか、といった点について、今後確認したいと考えている。

(20) 前掲註(15)。

(21) Paula Waring, "The Australian Series System and collecting archives", *Limited addition: Newsletter of the ASA Collecting Archives Special Interest Group*, no. 15. 2004, pp. 7–10.

(22) Australian Society of Archivists, Committee on Descriptive Standards, *Describing archives in context: A guide to Australasian practice*, Australian Society of Archivists Inc., ACT, 2006, p.13.

(23) オーストラリア戦争記念館では、国の公文書である作戦記録等と個人文書をともに保存しているが、前者は国立公文書館のデータベースでシリーズ・システムに則った管理を行い、後者はＥＡＤで記述するというように、編成記述方法をわけている。個人文書は小規模であり、フォンド型のＥＡＤの記述が適しているから、という判断である。

第二編

アーカイブズの構造認識と編成記述論

日本近世・近代在地記録史料群の階層構造分析方法について

渡辺浩一

はじめに

アーカイブズ学の根幹は、同一出所記録史料群を有効に利用するために、当該出所の内部組織および機能にもとづいて階層構造分析を行い、その分析結果を編成記述（検索手段）に反映させるという点にある。

この点について、日本においては一九八〇年代に、欧米の文書館学の体系的紹介とともに、日本における従来からの文書「整理」法の批判的検討が行われた結果、組織重視（サブ・フォンド重視）と表現されうる形で方法の提示が大藤修・安藤正人両氏によってなされた。(1) その後も通称国立史料館（国文学研究資料館に附置された史料館）・国文学研究資料館アーカイブズ研究系(2)において、実践の積み重ねが続けられており（『史料館所蔵史料目録』『収蔵史料目録』）、前記の大藤・安藤両氏による方法提示を受けて、さまざまなタイプの記録史料群の階層構造分析事例がいくつか提出されてきた。論文としての方法の整理も山崎圭氏によってなされている。(3) 国文研以外においても、たとえば現状記録報告書のなかには階層構造図を試論的に提示するものも現れた。(4)

しかし、アーカイブズの国際標準ISAD(G)がオーストラリアのシリーズ・システムを取り込んだことから、最近では機能重視と表現されうる（日本にとっては）新しい階層構造分析方法が提示されている。(5)

本稿ではこれら新旧二つの方法論について、日本近世・近代在地記録史料群(6)を対象として具体的事例に即しながら考察する。

一　階層構造分析の模索――尾張国名古屋元材木町神戸家文書――

本節では、編成記述に関する自分の実務を批判的に検討することにより、本稿の課題に接近する。事例は、国文学研究資料館所蔵の尾張国名古屋元材木町神戸《かんど》家文書の刊行目録（以下目録と略す）の作成である(7)。論述に入る前に、出所についての概要を、本節を理解していただくための必要最低限の情報として提供しておきたい。名古屋元材木町神戸家は、江戸に材木を大量に供給する商人として有名であった犬山の鵜飼屋《うかいや》神戸《かんべ》家を本家として寛文九年（一六六九）に名古屋の元材木町に分家開業した。代々の当主は文（分）左衛門と称した。当初は材木その他の商人であったが、その後、伊勢湾岸で海西《かいさい》郡大宝前《おおたからまえ》新田（文化十二〈一八一五〉に神戸新田と改称）をはじめとする町人請負新田開発をみずからさかんに行うほか、愛知郡大高源兵衛新田・三河国碧海郡伏見屋新田などいくつかの新田開発にも出資し、十八世紀初めまでにはほぼ地主に転換した。神戸新田とその周辺の新田経営に関しては神戸家の新田支配人が担当し、それは大宝前新田におかれていた。この新田支配人は神戸家の奉公人であり世襲とみられる。一七六六年に大宝前新田が行政単位（村請け制の村）となってからは庄屋も兼ねた。また新田経営の拠点として新田会所がおかれていた。

そのほか、名古屋では一〇か町以上において、江戸では小舟町において貸家・貸倉庫経営（町屋敷経営）も行っていた。近代でも名古屋と伊勢湾岸新田にまたがる大規模な地主経営を継続し、愛知県内では松坂屋伊藤家に次ぐ地主であった。一八九〇年代後半には尾西鉄道株式会社や蟹江銀行・海島銀行・丸三麦酒といった地元企業の創設に出資するなど典型的な近代の地主として存在していた。

（1）　内部組織の発見に拘泥した階層構造分析：一九九五年――神戸家文書目録（その一）

神戸家文書の「整理」に着手した一九九〇年代初頭における商家文書階層構造分析の先行事例は大藤氏による信濃国松代八田家文書があった（『史料館所蔵史料目録』四一集、一九八五年）。この記録史料群については、本書西村論文で再分析されるため詳述は避けるが、この出所は、「内方」という家政組織かつ経営統括部局のもとに、酒造方・呉服店といった経営部門が存在するという明確な内部組織をもっていた。それにより、「内方」「店方」というサブ・フォンドが設定された。そのほか、八田家が松代城下町町人地全体の町年寄も勤め、かつ松代藩の御用商人として産物会所などの藩の殖産興業政策によって設立された組織にも大きく関与していたため、「町方」「松代藩御用」「産物会所」などといったサブ・フォンドも設定された。しかし、「町方」「松代藩御用」「産物会所」などは、実は八田家の当主が兼ねている活動であって、八田家内部にたとえば「酒造方」と併置される、当主以外の人物による内部組織が存在するわけではない。このように一九九〇年代初頭では、内部組織も組織のない活動もすべて組織に見立てて考えていたのである。

しかし、神戸家文書の場合は、この方法をそのまま適用して組織図を描くことは非常に困難であった。なぜならば、神戸家の内部には新田支配人以外には明確な内部組織がみあたらなかったからである。図1には、新田支配人以外にも内部組織にみえるものが存在する。「勘定場」というのは文政六年（一八二三）から数年間のみ経営帳簿の裏表紙に書かれているため組織図に記入しておいたが、この時期のすべての帳簿に書かれるわけでもなく、その機能が不明確である。現段階では「勘定場」という内部組織を設置したものの十分には機能しなかったものと考えている。

次に、「神戸彦七・来家太七（江戸町屋敷経営）」という表現について説明する。江戸の神戸彦七はこの神戸文左衛門家と対等関係の分家であり、文左衛門家の内部組織ではない。この彦七家が文左衛門家の江戸小舟町町屋敷経営に関与しているのである。もう一人の来家太七は家守（町屋敷経営管理者）であり、家守は自立した家業であるので彼も文左衛門家内部の人間ではない。

さらに、「(中島屋半右衛門)」という一見奇妙な表現もみられる。中島屋は、大高源兵衛新田・三州伏見屋新田の二つの新田の名古屋方の支配人を勤めていた時期があるので、このように表記しておいた。きちんと分析したわけではないが、大高源兵衛新田には神戸家も含めて三人の地主がおり、この地主グループのことを「名古屋

- ・神戸家／勘定場
  - 経営全体
  - 金融
  - 材木取引
  - 名古屋町屋敷経営
  - 江戸町屋敷経営
  - 大宝前(神戸)新田
  - 飛島新田古台分
  - 服岡新田下ノ郷
  - 鍋蓋新田
  - 四郎兵衛新田
  - 大高源兵衛新田
  - 三州伏見屋新田
  - 新田支配人(庄屋)
    - 大宝前(神戸)新田
    - 飛島新田古台分
    - 服岡新田下ノ郷
    - 鍋蓋新田
    - 四郎兵衛新田
  - 神戸彦七・来家太七(江戸町屋敷経営)
  - 大高源兵衛新田
  - 三州伏見屋新田
- ・家
- ・領主御用
  - 借上金御用
  - 小納戸御用
- ・元材木町
  - 町代
  - 分左衛門組

図１　神戸家文書目録（その１）の記録史料群構造

方」と呼んでいた。この名古屋方の支配人が中島屋半右衛門であった。これに対する現地の支配人も存在した。伏見屋新田には七人以上の地主がおり「惣仲間」という結合があった。神戸家はこのなかでほかの三人の地主とともに下位の「仲間」を形成しており、それを「尾州方」といった。中島屋半右衛門はこの尾州方の支配人であった時期がある。名古屋方もしくは尾州方の支配人は、掟米（年貢＋小作料）から年貢・村入用などを差し引き地主に利益を配分する経理を行っていたように見受けられる（目録その二、解題を参照）。中島屋は独立した名古屋の商人であるから、彼も神戸家の内部組織とはいえない。このように、当時は神戸家の多様な経営活動に照応する内部組織をほとんど見出すことができなかったのである。[8]現代風の表現をとれば、主要な経営活動を除き、いくつかの経営活動をアウトソーシングしているということになろうか。

それにもかかわらず、神戸家外部の人間が関与した経営活動も内部組織として扱うこととした。組織重視の方法論の時代の産物としては自然な判断であろう。

こうした判断により、図1のような階層構造図を描いた。なお、この図は当時の筆者の認識であって、現在もこの図にもとづいて考えているわけではない。この図の特徴は、「神戸家／勘定場」というサブ・フォンドのもとに「江戸町屋敷経営」「大宝前（神戸）新田」「大高源兵衛新田」「三州伏見屋新田」といった項目がみられる一方、「新田支配人（庄屋）」のもとにも「大宝前（神戸）新田」などの項目が存在し、さらにその下の方をみると「神戸彦七・来家太七（江戸町屋敷経営）」「大高源兵衛新田」「三州伏見屋新田」と並んでいる、つまり同じ項目表現が二度くり返されている点である。

この意味について、筆者は目録その一解題で以下のように説明している。たとえば、「神戸家／勘定場」のなかの「大宝前（神戸）新田」は、「当該新田にかかわる史料のうち、元材木町神戸家で作成された史料に限定して立てた項目」（一三頁）である。一方、「新田支配人（庄屋）」[9]は、「新田支配人や支配人が兼ねることが多かった大宝前（神戸）新田庄屋が神戸家もしくは神戸家勘定場に送付した史料を中心に編成している。ただし、支配人や庄屋が少なくとも一定期間はその居宅や新田会所に保管していたのではないかと考えられる史料も少なからず含まれている」（一七頁）と説明している。そして、前述の「神戸家／勘定場」のなかの「大宝前（神戸）新田」のような記述単位を「二次的サブ・グループ」と呼んでいる（一〇頁）。

現時点からみると、例としてあげた「神戸家／勘定場」のなかの「大宝前（神戸）新田」という記述単位は、経営体としての神戸家がもついくつかの機能のうち大宝前（神戸）新田経営という機能にともなって授受作成された記録史料の小群のことなのであるから、ここでいっている「二次的サブ・グループ」が機能のことであることは容易に了解できる。しかし、この時点ではおそらく機能についての理解が不十分で伝統的な「主題分類」に近いものと考えていたのではないかと思われる。あるいはそれよりも新しく学んだサブ・グループという内部組織重視の考え方にとらわれ過ぎていたといってよい。

この引用部分には、もう一つ大きな問題点がある。それは、同一経営部門文書を担当者作成文書と神戸家作成文書に区別し別のサブ・フォンドに編成しようとしたことである。これも組織論的な観点でのみ階層構造を組み立てようとしたことから発想されたものであろう。この方針はすぐに破綻することとなる。

（2）現実的な検索手段としての修正：二〇〇〇年――神戸家文書目録（その二〜四）

前項の末尾に記した問題は、記録史料一点ごとの内容調査が進行することにより顕在化した（目録その2、一一二、一三頁）。それは以下の二点である。

①「同一の経営行為の一連の流れのなかで作成された諸史料の相互連関が目録本文上のみでは理解しづらい」という点。

②冊子体文書から書付型文書に対象が変化することにより、同じ新田経営文書を新田支配人作成文書と神戸家作成文書に区別することが困難であるという実務的な問題。[10]

これらの問題に対応するため、目録（その二）では、大項目「神戸家／勘定場」から中項目「大宝前（神戸）新田」を抜き、大項目「大宝前（神戸）新田」へ統合した。このことは、「神戸家／勘定場」という内部組織の機能の一部を、「大宝前（神戸）新田経営」という機能として分離したことを意味する。したがって、この部分に限っては、「組織」より「機能」を結果的に優先したと現時点では理解することができる。しかし、その当時の筆者は、実務上の問題を解決するためにこうした変更を行っただけであり、理論的な問題として認識することができなかった。

さらに、解題では説明せずに変更した点がある。それは、大項目名を「神戸彦七・来家太七（江戸町屋敷経営）」から「江戸町屋敷経営」に変更した点である（目録その二、一二頁）。表現が経営分野担当者から経営分野名に変更したということは、考え方が部分的に「組織」から「機能」へ変化していたことを示すものなのではないだろうか。

それにもかかわらず、内部組織によって階層構造を設定することは継続している。とくに大項目「新田支配人」の継続はそれを示している。「新田支配人」は理念的には「大宝前（神戸）新田」などよりも上位にくるべき項目であるにもかかわらず、階層構造を深くしすぎないようにするために、階層の異なる項目を横並びの大項目として提示することにしていた（目録その一、一一頁）。これは明らかに内部組織重視の編成のあり方であって、その点は継続したのである。こうした変更の結果、現在の階層構造図は図2のとおりとなった。

ここで、最近の青山英幸氏による方法の模索に耳を傾けてみたい。[11] その見解を筆者なりに端的に表現すれば、かつてのような内部組織を重視した平面的な階層構造分析だけではなく、機能の面からもアイテムを記録史料群

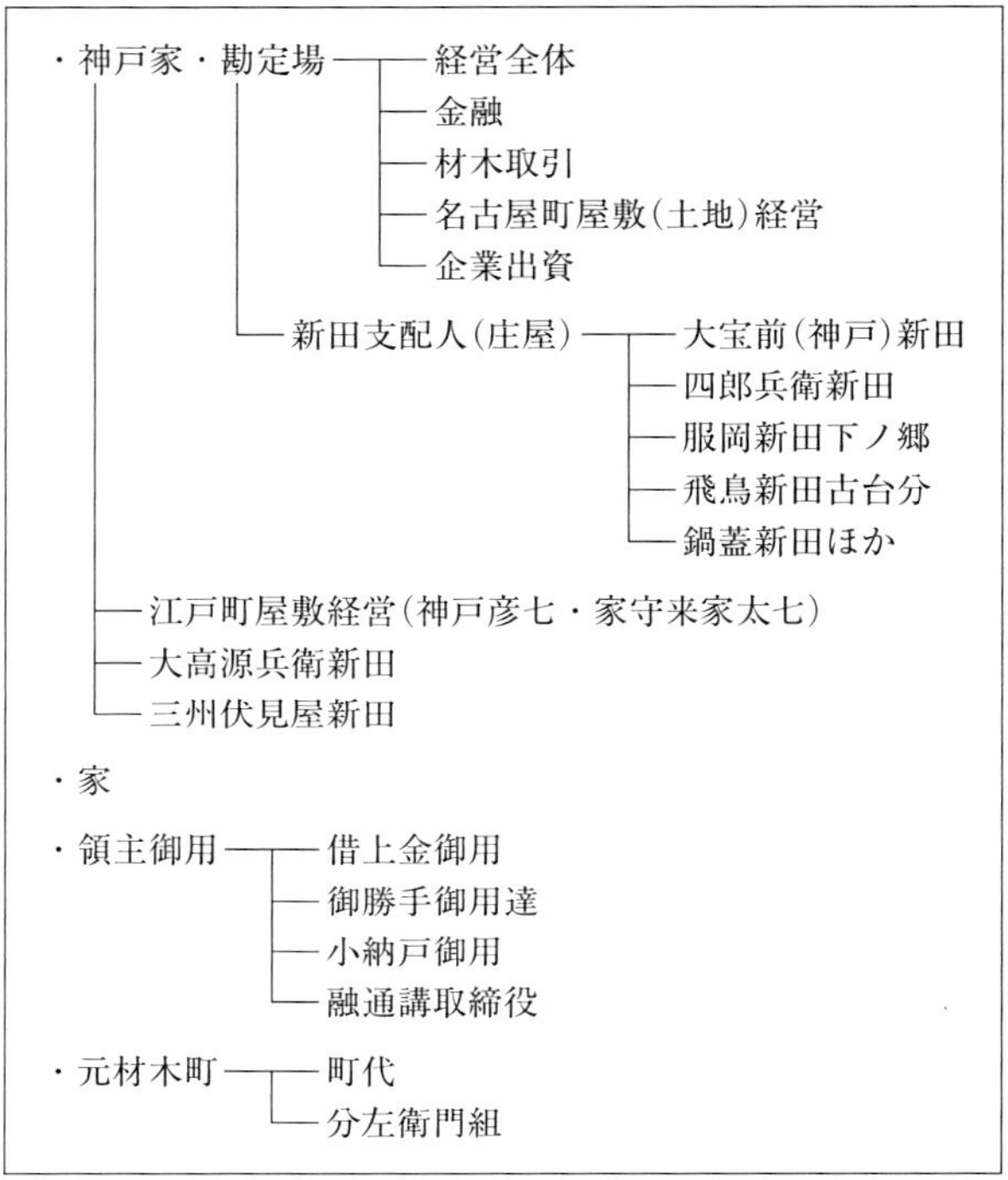

図２　神戸家文書目録（その２以降）の記録史料群構造

のなかに位置づけようとする、立体的な記録史料の認識方法ということになろうか。

　機能の面から記録史料間の関係を認識していくということは、どういうことなのか。青山氏の説明はやや難解であるが、筆者なりの大雑把な理解では、出所がもつ多様な機能のなかで、それぞれの機能が働く場合に授受作成されるいくつかの文書の流れのなかに、個々の文書を位置づけていく、ということのようである。これは、たとえば神戸家の多様な機能のなかの、地主経営という一つの機能をとりあげて説明すれば以下のようになるだろう。

　地主経営というのは、毎年小作人から掟米（年貢+小作料）を徴収し、そこから年貢と諸役、経営費用などを差し引いて利益を得る経営行為である。これを一つの機能ととらえれば、この機能は以下の下位機能によって構成される。①前提として、土地と小作人の把握、②その年の作柄と収穫量の把握、③掟米の徴収、④年貢・諸役・経営費用の差し引き、⑤米の運搬、⑥米の売却、⑦利益の計算、といった下位機能が想定される。これら七機能のそれぞれで、帳簿が作成されたり、書付を受け取ったり、書付を送付したことにともない控えが手元に残ることとなる。具体的には以下のような文書が現存している（前述の機能①〜⑦に対応）。

①「大宝前新田検地帳」享保九年正月（あ二〇五六）は領主の検地帳ではなく、地主による土地の計測にもとづいた耕地基本台帳である。

②「大宝前新田巳年田畑検見帳」正徳三年〜天保十四年（あ二八六〜三六三、あ二〇二六〜二〇三五）現存八八冊は、いろは一九の地割ごとに、小作人単位に掟米が書き上げられているので、毎年の掟米高を確定するさいに作成された帳簿とみられる。

③「大宝前新田米納帳」宝永七年〜宝暦十三年（あ三六七〜四一一）は新田支配人が小作人ごとに掟米高を書き上げかつ皆済日づけを記したものであるから、小作人が新田支配人に掟米を納入するさいに新田支配人がつけていた帳簿と思われる。新田支配人はこうして徴収した掟米を神戸家に納入するさいに「納米目録」（あ二二八—一ほか、い二一八〜二六八）を添えた。

④「普請入用金目録／入用金帳／普請諸入用帳」宝永八年〜安永二年（あ四一二〜四二七、あ二五二〇〜二五三八など）は、新田支配人が作成し、その年に下付された経営資金から諸費用を差し引いた単年度の決算帳簿である。

⑤「送り状之事」年代不明（い八九九—一〜六）は新田小作人が掟米を神戸家に運搬するさいの納品書である。これに対し神戸家は「請取申米之事」を新田支配人に渡す。

⑥残念ながらこの機能のなかで発生した文書は、目録（その4）までに収録されたもののなかには含まれていない。

⑦「大宝前新田仲満割符帳」宝永七年〜享保六年（あ八四五、一冊）は地主仲間のあいだでの利益配分の帳簿で

ある。

これらを内部組織にそくして説明すると、①と⑥⑦は経営体としての元材木町神戸家が行うことであるが、②～⑤は新田支配人が行うことである。厳密に内部組織にそくしてアイテムを編成すると、一連の機能を分断する形でしか記録史料を編成できないことになってしまう。

したがって、組織の側面と機能の側面の双方からそれぞれに構造を組み立て、両側面から立体的にアイテムを説明できるようにする必要がある、というのが青山氏の主張のもっとも大事な部分であると筆者は理解している。

これは確かに理想的な話だが、疑問に思う点が一つある。それは、近世近代にまたがる在地記録史料群では、出所のどの機能のなかで授受作成された文書なのかがまったく判明しないか、根拠の少ない推定にとどまる場合が多々あるという事情にもとづく。そうした記録史料群を相手に階層構造分析を行った経験のある方々には首肯していただけると思うのだが、往々にして、近世近代の記録史料では出所の持つ多様な機能のうち、どの機能に属するのかよくわからない文書が全体の二～三割ぐらいはあるのではなかろうか。とくに、袋・束・綴りなどといった集合的な形態から離れてしまった書付型文書（俗にいう一紙もの）の場合はその傾向が強いように感じられる。

そのような特徴をもつ記録史料群において、すべてのアイテムに対して、組織の側面と機能の側面の双方から位置づけを行うことは実際には不可能なのではないだろうか。近現代の役所や企業の場合のように内部組織が自明であって、個々の内部組織の機能も少なくとも規定上は相互排他的に区分されている場合は、立体的なコンテクスト提示が可能なのであろう。ところが在地記録史料群の場合はそうはいかない。

しかし、だからといって機能を重視することがこのタイプの記録史料群に不適合であるというつもりは筆者にはまったくない。もう少し、実務の実態にそくした妥協的な方法があるのではないか、という提案をしたいだけである。その場合に、青山氏の提案している方法が根本にもっている考え方は非常に参考になるということを強調しておきたい(12)。

本節での検討をまとめると以下のようになる。

①家（当主）の活動の諸側面は別個・複数の内部組織ではないのだから、機能として認識されるべきなのではないか。内部組織が存在しない記録史料群の場合はこの方法で編成可能である。

②結果的に、神戸家文書の階層構造は、「神戸家／勘定場」と「新田支配人」以外はすべて機能であり、それが上位記述単位となった。つまり、二つの内部組織と一一の機能を上位の内部記述単位として設定した。これは方法として妥当なのではないか。

③これは同一出所記録史料群がそのまま現存の記録史料群となった例である。ほかの形成パターンの記録史料群でも検討してみる必要がある。

二　他事例での思考実験

本節では、多様な形成過程をもつ記録史料群を事例に、編成記述にあたっての方法論に関する考察を進める。以下の事例は実際に編成・記述を行ったわけではないが、記録史料群構造を仮説的に提示して方法を考えてみたい。したがって以下に示す各記録史料群の構造は結論ではないことをお断りしておく。

（1）　播磨国三木宝蔵保管文書（兵庫県三木市所有）(13)

この記録史料群は、特徴的な形成過程をもつ。現存の宝蔵保管文書は一五六八件であるが(14)、江戸時代の段階で

- 宝蔵（地子免除特権の証拠やそれに関連する、三木十ヶ町の共有文書）
- 十河家
  - 下五ヶ町惣年寄（十河家が世襲で勤めた役職により蓄積）
  - 上五ヶ町惣年寄（十河家が一時的勤めた役職により保有）
  - 上町町年寄（同上）
  - 大宮八幡神社氏子総代（十河家が一時的に勤めた私的役職により保有）
  - 家（狭義の家文書）

図3　三木町宝蔵保管文書の構造

はるかに少ない点数の文書しか保管されていなかった。宝蔵には近世三木町が有していた、地子免除特権の証拠（秀吉高札・地子免許状など）や、それに関連する三木十か町[15]の共有文書（特権維持の訴願運動の記録など）三〇点のみが保管されていた。一八三〇年代に江戸時代初期以来の世襲の惣年寄十河家が没落したため、その後いつかは不明だが、十河家文書が宝蔵に保管されることとなった。

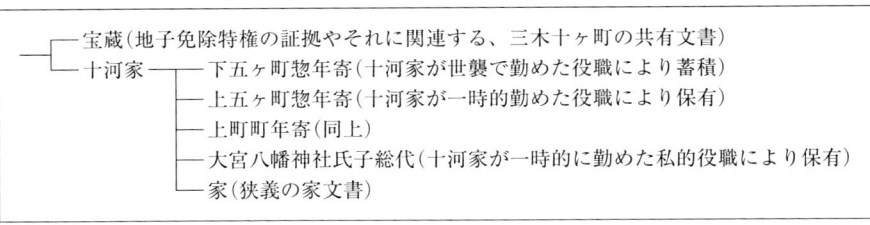

十河家は三木町の半分を占める下五ヶ町の惣年寄を代々勤めていたため、その役職の遂行にともなって多くの文書が蓄積されていた。そのほか十河家に文書が蓄積した経緯としては、第一に十河家は上五ヶ町の惣年寄も一時勤めていたことがあったため、その期間に上五ヶ町惣年寄として授受作成した文書も保有することとなった。第二に、下五ヶ町の下部組織である上町という個別町の町《ちょう》年寄を一時的に勤めたことがあったため、前項と同様に上町の行政文書を保有することとなった。第三に、十河家は三木町全体の信仰を集める神社（大宮八幡神社）の氏子惣代を勤めていたため、その機能に応じた文書が蓄積された。第四には、十河家の私的な文書が残されていた。以上の経緯を図示すれば図3のようになる。

すなわち、もともとの宝蔵文書に十河家文書が幕末もしくは近代に入って流入し、現存の宝蔵保管文書が成立したのである。宝蔵と十河家は本来別の組織体であるから、組織として区別されるべきものである。しかし「下五ヶ町惣年寄」「上五ヶ町惣年寄」「上町町年寄」「氏子惣代」という四つの役職は、いずれも十河家の当主が兼ねているのであって、十河家当主以外の人間により構成される内部組織が存在するわけではない。したがって、これらの十河家当主による役職は、機能として認識されるべきと思われる。別の表現をとれば、十河家の当主は時期にもよるが、最大で四つの機能をもっていたということになる。

以上はきわめて平面的な構造認識であるので、機能構造体としても考察してみたい。まず、この記録史料群の特徴は、中核にこの都市の特権維持の記憶にかかわる小群が存在することである。そこで、「記憶」という記述単位をまず考えるとすると、近世段階で宝蔵に保管されていたとみられる三〇点の文書がまずこの記述単位に編成されることは当然である。そのほかに、たとえば、図3のなかで下五ヶ町惣年寄文書に位置づけられる「虫干入用割帳」（文化五年〈一八〇八〉以降三一冊）は宝蔵文書の虫干行事の費用を十ヶ町の家持町人に割り当てた帳簿であるから、このシリーズに含まれることになるのであろう。これは、サブ・フォンドおよびサブ・フォンド内のシリーズを横断して存在するコンテクストである。したがって、このケースの場合は、機能構造体のなかでも個々のアイテムを位置づけることが可能である。

しかし、狭義の家文書のなかの書状などは、同一サブ・フォンド内のほかのシリーズや、「宝蔵」という別のサブ・フォンドとはとくに機能上のコンテクストをもたないものが大半である。こういうアイテムは機能構造体のなかに位置づけようとしてもあまり意味はない。それは現在の宝蔵保管文書が、そもそも近世においては別出所の記録史料群の合体であることに半分は起因している。したがって全体としては、この記録史料群の場合は、図に示された平面的な構造認識のみで検索手段が作成されてもさして支障はないものと思われる。

(2) 飛騨国高山町会所・戸長役場文書（飛騨高山町博物館〈旧高山市郷土館〉所蔵）(16)

次の事例も、異なる出所の記録史料群の合成であるが、前例のような偶然的個別的な原因による流入ではなく、当該記録史料群の出所およびそれが存在する地縁団体のあり方と変化に規定された、いわば必然的な合成である。

飛騨高山は、元禄五年（一六九二）以降は一国幕領（飛騨国全体が幕府領）の中心都市であった。飛騨郡代という幕府の地方行政官が常駐する高山陣屋が存在し、城は廃止されていたので城下町ではなかった。そのため行政上のあつかいは「村」であった。高山は「壱之町村」「弐之町村」「三之町村」という三つの行政組織があった。三つの「町村」の連合が高山全体であるという意味である。三つの行政組織のそれぞれに矢島・谷貝・川上という世襲の町年寄がいた。十九世紀初頭の時点では、この三家は同一規格の保管容器三点セット（皮簞笥・桐簞笥・長持）にその職務に照応する文書を保管していた。

保管容器と収納文書の関連についてここで説明しておきたい。まず、革簞笥には検地帳・年貢割付帳・皆済目録が保管されるという点は三つの「町村」に共通している。これらは領主（陣屋―幕府）との関係における基本文書であり、まさに革簞笥開き戸金泥書の「御用書物」という表現に対応しているといえるだろう。そのほか、革簞笥に保管される文書は土地関係の台帳が多く、たとえば高反別小前帳はいずれの「町村」でも革簞笥に収納されている。つまり、頻繁に作成される帳簿ではなく、たとえば年貢徴収の基準となる台帳が革簞笥にはあると概括できよう。

それに対し、桐簞笥に収納されている文書は多種多様としか言いようがないが、毎年作成される年貢・諸入用の徴収帳簿や、特定事件・事業の一件文書が多いという傾向は指摘しうる。たとえば「年貢取立帳」や、「万雑割取立帳」という惣町入用の徴収帳簿は三つの「町村」とも桐簞笥にある。このように革簞笥と桐簞笥の使いわけはかなり明確といえるのではないか。

長持に収納されている文書は大量の「宗門人別改帳」である。「宗門人別改帳」は通常前年の扣を訂正して新しい帳面を作成するので、その利用頻度は作成後の時間経過にともなって逓減していく性格の文書である。その

- 壱之町町年寄矢島（世襲の町役人の家に蓄積された記録史料群）
- 弐之町町年寄谷貝（同上）
- 三之町町年寄川上
  - 皮箪笥（行政基本帳簿中心）
  - 桐箪笥（個別事案の一件袋中心）
  - 長持（「宗門人別改帳」など）
- 町会所（近世後期に上記三つの上位組織として蓄積された別個の記録史料群）
- 戸長役場（1870年代から1889年までの高山町成立以前の記録史料群）

図４　高山町会所・戸長役場文書の構造

ため、三種の容器のなかではもっとも出し入れがしにくい長持に保管することになったのであろう。

こうした町年寄保管文書とは別に、高山の南北に走る三本のメインストリート（壱之町通り・弐之町通り・三之町通り）が集まる北の集極点に町会所がおかれ、高山全体の行政組織として機能していた。そのためここにも「町年寄日記」「願書留」など約二〇〇冊が蓄積されていた可能性がある。

明治初年に、町年寄が廃止され戸長制度になった時、町会所が戸長役場となったため、明治七年（一八七四）に上記の三種の保管容器に蓄積されていた三家の文書群は町会所に集められた。戸長役場は江戸時代の村役人の家であることが一般的であるが、高山の場合は江戸時代から町会所という行政組織かつ施設が存在していたため、それがそのまま戸長役場として利用されたのである。

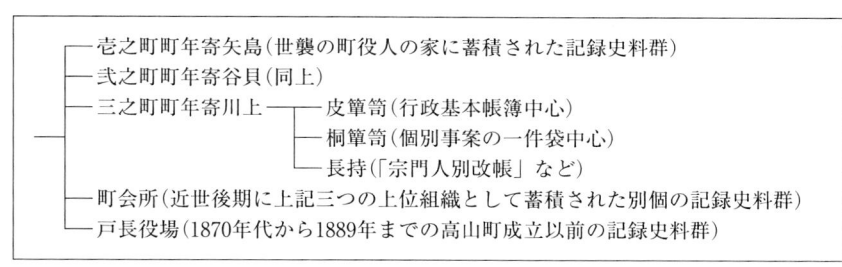

戸長役場として機能すれば、そこには必然的に戸長の職務により授受作成された文書が蓄積されることになる。これが一八八九年の町村制施行にともなう高山町の成立まで続く。戸長役場はそのまま町役場となり、高山町の公文書が同じ場所に蓄積され続けることになった[17]。それは現在の高山市まで継続している。高山市はこれら江戸時代以来の文書を明治二十二年（一八八九）で区切って、同年以前の文書を「高山町会所文書」、同年以後の文書を高山市の公文書として把握することとなったのである。

上記の経緯からすると、高山町会所・戸長役場文書という記録史料群は図４のような構造に表現されることとなる。

この五つの記述単位として採用された言葉は、いずれも独立した出所であり、この場合も内部組織ではなく別組織の文書の集合なのだから、サブ・フォンドとして認識されることとなる。このようなケースの場合は、記録史料群のなかの上位の記述単位はシリーズ（機能）として認識してはならないのである。

サブ・フォンドよりも下位の記述単位としては、一八七四年に三つの町年寄文書が戸長役場（町会所）に移管されたさいの目録が保管容器ごとのリストになっているので、それをそのまま採用することを想定している。階層構造上の概念としては、これはシリーズ（機能）というよりはファイルという物理的概念に近いこととなる。

したがって、機能の視点からいえば、サブ・フォンドレベルとファイルレベルで構成される階層構造は、アイテムのコンテクストを十分には表現できていないので、別の側面からの構造表現が必要であることは認めなければならない。この点は、壱之町村・弐之町村・三之町村に区分された文書は、同一の機能ならば相互に関連し合うため、サブ・フォンドをまたいで関連づけることが可能であるように思われる。わかりやすい例をあげれば、「宗門人別改帳」は戸籍かつ住民基本台帳の機能をもっているから、住民把握という特定の機能から三つの行政区分をこえた記述単位を設けることが可能である。また、それぞれの町年寄のもとにある革箪笥文書の主要部分と桐箪笥文書の一部は基本的には同種のものであるから、機能としての関連づけが可能であろう。

このケースの場合は、家文書をまったく含んでおらず、純粋な行政文書のため、組織と機能の両面から個々のアイテムを位置づけていくことは意味がある。

（3） 京都六角町文書（六角町北観音山保存会所有）(18)

最後の事例も、異なる出所の記録史料群の合成なのであるが、こちらの場合は、前二者のいずれの場合とも異なる。前二者は異なる出所の記録史料群のほぼ全部もしくはかなりの部分の合成であることに対し、こちらの事例は、主たる出所の記録史料群に、異なる出所の記録史料群のごく一部が付加されて出来上がった記録史料群である。

京都の六角町は江戸時代にあっては都市の町人地のなかでもっとも基礎的な地縁団体（個別町）である。この地縁団体はその構成員によって自律的に運営され、その活動にともなって多種大量の文書を授受作成していた。この記録史料群はこの狭義の六角町文書を主とする。

しかし、狭義の六角町文書ではない文書がいくつかみられる。そのもっとも明確なものは、「下京《しもぎょう》」の文書である。帳簿の作成者には「下古京八組」といった表現で出てくる。また、「仲十町組」の文書も含まれている。京都の町方は地縁団体が三層構造になっており、六角町は仲十町組のメンバーのひとつである。仲十町組はさらに下京という六〇七町が所属する広域連合に所属している、という関係にある。六角町は蓄積された文書を一一箱以上の帳箱に入れ目録を作成して管理していた。仲十町組に同様の仕組みがあったかどうかは史料的には確認していないが、ほかのいくつかの町組の事例から町組のレベルでも独自の文書管理システムが存在していたと推定される。下京の場合は、「八組帳箱」の存在が確認でき、この帳箱は持ち回りで保管されていた。したがって、近世段階では三つのレベルの地縁団体はそれぞれ独自に文書を保管していた。

以上とは別に、六角町の内部組織として彼岸講という講組織があり、帳箱によって文書を保管していた。この文書も現存六角町文書の一部となっている。

これまでの説明を図示すれば図5のようになる。

上記四つはすべて近世にあっては重層的な別組織である。仲十町組および下京の文書は、これらの組合町や惣町が近代になって機能を停止したため、おそらくはその時点で六角町が預かっていた文書がそのまま六角町文書

―┬―六角町(近世～近代の六角町文書)
　├―仲十町組(六角町が所属する上位組織の記録史料群の一部)
　├―下京(仲十町組が所属するさらに上位組織の記録史料群の一部)
　└―彼岸講(六角町内部に存在する別組織)

図5　六角町文書の構造

として伝存したと推定される。あるいは、上位の組織が持ち回りの帳箱で保管していた文書を、近代に入ってメンバー町のあいだでわけもつことにしたのかもしれない。いずれにせよ、近代行政制度の施行にもかかわらず、もっとも基礎的な地縁団体として強固に継続した六角町に上位組織の文書が流入したものと推定される。したがって、六角町文書の周辺のいくつかの個別町文書のなかには、六角町文書と同様に仲十町組や下京の文書の一部と思われるものが現存している。

上記四つの階層構造分析上の位置づけは以下のようになる。六角町と彼岸講はともに一般的な意味でのサブ・フォンド(内部組織)として認識できる。仲十町組と下京については、当然内部組織ではなく上位の別組織であるから、普通の意味ではないがやはりサブ・フォンドとして認識してよいものと思われる。ただし、この場合は、上位の記述単位が内部組織ではなく別組織であるから、機能構造体としてのアイテム間の関係を表示する必要はないものと判断している。

本節での検討は以下の二点になる。

①当該の記録史料群が、異なる出所の合流である場合には、そのなかの記述単位は機能として認識されてはならない。

②第一節で神戸家文書の事例分析から導き出された、記録史料群の階層構造分析視角は、多様な記録史料群の形成パターンに対応可能なのではないか。

おわりに

出所に明確な内部組織がある、もしくは第二節で示したように記録史料群それ自体が異なる組織を出所とする記録史料群の合体であれば、それをそのまま編成に採用すべきである。ただし、かつてのように組織でないものを内部組織に見立てるという無理をする必要はなく、その機能をシリーズとして認識すればよい。そうすると、第一節で検討した神戸家文書の事例のように、サブ・フォンド（内部組織）として認識されるべき記述単位と、シリーズ（機能）として認識されるべき記述単位が併存することとなる。したがって、この考え方は、最上位の記述単位の意味がすべて同じでなくてもよいのではないか、という柔軟な階層構造分析の方法を導き出すことになるのである。

本稿では、欧米の階層構造分析方法を日本の記録史料群にそのまま「適用」するということではなく、日本の記録史料群に対する実践の積み重ねのなかから、欧米で編み出された方法の根底にある考え方を間接的に参照しつつ、記録史料群の階層構造分析方法について模索してみた。この姿勢は、日本の伝統的社会における記録史料群の構造解明に私たちが向かう時にはとくに重要であると考えている。

（1）　大藤修・安藤正人『史料保存と文書館学』（吉川弘文館、一九八六年）、安藤正人「史料の整理と検索手段の作成」（国文学研究資料館史料館編『史料の整理と管理』岩波書店、一九八八年）、安藤正人『記録史料学と現代』（吉川弘文館、一九九八年）。もっとも、これ以前に出所の内部組織と機能を考慮した記録史料群の認識は日本でも存在していた。たとえば、古代律令政府の写経所文書群である正倉院文書に関する研究（杉本一樹「正倉院文書」『岩波講座日本通史』第4巻古代3、一九九四年など）もまた、文書館学とほぼ同一の方法論を独自に編み出していたことは、日本における群としての文書認識方法の研究史のなかに正当に位置づけられるべきと考える。とはいえ、この分野に限らず、欧米の諸学における普遍主義の洗練は認めなければならない。正倉院文書研究は、記録史料群一般の構造分析方法としては普遍化されなかったからである。

（2）アーカイブズ研究系は二〇〇九年に研究部に統合され現在は組織としては存在していない。

（3）山崎圭「アーカイブズの編成と記述――近世史料を中心に――」（国文学研究資料館史料館編『アーカイブズの科学』下、柏書房、二〇〇三年）。

（4）戸森麻衣子「近江国野洲郡大篠原村小澤家文書史料細胞現状記録（一）」（『東京大学日本史学研究室紀要』一二、二〇〇八年）。

（5）青山英幸「アーカイブズ情報の概念と構造　国際標準（ISAD(G)2nd/ISAAR(CPF)2nd/ISDF）による組織構造体と機能構造体としてのフォンドの統一的把握」（国文学研究資料館アーカイブズ研究系編『アーカイブズ情報の共有化に向けて』岩田書院、二〇一〇年）。

（6）近世・近代在地記録史料群とは、江戸時代から高度経済成長期までをおおまかな時期的範囲とし、都市や農村の社会のなかで存在していた、西欧近代とは異なる原理により維持される、いわば伝統的な性格をもつ組織体を出所とする記録史料群を意味する。具体的には家文書・区有文書・町文書・講文書などを想定する。したがって、幕府・藩や大名などの武家文書や巨大な寺社の文書、地方自治体文書・企業文書は除外される。

（7）『史料館所蔵史料目録　第六一・七一・八三・九一集　名古屋元材木町犬山屋神戸家文書（その一～四）』一九九五・二〇〇〇・二〇〇七・二〇一一年。

（8）現在では存在しないと断言することが可能である。

（9）目録その一では、大宝前（神戸）新田の史料のみ収録し、そのほかの多数の新田史料については収録を見送ったために、この「新田支配人（庄屋）」という項目は、大宝前新田を意味することとなった。

（10）旧史料館では、一九五〇年代の受け入れ時には、まず冊子形態と書付形態（いわゆる一紙物）に仕分けされて配架されたため、配架順に内容調査を進めていくと最初に冊子形態の一点ごとのデータを採取することになり、作業が進行していくと書付型文書に対象が変わることとなった。

(11) 前掲註(5)青山論文。
(12) 組織と機能の両側面から個々の記録史料を位置づける、これをすべてのアイテムに対して完璧に行おうとすれば、それはもはや印刷目録では不可能である。電子的なデータベースが必要となってくるが、この問題はもはや筆者の能力を超えている。
(13) 渡辺浩一「近世都市における宝蔵と文書『管理』――播州三木町――」(『史料館研究紀要』二八、一九九七年)。
(14) この文書群は、三木郷土史の会編『三木市有宝蔵文書』一〜七・別巻(三木市、一九九四〜二〇〇二年)においてほぼ全文が翻刻されている。
(15) 三木町は一〇の個別町からなり、上五ヶ町と下五ヶ町にわけられ、それぞれに惣年寄がいた。
(16) 渡辺浩一「近世都市高山における『町方文書』の保管構造」(高木俊輔・渡辺浩一編『日本近世史料学研究』北海道大学図書刊行会、二〇〇〇年)。
(17) 丑木幸男「近代的史料管理秩序の形成」(前掲註16高木・渡辺編書)。
(18) 渡辺浩一「日本近世都市の個別町における文書保管――京都六角町文書の調査から――」(『国文学研究資料館紀要アーカイブズ研究篇』三、二〇〇七年)、同責任編集『史料叢書九　近世都市の組織体』(名著出版、二〇〇五年)。

商家文書の史料群構造分析——松代八田家文書を事例に——

西村慎太郎

はじめに

本稿では商家文書の一事例として、国文学研究資料館蔵信濃国埴科《はにしな》郡松代伊勢町八田家文書（以下、八田家文書と略す）の史料群構造を明らかにするとともに構造分析のプロセスを提示するものである。

商家文書の史料群構造については三井家を事例とした鶴岡実枝子氏による研究が先駆的といえよう(1)。鶴岡氏の論稿では三井家の文書管理に紙幅の多くをさいているが、目録作成の意義について、「体系的な構造把握に始まり、如何に文書群の原秩序に復元するというか、より正確に近づける作業」と述べたうえで、「商家文書はおおむね（1）営業関係、（2）店制関係、（3）家政関係に大別されると思われるが、家計と経営の分離が行なわれたとは云うものの、（中略）「家」と「家業」は不可分であり、営業の実務を担当した非血縁分家としての別家集団や奉公人もまた、主家の「家」の内なる人間として意識し行動したのであったから、営業と家政を截然と区別することが困難な部分もある」とその特徴を指摘している(2)。この指摘は本稿であつかう八田家文書にもあてはまり、同家文書を整理した大藤修氏は八田家文書について「内方」（＝生活組織）と「店方」（＝営業組織）に分化し、「店方」はさらに専門的な店に分化して「内方」が統轄すると指摘し、目録編成を行った(3)。

また、渡辺浩一氏は「営業と家政を截然と区別することが困難な」名古屋材木町神戸《かんど》家文書の整理を行い、生活組織と営業組織がはっきりとわかれていない神戸家文書の階層構造を次のように指摘する。

「家」、「領主御用」、「元材木町町代・組頭」というサブ・フォンドは、在地の家文書であれば一般的なサブ・フォンド名称であり、これらも実体のある内部組織ではない。従来の組織体論では、経営活動と行う同じ人物の別の側面すなわち機能を内部組織のように読み込んで、サブ・フォンド名称として使用してきたのである。(4)

つまり、組織体に視角をあわせた項目と、内容・機能に視角をあわせた項目を併記し、それらすべてを内部組織であるかのように示した目録編成を行っている。このような複合的な編成は商家に限らず多くの史料群にとって有効であろう。

また、西向宏介氏は既述の先行研究をふまえつつ、経営帳簿に注目して「経営帳簿は商家にとって、経営内容を適切に把握するための手段であると同時に、大量に授受される経営文書を一定の基準のもとに整理するための手段」と評価したうえで、「経営文書を中心とする商家文書の整理・目録編成にあたっては、経営帳簿の分析を手がかりにすることが最も有効な方法である」と指摘している。(5)さらに、大藤氏による八田家文書の目録編成を「文書群を有する組織体そのものの構造に文書をあてはめていく(あるいは戻していく)という考え方が前面に出されており、それ以前に重要であるはずの文書そのものの相互の関連性については必ずしも十分に詰められていなかったのではないか」と批判する。

西向氏の指摘は傾聴に値するものであるが、実際の目録編成を進める時に、文書の相互関連性を十分にふまえる作業プロセスが時間的にも能力的にも可能であるかどうかは議論の余地があろう。西向氏による精緻な帳簿分析とそこから導き出される目録編成についての評価は今後の課題としたい。

そこで本稿では商家文書の一事例として八田家文書の目録編成を再考し、史料群構造を提示していく。最初に本稿の前提として松代藩と八田家、八田家の史料群の概略を提示する。次に『史料館所蔵史料目録　第四十一集　信濃国埴科郡松代伊勢町八田家文書目録（その1）』（以下、『八田家文書目録（その1）』と略す。本稿脱稿段階でその4まで刊行されているがいずれも同様に略す）に始まる目録刊行作業のなかで明らかとなった八田家文書の史料群構造を確認し、商家文書の構造分析のプロセスについて明らかにする。そして『八田家文書目録（その1）』から『八田家文書目録（その4）』の課題をふまえて新たな構造分析についてサブフォンドを提示し、『八田家文書目録』ではもっとも多い会所関係（糸会所・産物会所など）のシリーズについて検討する。

なお、本稿執筆中も『八田家文書目録』刊行のための作業と編集が続けられている。本稿では一商家文書の構造分析を作業モデルとして提示することに課題があるため、八九九四点の編成を終えた『八田家文書目録（その4）』刊行段階での状況であることをあらかじめお断りしておく。

一　松代藩と松代八田家、八田家文書について

ここでは、松代藩と八田家について簡単に概略を述べてみたい。

松代は長野盆地の南東端に位置し、三方を山に囲まれている。戦国時代、甲斐の戦国大名である武田家によって海津城が築城され、越後の上杉家に対する橋頭堡としての役割を果たしていた。近世にいたって元和八年（一六二二）に上田藩真田信之が転封によって松代に入り、一三万石を領することとなった。明暦四年（一六五八）に沼田藩三万石が分知され、以後松代藩一〇万石として明治維新まで真田家が領した。松代城下町は真田家によって造られ、城下町を貫通する北国脇往還（北国街道。信濃国追分宿から直江津にいたる）にそって馬喰町・紙谷町・紺屋町・伊勢町・中町・荒神町・肴町・鍛冶町の八町が建設された。伊勢町には枝町として木町と鏡屋町が属し

ている。松代城下町には町年寄が四名おり、城下町の運営を担った。

次に八田家の歴史について述べたい（表1）。八田家は松代城下町の木町に居住した八田家より分家した家である（以下、本稿で述べる八田家は「八田家」と記し、本家木町八田家を「木町八田家」と記す）。木町八田家は甲州浪人であり、近世初頭に松代に住した。木町八田家三代目長左衛門庸重は町年寄を務めたが、この長左衛門の二男孫左衛門重以が分家して伊勢町に居住して、本稿であつかう八田家の初代となった。なお、木町八田家は享保年間には断絶。以後、八田家による養子（二代目である八田嘉助の女婿・嘉右衛門や息子・喜右衛門）が継承していった。

一方、本稿であつかう八田家の初代孫左衛門重以は宝永四年（一七〇七）六月に分家し、同六年六月より伊勢町に居を構え、商売を始めた。同時に町年寄にも就任し、以後、代々町年寄を務めている。さらに、藩より三〇人扶持が給された。四代目嘉右衛門知義は父同様給人格御勝手御用役にとりたてられた。さらに、城下町町人の人別からは除かれ、別帳あつかいとなっている。嘉右衛門は町年寄だけでなく、松代藩にかかわる多くの役職を歴任している。たとえば、文化十三年（一八一六）には産物御用掛、翌十四年には川船運送方御用、文政七年（一八二四）には社倉調役、同九年には糸会所取締役、天保四年（一八三三）には産物会所取締役などである。近代以降は松代商法社商法掌や第六十三国立銀行頭取を務めており、八田家は松代町内外の経済に大きく関与する立場の商人であったことがうかがえよう。なお、八田家自身の経営については酒造・呉服・油店・質店・醤油店であり、経営の中心は酒造・呉服であったが、大橋毅顕氏は文化期以降、貸付や無尽《むじん》に比重がおかれるようになったと指摘している(6)。

次に八田家文書の来歴について記しておきたい(7)。八田家文書は昭和二十八年（一九五三）に九代目当主八田恭平氏（明治三十三年生まれ。昭和三十六年死去）によって文部省史料館（現在の国文学研究資料館）に譲渡された。譲渡当時の整理の様相については不明だが、吉永昭氏によってカード状の目録が作成され、昭和五十六年（一九八

表1　伊勢町八田家略年表

年　代	当　主	出　来　事
宝永４．６	①孫左衛門重以	分家
宝永６．６	①孫左衛門重以	伊勢町に居住。この年に町年寄就任
享保11．４．６	①孫左衛門重以	御用金才覚により御目見
享保12．12．23	①孫左衛門重以	御用金才覚により30人扶持
寛保３．７	①孫左衛門重以	病気により町年寄退任
寛保３．７	②嘉助芳茲	町年寄就任
延享４．５．23	①孫左衛門重以	死去
延享４．７．12	②嘉助芳茲	30人扶持
寛延３．12．１	②嘉助芳茲	御用金切り捨てにより20人扶持加増(計50人扶持)
宝暦６．７．９	②嘉助芳茲	病気により町年寄退任
宝暦６．７．15	②嘉助芳茲	死去(60)。鉄治郎(③孫左衛門以親)への相続と50人扶持下付を藩へ願い出る。ならびに養子嘉右衛門に本家再興を遺言
宝暦６．９．20	③孫左衛門以親	30人扶持
宝暦８．11．28	③孫左衛門以親	元服して鉄治郎より孫左衛門と改める
宝暦11．３．19	③孫左衛門以親	町年寄就任
寛政３．３．22	④嘉右衛門知義	町年寄就任
寛政４．２．15	③孫左衛門以親	病気により町年寄退任
寛政10．７	③孫左衛門以親	金300両才覚御用達
享和２．３．25	③孫左衛門以親	300両を藩に献上
享和２．12．25	③孫左衛門以親	祖父以来の出精により給人格御勝手御用役
享和３．１．１	③孫左衛門以親	死去(62)
享和３．２．９	④嘉右衛門知義	家督相続のうえ、30人扶持・給人格御勝手御用役。ならびに町の人別と別帳になる
文化３	④嘉右衛門知義	御用金を申しつけられる
文化４	④嘉右衛門知義	御用金を申しつけられる
文化10．５．10	④嘉右衛門知義	白鳥宮普請のため100両を献上
文化10．10．７	④嘉右衛門知義	５人扶持加増(計35人扶持)。この年、加増分を義弟喜兵衛にあたえて分家させる
文化13．５．11	④嘉右衛門知義	産物御用掛就任
文化14．３．28	④嘉右衛門知義	川船運送方御用就任
文政７．⑧．11	④嘉右衛門知義	数代御用を勤めたことにより給人永格
文政７．11．７	④嘉右衛門知義	社倉調役就任
文政９．９．10	④嘉右衛門知義	糸会所取締役就任
天保４	④嘉右衛門知義	産物会所取締役就任
天保５．３	⑤嘉助知則	御勝手御用役見習就任
天保８．12．28	④嘉右衛門知義	切米納籾30俵下付
嘉永元．12．９	④嘉右衛門知義	死去(78)
嘉永２．２	⑤嘉助知則	家督相続のうえ、30人扶持・御勝手御用役本役
嘉永４．11．23	⑤嘉助知則	死去(45)
嘉永５．１．16	⑥慎造知道	家督相続のうえ、30人扶持・御勝手御用役
明治２．12．13	⑥慎造知道	商法掌就任
明治３．⑩．11	⑥慎造知道	士族に列する
明治４．８．19	⑥慎造知道	商法掌免職。権少属補助商法方就任
明治12．７	⑥慎造知道	第六十三国立銀行頭取就任
明治13．３	⑥慎造知道	第六十三国立銀行頭取退任
明治40．10．８	⑥慎造知道	死去(79)

註：年代の丸数字は閏月、当主の丸数字は当主の代数。

一）頃より大藤修氏によって目録刊行に向けた作業が本格化する。[8] 大藤氏の整理作業にもとづいて『八田家文書目録（その1）』が昭和六十年（一九八五）に刊行された。その解題には「総点数は書付類を含めると数万点にのぼり、一度に目録化することは不可能であるため、逐次分冊で刊行していくことにした。今回は〈その一〉として、冊子型史料の大半と、伝存形態の上で冊子と密接に関連している書付型史料若干」を収録するという整理・刊行方針が提示され、『八田家文書目録』として刊行が継続して進められている。なお、八田家文書は国文学研究資料館のみならず、長野市立博物館にも近代の経営帳簿を中心に六〇〇点をこえる文書が所蔵されており、[9] 八田家にも文書や文書を納めたと思われる帳箱が残されている。[10]

二　八田家文書の史料群構造――『八田家文書目録（その1）』を考える――

ここでは、八田家文書の史料群構造について、『八田家文書目録（その1）』における構造分析を再検討する。前述のように本稿執筆段階（二〇一三年二月段階）で、『八田家文書目録』はその1～その4まで刊行されており、その1とその3は一九八五年・一九九〇年に大藤修氏によって、その2は一九八九年に安澤秀一氏によって、その4は二〇一二年に筆者によって編集と解題の執筆、構造分析が行われた。細かい違いはあるものの大項目（サブ・フォンド）については大きな変化がなく、それぞれ基本的には大藤氏による『八田家文書目録（その1）』の階層構造を踏襲したものである。そこでここでは『八田家文書目録（その1）』の解題を中心に検討したい。

八田家文書の構造分析にあたっては、「八田家伝来の文書群の構造を把握するのに際しては、とりわけ組織・役職に基準をおくことが要請される」が、「すべての文書に組織・役職が明記されているわけではなく、むしろ記されていない方が多い」と述べたうえで、[11] 組織・役職を基準とした八田家文書の構造を（A）内方《うちかた》、（B）店方《たなかた》、（C）松代町関係、（D）松代藩御用、（E）糸会所・産物会所・商法社の五つに大別している。

（A）内方はいわゆる「家」に当たる家政機関の組織である。（B）店方は八田家の営業部門であり、酒造方・呉服店・油店・醤油店（松井店）・質店が中項目（シリーズ）として設定された。（C）松代町関係は八田家が町年寄を勤めていたことで集積された文書であり、この場合、組織体としてではなく町年寄という役職に対応したもので、点数も少なく系統立てて残されているわけではない。組織体ではなく役職にともなって残された文書の場合は、このように偶然的に残されたという特徴があるといえよう。（D）松代藩御用は松代藩のさまざまな御用を担う役職に対応したもので、（C）松代町関係と同様に系統立てて残されていない。（E）糸会所・産物会所・商法社は八田家が会所取締役を勤めたり、商法社商法掌を勤めた結果集積された文書である。いずれも役職であり、（C）松代町関係・（D）松代藩御用と同様だが、大きな違いとしては会所自体が八田家役代の菊屋伝兵衛家に設置されたことが指摘されており、そのために文書が系統立てて残されている(12)。他方、商法社は松代藩の産業にかかわる組織であるが、埴科郡羽尾村の大黒屋幸蔵（大谷幸蔵）が設立した組織に八田家が商法掌として関与したにとどまるため、文書があまり伝来していない。

これらの組織・役職で大別したものを大項目（サブ・フォンド）として設定し、目録編成している（松代町関係については「町方」と記された）。そして当然のことながら、組織・役職を基準とした目録編成の意義を「もし組織の枠を考慮せずに類別したりすると、例えば内方・各店・会所という別個の組織で作成ないし授受された営業関係の文書を「営業」という項目で一括する、というような過ち《ママ》犯すことになる」と端的に述べている(13)。また、中項目（シリーズ）に関する解題では次のように構造分析の方法を提示している。

> ここでは（サブ・フォンド「内方」に関する解題――引用者註）、先述した内方の諸機能・諸側面を表現しうるよう分類配列することを心がけた。項目名称のみをみると主題別分類のように思われるかもしれないが、決してそうではない。主題別分類だと例えば『日記・控留』の項目には内方で作成されたすべての日記・控留帳

が入れられてしまうのであるが、ここではこの中項目には内方の運営全般に関するもののみを入れ、内方の諸機能の中で特定の機能を分担した掛りの作成したものは、それぞれその機能にかかわる該当項目に入れている。[14]

すなわち、八田家文書のなかから組織・役職を可能な限り拾い上げてサブ・フォンドとして設定し、その下層に各サブ・フォンドの機能を表して編成している。ここでも記されているように、この方法は単純な主題別分類ではなく、サブ・フォンド内部の機能を明確に区別して設定したものであり、近世の商家文書（のみならず多くの近世地方文書など）を分析するうえで有効な方法であろう。

大藤氏による指摘はもっともであり、八田家文書を理解するために有効な目録であるといえよう。そこで節を改めて筆者なりに考えたサブ・フォンドを提示してみたい。

三　八田家文書の史料群構造を再考する

ここでは、八田家文書の史料群構造について述べつつ、構造分析のためのプロセスを論じる。既述のとおり、近世の場合、史料群構造を明らかにするためには組織・役職を拾い上げた上でそれらをサブ・フォンドとして設定し、各サブ・フォンドの機能をシリーズとして設定することが望ましい。そこで、『八田家文書目録（その１）』のマイナーチェンジにほかならないが、「どのようなサブ・フォンドが適当か」という理由を記しつつ、八田家文書のサブ・フォンドを提示してみたい。

第一に、「茶之間」という「家」の生活組織をサブ・フォンドとして設定する。『八田家文書目録』に設定されたサブ・フォンド「内方」は八田家の生活組織であり、史料上では「茶之間」と記されていることが多いため、「茶之間」というサブ・フォンド名称が適当だと思われる。[15]八田家の場合、「主題別分類だと例えば、『日記・控留』の項目には内方で作成されたすべての日記・控留帳が入れられてしまうのであるが、ここではこの中項目には内方の運営全般に関するもののみを入れ、内方の諸機能の中で特定の機能を分担した掛りの作成したものは、それぞれその機能にかかわる該当項目に入れている」[16]と記されているように、生活組織である家のなかの係分担や機能にそくした編成を行っている。

八田家「茶之間」において係分担が確認できるものとして、買物方・小作方・賄方・勝手方・御膳所・元方などある。たとえば、買物方は八田家の生活用品購入を担った係である。もともとは「御茶之間役人」と称された人びとが文書の作成ないし授受をしたが、天保七年（一八三六）頃より茶之間内の買物方と称された係がその役割を担うようになる。史料では「天保七申年中御買物調元帳」（文書番号あ一四一〇）に買物方数右衛門・勝之輔の名がみえ、「買物方日記」（文書番号あ五六〇・あ五六一）も作成されるが、天保九年十二月の「御中借金覚帳」（文書番号あ一五二〇）を最後にその名称はみえなくなり、以後、生活用品の購入は茶之間が担っている。したがって、この場合、買物という機能は、もともと「茶之間」が担い、天保七年〜九年は茶之間内組織である「買物方」によって担われ、その後再び「茶之間」が担当するという些末ながらも組織の改編がなされている。このような改変を厳密に組織体に則った形で目録編成しようとする場合、煩雑かつ混乱を生じてしまい、非常にわかりにくい目録になってしまう。このような微細な組織改編は現代の行政や企業にもあてはまるものと思われるが、ここではその機能を優先させて「金銭請払」などをシリーズとして項目を立てるのが適切である[17]。

第二に、八田家の営業組織である酒造方・呉服店・油店・醤油店・質店などをそれぞれサブ・フォンドとして設定することができよう。『八田家文書目録』では「店方」の下にシリーズとして酒造方・呉服店・油店・醤油店・質店を編成しているが、組織がわかれており、それぞれの組織に系統立てられた文書が集積されていることを考えれば、それぞれをサブ・フォンドとして編成する方法が考えられよう。

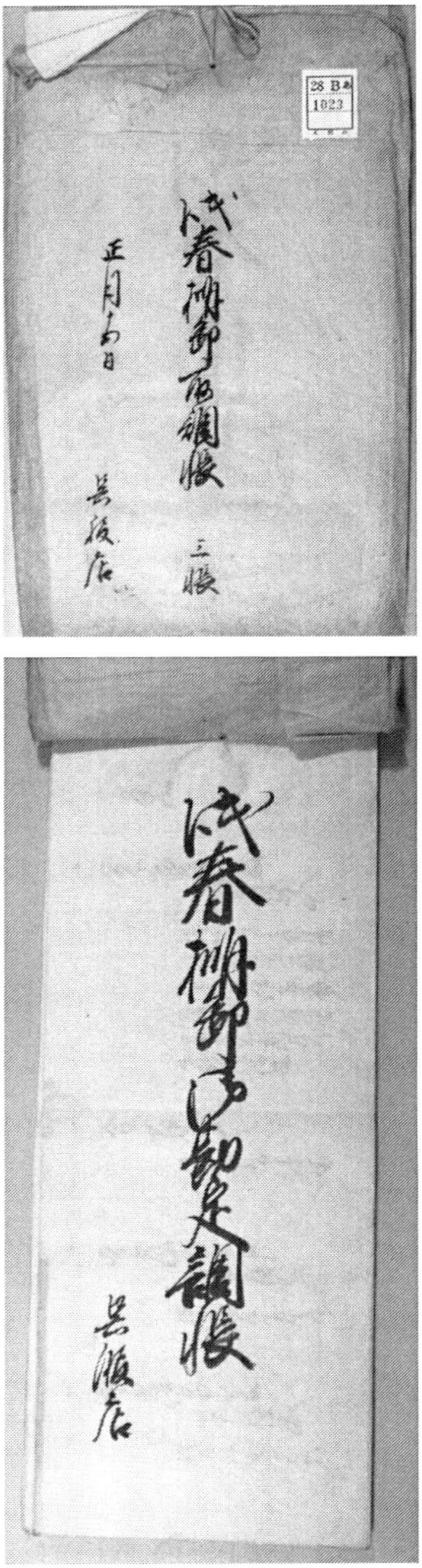

図1　天保九年呉服店「戌春棚卸取調帳」（国文学研究資料館八田家文書一〇二三）

酒造方・呉服店・油店・醤油店・質店からは春と秋の勘定をまとめた「棚卸勘定目録」が茶之間に提出されている。特徴的な形態として、寛政年間なかごろから文政年間なかごろにかけて、美濃判の横長帳を折りたたんだ状態で包紙に入れ、綴じ紐に水引が用いられている点があげられる（図1、上が包紙）。この時期は、三代目孫左衛門が町年寄を退職し、四代目嘉右衛門が八田家の運営を担うようになった時期であり、八田家における文書管理システムがこの頃変化したことをうかがわせる。たとえば、文政七年（一八二四）四月の「中春酒棚卸勘定目録」（文書番号あ一〇〇六）の包紙の上書きには「酒棚卸勘定帳」とあり杜氏道八・酒店太七が作成している。「上」とあることから八田家に提出されたことがわかる。

第三に、町年寄・御勝手御用役・産物御用掛・川船運送方御用・松代商法社商法掌など、各役職に関して残された文書をまとめて「松代藩御用」として設定することができよう。『八田家文書目録（その1）』では「町方」と「松代藩御用」が設定されていた。筆者は『八田家文書目録（その4）』において、「松代藩御用」という機能に関する名称をやめ、あえて藩の御用に関する役職をサブ・フォンドとして設定した（ただし、『八田家文書目録

（その４）』においては産物御用掛のみ）。しかし、八田家文書の場合、役職にともなう文書は全体として非常に少なく、個々の役職についてサブ・フォンドを設定するのは目録として使いにくいと判断した。また、「町方」というサブ・フォンドも可能であるが、むしろ町年寄に任じられたことにともなって集積した文書として考えられるため、「松代藩御用」のシリーズとして「町年寄」を設定した方がよいものと思われる。なお、既述のとおり、『八田家文書目録（その４）』では「産物御用掛」というサブ・フォンドを設定した。八田家文書のように史料群の整理が長期間行われ、分冊におよんでしまう場合、シリーズはもちろんサブ・フォンドの変更を行う場合もあるが、これは全点の構造分析よりも公開・閲覧を優先させるべきなのでやむをえない。

　第四に、糸会所・産物会所の文書をサブ・フォンドとして設定する。いずれも八田家が取締役であるため、第三で述べた「松代藩御用」と同様であるが、会所自体が八田家役代の菊屋伝兵衛家に設置されているため、系統立てて残されており、これをサブ・フォンドとする必要があろう。

　なお、『八田家文書目録（その４）』の構造分析のなかでもっとも悩んだ文書についてふれたい。それは「産物方貸出金證文」の袋とともに綴られた二五点一級の文書である（え六三）。これは文化十三年（一八一六）～文政五年（一八二二）の借金証文・質地証文だが、問題は文書の宛所が八田嘉右衛門・中嶋三右衛門（郡奉行役人ないし代官）[18]・川船会所とまちまちである点である。なぜこのように異なる宛名の文書が（おそらくはもともと「産物方貸出金證文」に入れられ）ひとつに綴られたのか判然としないが、文書を管理する八田家としてはこのような管理がもっとも妥当であったと考えられる。

　したがって、特徴的な宛所と思われる川船会所のみをとりあげて、サブ・フォンド「松代藩御用」に含ませるよりも、袋上書きの「産物方貸出金證文」に注目し、加えて八田嘉右衛門・中嶋三右衛門・川船会所の三者の関係が深いと思われる組織ないし役職に文書が集積したと考えるべきなのではなかろうか。そのため最大公約数的に八田嘉右衛門・中嶋三右衛門・川船会所の借金証文・質地証文が何らかの契機によって糸会所ないし産物会所に引き継がれたと考え、サブ・フォンド「産物会所」に入れた（ただし、『八田家文書目録（その4）』においてシリーズ「川船会所」とした点は上記の考えにそくせば一面的な理解であったものと自省したい）。組織や役職に縛られず、文書の残存した状態（ここでは一綴りという現状）・管理の状態に配慮した構造分析が求められる。

第五に、さまざまな役職や役割が混合している一括文書ないし綴り文書が存在している。第四で述べた川船会所の事例などがその類だが、それ以外にもたとえば「有用之紙屑」と上書きされた袋の事例をあげよう（文書番号え二四五）。袋には「安政三丙辰年」「猥ニ取捨へからす」と記されており、なかには手習いから書状の下書き、領収書などさまざまな文書が二〇〇点入っていた。これら一点一点をわけてしまっては利用者の無用な混乱を招くことになり、一括されている意味が失われてしまう。すなわち、「有用之紙屑」の一事例をあげれば、「有用之紙屑」に収められた「覚」（文書番号え二四五―一五一）は「御産物方御会所」宛の杏仁（薬種のひとつ。杏の種の中身）三八貫代金領収書であり、産物会所に集積された文書のひとつと考えられるが、文書番号え二四五―六六のように「松代八田御母上さま御内披」と記された封筒は明らかに八田家の「家」の文書である。したがって、これらは管理上一点一点中性紙封筒などにわけて保存するにしても、現状を生かして、目録編成のうえでは「混合文書」というサブ・フォンドを設定し、袋上書きの「有用之紙屑」をシリーズとしてまとめて記載する方法が最良であるものと思われる。

以上、八田家文書の史料群構造のうちサブ・フォンドについて検討した。本稿冒頭でも記したように、鶴岡氏は「商家文書はおおむね(1)営業関係、(2)店制関係、(3)家政関係に大別される」と指摘しているが、主題分類にあてはめていくのではなく、それぞれの史料群に応じた階層構造の把握を行うべきであることは論をまたない。そこで、階層構造をみつけるため、商家の場合、次の三点の方法でまとめておきたい。

①その文書に記された人物の肩書や役職に注目する。たとえば、「丑春改貸方御書上帳」（文書番号あ二七〇九）はこの表題だけをみれば「貸付」などに分類をしてしまうが、「酒店」という表紙上書きに注目することによって、サブ・フォンド「酒店」に編成することができよう。

②「家」や「店」の機能に注目する。八田家「茶之間」の場合、買物方・小作方・賄方・勝手方・御膳所・元方などの係分担が明確になっている場合もあるが、既述の買物方のようにある一時期に限定された係の場合、忠実に組織体から編成するよりも機能にそくした方が有効である場合も見受けられる。

③組織体が厳密にわかれていない場合、複数の異なる組織体の文書が一括で残されていることも多いため、残された秩序を生かして編成する。原秩序尊重や現状記録の意義などについては古くからの議論があり、拙稿でも述べたが[19]、安藤正人氏は「過去に少々整理の手が入っていても、一見雑然としていても、何らかの形で原秩序の痕跡が残っている可能性は否定でき」ず、「現状を尊重する姿勢が必要であり、それが原秩序復元への早道」と述べ[20]、原秩序を復元する理由として「原秩序の中に記録史料群の体系的構造を解明する重要な糸口があると考えるためである」と結論づけている[21]。その場合、秩序を生かして「混合文書」とするのが適当であるものと思われる。④③ともかかわる点だが、組織・役職、あるいは機能だけではなく、文書の残存した状態（綴や一括、あるいはもっと広い意味での現状）・管理の状態にまで配慮した目録編成が必要である。

四　糸会所・産物会所の帳簿について

『八田家文書目録』は本稿執筆段階で整理をすませた八九九四点のうち四九パーセント近くの四三九〇点が松代藩の専売制を担う糸会所・産物会所に関する文書である。前節ではサブ・フォンドについてとりあつかったので、八田家文書のなかの糸会所・産物会所に注目して、会所のシリーズ以下の目録編成を考えてみたい。ただし、筆者の力量もあり、糸会所が設立される文政九年（一八二六）から江戸における産物会所設立前後の天保四年・五年（一八三三・一八三四）までの時期を対象としたい。この時期は吉永昭氏の松代藩産物会所の時期区分にしたがえば前半の二期に該当する。[22] また、冒頭で述べた西向氏による精緻な帳簿分析と目録編成についても八田家文書を用いた検討をすべきところだが、実際の作業を経た結果、これについても筆者の力量をこえるものと判断し、ここではあつかわない。

最初に、吉永昭氏の研究に依拠して松代藩の産業統制と会所の概略を述べたい。[23] 信濃国の養蚕業は十八世紀後半から発展し、文化六年（一八〇九）に糸市が開かれた。文政九年（一八二六）には糸会所が設置され、取締役には八田家四代目当主の八田嘉右衛門が任命された。松代藩製糸業は養蚕農家によって生産された繭が繭問屋を経て、糸元師へともたらされる。法令では禁止されていたが、養蚕農家と糸元師との直接売買も行われており、そのため文政七年（一八二四）には繭問屋が廃止されて、直接売買が認められた。その後、繭仲買人仲間の結成が認められ、生産農家→繭仲買人仲間→繭市という集荷システムが成立した。糸元師のもとには複数の挽子がおり、挽子によって作られた糸は再び糸元師へと集められて、糸市にて売りさばかれた。糸元師は文政二年（一八一九）に仲間を結成している。

吉永昭氏によれば、糸元師は大量の挽子を抱えることを目的とし、挽子は賃金の増加を目的としていたため、糸元師と挽子の双方が利益を求めようとするあまり、品質の悪い糸が作られてしまっているので、藩はこの状態を打開して品質の向上を目論んだ。ここに糸会所設立の意図があると評価している。吉永氏の評価の妥当性については本稿の課題からはずれるので、ここでは吉永氏の研究にしたがって糸会所の「政策」を四点にまとめてみたい。①挽子への糸挽道具の貸付。零細な挽子にとって糸元師から独立し自分自身で製糸業を展開するには道具の所有が不可欠である。②挽子への原料繭の支給。①同様零細挽子を支援するために買い入れ原価で挽子へ売ることを促進した。③糸元師の冥加金付加。糸元師の特権を排除するため、冥加金を停止したが、糸元師から自立しない挽子が多く、文政十三年(一八三〇)には所属する挽子の数に応じた冥加金を糸元師に課すこととなった。④会所による貸下金。糸集荷のための資本に利用させるための貸下金である。

その後、紬生産の興隆に対応すべく、糸会所の拡充が必要となり、天保四年(一八三三)に産物会所が設置された。天保八年に仕法替がなされ産物会所は大坂交易を展開し始め、藩も産物会所も積極的に推進していった。これら大坂交易については荒武賢一朗氏が詳細に論じている。[24]

次に糸会所と産物会所の組織について、御用留類から確認しておきたい。目録編成を行うためには組織体の確認と確定が不可欠だからである。糸会所の設立について明確に把握できる文書は少ないが、「日記」(文書番号あ二五一-六)文政九年十一月七日条にある田中村太兵衛の糸会所宛願書によれば、「昨日御会所開御座候由」と記されていることから、文政九年十一月六日に設立されたものと思われる。同じく「日記」文政十年正月十一日条によれば、「会所開ニ付、神酒壱舛・鯣拾まい被下、会所懸之者一統罷出ル、頂戴後御勝手方両所小野喜太右衛門殿・興津権右衛門殿江御請罷出候事」と記されており、御勝手方の小野喜太右衛門と興津権右衛門が糸会所の上に存在することがうかがえる。なお、小野は町奉行、[25]興津は郡奉行である。同年三月条に「糸方之儀、是迄恩田靭負殿御懸之処、今般御勝手方矢澤監物殿被　仰付候得共、糸方之儀者是迄之通靭負殿御懸之旨、右之段相心得候」との申渡しが「会所詰之もの」へ伝達されている。なお、翌年正月十一日、会所開では恩田靭負のところに年頭挨拶におもむいているが、恩田の肩書は「糸方御懸リ」である。

会所の内部組織については吉永氏が明らかにしているように、取締役を頂点として、惣元方・元締・元締助・吟味方・世話人が存在する。実務を担うのは吟味方二名と世話人六名である。取締役・惣元方は藩とのやりとりを行う存在で、後述するような文書に宛名として取締役・惣元方の名前が散見されるものの、御用留類に記され

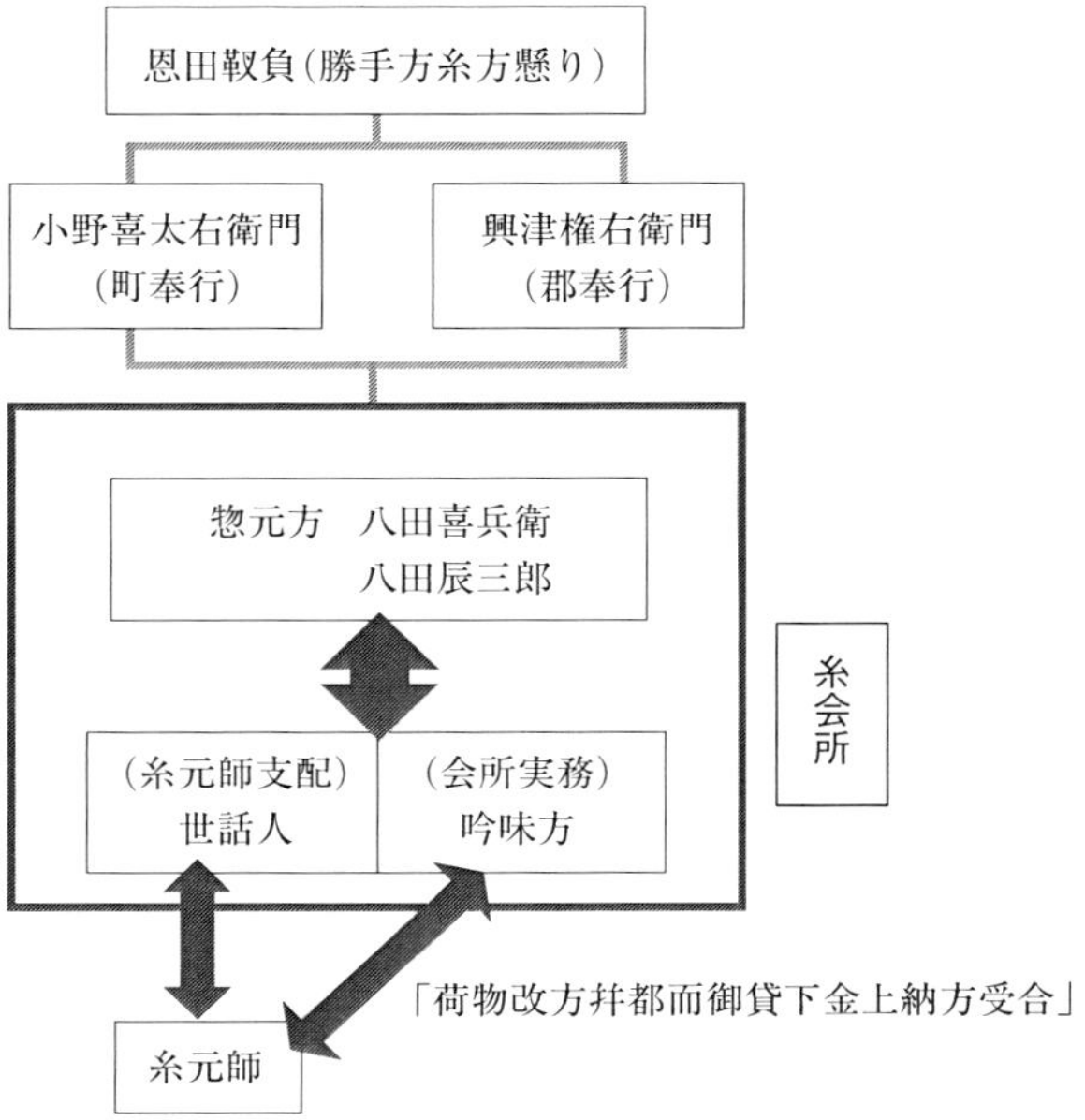

図２　文政10年（1827）糸会所組織

ている会所―糸元師・仲買人・諸仲間などとのやりとりには吟味方周兵衛・善左衛門と世話人が大きく関与している。文政十年十二月九日には吟味方への手当支給について伺いがだされているが、吟味方と世話人の役割について次のように記されている。

糸会所詰之内、吟味方者荷物改方幷都而御貸下金上納方受合等ニ茂携り、売買所金銀出入等之儀ニ付而者、委々心配有之、世話人之儀も是又同様之趣ニ而一統糸方之義迄種々取扱筋有之、別而会所泊迄も相勤、大義仕候義ニ而、銘々自分之商用筋ヲ茂欠候而相勤居候儀ニ御座候間、御手充被成下候様仕度、(後略)[26]

これによって手当として吟味方二人に米九俵、世話人六人に米二一俵が支給された。さらに、文政十三年八月三日には業務が多忙であるため吟味方の増員が求められ、新たに三名が吟味方の一員となった。したがって、松代藩の糸会所に関する組織は図のようになるものと思われる（図2）。なお、真田家文書のなかには断片的に会所に関する帳簿が残されているものの、八田家文書のように系統的に残されていないため、基本的な会所の文書管理は会所自体で行われたものと思われる。

次に八田家文書に残された会所関係の帳簿類から会所のシリーズ以下の目録編成を検討する。ではこの場合どのようにシリーズを見出すか。組織が明確である場合にはそれにしたがってシリーズを設定し、その組織に該当する業務があればサブ・シリーズないしファイルとして設定することが望ましいが、八田家文書のうち会所関係の帳簿をみても、明確な組織はうかがえない。その場合、帳簿の表題や作成者に注目してシリーズを設定するのがもっともわかりやすい。さらに、八田家文書の場合、会所の「日記」が残されているので、内容を読解したうえで、会所の諸機能を明らかにし、諸機能にしたがって目録編成することも可能であろう。そこで本稿では帳簿の表題・作成者と「日記」の内容を検討して①～⑩のシリーズに編成した。どのようなプロセスでシリーズを設定したかについてはそれぞれ述べていきたい。

①鑑札渡　松代藩においては糸元師仲間が結成された文政二年（一八一九）以来鑑札が発給されたものと思われるが、糸会所設立後は鑑札の管理を会所が担うこととなった。会所設立後、新規に糸元師として渡世を行いたい者は願書を会所に差しだし、鑑札を発給された。ただし、糸会所設立直後の十一月二十二日に「是迄糸元師共御趣意之方ニ而商売仕度もの共書面差出、其上請印帳江印形取置候処、余り手重之儀ニ付、以来者右之書面ニ不及、請印帳而已取置申度」と町奉行小野喜太右衛門へ申し出て、認められている。[27] ここで述べている「御趣意之方」とは「養蚕・糸挽産業筋、初発御取立之砌、一統江相弘候ため、糸元師相立候事」[28]とあるように糸会所設立とともに糸元師の増加を企図したものであるが、多くの志願者が出たため、提出された願書の整理ができず、簡略化を進めたのであろう。[29] 鑑札を発給するさいの請印帳や取調帳など、仲間ごとに帳簿が作成されている。たとえば、「紬仲買鑑札渡人別帳」（文書番号あ二四七三）、「村々町々外木綿商売人別鑑札相渡印判帳」（文書番号あ一七〇九）などであり、目録編成においては鑑札に関するほかの文書とともに仲間ごとのサブ・シリーズとする。

②冥加銀上納　①の鑑札渡と関連するが、（a）村や町の糸元師から産物会所に提出された冥加銀上納の帳簿、

（b）産物会所から藩側へ提出された冥加銀上納の帳簿があり、当初は糸売買・繭仲買・糸元師のみであったが、産物会所設立後は種目も増え、木綿・唐糸《からいと》・種繭・絹紬《きぬつむぎ》・杏仁・藍・油など多種多様におよび、天保年間末期頃より帳簿の書き方が定式化してきた。また、同じ頃には鑑札と冥加銀に関して帳簿がひとつにまとめられた。したがって、天保年間末以降の産物会所をふまえた場合、シリーズ「①鑑札渡」「②冥加銀上納」をひとつにまとめる方が利用しやすい目録になるであろう。

ところで、糸売買・繭仲買などの種目ごとにシリーズを設定し、サブ・シリーズとして①鑑札渡や②冥加銀上納を設定する方法も考えられるが、八田家の場合、「杏干仁御他領共御他領蚕種師唐糸師鑑札冥加銀請取元帳」や「糸売買・繭中買冥加上納〆出帳」などのように複数の品目でひとつの帳簿を形成している場合が多く、品目ごとのシリーズにすることができない。なぜ、杏仁・蚕種師・唐糸師がひとつの帳簿として把握されているのかの検討は今後の課題であるが、松代藩産物会所の文書管理として重要な点であり、この特徴を生かす目録編成を心がける必要がある。

③中借金・御礼金（藩から会所への貸下金および会所から藩への上納金）　次の史料は天保五年の「午年正月御中借證文引替調元帳」（文書番号あ二二七四）に記された中借証文である。

一、金弐百六拾五両也、

　　但年中八分月懸御礼金附、

右者産物方御貸下金御中借慥受取申候、重而正金を以引替可申候、以上、

天保五午年正月

八田辰三郎

八田喜兵衛

小林三左衛門
吉沢十助殿
池田良右衛門殿
宮沢彦左衛門殿
竹内藤助殿

右之通相違無御座候、以上、

八田嘉右衛門

藩から会所への貸下金は「中借金」と称され、「中借金」の年八分の利足を「御礼金」と称したが、それらに関する帳簿が数多く遺されている。押印されて藩に提出された帳簿も多いことから、藩へ提出後、監査を受けて会所に戻されて管理されたものと思われる。なお、天保四年の「才覚金利足請取元帳下帳」（文書番号あ二二七四）は「才覚金」の内容については不明ながら、惣元方八田辰三郎・八田喜兵衛および勘定役小林三左衛門ほか四名が差しだして、八田嘉右衛門が奥書をしているので産物会所貸下金にかかわる帳簿と判断し、「③中借金・御礼金」に組み込むこととした。(30)

④貸下げ金（会所から糸元師などの商人への貸下金および商人から会所への上納金）　会所から商人への貸下金については吉永氏の論文でも検討がなされているように、文政十一年では城下町の有力商人を中心に三五名へ五〇〇〇両余が貸し下げられている。(31)その勘定をまとめた「糸会所御貸下金御勘定帳幷総勘定帳」が作成された。そして、この貸下金に対する引当を記した「御貸下金引当物元帳」が作られた。また、産物会所設立後には「御礼金取集帳」が作成された。もともと御礼金は「糸会所御貸下金御勘定帳幷総勘定帳」に掲載されていたが、産物会所設

立後は種目が増えたことによって別帳としたのであろう。これらはいずれもシリーズ「④貸下げ金」に組み込んだ。

なお、天保四年の「土蔵有代呂物改帳」（文書番号あ三六八）などは次のように記されている。ここでは唯七という人物に関する部分のみ抜粋してみよう。

卯六月七日分

唯七

正味

一、糸拾壱貫三百弐拾五匁

弐包

此御下金五拾両

此分二月四日元利皆済

唯七以下、計八筆が記され、そのうち四名には元利とも皆済のため反古として墨消しされている。名称からだと「⑥土蔵有代呂（棚卸）」とも思われるが、既述の記載内容から貸下げ金とそれに対応する引当に関する帳簿と思われ、ここに組み込む。

⑤絹紬売りさばき・勘定　天保二年に紬市が松代に設置され、紬仲買によって織元より集荷され、市にて売りさばかれる体制が作りあげられた。絹紬の売りさばきに関する勘定を記した帳簿が作成され、藩に提出されている。たとえば、天保五年の「巳年分紬方御払代金請取幷上納取調申上」（文書番号あ二三二三）には「巳二月より十二月迄向々相払候代金午正月迄請取辻」五七七両余他計一四〇六余が書きあげられ、この上納額が記されたのち、八田嘉右衛門・八田喜兵衛・八田辰三郎・八田嘉助（嘉右衛門息子）・松本嘉十郎（勘定役）と「立合」とし

て佐竹周蔵が押印をして、春日儀左衛門（勘定役か）が奥書をしている。この帳簿の場合、表題だけではどのような性格の文書としてあつかうか判断に悩むが、差しだしの人名と本文「右之通去ル辰六月より去巳十二月迄御産物品之御払代金上納一紙如斯御座候」とあることから、産物会所による紬の売りさばきに関する文書であることが判断される。

なお、その他の産物についても同様に産物会所であつかうようになると帳簿が作成され、江戸産物会所が設置された天保四年二月以降、江戸における勘定の帳簿も作成されている。別の産物についても同様のシリーズを設定することが求められよう。

⑥土蔵有代呂（棚卸）　土蔵に残っている品物などを書きあげた帳簿類だが、天保四年〜六年に集中している。たとえば「伊左衛門分土蔵有代呂物付立帳」（あ二三七五）の場合は次のような記述になっている。

未四月二日　伊左衛門

松印拾三はん
一、白紬拾疋
代金七両弐分拾五貫百五拾文
（中略）
右〆出
白紬百六拾七疋
代金百三拾八両三分一朱
百六拾三貫七百五拾文

未五月逼相済候
渡辺与三（印）

既述の天保四年「土蔵有代呂物改帳」（文書番号あ三六八）では「御下金」という記述があったが、ここでは番号・白紬量・代金のみ書かれているにすぎない。そしてここに記された伊左衛門とは領内の買次商人であるが、藤田雅子氏の研究によると、当時大店らが市で購入した分の残りが大量に会所の引き受けとなり、買次はその販売を任されていた[32]。そのため会所引き受けの産物が各買次商人の蔵か、会所の蔵に場所を設定して納められていたので、その管理をする帳簿が作成された。

⑦出荷・駄賃　⑧入料　⑨諸入用　それぞれ産物の出荷などについての入用だが、非常に厄介なものは、表題や内容のみでどのシリーズに組み込むのが適当か明確でない文書であろう。たとえば、天保五年「金銀惣請払私用扣」（文書番号二三一四）は表題だけみると、八田家当主の嘉右衛門が私用として作成した帳簿のようだが、内容は次のとおりである。

正月十三日
一、金三拾七両　　巳九月伊セ町徳兵衛江御貸下金之分受取、
同
一、金弐分拾四匁四分　　右三拾七両懸候三月分御礼金、但四分懸り

この記述をみる限り貸下げ金に関する帳簿であると判断されるが、微細にみていくと、二月十六日条には「生絹五疋藤吉買入候代金」として金三両銭一〇〇文が記されているし、翌十七日条には「会所附茶碗五ツ」として銭三〇〇文が記されており、さまざまな事項に関する勘定であることがうかがえよう。このような帳簿はどのような組織体の場合にも少なからず見受けられ、シリーズ「⑨諸入用」が膨大になってしまい、利用者にわかりに

くくなってしまう場合がある。八田家文書の場合さらなる工夫が必要だが、『埼玉県立文書館収蔵文書目録　第三十九　西川家文書目録（その1）』のように原秩序にそくして年代ごとに目録化するという方法も考えられよう。(33)

⑩御用留　糸会所・産物会所ともに「日記」を作成している。いずれも業務日記であり、願書・伺書・届・触などを記した御用留の類である。「日記」と称しているが遺漏が多く、年間の活動のすべてを把握できるものではない。なお、八田家文書の場合、「日記」と記された文書は業務について記しているが、ほかの史料群の場合、「日記」と記されていても小遣帳のような文書の場合も多いため、編成のさいには御用留とわける方が利用しやすい。

以上、八田家文書における会所関係の帳簿類から会所のシリーズ以下の目録編成を検討した。産物会所の帳簿類の場合、シリーズの設定はできてもその帳簿の表題だけでは適当なシリーズに編成できないものが多くみられた。また、「杏干仁御他領共御他領蚕種師唐糸師鑑札冥加銀請取元帳」のように、複数の種目がひとつにまとめられて鑑札渡や冥加銀上納に関する帳簿をなしている場合、組織体の帳簿作成方法の特徴を生かしたシリーズの設定やサブ・シリーズの設定が可能かもしれない。

おわりに

本稿では商家文書の史料群構造を明らかにするとともに構造分析のプロセスを提示するため、八田家文書を具体的に検証した。

八田家文書は、①「茶之間」という「家」の生活組織の文書、②酒造方・呉服店・油店・醬油店・質店などの営業組織の文書、③町年寄・御勝手御用役・産物御用掛・川船運送方御用・松代商法社商法掌、年貢諸役のとりたて請負など藩御用の役職、④糸会所・産物会所の藩御用の役職だが、役代邸が会所にあてられたため、系統的に文書が残された組織体文書、⑤さまざまな役職や役割が混合している一括文書ないし綴り文書に大きく大別できる。このうち、②営業組織はそれぞれをサブ・フォンドとした方が利用者は使いやすいものと思われる。

テクニカルな点として、このような史料群の構造を明らかにするため、第一にその文書に記された人物の肩書や役職に注目する、第二に忠実に組織体から目録を編成するよりも機能にそくした方が有効である場合も多いので、「家」や「店」の機能に注目する、第三に複数の異なる組織体の文書が一括で残されていることも多いため、残された秩序を生かして編成するという点が目録編成のうえでは求められよう。組織・役職・機能だけではなく、文書の残存した状態に配慮した目録編成が必要である。残念ながら、八田家文書の場合、文書の保管されていた現状は失われているが、一括や綴などは残されており、当時の文書管理を解き明かすうえで重要な情報であることは間違いない。「有用之紙屑」のなかになぜ「家」の文書と産物会所の文書が一括されていたのかなど、八田家独自の文書管理がわかる目録編成が不可欠であろう（その結果『八田家文書目録（その４）』では「内方・産物会所混合文書」というサブ・フォンドの設定しかできなかったという反省がある）。

また、八田家文書の場合、糸会所から産物会所へ移行したのち、とりあつかう産物が増加するため、複数の産物で一冊の帳簿を作成している場合もあり（「杏干仁御他領共御他領蚕種師唐糸師鑑札冥加銀請取元帳」など）、これらの特徴を生かしたシリーズやサブ・シリーズの設定が求められる。さらに、「土蔵有代呂物改帳」や「棚卸勘定目録」など、表題だけでは十分に内容がわからない文書も多い。当然ながら、文書一点ごとの内容を読解し、適切な目録編成（その前提としての目録記述）を行う必要がある。

（1）　鶴岡実枝子「商家文書の目録編成」（国文学研究資料館史料館編『史料の整理と管理』岩波書店、一九八八年）。

（2）前掲註（1）鶴岡論文、三二〇～三二三頁。

（3）国立史料館編『史料館所蔵史料目録　第四十一集　信濃国埴科郡松代伊勢町八田家文書目録（その一）』（国立史料館、一九八五年）、大藤修「近世史料の整理と目録編成の理論と技法――信州松代八田家（商家）文書の整理と目録編成を事例に――」（『史料館研究紀要』一七号、一九八五年。のちに大藤修・安藤正人編『史料保存と文書館学』吉川弘文館、一九八六年）。

（4）国文学研究資料館調査収集事業部編『史料目録　第九十三集　尾張国名古屋元材木町犬山屋神戸家文書目録（その4）』（国文学研究資料館、二〇一一年）一一頁。

（5）西向宏介「商家文書における経営帳簿組織の復元と目録編成――備後尾道橋本家文書を事例として――」（全国歴史資料保存利用機関連絡協議会編『日本のアーカイブズ論』岩田書院、二〇〇三年）五六八頁。

（6）大橋毅顕「松代藩御用商人八田家の金融――文化・文政期を中心に――」（荒武賢一朗・渡辺尚志編『近世後期大名家の領政機構　信濃国松代藩地域の研究Ⅲ』岩田書院、二〇一一年）。

（7）松代八田家文書については、前掲註（3）『史料館所蔵史料目録　第四十一集　信濃国埴科郡松代伊勢町八田家文書目録（その一）』、国立史料館編『史料館所蔵史料目録　第四十八集　信濃国埴科郡松代伊勢町八田家文書目録（その二）』（国立史料館、一九八九年）、同編『史料館所蔵史料目録　第五十集　信濃国埴科郡松代伊勢町八田家文書目録（その三）』（国立史料館、一九九〇年）、国文学研究資料館調査収集事業部編『史料目録　第九十四集　信濃国埴科郡松代伊勢町八田家文書目録（その4）』（国文学研究資料館、二〇一二年）。

（8）大藤修「信濃国松代八田家文書の整理を担当して」（『史料館報』五三号、一九九〇年）。

（9）長野市立博物館原田和彦氏の御教示による。

（10）国文学研究資料館調査収集事業部編『史料目録　第九十六集　信濃国埴科郡松代伊勢町八田家文書目録（その5）』（国文学研究資料館、二〇一三年）。

（11）前掲註（3）『史料館所蔵史料目録　第四十一集　信濃国埴科郡松代伊勢町八田家文書目録（その一）』一六三頁。

（12）吉永昭「製糸業の発展と糸会所の機能――信州松代藩の場合――」（『史学雑誌』六八編二号、一九五九年）。ただし、典拠が記されておらず、各目録でも吉永氏の指摘を踏襲している。管見の限り、八田家役代の菊屋伝兵衛家に会所が設置されたという史料は確認できておらず、詳細は不明である。

(13) 前掲註(3)『史料館所蔵史料目録　第四十一集　信濃国埴科郡松代伊勢町八田家文書目録(その一)』一六五頁。

(14) 前掲註(3)『史料館所蔵史料目録　第四十一集　信濃国埴科郡松代伊勢町八田家文書目録(その一)』一六六頁。

(15) 管見の限り、史料上で「内方」の語は安永九年（一七八〇）から天明四年（一七八四）の「金銭請取通帳」（あ一五二九）などに「伊勢町内方」と記されているものしかみえず、『八田家文書目録』では内方＝御茶之間という理解だが、なお検討を要するものと思われる。

(16) 前掲註(3)『史料館所蔵史料目録　第四十一集　信濃国埴科郡松代伊勢町八田家文書目録(その一)』一六六頁。

(17) この点については本書森本論文が課題に応えていると思われるが、本稿では組み込むことができなかった。今後の課題としたい。

(18) 中嶋三右衛門に関する文書は真田家文書や八田家文書のなかに散見される。たとえば、「日記」（八田家文書28Bあ二五一六）文政十年三月条「糸方之儀、是迄恩田(家老)靱負殿御懸之処、今般御勝手方矢澤監物殿被　仰付候得共、糸方之儀者是迄之通靱負殿御懸之旨、右之段相心得候様、北沢源次兵衛(御勝手向取扱御用掛・郡奉行)殿御申渡有之趣、中島三右衛門殿より被申聞」とみえることから、郡奉行と近しい立場の者であることがうかがえよう。

(19) 拙稿「概要調査・現状記録再考――民間所在資料保存のために――」（『国文学研究資料館紀要アーカイブズ学篇』九、二〇一三年）。

(20) 安藤正人『記録史料学と現代　アーカイブズの科学をめざして』（吉川弘文館、一九九八年、一一九頁）。

(21) 前掲註(20)安藤書、一二〇頁。

(22) 吉永昭「専売制度についての一考察――松代藩における甘草、杏の専売について――」（『史学研究』六五号、一九五七年）。

(23) 吉永昭「紬市の構造と産物会所の機能――信州松代藩の場合――」（『歴史学研究』二〇四号、一九五七年）、前掲註(12)吉永論文。その他、前掲註(3)『史料館所蔵史料目録　第四十一集　信濃国埴科郡松代伊勢町八田家文書目録(その一)』、前掲註(7)『史料目録　第九十四集　信濃国埴科郡松代伊勢町八田家文書目録(その4)』。

(24) 荒武賢一朗「松代真田家の大坂交易と御用場」（渡辺尚志・小関悠一郎編『藩地域の政策主体と藩政　信濃国松代藩

地域の研究Ⅱ』岩田書院、二〇〇八年）、同「在坂役人の活動と蔵屋敷問題――幕末維新期の混乱とその特質――」（前掲註6書）。

(25) 真田家文書に文政十年の「糸日記」が残されている（国文学研究資料館蔵真田家文書26Aあ三四九二）。表紙は虫損のためほとんど判読できないが、左下の名前のところに「野」「門」「懸り」が読みとれる。おそらく、文政十年に町奉行を務めた小野喜太右衛門の手によるものと思われる。

(26) 「日記」（八田家文書28Bあ二五一六）、「糸日記」（真田家文書26Aあ三四九二）文政十年十二月九日条。

(27) 「日記」（八田家文書28Bあ二五一六）文政九年十一月二十二日条。

(28) 「産物会所糸日記」（真田家文書26Aあ三二九九）天保四年二月条。

(29) 糸元師鑑札自体も天保四年（一八三三）二月に廃止された（「産物会所糸日記」真田家文書26Aあ三二九九）。なお、ほかの産物や商人については願書の提出や鑑札発給が幕末までなされている。

(30) 松代藩において「才覚金」の語は御用金と同じ類としても用いられている。

(31) 前掲註(12)吉永論文。

(32) 藤田雅子「天保期松代藩における国産紬の販売」（吉田伸之編『流通と幕藩権力』山川出版社、二〇〇四年）。

(33) 『埼玉県立文書館収蔵文書目録　第三十九　西川家文書目録(その1)』（埼玉県立文書館、二〇〇〇年）。なお、同目録については臼井哲哉「地域アーカイブズ目録編成における「階層構造分析」論の課題」（二〇一〇年五月三〇日国文学研究資料館基幹研究「近世地域アーカイブズの構造と特質」研究会報告）によって知見を得た。

名主家文書における文書認識と目録編成
――分散管理と情報共有の視点から――

工藤航平

はじめに

本稿では、近世地域アーカイブズの構造と特質の一端を明らかにするとともに、その成果を踏まえて村方文書、とくに名主家文書の目録編成について考える素材を提供するものである。

現在の目録編成は、組織体運営のために作成・蓄積してきた文書の集合体という考えのもと、組織体と史料群の内的構造に着目する史料認識の流れ（主題分類から記述編成へ）が指摘されている。主題分類的な目録編成との差異は、一点一点の史料を史料群体系のなかに位置づけ、またその作業を通じて無年号文書や断簡文書など多くの身元不明文書のパーソナリティを特定することである[1]。その大きな特徴として、第一階層（サブフォンド）レベルで「雑」や「その他」といった項目がみられなくなり、どのような文書に対しても「家」や組織での固有の意義・価値観があたえられるようになったことがあげられる。

村方文書の多くを占める名主家文書の場合、政治・経済・文化など多方面で活動した「家」の組織・機能を解明するため、史料群の蓄積の歴史的経緯を踏まえた構造分析が必須となる。また、群としてだけでなく、個別史料に対する家ごとの意義・価値観を明らかにすることも求められる。

反面、史料整理段階での即時的な構造分析の困難さから、第二階層（シリーズ）以下は旧来の主題分類的な編成を採用するところも多く、のちに解題など「記述」の面でフォローするのが現状であろう。近年では、概要調査―内容目録（内容調査）―基本目録（構造分析）―多角的な利用・検索手段といった、現状を踏まえた段階的な目録の作成手法も提示されている。(2)

①近世の地域社会の特質

長らく近世史研究の基軸となっていた豪農論・世直し状況論に対し、一九八〇年代になると、豪農・中間層の政治的活動や運動構造から、彼らの主体性と自律的・自治的な地域社会を示す国訴論(3)や幕領惣代庄屋制論(4)などが登場し、地域社会をめぐる研究状況が大きく転換した。これらの研究成果によって導き出された地域の側から創り上げられた独自の行政機構（組合村、郡中）という地域像は、他律的な支配の請負ではあるが、非武士身分である百姓による地域管理体制という領域の拡大がもつ自律性の拡大という点で評価できるものである。(5)

これら組合村は、数十か村規模の広域の大組合のもとに、十数か村から数か村の複数の小組合が含まれるという重層構造を形成し、各々の組合に惣代がおかれ、財政面においても各レベルに応じた地域的算用システムが確立されていた。一方、御用や民事一切を総括的に取り扱う行政組織としての組合村は成立しておらず、「御用」「村用」などの業務や地域的課題ごとに適宜結成された。つまり、それぞれ必要に応じて惣代のもと関係村々によって組合村が組織されることで、村をこえて展開する重層的・複合的な組合村に多くの村々が多重的に組み込まれるようになったことが近世社会の大きな特徴といえる。

そのため、重層的・複合的に組織文書も形成され、構成村や名主家などの史料群もそれを反映して階層構造が複雑化していくこととなったのである。

一方、久留島浩氏は支配領域内もしくは支配領域をこえた組合村（「郡中」）について、他律的な「御用の請負」

を民衆的行政能力の歴史的蓄積と評価し、近代以降の複雑な入用体制などに即時的に対応できる能力を獲得したことに注目すべきと指摘している(6)。村役人や惣代らの行政能力を担保し、それを蓄積・継承するのに大きな役割を担ったのがアーカイブズといえる。筆者も、村役人や惣代らによる村方文書の蒐集や編纂活動から、主体的な能力(地域〈知〉)の構築過程について明らかにした(7)。このような知的営為が史料群構造にあたえる影響についても、あわせて考える必要がある。

②史料管理史の課題

史料群の内的構造の理解に資するものとして、史料管理史と呼べる研究動向がある。史料が発生し伝存するにいたった状況や環境(保存形態、保存空間、管理制度など)を歴史的に明らかにしようとする手段であり、史料群が本来的に内包している体系的・有機的な秩序構造の検出に資するものである(8)。

とくに、村政民主化のもとでの名主役の輪番・入札制の導入や小前百姓の村政参加を背景に、村入用帳など村方文書の小前層への公開、合理化にともなう帳簿の分化、名主保管文書の引き継ぎや共同管理(9)など文書の作成・管理の体系化が明らかにされている。また、組合村の組織文書に関しては、組合構成村が作成した関係文書とは別に、組合組織としての文書の作成・授受と会所での一括管理、惣代間での引き継ぎが行われるようになったことが指摘されている。

しかし、地域社会論の動向や現代の文書館運動の影響を強く受け、文書館機能の存在を近世にまでさかのぼって位置づけようとする分析視角が重視されている。現代的課題意識にもとづいた日常的・集中的な文書管理の萌芽的存在、先進的な文書管理の全国的な事例発掘ということに重点がおかれてきたといえよう。これらの成果は、幕府・藩といった支配層から、町・村や組合・集団などあらゆるレベルが対象とされ、広く文書管理意識が芽生えていたことが評価されている。

③村方文書の分散管理と貸借ネットワーク

しかし、近世の地域社会では、基本的には特定の「家」によって村政が世襲的に担われており、惣代や村役人の「家」とは独立した物的行政施設も持たなかった。そのため、一般的には文書も特定の「家」に個別に蓄積され、公共的な文書管理という面での限界も指摘できる。また、多岐にわたる実務のなかで膨大な量の文書が作成・授受されており、管理・引き継ぎが行われたケースでも、それらすべてが引き継がれたわけではなかった。名主役交代にともなう文書の引き継ぎは、基本文書のみであり、いわば象徴的な儀礼のようなものであったといえよう。つまり、組織で作成・授受された文書の多くは、その時々に担当した者の「家」を拠点に、村・地域内で分散した形で管理（分散管理）されていたという特質を有したのである。

そのため、実務を担当することとなった者は、自家の保管文書や引き継ぎ・共有された文書だけでは先例として不充分であり、それを補完する必要に迫られたのである。とくに、広域にわたる組合村の惣代は、このような分散管理が一般的な状況において、もちあわせた知識・経験だけでは対処しきれなかったであろう。

そこで、広域的な組合村が展開した近世後期以降、先例である文書の再構築による必要な知識・技術の獲得を目的として、一定地域内で頻繁な相互貸借が確認でき、分散管理を前提としたなかで各々の組織文書の共有化が担保されていたのである[10]。近世中期以降には、たとえ個人の「家」で保管していたとしても、村や地域の共有文書という意識が村役人や惣代らには形成され、知識・技術の家相互の情報伝授、組織的な情報伝授も志向されていたのである。

そこで本稿では、以上のような近世社会の特質と研究上の課題をふまえ、(i)重層的・複合的な組合村の形成とその組織体系による史料群構造の複雑化、(ii)町村や組合村の組織文書の分散管理、(iii)地域内での文書貸借と二次利用、を近世地域アーカイブズの特質ととらえる。そして、その特質をふまえ、村方文書、とくに名主家文書目録の編成記述について検討を行うこととする。そこでは、「家」文書の目録編成を基本としつつ、地域を視野に入れた編成のあり方についても考えたい。

本稿で検討の素材とする野中家文書は、武蔵国旛羅郡中奈良村（埼玉県熊谷市）で名主や惣代を務めた家に蓄積された史料群である。中奈良村は、天保十四年（一八四三）以降、一〇家の旗本知行所が設定された相給村落であった。野中家は中世土豪の系譜を引く草分け的存在であり、近世を通じて旗本曲渕家知行所の名主・用人を務めたほか、相給の中奈良村の代表、寄場組合村大惣代、熊谷宿助郷惣代など、村をこえた広域的な地域運営にもたずさわっていた。そのため、野中家文書には、中奈良村だけでなく、支配・交通・利治水など多岐にわたる組合村に関係した文書が多数含まれている。本稿では、とくに利治水のうちの奈良堰用水を管理する奈良堰十か村用水組合をとりあげることとする。

一　奈良堰十か村用水組合と野中家

野中家文書のなかには、利治水（「河川」）関係の文書、とくに奈良堰十か村用水組合（以下、「奈良堰組合」とする）のものが大多数を占めており、目録編成をするさいにも重要項目となりうる。そこで、野中家文書の目録編成において、奈良堰組合が第一階層（サブグループ）として設定可能かどうか、広域的な用水組合を取り仕切る用元役・惣代役の変遷について考察し、野中家との関係性を明らかにしておく。

奈良堰組合の用元《ようもと》・惣代役の変遷については、立正大学古文書研究会『近世後期の用水堰組合と用元・惣代役――荒川奈良堰用水組合を事例として――』(11)において、用元役を務めた下奈良村の飯塚家文書を利用して詳細に検討されている。本稿でもこの調査成果を利用したが、用元役・惣代役の理解に対しては疑問もあるため、野中家文書の史料を加えて筆者なりの評価を行うこととする。

（1）奈良堰十か村用水組合の用元・惣代役の変遷

近世を通じて中奈良村が深く関与した広域の組合村の一つに、河川・用悪水組合が存在する。中奈良村が所属するもっとも広域のものが忍領御普請組合で、埼玉・大里・幡羅・榛沢・足立郡の幕領・私領（惣高一〇万八〇〇〇石余）から構成され、領主交替があった文政期の一時期を除いて代々忍藩の掛場となっていた。この忍領御普請組合のもとで大小二一の御普請組合が重層的・複合的に存在し、中奈良村は利根川通堤川除御普請組合、荒川六堰用水組合、奈良堰組合に所属した。中奈良村を含む一帯は利根川と荒川に挟まれた地域であり、ほとんどの村が複数の利治水組合に属した。

奈良堰は、武蔵国北部の荒川左岸地域の耕地の安定化と新田開発の促進を目的に、荒川より用水を引くために設置された堰（荒川六堰）の一つであり、慶長七年（一六〇二）伊奈備前守忠次によって、荒川左岸の大里郡河原明戸村（熊谷市）に設置された。寛文十二年（一六七二）には河原明戸村の堰が川欠となり、上流の男衾郡菅沼村へ堰が移設されている。

なお、本稿は野中家文書の階層構造分析の手段として奈良堰組合の用元・惣代役について検討を行うものであり、奈良堰組合の歴史的変遷や組合内での諸問題などの詳細な分析・評価を行うものではないことをあらかじめ断っておく。

①寛政十年の用元役三人体制への変更

まず、寛政十年（一七九八）の用元・惣代役交代に関する一件から、それまでの用元役の位置づけについてみることとする。同年正月に奈良堰組合の十か村と用元役から忍藩役所へ提出された跡役願書[12]をみると、近年は下奈良村の吉田市右衛門と息子鉄五郎が用元役を務めていたことがわかる。しかし、同十年の普請にさいして、市右衛門へ「惣代」を依頼したが「此度ニ限り」は辞退を申し出、息子の鉄五郎も多忙を理由に辞退したので、組合村々は跡役として同村名主弥惣を推挙した。下奈良村の小前らは、「古来より奈良堰之儀は下奈良村ニて用元役相勤」と意識しており、弥惣も辞退した場合は同村の相給名主が年番で務めるよう要望しているという。

惣代役に注目すると、同訴状には「御普請至て及大破ニ、是迄之通り出役之義は下奈良村名主市右衛門え相頼候所、此度ニ限り出役難相成」、「無拠元惣代出役相勤候同村名主半右衛門え相頼」と記され、「惣代」が出役《しゅつやく》（臨時職／出張する）として務められていたことがわかる。[13] つまり、常設的な用元役に対し、惣代役は御普請などの際、その時々に用元役が兼務する臨時的・非常設の役職であったのである。

結局、この用元跡役一件は奈良堰用水の堰元河原明戸村名主儀右衛門や隣村の名主が扱人となって落着し、これまでの吉田市右衛門に、同じ下奈良村の半右衛門と三左衛門を加えた三人で務めることとなった。

以上のことから、（ⅰ）用元役は原則として下奈良村の独占で近年は吉田市右衛門家が担ってきた、（ⅱ）惣代役は普請ごとに用元役が兼務する臨時職であった、（ⅲ）寛政十年以降、用元・惣代役は吉田市右衛門の一人体制から、同じ下奈良村の半右衛門と三左衛門を加えた三人体制へ変更されたことがわかる。

②文化十四年の用元役の整備

寛政十年以降、下奈良村の三人体制で用元・惣代役が担われてきたが、文化十四年（一八一七）に三者が病身・老衰を理由に退役を願い出た。組合村々は出役がいないと「用水差支」ると危機感をもち、三名を相手に出訴におよぶことも示唆した。そこで、河原明戸村名主儀右衛門と玉井堰用元が扱人となり、用元・惣代役の体制を再整備することで内済している。[14]

その内済証文では、（a）「新役ニては先例・旧記等相分り兼」るため、これまで用元役を務めてきた市右衛門・半右衛門・三左衛門の三名を用元後見役とすること、（b）新たに常置の用元役に下奈良村名主の七郎左衛門、年番の用元役に同村名主の儀左衛門・助右衛門・吉五郎を任命すること、（c）用元役と惣代役が規程上で分離され、御普請の際は定役用元一名・年番用元三名と、棹取役の組頭六郎右衛門が出役を勤めること、(d)もし物代用元・年番用元から出役が出ない場合、組合村々と用元後見役で相談して選任することが取り決められた。

以上のことは、(i)これまで個人請負的に務められてきた用元役が後見・定役・年番に分掌され、役割分担や相互補完とともに負担軽減が図られたことと、(ii)用元・物代役に携わる人数も一名→三名→七名と増加されたことにより、用元役が個人の都合に左右されないように整備されたことを示していると考えられる。

一方、奈良堰組合に関する文書管理に目を向けると、内済証文などには文書管理に関する規程は記されておらず、管見の限りでもそのような規程は見当たらない。従来より「新役ニては先例・旧記等相分り兼」と記されているように、組合として文書の一元管理は考えられておらず、各々の「家」次第であったと推察される。また、用元役を担う者が大幅に増員されたことにより、組合レベルで作成・授受される文書もさらにランダムに分散・散逸されることとなった。

この一件では、藩への届出に「組合拾ケ村惣代」として四か村の村役人が名を連ねているが、これは組合構成村の代表者ということであり、後のような組合運営側に組み込まれたものではなかった。

③文政七年の組合体制の整備と野中暁昌の惣代役就任

文政七年(一八二四)正月、奈良堰組合十か村の名主・組頭・百姓代が連印した「用水組合規定書」[15]が取り交わされ、奈良堰組合の運営体制が確立された。

議定内容をまとめると、(a)用元役は下奈良村七給で順番に務める、(b)「組合拾ケ村惣代」は下奈良村組頭弥七郎の定役とし、弥七郎の跡役は下奈良村七給で取り決める、(c)用元・惣代の筆墨紙代として組合村々より一か年金三両ずつ徴収する、(d)助成金として江戸馬喰町貸付役所より御用金を請け取る役務は組合村々の名主が順番で担当し、高割をもって割りあう。そのさいの出府雑用費や日数、宿まで規定され、必要経費は組合村々より高割で徴収するというものであった。

ここで明文化された「組合拾ケ村惣代」は、単なる構成村の代表者という意味ではなく、「奈良堰拾ケ村組合用水路惣代役」とあるように、従来の惣代役と同じ立場・役職であったと判断できる。依然として、用元役・惣代役（組合十ケ村惣代）は下奈良村の独占であったが、組合入用が議定として取り決められたこと、組合村々が正式に組織運営に組み込まれたことは大きい。

一方、天保七年（一八三六）九月には、中奈良村名主野中暁昌が組合惣代に任命されている。そこには「先規之通組合村々惣代壱人可相立」[16]とあり、これ以前より組合村々から惣代が選出されていたことがわかる。組合村々から暁昌へ差し出された頼証文《たのみしょうもん》には、惣代の役割として「為惣代御出役、諸事下奈良村用元中え差添、諸御用向御精々可被下候」[17]と記されており、組合惣代が実質的な担当者として普請などを取り仕切っていたと考えられる。次節で詳しく検討するが、組合惣代就任後より暁昌による関係文書の蒐集活動が開始される。実務担当者として先例の入手は必要不可欠であったであろう。

この組合村々から「組合惣代」を出すことは、文化十四年の用元・惣代役体制の整備と関係していると推察される。この時の議定では、用元から出役（普請のさいの惣代）が出ない場合、用元後見役と組合村々が相談して決定することが明記された。その後、文政七年にも改めて下奈良村から定役を出し、跡役も七給で相談して決めることが確認された。一方で、下奈良村一元体制に対する不満も出てきていた。このような組合村々からの突き上げを背景に、その参画を認めざるを得なくなり、組合村々から出役を出すことが慣例化していったのではないだろうか。

④安政三年の惣代役の組合村々年番制

安政三年（一八五六）二月、再度組合体制が取り決められている。内容は文政七年の議定と重複しているところも多いが、とくに用元・惣代の規定が変更されている。その点をまとめると、(a)用元は下奈良村名主見習の卓助が務め、吉田市右衛門が後見役となる、(b)組合惣代は組合十か村で順番に務める、(c)用元・惣代の筆墨紙代は組合村々から金三両を徴収し、用元が金二両一分、惣代が金三分を請け取るというものである。

組合惣代はこれまで例外的に下奈良村以外の村から選出される場合もあったが、正式に組合村々が輪番で務めることが明文化されたのである。組合村々にとっては、以前は臨時的・例外的な役職と認識され、自村に役務が廻ってくるかどうかもわからない状態であった。しかし、これ以降、確実にもれなく組合構成村々も定期的に惣代を務めることとなるため、必然的に先例となる文書の管理も意識されていったと考えられる。

以上、奈良堰組合の用元・惣代役の歴史的変遷をみてきたが、用元・惣代についてまとめると、用元役は近世を通じて下奈良村で独占された。一方で、特定の人物一名の請負的就任から、三名体制→後見三名・惣代用元一名・年番用元二名による体制整備→七給相名主による輪番制と段階的に体制が整えられた。

組合惣代は、普請などのさいの臨時的職務で、用元役が兼務していた。しかし、用元役が拒否するなど支障をきたしたため、用元と惣代を分離し、天保期頃には例外的に下奈良村以外の者も務めるようになっていた。そして、安政三年になって組合村々が交替で組合惣代を務めることと経費支出が明文化され、恒常的な職務となったのである。

つまり、奈良堰組合は、段階的な変質をくり返しながら、安政三年になって恒常的な組織として一応の確立をみたのである。また、組合組織が整備されるにともない、組合村々の名主が惣代役を担う存在として位置づき、用元・惣代を担当する「家」も増加・拡散することとなった。文書保管という視点からは、用元関係文書は一家に集中して保管されていたものが下奈良村内の相名主家へ分散され、惣代関係文書は組合村々へ分散されていったことがわかる。組合の組織文書としては、次第に分散の度合いが強まっていったのである。

野中家と組合との関係に視点を絞ると、突発的に普請の時のみ惣代を務めたさいはその期間のみ名実ともに「惣代」であったが、それ以外は組合を構成する中奈良村名主として組合活動に参加していた。それが安政三年を契機に組合村々の名主が惣代層として位置づけられたため、野中家もそれまでの名主という立場よりも、組合惣代層という性格を強くして活動することとなったといえよう。同じ〝奈良堰組合の惣代〟を務めていても、時期や組織体制によって性格に差異が存在したことがわかる。

（2）　奈良堰十か村用水組合と文書管理

では、安政三年の組織体制の整備により、文書管理の面で変化はあったであろうか。野中家文書に残された奈良堰組合の御用留帳をみることとする。

古いものから、「荒川通奈良堰大麻生堰諸御用留」と文化三年「御用留（奈良堰）」と表題がつけられたものがある。両者の作成者は野中彦兵衛で、肩書きは「奈良堰拾ケ村組合惣代」とある。ただし、これら二冊の御用留帳は題箋外題や書き込み、蔵書印が押されていることから、天保八年の惣代就任にさいして蒐集した文書をまとめ直した編纂物であると判断できる。この二つ以外は安政四年以降のもので、参考のために概要を列記しておく。

（a）「安政四巳年閏五月廿八日　奈良堰用留」[18]

収載期間［安政四年閏五月二十日～安政六年四月二十八日］

（b）「安政六未年十一月二日ヨリ　荒川通奈良堰用留」[19]

作成者「中奈良村名主　彦兵衛」／収載期間［安政六年十一月二日～慶応元年七月二十五日］／表紙に「三番」と朱書あり

（c）表題なし[20]
収載期間［文久元年五月］
（d）「慶応元乙丑年七月吉祥日　用悪水路用留[21]」
収載期間［慶応元年七月十七日～慶応四年五月朔日］／表紙に「四番」と朱書あり
（e）表題なし[22]
収載期間［慶応四年閏四月二十日～明治二十五年六月二十日］

作成者が判明するものには「中奈良村名主　彦兵衛」と記されており、「惣代」という記述はみられない。確実に奈良堰組合の御用留帳と判断できるのは（a）（b）（d）（e）である。

安政期以降の奈良堰御用留の性格を調べるために、同じ安政六年の村政にかかわる御用留帳[23]と奈良堰御用留を比較してみると、前者が中奈良村全般にかかわる記録を収録しているのに対し、後者は奈良堰組合に特化するとともに、直接的に中奈良村や野中家にかかわらないものも収録していることがわかる。

また、安政六年と慶応元年の表紙に、各々「三番」「四番」と朱書されており、年代をさかのぼると惣代の輪番制が採用された安政三年頃が「一番」という推定が成り立つ。これらの朱書は近代に入ってから書き加えられたと推察され、そのまま近世段階での組合の御用留帳の存在と一致させて理解はできないが、一つの指標にはなると考える。

惣代の任期や組合活動の実態が解明されていないために推測の域を出ないが、安政六年の議定以降、輪番制による惣代層の誕生により、組合組織としての統括的な文書管理とまではいえないが、構成村ごとに意識的・継続的に御用留帳が作成・蓄積されたと考えられる。

二　地域情報蒐集活動と文書認識

本節では、史料群の作成母体の性質およびその蓄積過程、野中家独自の文書認識について、地域内での文書貸借と編纂活動から考えることとする。

（1）地域内での村方文書の共有化

野中家で蒐集した文書の内容は、天保期の貸借を記した帳簿「万書籍出入留」[24]から知ることができる。この帳簿には、天保五年（一八三四）から同十二年までのあいだ、野中家が貸借した文書・書物・モノの名称、貸借先、又貸しや返却日などの情報が記されている。文書と書物が一体的に把握・管理されていたことがわかり、当時の書物・蔵書認識、地域〈知〉の特質を知ることができる貴重な史料である[25]。

この帳簿の作成者は、野中家九代目当主の彦兵衛暁昌（号・休意）といわれる。同史料に記された文物について、貸借数量の推移を年代ごとにまとめたものが表1である。七年間での総件数は三三五件で、内訳は書物一五五件、文書・編纂物一六四件、モノ一六件となっており、書物と同等以上の文書・編纂物が貸借されていたことがわかる。表1からも判明するように、天保八年五月頃までは書物の貸借が主であったが、それ以降は文書・編纂物も多く貸借されるようになった。貸借された文書・編纂物のうち、

表1　野中家「万書籍出入留」分類一覧

	書物	文書	モノ	合計
天保5年	2	0	0	2
6年	0	3	0	3
7年	6	5	0	11
8年	45	46	0	91
9年	50	54	7	111
10年	17	28	0	45
11年	28	21	7	56
12年	7	7	2	16
合計	155	164	16	335

註1：天保12年は2月まで。
　2：天保5～7年は後年の記載か。

表２　奈良堰組合関係貸借一覧（文書・編纂物のみ）

天保６年

貸借月日	文書名	貸借	出入先
6月14日	吉田氏上納金願書請書幷所々江奉納金之訳　一冊	借入	上川上村　喜代枩

天保８年

貸借月日	文書名	貸借	出入先
3月17日	用水ケ所付帳	借入	弥七郎(下奈良村)
5月7日	御普請出来形帳	借入	弥七郎
5月9日	荒川用水新堀割願書	借入	弥七郎
6月22日	用水引入口堀替願書控	借入	用元　弥七郎
7月14日	忍へ差出候歎願書下案文　七月十日奈良堰用水堰組合より忍御役所へ　愁願書案組合惣代彦五郎・幸助・彦兵衛	貸出	下奈良村　吉五郎
7月14日	其以□差上候書付写　六月廿三日差出候　奈良堰用水引入口堀替願忍御役所へ奉願上候願書之写	貸出	下奈良村　吉五郎
7月22日	酉七月十七日忍表へ組合村々小前連印歎願書　名前付共	貸出	弥七郎／吉五郎
7月22日	七月十六日夜引入口被打破候ニ付忍表へ御届書下案	借／貸	卓助／弥七郎、吉五郎
7月25日	組合村々小前役人連印歎願書村方小前連印帳	貸出	政右衛門(下奈良村名主)
7月25日	忍より四堰一件御伺書写	貸出	政右衛門
(7月25日)	七月廿一日御訴書　引入口埋本瀬江落候所切破候ニ付忍江御訴書	(不明)	政右衛門
7月25日	明和天明度御触写	貸出	政右衛門
7月25日	七月十七日差出歎願書写　村方小前連印帳	貸出	政右衛門
7月25日	七月十日忍表へ歎訴案写	貸出	組合村々　廻達
7月27日	石川様歎願書江奥印ヲ以御伺書　右を書取り御奉行所江差出候一巻	借入	弥七郎
7月27日	忍御伺書　弐通　内一帳也　一巻也	借入	弥七郎
7月晦日	三堰請書歎願書　弐通二綴	貸出	政右衛門
8月11日	忍より御伺秘案	貸出	奈良新田　市左衛門
8月26日	御地頭所江差上候風雨損用水騒立一件	貸出	与兵衛
9月14日	圦樋同鑑　三冊	借入	吉田市右衛門

9月14日	文化四卯圦樋伏替　一冊	借入	吉田市右衛門
9月14日	文化五辰圦樋　二冊	借入	吉田市右衛門
（9月14日）	圦樋伏替日記	借入	吉田市右衛門
9月14日	証拠書付　五通	借入	吉田市右衛門
9月14日	文化六巳明戸菅沼差障　一冊	借入	吉田市右衛門
9月24日	文化五戊辰年奈良堰圦樋古木用新規伏替目論見帳御料私領七ケ村組合壱帳	借入	河原明戸村　義右衛門
（9月24日）	同年分広紙弐枚継　壱枚	借入	河原明戸村　義右衛門
（9月24日）	天保七申年二月朔日奈良堰圦樋修復手控　広紙綴壱枚	借入	河原明戸村　義右衛門
9月27日	小前一同歎願書写	借入	下奈良村　彦五郎
9月	文化之度奈良堰圦樋古木用御伏替御入用御地頭御出金請負玉田屋義右衛門右一条書記　一冊	借入	弥七郎
10月6日	圦樋御目論見帳写	貸出	政右衛門

天保9年

貸借月日	文書名	貸借	出入先
1月5日	圦樋御普請ニ付請書帳	貸出	政右衛門
1月14日	水論一件拘り候者同数取調帳	貸出	政右衛門
1月16日	用水引入口模様替請書帳	貸出	政右衛門
1月18日	用水助成金忍上納　一全	貸出	東別府村　政次郎
1月18日	御普請出来形帳　一全	貸出	東別府村　政次郎
1月18日	奈良堰組合旧記	貸出	東別府村　政次郎
1月23日	忍より御進達書　一冊	貸出	今井村　栗原八右衛門
1月28日	用水引入口掘割御請証文帳	貸出	秀蔵
1月	圦樋皆御入用御普請ニ付御受書控	貸出	吉田市三郎
1月	水論御呼出日〆帳	貸出	政右衛門
2月5日	圦樋出来形帳	貸出	大江さし　秀蔵
2月22日	忍御奥印附	貸出	政右衛門
2月29日	新井筋請証文帳	貸出	下奈良　吉田市三郎
3月4日	圦樋一式請負金控帳	借入	弥七郎

4月15日	奈良堰用水圦樋皆御入用御普請ニ付御掛り様より被仰渡候御請書写并給之調印帳　天保八丁酉年十二月	貸出	下奈良村　吉右衛門
4月15日	荒川通奈良堰用水引入口井筋模様替ニ付御受証文之写　天保八丁酉年十二月廿七日より廿八日迄	貸出	下奈良村　吉右衛門
4月15日	奈良堰用水路圦樋伏替普請目論見帳	貸出	下奈良村　吉右衛門
4月15日	武州旛羅郡御料私領十ケ村組合奈良堰用水元圦御普請出来形帳　天保九年戌月	貸出	下奈良村　吉右衛門
閏4月14日	奈良堰圦樋出来形帳　一冊	借入	下奈良村　弥七郎
閏4月14日	同井筋堀割出来形帳　一冊	借入	下奈良村　弥七郎
5月5日	御水配願ニ付石川左内様御口上書写　一冊	借入	弥七郎
5月5日	天保九戌年　奈良堰伏替留記	借入	用元　飯塚弥七郎
5月5日	天保九戊戌年三月　武州旛羅郡御料私領拾ケ村組合奈良堰用水取圦伏替御普請木口鉄目大工木挽鳶人足賃其外共一式仕立方巨細取調帳	借入	下奈良村　用元
5月5日	天保九戌年四月　奈良堰元圦御普請金割合請取印帳	借入	奈良堰組合用元
5月5日	天保九戌年四月　公義忍二口助成金組合村々三役人請取印帳	借入	奈良堰組合用元
5月5日	天保八酉十月廿日始同九閏四月廿六日至　奈良堰元圦御普請取入口模様替自普請仕立諸入用差引帳用元下奈良村弥七郎取扱横帳	借入	下奈良村　弥七郎
6月6日	水論歎願書　三	（不明）	切新田　友次郎
6月26日	御救御普請出来形帳　一冊	借入	下横田村　義左衛門
6月26日	済口本書　一通	借入	下横田村　義左衛門
7月12日	天保九戌年六月　荒川通字奈良堰用水路仕来組合拾ケ村議定書　右美濃紙袋之儘	借入	下奈良村　弥七郎
7月21日	忍江組合村々より歎願書写	貸出	陸蔵
8月5日	忍御役所へ願候ケ条　西内紙　一巻	貸出	代村　磯五郎
8月5日	右ニ付議定書　一冊	貸出	代村　磯五郎

天保10年

貸借月日	文書名	貸借	出入先
2月14日	用水目論見帳	借入	下奈良村　弥七郎
2月15日	去々水論之節忍御訴書其外密文	貸出	上川上村　喜代太

2月21日	奈良堰記写　一冊	貸出	南光院隠居
4月22日	用水路内郷御定杭御請証文帳幷小形村絵図一枚	借入	政右衛門
7月7日	騒立一件手控	（不明）	孝八郎

天保11年

貸借月日	文書名	貸借	出入先
1月28日	忍領十万八千石用悪水樋類御証文写　全	借入	大麻生村　秀八郎
3月12日	天保九戌年　奈良堰伏替留記	借入	用元　飯塚弥七郎
3月13日	用水圦樋御用留	貸出	弥七郎
3月13日	水配願一条	貸出	弥七郎
3月14日	天保八酉年　四堰水論留記	借入	奈良堰用元　下奈良村　弥七郎
3月25日	武州忍領利根川荒川堤樋用悪水自普請所組合村々請印帳　文政七甲申年二月御代官大原四郎右衛門様御掛り　一冊	借入	大麻生村　秀英
4月	天明七未年　御救御普請出来形帳	貸出	下奈良村　□右衛門

天保12年

貸借月日	文書名	貸借	出入先
2月7日	六ケ堰御裁許裏書写	（不明）	弥七郎

奈良堰組合関係のものを年代順にまとめたものが表2である。

この「万書籍出入留」を利用した書物の貸借に関する研究をみると、野中家文書の史料整理を担当した長谷川宏氏は、文書・編纂物や書物が貸借されていることから、野中家を文書・書物・モノを一緒に取り扱う「村役場資料室的機能」と評価している。[26]また、小林文雄氏は、近世地域社会論研究の影響を受け、村役人の「役」としての蔵書蓄積という視点から、公共性を強く意識した「蔵書の家」と評価している。[27]このように、書物がクローズアップされ、その貸借のみが抽出されて研究がなされる一方で、文書・編纂物の貸借についてふれてはいるが、文書・編纂物が貸借された社会的背景や意義について検討した研究成果はほとんどない。

野中家による文書蒐集については、その

史料目録の解説において「特筆すべき事は、十代彦兵衛定直が天保十四（一八四三）に熊谷宿寄場北部三十七ケ村の改革組合大総代に就任したことにより、その職務の遂行の必要から多くの先例集ともいうべき文書を筆写したことである。これには当時存命中であつた先代の彦兵衛暁昌（号休意）も尽力しており、助郷を始め、堰関係の用水、治水文書など数多くの文書が記録されている」と説明されている。(28)つまり、野中家による文書蒐集活動は、天保十四年の改革組合大総代に就任したことを契機に、当主であった野中定直が、先代・休意の助けを得ながら行ったものということである。確かに野中家文書のなかには、多くの編纂物が確認でき、改革組合大惣代に就任したことを契機に蒐集・編纂されたものも存在しているであろうことは推察される。しかし、休意が当主であったと考えられる天保八年から文書蒐集活動が本格的に行われており、多岐にわたる内容の蒐集文書が改革組合大惣代のみに関係していたとも考えにくい。そのため、蒐集された文書の内容と時期などを考慮した再検討が必要であると考える。

まず、貸借した文書・編纂物を史料名に基づいて分類すると、利治水・奈良堰七八件（借三七／貸三七／不明四）、助郷二八件（借一五／貸一二／不明一）、取締二三件（借七／貸一三／不明一／引継二）、領主七件、支配五件、寺社四件、利治水・福川通三件、利治水・利根川通二件、その他一五件となっている。とくに数量の多い奈良堰・助郷・取締は、野中家当主が各組合村の惣代に就任していることと関係していると考えられる。さらに奈良堰関係の推移をみると、野中暁昌が天保七年九月に惣代に任命されてから間もない翌三月以降、用元役を独占して務めてきた下奈良村の名主家より大量に借用していることがわかる。就任直後より役務遂行とともに先例の調査を始めたと考えられ、まずは代々用元役を担ってきた下奈良村に狙いをつけたのであろう。

惣代ともなれば、組合が取り結ぶ広範囲を視野に入れなければならない。暁昌がいつまで惣代を務めたのかは不明であるが、天保九年になると他村への貸出が急増する。先例としての文書の重要性を把握していたと考えられる暁昌であるため、惣代就任中は文書の蒐集・蓄積に尽力しており、それを目当てに新任の惣代や組合村々が借用に来たと考えられる。貸出先も下奈良村以外にも広がりをみせている。改革組合や助郷組合についても、奈良堰組合と同様の推移と考えられる。

次に、天保八年（一八三七）の奈良堰圦樋掛替御普請の御用留[29]から、関係文書の実際の収集活動について、その一例をみることとする。

（a）天保八年九月十七日

吉へ行、途中畑ニて卓助殿ニ逢吉へ行、内談御検地帳大全弐冊持参貸置

（b）天保八年九月二十四日

所々相尋、休意辰蔵方ニ参り、隠居へ万事承合、古帳圦樋一件弐帳・同断綴紙二枚・継書共三預り、圦樋見届候処

まず史料（a）をみると、「御検地帳大全」二冊を「吉」なる人物へ貸し出している。これは出入留にある「慶長年中御検地帳　上中奈良村分　大全弐冊」と比定でき、「吉」とは奈良堰用水組合の用元である下奈良村の吉田市右衛門だとわかる。この頃は普請に向けて活発に実務と文書蒐集を行っており、実際に多岐にわたる文書を蒐集していることが表2から判明する。奈良堰圦樋掛替の御用留に記されていることからも、野中暁昌にとっては、上・中奈良村の検地帳も奈良堰用水の普請と関係し貸し出されたと考えられる。

一方、史料（b）をみると、「古帳圦樋一件弐帳」「同断綴紙二枚」「継書」三点の借用を確認できる。これも表2に収載の史料と比定でき、奈良堰が設置された樋元である河原明戸村の義右衛門宅からの借用と判明する。

野中家文書の史料目録で［村政―村方書類］［村政―貸借品］に分類されている文書をみると、「書類返却」や「書物借用」という言葉が題名に多く確認できる。年代は「万書籍出入留」記載時期より後年のものもあり、野

中家では天保期以降も蒐集を継続的に行っていたと考えられる。

以上のことから、野中家文書の蓄積過程をみると、「家」―村―各種組合村を基本とした重層的・複合的な場の各段階において、日常的な役務や経営のなかで作成・授受された多岐にわたる文書のほか、関係町村から蒐集した文書が混在して史料群を構成していることがわかる。また、借用した文書の内容だけをみると土地、領主、過去の普請記録などとさまざまであるが、前述した上・中奈良村の検地帳が奈良堰組合と関係して貸し出されたように、野中家や当主の職務等に関係して特定の意図によって蒐集・活用されたのである。そのため、表2で示したもの以外でも、奈良堰組合や惣代役に関係して蒐集されたものも存在するはずである。

とくに蒐集した文書については、「家」を主体とした価値観のもとでは、まったく同じ内容の文書であっても、一次利用としての文書本来の意味や作成年代と、目的意識にもとづいて蒐集された二次利用としてのそれとでは、齟齬が生じる場合も多い。そのため、「家」固有の文書認識を踏まえた目録編成では、写しとして地域内に同じ文書が複数存在していても、原則としてはそれぞれの価値観を探り出して編成する必要もあり、厳密には「家」によって収載される項目も異なるのである。

また、注目される点として、野中家が一方的に蒐集していただけではなく、貸出も頻繁に行っていたということがあげられる。これは、一定地域内の利害関係者である村役人層のあいだで、地域情報といえる村方文書が〝共有〟されていたことを意味する。

このような文書貸借や編纂物の作成が行われるようになった背景は、組合組織による一元的・集中的な文書管理が実施されなかったこと、つまり分散管理が広く前提とされていたことにあると考える。基本的には用元役・惣代役ともに個人請負型であり、各「家」でも文書の蓄積が意識的に図られておらず、「新役ニては先例旧記等相分り兼」る状態であった。そのため、先例となる文書を関係町村から蒐集するとともに、利用しやすいように、学習も兼ねて編纂されたのである。このような文書貸借や編纂活動は、奈良堰組合だけでなく、助郷組合や改革組合などに関係する文書でも行われており、一般的な状況であったことがわかる。野中暁昌による関係文書の調査・蒐集により、先例として最低限必要なものが見出され、蒐集という形で組合文書の再把握がなされたともいえる。

（2）編纂物の作成

このように、地域内で貸借された文書は役務遂行や新規事業の手引書、書類作成の雛形、慣例慣習の把握など、さまざまな場面で活用された。蒐集された文書が個々で機能した一方、それらを独自の視点・目的意図でまとめた編纂物も多く作成されたのである。単に個々の文書を一つに綴じるのではなく、史料の選別・精査や考察を加えることで、独自の論理を導き出し、地域論理の再構築、地域秩序の再編をも可能とするものである。ここでは、紙数に限りもあるため、一点のみ編纂物の概要を紹介するにとどめておく。

荒川通奈良堰大麻生堰諸御用留[30]

【題箋外題】「寛文十三癸丑七月廿九日忍領荒川通奈良堰組合村々より地元河原明戸村え用水路新堀潰地御年貢求代可納証文之写但表紙書付之儘　武州忍領荒川通奈良大麻生両堰え新規水門樋従公儀御伏込」

【作成者】「中奈良村名主彦兵衛」

【書込】「武州忍領荒川通奈良・大麻生両堰え新規水門樋従御公儀御伏込被成候旨被仰渡候ニ付、諸書物類忍郡方御用記之内書抜　寛政七乙卯年七月中写之置　中奈良村名主　彦兵衛控」／「右地元村(河原明戸村)名主儀右衛門方旧記ニ有之」／「右印紙地元河原明戸村名主儀右衛門方ニ在之、御地頭所えは写差上右弐ケ村より願之通取斗候」／「右是ハ先年名主儀右衛門より申聞候ニ付、留置候」など

表3　野中家文書目録（第二階層）

明治5年3月迄	明治5年4月以降
A 支配	A 村政
B 土地	B 農業
C 租税	C 水利
D 村況	D 商業・金融
E 村政	E 個人
F 戸口	F 雑
G 水利・治水	
H 農業	
I 諸産業	
J 交通	
K 商業・金融	
L 社会	
M 家	
N 雑	

表4　G水利・治水（第三階層）

項目名	冊子	状
普請役人		○
普請組合・仕来書上	○	○
用水普請廻状		○
普請目論見・出来形	○	○
普請野帳	○	
普請願書・請書	○	
浚藻刈	○	○
普請議定	○	○
普請助成	○	
普請人足・治水出入入用	○	
普請人足	○	○
用水	○	○
普請出入		○
堤・堰場・用水出入	○	
堤・河川用悪水絵図		○

これら編纂物の多くは、厚紙で装丁されるなど書物に近い体裁を整えている。巻頭には目録が付され、項目ごとに中表紙も備えている。蔵書印が押され、書物と一体的に把握されるとともに、貸出にも対応できるように整備されていたといえよう。ほかの編纂物の書き込みでは、もし洩れがあった場合には書き加えて改訂するように指示している。編纂物のなかには、定期的に新しい情報や再考された論理などが書き加えられ、最新版として活用されたものも少なくない。

このような蒐集活動や編纂物は、奈良堰組合に限ったものではなく、多岐にわたる内容のものが全国各地で確認できる。

三　名主家文書目録の編成と記述

本稿であつかった埼玉県立文書館収蔵の野中家文書については、同館より史料目録が刊行されている。[31] 目録分類の第二階層は表3、そのうち「水利・治水」の第三階層の内訳は表4を参照していただきたい。この目録は、階層構造分析論が普及する以前の一九七二年（昭和四十七）に初版が刊行されたため、当時一般的に利用されていた目録編成方法である主題分類的な項目設定がなされている。解題には、「分類については、大塚史学会『郷土史辞典』（朝倉書店、一九五五年刊）所収の分類を基本とし、文部省史料館、明治大学刑事博物館等の案を参照しておこなつている」と説明されている。

その目録編成上の特徴を簡単に示すと、まず、名主・庄屋に代わって戸長が設置された明治五年四月を基準に、「明治五年三月迄」と「明治五年四月以降」と史料群が二分されている。さらに「明治五年三月迄」は「冊子」（竪帳・横帳など）と「状」という形態を基準に分割されており、野中家文書の史料目録は「明治五年三月迄・冊子」／「明治五年三月迄・状」／「明治五年四月以降」という年代と形態を組み合わせた三つのまとまりで第一階層（サブフォンド）が構成されている。そして、「明治五年三月迄」と「明治五年四月以降」の双方において、それぞれ第二階層（シリーズ）以下が設定されている。しかし、野中家の組織・機能、就任した役職などとは関係なく、一般的な名主家文書の史料目録で多く採用されている項目名が第二階層に並ぶ。また、本稿でとりあげた「水利・治水」をみると、文書の内容別に第三階層が設定されている。たとえば、多くを占める普請関係では、各々の項目において、重層的・複合的に存在していた忍領御普請組合や奈良堰用水組合、利根川・荒川・福川などの御普請自普請にかかわる文書が、組合（組織）の区別なく内容によって分類されている。実態に則した編成とはなっておらず、また利用の面においても不便なものとなっているといえよう。

また、複数の文書（写しを含む）が合綴されている場合、綴じられた文書一点ごとに表題がとられており、個々の史料の性格を尊重したものとはなっておらず、目録からは本来の史料の状態を知ることはできない。そのため、先に検討したような「家」固有の文書認識を反映した編成は行われていないと判断される。

一方、主題分類による目録編成は、階層構造分析論の視点からは批判的な意見が多く出されているが、利点もあるために現在でも広く利用されている手法でもある。ここでは、先述した奈良堰組合の変遷や野中休意による文書蒐集活動の検討をふまえ、主題分類目録の利点を考慮しながら、野中家文書の目録編成について簡単にではあるが考えてみたい。

野中家文書にみる近世地域アーカイブズの特質を改めて示すと、(i)近世中期以降、大半の村々が重層的・複合的な広域行政・組合村の構成村となり、とくに名主家においてそれに応じた史料群の蓄積がなされることとなった。(ii)発生母体に注目すると、おなじ広域行政に関する文書でも、惣代の立場で作成された組合文書と、構成村の代表者である名主・庄屋の立場で作成される村政文書にわかれ、時期により変化したり、同時期に両者の文書が混在したりして、史料群の構造も複雑となる。(iii)組織的な組合文書の恒常的・集中的な管理規程が整備されているものは少なく、その時々の惣代など担当者の家に蓄積され、結果的に地域内で分散管理されることとなる。また、広域行政の職務に、過去にまでさかのぼって関係文書の蒐集という行為が広く行われたのである。そのため、(iv)史料群には直接作成授受された一次史料だけでなく、必要に応じて明確な意図のもとで借出・書写された二次史料も多く混在しており、おなじ文書であっても、家ごとに文書に対する価値観が異なる。このように、目録編成を考えるさい、多くの村方文書において階層構造と文書認識の面で検討を要するのである。発生母体、分散管理、文書認識がキーワードとなる。

このような広域的な地域行政を担った「家」の事例としては、越後国頸城郡岩手村佐藤家文書目録（国文学研究資料館収蔵）がある。佐藤家では、高田藩領時代の寛保二年（一七四二）から明和五年（一七六八）までのあいだ、村組の大肝煎を務めていたことから、作成母体や伝来をもとに岩手組大肝煎文書／岩手村庄屋・戸長文書／佐藤家の家文書という三つのサブフォンドを設定している。しかし、第一節で明らかにしたように、多くの名主家文書の場合、おなじ組合村に関する文書でも、発生母体や複数の組合村に関係していることから、佐藤家のような明解なサブフォンドを設定することはできない。

惣代として組合運営に関与する人物・「家」は限られており、多くの場合は組合構成村の名主として広域行政にかかわるのみといえる。そのため、内部組織とまではいえず、組合村関係の史料も村政などと一緒にあつかわれているのが現状である。

また、地域アーカイブズは、広域的な組合村組織に起因する〝分散管理〟による課題を抱えていることが明らかとなった。つまり、近世後期の特徴である組合村組織とその組織文書の全容を把握するためには、従来の「家」単位での編成では無理が生じるのである。

これまでの議論でも、階層構造分析の成果と目録編成とはイコールではなく、適切かつわかりやすい記述を行うため、簡略化・簡明化も必要となることが指摘されている。とくに本稿で指摘するような地域内での編成項目の標準化・共有化には、地域内のどの史料群でも適応可能な簡略化も求められる。

このような課題に対して、三つの対応策が考えられる。一つ目は、広域的な組合村などの組織体制と文書管理の特質をふまえ、複数の史料群に分かれたものを統合的に把握することが可能となるよう標準化した編成方法や項目名を設定し、地域内の史料群の目録編成に活用するという〝編成〟に関するものである。二つ目は、解説などで地域内のほかの史料群の目録編成について提示して情報の共有化を図るという〝記述〟に関するものである。三つ目は、データベース上での統合を図るという〝情報〟に関するものである。

まず、〝編成〟については、第一階層（サブフォンド）で「組合村」、その下の第二階層（シリーズ）で「奈良堰用水組合」などと実際の組合ごとの項目、さらに第三階層以下で内容別に項目を設定するというものである。先述のように、町村を超えて広域的に活動する組合村運営に関与することを「家」の一つの機能としてとらえ、立場に拘わらず組合村ごとに関係文書を一括して扱う方法である。このような組合村が展開した地域において共有可能な標準化された項目を活用することで、他家史料群との相互利用も可能となり、バーチャルに組織文書が復元できるとともに、利用者にとっても目録上での共有化がスムーズに図られる。

ただし、組合と村とが常に親和的関係にあったとは限らず、対立関係が生じた際は立場の違いが大きな意義を持つこともある。その場合、単に「組合」に一括することが良いのかどうか、また、一つの組合にまとめきれないものもあり、地域の特性を踏まえて考慮する必要がある。

次に、〝記述〟面について考えてみたい。広域的な組合組織の展開と分散管理、貸借による文書認識の多様性という特徴に目を向けると、詳細な史料分析が必要になるため、〝編成〟段階で反映させることは非常に困難をともなう。そのことを解決する手段ともなりうる。

地域内での分散管理には、大きく二つの要因が考えられる。一つは、これまで明らかにしてきたように、広域的な組織運営に起因する担当者・「家」への分散保管によるものである。もう一つは、「家」や組織の歴史的経緯のなかでの移管・譲渡といったものである。後者の事例としては、伝承であるが、中奈良村の吉田市右衛門家は、経営していた江戸店が明治期に閉店したさい、蔵書を近隣の名主家に分割してあたえたという[32]。譲渡された側としては、「家」の歴史的経緯のなかで蓄積されたものとしてほかの蔵書と一体的に把握することができるが、特殊な事情に起因するため厳密にはわけて把握する必要もある。さまざまな事情で、また譲渡をくり返し、文書類がまったく別の地域へ移動してしまう事例も少なくない。

広域的な組合組織の活動とその史料群を復元するためには、分散管理元の史料群を総括的に把握する必要がある。しかし、広域にわたるほど関係史料群が多数存在し、その整理・目録作成にたずさわる個人・組織・団体なども多岐にわたり、これまでに作成された目録では編成方法や項目設定も統一されていない。また、文書認識による「家」固有の価値観を反映した目録作成においても、個々の史料に対する分析には時間を要するため、慎重に行わないと誤った文書認識を提示してしまう恐れがある。

そのため、第一に、「家」・村・組合村などの概要・変遷といった基礎情報、文書の貸借や譲渡など文書認識にかかわる応用情報、そのほかの手がかりとなる情報を解説で提示することがあげられる。第二に、地域内の史料群の組合村に関する編成項目の対応表を掲載することも考えられる。これまで刊行された目録を統括するとともに、今後の目録編成の参考となり、地域内での史料情報の一元化・共有化に果たす役割も大きい。

最後に、近年、大きく進展しているデジタルコンテンツ、とくに統合的・横断的データベースの構築・利用があげられる。一機関内だけでなく、他機関のデータを横断的に検索できるシステムもあり、バーチャルでの組織文書の復元と利用が可能となる。この場合、史料名だけでなく、システム移行時の項目の相互対応、キーワード設定などの工夫で、前述の目録ごとの編成の差異を補完することができる。このような統合的・横断的データベースの構築がより多く実施されるようになれば、利便性の向上や利用の促進へとつなげることができるといえよう。

以上のような〝編成〟〝記述〟〝情報〟といった目録作成・公開の一連の流れにおける各段階で、近世地域アーカイブズの特質をふまえた対応が可能であり、広域における複数の史料群を総括的に把握し、さまざまな情報を利用者へ提供していくことが期待できる。

おわりに

本稿では、村方文書の目録編成について検討するにあたり、重層的・複合的な組合村の結成による村方文書の史料群構造の複雑化、組合村の組織構造の変質にともなう担当者の立場の変化、関係村々への文書の〝分散〟と貸借ネットワークによる〝共有〟という体制の広範な形成、それらを前提とした地域的管理体制の展開を近世地域アーカイブズの特質と考えた。事例として、奈良堰十か村用水組合をとりあげ、構成村である中奈良村名主野中家のかかわり方の変遷を踏まえ、分散管理（構造分析）と文書貸借（史料認識）という視点から考察を試みた。とくに、個別史料群の構造分析だけでなく、地域全体での共有化、相互利用を視野に入れた目録編成ということに重点をおいた。以下、本稿で明らかにしたことを簡単にではあるが、補足を加えてまとめておく。

①分散管理

実務的な文書の分散管理と書写による貸借関係は、古代よりみられる。朝廷の官公庁や行政機関では、自由ではなかったが、貴族が職務の参考とするために特定の文書を借り出すことが行われていた。とくに後白河院政のもとでは、新興の貴族たちが多く生まれたが、後白河院は大規模な寺院の宝蔵に、儀礼にかかわる実務的な文書や貴族の日記などの収蔵・貸出を行うことで、職務をこなすのに必要な先例となる〈知〉を修得させたのである。(33)

さらに、中世は、文書の作成や保存、あるいは文書の機能をめぐる階級性が、国家から地域住民に下降分散していく過程でもあった。幕府の成立と展開は、武士の家に文書の作成・授受・保存を定着させ、それを武家同士でたがいに補完しあう、一種の社会的なシステムを構築したことが指摘されている。(34)

徳川幕府においても、勘定奉行所など独自の役所・組織をもつ部署では、享保期以降に文書管理システムが整備され、役所において知識・技術の蓄積・継承が図られるようになっていた。一方、独自の役所施設や組織をもたない大名職の老中や寺社奉行などは、月番担当が持ち回りで管理する共用の史料群が存在するが、基本的には担当した大名家の家で文書の作成・授受と管理がなされることとなった。

しかし、引継文書のような象徴的な引渡しのみでは、執務情報が充分に伝授されたとはいえず、実際の職務においてはさらに多くの情報が必要となる。それを補完するため、共用文書のほかに、世話役となるほかの寺社奉行職の者より新役の者へ大量の記録が貸与された。寺社奉行の職務に関する文書は、執務担当者のもとに分散して保管され、具体的な情報伝達が記録類の貸与という形でなされたのである。(35)

文書行政が地域・民衆にまで浸透した近世社会において、一部の行政機構や組合村などの組織を除いては、基本的には幕府から町村まで分散管理が普遍的に行われていたといえよう。

これら分散された史料群は、その組織総体の歴史を語るとともに、蓄積された〈知〉ということがでる。そのため、近世社会の解明には、その基礎作業として、分散された史料群を総括的に把握する必要がある。

地域アーカイブスに限らず、有機的関係をもった地域に多数所在する史料群、複数の土地や機関に分散された一つの史料群について、総括的に把握することが可能となる目録編成やデータベースの構築が新たな課題といえる。

②相互貸借と文書認識

分散管理が普遍的に行われた社会において、組織を円滑に運営するためには、先例となる関係文書の再構築が必要となる。名主「家」でも文書管理の意識が高まるとともに、村や地域の共有文書という意識も生まれていた。そして、村役人層という限定的なネットワークではあるが、村方文書の日常的な貸借も必要に応じて実施された。一方で、一つの史料群のなかに、直接的に作成・授受された文書（一次利用）と、各々の目的意図に応じて蒐集された文書（二次利用）とが混在することとなった。とくに後者では、地域内で広く共有されている同一の文書でも「家」固有の価値認識は異なり、どこにでもみられる史料に対しても、一つ一つに個有性が付与されるのである。

③村方文書の目録編成

本稿での検討を通じて、以上のような地域アーカイブズの特質、広域的な地域運営に起因する発生母体、分散管理、文書認識が導き出された。これら新たな視点をふまえた目録の編成記述の方法について、簡単にではあるが検討を行った。

組合村運営に関与したことを「家」や当主の機能の一つととらえ、発生母体に関係なく編成することで個別史料群のなかでの統括化を図るとともに、地域の特性を踏まえつつ簡略化した編成項目を設定することで、地域内のほかの史料群においても共有可能な目録編成が実現でき、分散された組合村の組織文書の全容を復元的に把握することが容易となる。

編成記述では、〝編成〟〝記述〟〝情報〟の各段階において、「家」や組合村の変遷や構造などの基礎情報、分散管理や文書認識などに関する応用情報、地域内の関係する史料群の編成項目など周辺情報を提供することで、組織文書の情報の統括化・共有化が可能となることを示した。とくに、地域内の複数史料群に共通する組合関係などについては、主題分類的な項目設定を行うことで、「家」の特質や目録編成者の違いに影響されずに、共有化を図ることができることを指摘した。これらを効果的に活用することで、各段階で対応できなかったものも補完することができ、利用者にもわかりやすい目録となると考える。

文書認識を適確に行い、それを目録編成に反映させることは、多くの時間と労力を要し、容易ではない。無理に目録に反映させるのではなく、そののちにさまざまな形で利用者へ周知させることが求められる。

村方文書の目録編成には課題も多く、本稿の検討がどれだけ有効性をもっているのかはわからない。しかし、従来理解されてきた地域アーカイブズの構造や特質を再検討し、実態に即して考察したもので、新たな論点を提示できたものとも考える。

（1）国文学研究資料館史料館編『史料の整理と管理』（岩波書店、一九八八年）、安藤正人『記録史料学と現在――アーカイブズの科学をめざして――』（吉川弘文館、一九九八年）。

（2）山崎圭「アーカイブズの編成と記述――近世史料を中心に――」（国文学研究資料館史料館編『アーカイブズの科学』下、柏書房、二〇〇三年）。

(3) 藪田貫『国訴と百姓一揆の研究』(校倉書房、一九九二年)など。
(4) 久留島浩『近世幕領の行政と組合村』(東京大学出版会、二〇〇二年)。
(5) 奥村弘「近代日本形成期の地域構造――地域社会の変容と地方制度改正をめぐって――」(『日本史研究』二九五号、一九八七年)。
(6) 久留島浩「近世後期の「地域社会」の歴史的性格について」(『歴史評論』四九九号、一九九一年)。
(7) 拙稿①「農村における編纂物とその社会的機能」(『一橋論叢』一三四巻四号、二〇〇五年)、拙稿②「村落・地域社会の知的力量と『村の編纂物』――村役人層の資質形成と村方文書共有ネットワーク――」(大石学編『近世公文書論――公文書システムの形成と発展――』岩田書院、二〇〇八年)。
(8) 安藤正人「記録史料学とアーキビスト」『岩波講座日本通史』別巻三(岩波書店、一九九五年)。
(9) 高木俊輔・渡辺浩一編『日本近世史料学研究』(北海道大学図書刊行会、二〇〇〇年)など。
(10) 前掲註(7)拙稿①、前掲註(7)拙稿②、拙稿③「近世地域社会における蔵書とはなにか――地域〈知〉の史料論的研究を目指して――」(『国文学研究資料館 アーカイブズ研究篇』七号、二〇一一年)、拙稿④「近世蔵書文化論・試論」(東京学芸大学史学会『史海』五八号、二〇一一年)。
(11) 『近世後期の用水堰組合と用元・惣代役――荒川奈良堰用水組合を事例として――』(立正大学古文書研究会、二〇〇七年)。
(12) 「用水堰普請方惣代違変出入一件」(飯塚家文書・イ―八五)、前掲註(11)書より引用。
(13) 「用水堰普請方惣代違変出入一件」(前掲註11書)。
(14) 「文化十四丁丑年以来奈良堰用元役之儀ニ付組合村々議定証文」(飯塚家文書・イ―一四八)、前掲註(11)書より引用。
(15) 文政七年「荒川通奈良堰御支配御掛リ並用元総代立方組合議定控」(野中家文書・一二四〇、埼玉県立文書館収蔵)。
(16) 天保六年「武州忍領荒川通奈良堰用水拾箇村組合圦樋御入用御普請弁井筋模様替外三堰共水論一件御用向留記」(野中家文書・一三五、埼玉県立文書館収蔵)。
(17) 天保六年「武州忍領荒川通奈良堰用水拾箇村組合圦樋御入用御普請弁井筋模様替外三堰共水論一件御用向留記」(前掲註11書)。

(18) 安政四年「荒川通奈良堰用留」(野中家文書・二八二)。
(19) 安政六年「荒川通奈良堰用留」(野中家文書・一五九)。
(20) 文久元年「(奈良堰諸用留)」(野中家文書・三七二)。
(21) 慶応元年「用悪水路」(野中家文書・一六六)。
(22) 慶応四年「用悪水路用留」(野中家文書・一八九)。
(23) 安政六年正月「御用留」(野中家文書・五四二)。
(24) 「萬書籍出入留」(野中家文書・一九二五、埼玉県立文書館収蔵)。
(25) 前掲註(10)拙稿③、前掲註(10)拙稿④。
(26) 長谷川宏①「資料紹介　万書籍出入留」(『図書館科学会年報』一九八四年)、同②「第六章教育と文化　第四節諸学・諸芸の興隆」(『新編埼玉県史』通史編四近世二、埼玉県、一九八九年)。
(27) 小林文雄「近世後期における「蔵書の家」の社会的機能について」(東北史学会『歴史』七六輯、一九九一年)。
(28) 『近世史料所在調査報告七　野中家・新井家文書目録』(埼玉県立文書館、一九七二年)。
(29) 天保六年「武州忍領荒川通奈良堰用水拾箇村組合圦樋御入用御普請幷井筋模様替外三堰共水論一件御用向留記」(野中家文書・一三五)。
(30) 天保十五年「(荒川通奈良堰大麻生堰諸用留)」(野中家文書・二〇六)。
(31) 前掲註(28)書。
(32) 前掲註(26)長谷川論文①②。
(33) 本郷恵子①「中世における政務運営と諸官司の空間」(高橋昌明編『院政期の内裏・大内裏と院御所』文理閣、二〇〇六年)、同②「中世文書の伝来と破棄」(『史学雑誌』一〇七編六号、一九九八年)。
(34) 高橋一樹「鎌倉幕府の成立・展開と武家文書」(鶴島博和・春田直紀編『日本中世史料論』日本経済評論社、二〇〇八年)。
(35) 大友一雄「幕府役職と情報継承」(国文学研究資料館アーカイブズ研究系編『中近世アーカイブズの多国間比較』岩田書院、二〇〇九年)。

近現代個人文書の特性と編成記述——可変的なシリーズ設定のあり方——

加藤聖文

はじめに

アーカイブズ学において、個人文書を対象とした研究は構造分析から編成記述にいたるまでけっして十分なものといえず、経験知にもとづく目録化が依然として主流である。しかしながら、急増する個人文書を効率的に整理し、記述編成し、利用提供していくためには、理論に裏づけられた普遍性・一般性をもつモデル化が必要である。本稿では、個人文書が生成・変化する社会的背景を踏まえつつ、その特性を明らかにし、それにもとづいた記述編成のモデル化を考察する。

近代社会成立以降の個の自立化の過程で個人文書は一代限りのものとなり、蓄積される内容も各々の社会的関係性に規定されていく。組織文書に比して個人文書については、人間のすべての行為が合理的・機能的に行われているわけではないので、内的秩序が外部からみえにくい、または秩序が部分的であるか存在しないという特徴をもつ。しかし、個人がまったく社会から隔絶しているのではなく、多かれ少なかれ社会との関係性をもちつつ生存している以上、人間活動の痕跡である記録も社会的なものが含まれるのであり、その結果として個人文書の基本構造は社会性をもつパブリックな記録とまったく私的なプライベートな記録の二種類から成り立つことになるといえる。また、パブリックな記録は社会的役割――時限的な活動――、プライベートな記録は個人的行為――通時的な活動――と区分できよう。

これらを前提に、個人文書を記述編成する場合、重要になるのはシリーズの設定となる。ISAD(G)もシリーズ設定が中核といえるが、機能性をもつ組織文書――とりわけ可変性の高い近代以降の行政文書――を中心に想定されたものであるため、内的秩序が不明確な個人文書への適用は容易ではないとみられがちである。しかし、機能＝社会的役割および個人的行為とおきかえて、それらをシリーズとすれば、文書群全体の階層性を反映した編成はそれほど困難なことにはならない。

なお、永続性と可変性を前提とする組織を対象としたオーストラリアで実践されているシリーズ・システムの場合、完結型であり機能分別が曖昧な個人文書に適用させることは可能ではあるが、その絶対的な必要性は見出せない[1]。また、アメリカではレコード・グループ（RG）を軸とした編成が主流であり、組織文書以外の個人文書もほぼこれにしたがっている。そもそも記述情報が電子化されてウェブ検索が可能な場合、ISAD(G)による階層構造化もシリーズ・システムの適用もその優劣を比較する意味は、あまり見出せないのではなかろうか。

一方、日本の編成記述をめぐる議論は、とかく精緻な編成記述論に関心が向かってしまい、利用者にいかに迅速かつ効率的に情報を提供するかについての議論が欠落している[2]。筆者は海外で日本のようにISAD(G)の適用をめぐって精緻すぎる議論が行われ、その実践が報告されている事例をみたことがない。海外の現場で提供されている目録の編成記述はそれぞれの実情に応じて多様なものであって、きわめてプラグマティズムなものである[3]。

アーカイブズの編成記述について概念的な議論を深めることは重要であるが、その一方で実学であるアーカイブズ学においては実用性の議論をより深めていくべきであろう。いたずらに細かすぎる編成記述の適用を考究するのではなく、利用者が目的とする資料の基本的な性格を把握し、効率よくたどり着くための実用性にもとづく編成記述を第一義として議論すべきではなかろうか。提供者と利用者との相互関係のうえに成り立つアーカイブズ学は、プラグマティズムが求められるのであって、ややもすれば精緻化すぎる議論は、研究者間において通用しても、実用性からかけ離れ、利用者サービスの停滞を招きかねない。資金と人材の供給が無限に保証されていない以上、それぞれの機関の体力に応じた利用提供のあり方が考えられるべきであろう。

本稿では、このように利用提供における実用性という前提に立って、個人文書を対象とした記述編成の事例を提示しつつ、組織文書とは異なる体系と背景をもつ個人文書の編成記述のあり方を考えていきたい。

一　役職を基本とする編成

個人文書は、組織と比較して記録の作成・集積の範囲が曖昧であり、また記録の管理についても個人差が大きい。そのため、第三者がある個人文書に対して、本来どの程度の分量であったのか、またどのような体系性をもって管理されていたのかを把握することはきわめてむずかしい。

筆者は文書群の編成記述の中核はシリーズにあると考える。対象とする文書群の内的構造を把握するということは、シリーズの設定を意味するといえよう。

しかし、個人文書に関しては、組織文書と比較してその内的構造の体系性が外部からみえづらい、またはそもそも存在しないケースが多い。そのため、どのようなシリーズを設定すべきかが問題となる。ただし、人間生活において記録が作成・蓄積されるのは、日記のような内省的かつ永続的行為によって生成された記録を別とすれば、社会的行為と密接に関係しており、その社会的行為は個人の社会的経歴にほぼ符合する。そして、この社会的経歴とは、組織内の地位の積み重なりであって、組織内の地位には必ず行使できる権限の範囲が定められており、その地位の期間内に本人の権限に関連する記録が蓄積される。

このことを考えれば、残存文書がそれなりの分量をもつ場合、その編成は旧蔵者の社会的経歴を軸に行うことが合理的であろう。

では、具体的にどのような記録が蓄積され、それをもとにしてどのように編成の中核であるシリーズを設定すれば良いのか。ここでは、満鉄に勤務していた山﨑元幹の個人文書を事例としてとりあげてみよう。

山﨑元幹文書は、本人の生前から死後にかけて散逸した結果、現在は少なくとも五か所に保管されており、個人所蔵の一か所を除きそれぞれ独自の目録を作成している。このうち筆者が行ったアジア経済研究所が所蔵する文書の編成を中心に分散文書の再構成を試みる。

山﨑元幹の社会的活動は一時期を除いて満鉄に限定されている。したがって、本人の手許に蓄積された文書は、満鉄社内での配属部課と役職を反映したものとなっている。これらの文書を編成する場合、シリーズは配属されていた部課（シリーズ名は役職）を基準に設定するのが合理的である。

アジア経済研究所が所蔵する文書は一九二〇年代後半から三〇年代前半にかけてのものに限定されており、当該期の山﨑の社内における地位は、①文書課参事→②文書課長→③渉外課長→④総務部次長→⑤理事の順に変遷しており、これらの地位をシリーズとして設定する（表1）。

しかし、問題となるのはサブ・シリーズの設定である。役職が課員レベルの場合、その裁量権限に比例する業務範囲は限定されているため、本人がかかわる案件も個別的かつ具体性の強いものとなる。その結果として、本人の手許に集積される記録も限られたものとなる（またはほとんど蓄積されない）。このようなケースでは、集積された記録を対象にしてサブ・シリーズを編成するのは比較的容易である。ただし、分量が少ない場合は、テーマ別または形態別にならざるをえないことは注意すべきであろう。

これに対して、役職が上昇して本人の裁量権限が広がるにつれて専門性よりも総合性が強まる。その結果、発

表1　山﨑元幹文書のシリーズ編成

- 山﨑元幹文書（アジア経済研究所蔵）
  - 〈シリーズ〉
  - 文書課参事
    - 〈サブ・シリーズ〉
    - 各種文書
    - 雑
  - 文書課長
    - 鉄道敷設交渉
    - 懸案解決方針
    - 東支鉄道問題
  - 渉外課長
    - 鉄道敷設交渉
    - 交渉予備会議
    - 交渉準備関係
    - 懸案解決方針
    - 鉄道新設計画
    - 連絡運輸・並行線問題
    - 借款整理問題
    - 各種資料
    - 綜合資料等
  - 総務部次長
    - 交渉準備委員会
    - 重役会議
    - 満洲事変（満鉄・関東軍・政府）
    - 満洲事変（満鉄社内）
    - 事変処理
    - 鉄道新設
    - 東北交通委員会
    - 事業拡張
    - 各種資料
  - 理事
    - 満鉄改組問題（関東軍）
    - 満鉄改組問題（満鉄）
    - 会社経営
    - 各種資料
    - 雑

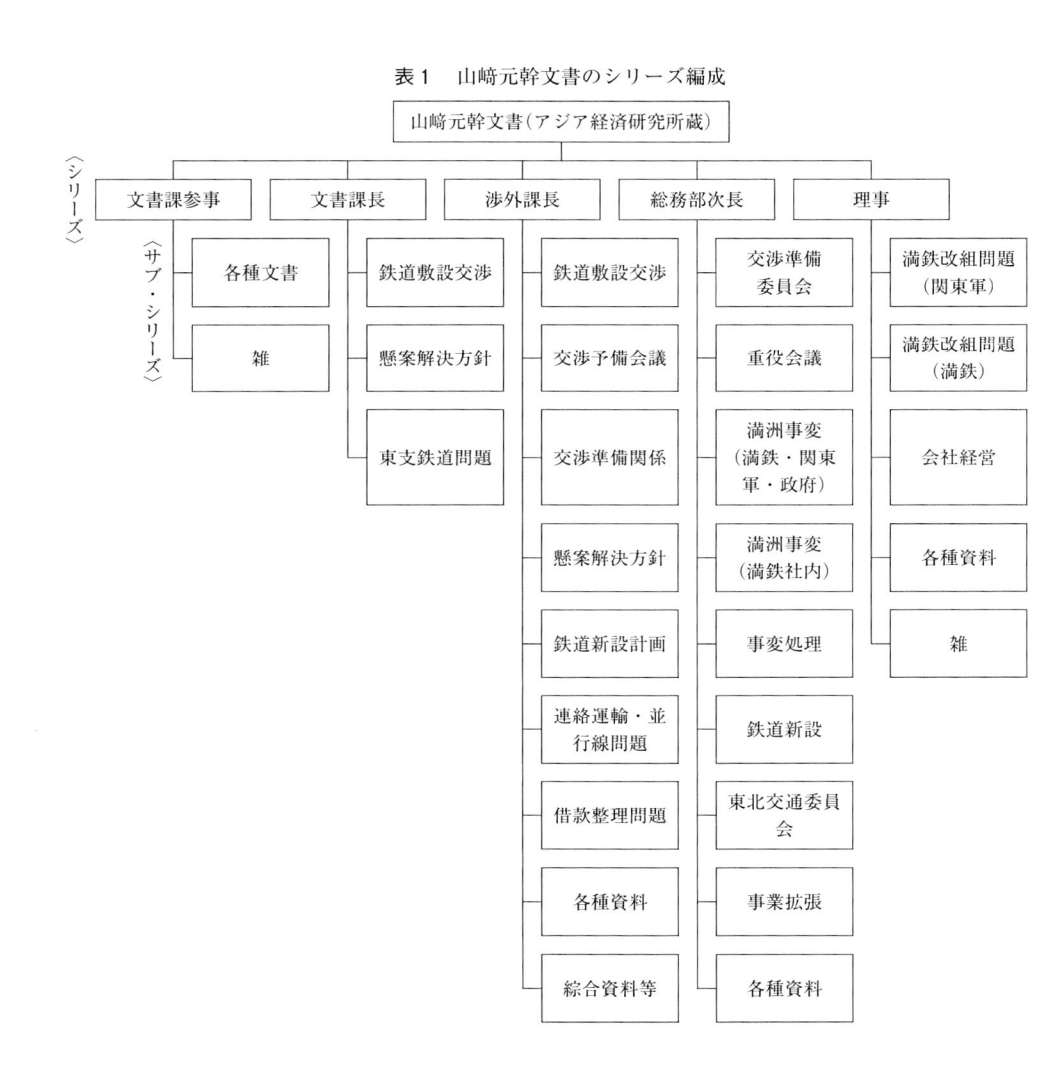

受する情報は多岐にわたり、集積される記録も広範囲かつ多様なものとなる。とくに、課長および次長レベルの場合（満鉄の場合は部長は理事兼任であるため、実質的には部長の役割を次長が果たす）、権限の拡大と情報の多様性、そして集積記録の増加傾向は、最大限にまで高まるといえる。このようなケースでは、サブ・シリーズ編成は複雑化し、作業は容易ではなくなる。本人および所属組織、そして歴史的背景に対するある程度の専門的知識が求められるのもこのレベルであるといえる。(4)

このような記録群のサブ・シリーズ編成は、本人の具体的な関与や役割を第一の基準とするが、封筒や紐・ファイルなどで物理的にまとめられた文書の集合体やそのような集合体としてのまとまりがないものが多く、結果としてテーマ別や形態別の項目設定をも加えた混合型にならざるをえない。もともとの原秩序が不明確になっているケースの多い個人文書では、細部になればなるほど群としてのまとまりが曖昧になり、便宜的な設定が必要になる。

一方、理事レベル以上（いわゆる重役）になると細かな内容の記録よりも会社経営全体、および各重役に割り振られた任務（経理担当・総務担当・運輸担当など）とそれに関連する社外との折衝にかかわる記録が蓄積されることになる。したがって、サブ・シリーズの編成は実務責任者（課長・次長レベル）にくらべると容易になり易い。

以上のような特性を踏まえて山﨑元幹文書のシリーズおよびサブ・シリーズの編成を試みたが、この文書の場合、所蔵先が分散していることが特徴としてあげられる。文書は、①アジア経済研究所・②小田原市立図書館・③国立国会図書館憲政資料室・④早稲田大学中央図書館・⑤個人蔵、の五か所に分散しているが、これらのうち、①〜④は業務文書などオフィシャルなもの、⑤は日記・手紙などプライベートなものが中心である。(5)

山﨑の経歴に①〜④の業務文書をあてはめたものを示すと左記のようになる。

一九一六年五月…満鉄入社

一九二三年九月…社長室文書課参事（①④）
一九二五年六月…撫順炭鉱参事
一九二五年八月…撫順炭鉱庶務課長
一九二七年一〇月…社長室文書課長（①）
一九二九年六月…総裁室文書課長（①）
一九三〇年六月…交渉部渉外課長（①）
一九三一年七月…総務部次長（①④）
一九三二年一〇月～三六年一〇月…満鉄理事（①②③④）
一九三七年九月～四二年四月…満洲電業株式会社副社長（③④）
一九四二年四月…満鉄副総裁（④）
一九四五年五月～九月…満鉄総裁（④）

各機関に分散されている文書群は一定のまとまりをもっており、シリーズ＝役職を基本に編成したうえで、これらを横断的につなげると山﨑元幹文書の全体像を統一的に把握することが可能となる。

なお、日記など通時性のある文書や手紙、役職とは関係のない私的な文書については、「個人活動」などといったシリーズを設定し、ほかの役職に応じたシリーズと並列にあつかえばよいであろう。

このように、個人の経歴（山﨑の場合は役職）をシリーズとして編成すれば文書群の構造を把握することも、また他機関に分散保管されている文書群の一部をあわせて横断的に情報をつなげることも比較的容易であるといえよう。

二　家族・モノ資料などが混在する個人文書の編成

個人文書の場合、前節であげた山﨑元幹文書のように本人のみの文書だけで構成されるケースよりも、家族や関係者など本人周辺の人物の文書群が混入しているケースが多い。

本節では、国文学研究資料館が所蔵する鈴木荘六文書をとりあげる。陸軍軍人であった鈴木荘六の個人文書は、鈴木の社会的活動にともなって蓄積した業務文書などの記録のほか、鈴木の個人的活動にともなって蓄積された日記や手紙などの記録、書画や写真などの資料、さらには個人文書でしばしばみられる家族関係の文書群が混在するかたちで構成されている(6)。

鈴木荘六文書に関しては、①「公的活動（軍）」・②「公的活動（その他）」・③「個人」・④「家族」の四つのシリーズ、その下に必要に応じてサブ・シリーズを設定した（表2）。

シリーズ①「公的活動（軍）」については、①教導団生徒→②士官学校生徒→③陸軍大学校生徒→④参謀本部員→⑤陸軍大学校教官（第1期）→⑥第2軍参謀→⑦陸軍大学校教官（第2期）→⑧参謀本部作戦課長→⑨陸軍大学校幹事→⑩騎兵第3旅団長→⑪騎兵実施学校長→⑫第5師団長→⑬第4師団長→⑭台湾軍司令官→⑮朝鮮軍司令官→⑯参謀総長→⑰帝国在郷軍人会長、以上一七のサブ・シリーズを設定したが、これらは鈴木の軍人としてのキャリアに対応したものとなっている。

次に、シリーズ②「公的活動（その他）」については、①大日本武徳会・②各種公的団体、以上二つのサブ・シリーズを設定した。個人の社会的活動に関連する記録は、活動の中心となる本務にかかわるものはほぼ時系列に蓄積されるが、兼務などによって同時に複数の社会的活動が行われる場合もある。その場合は、蓄積する記録は必ずしも時系列にはならないことに注意すべきである。

表2　鈴木荘六文書のシリーズ編成

- 鈴木荘六文書（国文学研究資料館所蔵）
  - 〈シリーズ〉公的活動（軍）
    - 〈サブ・シリーズ〉
    - 教導団生徒
    - 士官学校生徒
    - 陸軍大学校生徒
    - 参謀本部員
    - 陸軍大学校教官（第１期）
    - 第２軍参謀
    - 陸軍大学校教官（第２期）
    - 参謀本部作戦課長
    - 陸軍大学校幹事
    - 騎兵第３旅団長
    - 騎兵実施学校長
    - 第５師団長
    - 第４師団長
    - 台湾軍司令官
    - 朝鮮軍司令官
    - 参謀総長
    - 帝国在郷軍人会長
  - 公的活動（その他）
    - 大日本武徳会
    - 各種公的団体
  - 個人
    - 文書
    - 書簡
    - 写真
    - 位記・勲章
    - 書画
    - 服飾・物品
  - 家族
    - 鈴木竹子
    - 鈴木重雄

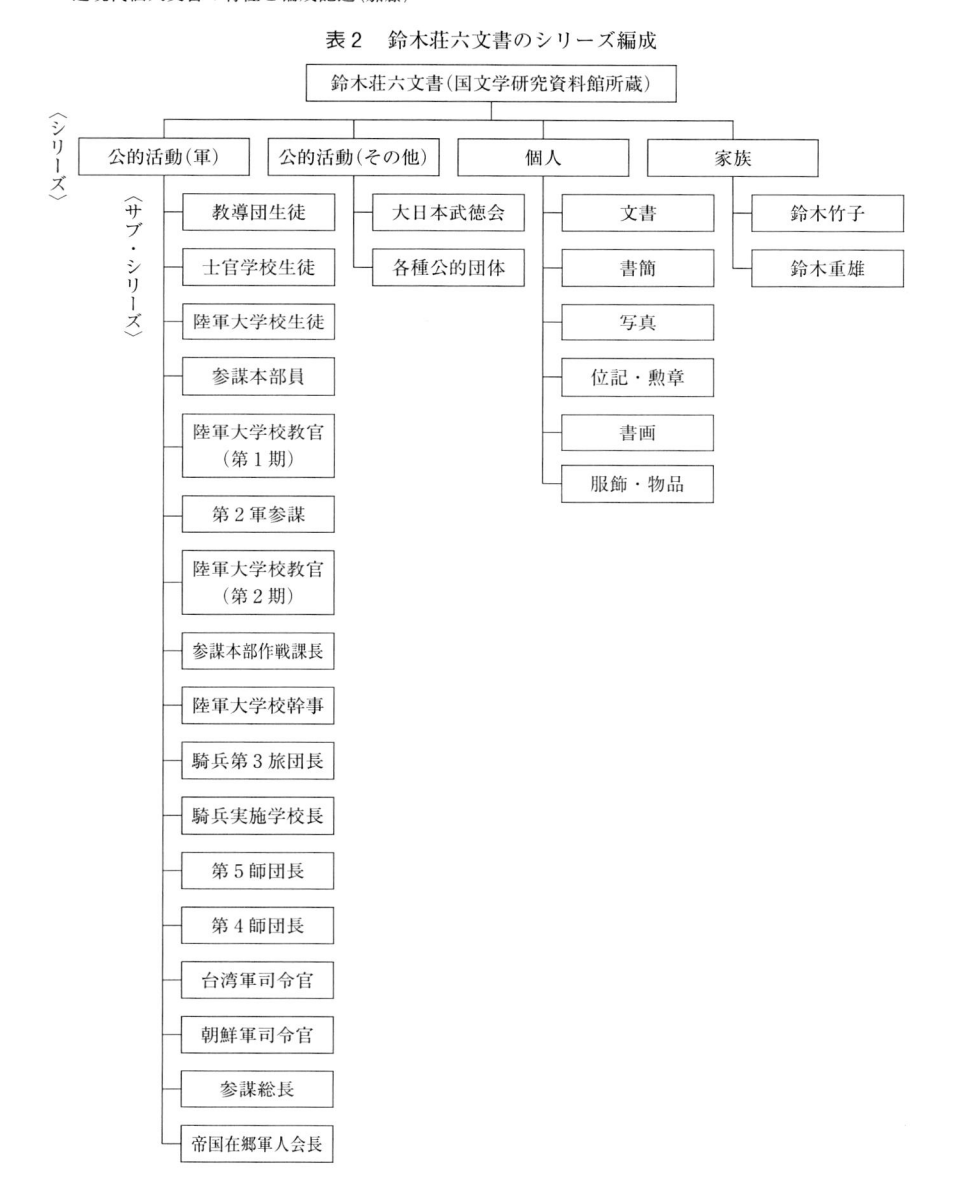

さらに、シリーズ③「個人」については、①文書・②書簡・③写真・④位記・勲章・⑤書画・⑥服飾・物品、以上六つのサブ・シリーズを設定した。ここは完全に形態別になっている。

近現代の個人文書には多くの書簡が含まれており、シリーズとしてまとめることも可能である。ただし、鈴木荘六の場合は数量が限定されていることと、大半が家族間のものであったことから、サブ・シリーズとした。また、鈴木荘六文書の特徴の一つとして、写真の多さがあげられるが、大きくわけると軍務関係と家族関係にわけられるため、二つのサブ・サブ・シリーズ（「軍関係」・「個人・家族」）を設定したが、このレベル（サブ・サブ・シリーズ）はあくまでも便宜的なものである。なお、軍務のなかで作成されたことが明瞭なものは、シリーズ①「公的活動（軍）」のなかのいずれかのサブ・シリーズに含めたが、軍務関係であることは明らかでも撮影時期や背景が不明確なもの、または時期が多岐にわたっているか、家族写真などが混在しているものなどはシリーズ③「個人」のなかのサブ・サブ・シリーズ「軍関係」に含めた。また、「個人・家族」の写真には妻竹子および長男重雄に関係するものも含まれる。

最後に、シリーズ④「家族」については、妻竹子の個人文書から構成される①「鈴木竹子」と長男重雄の個人文書から構成される②「鈴木重雄」の二つのサブ・シリーズを設定した。

このシリーズに含まれる文書は、妻竹子および長男重雄が所持していたと思われるものであり、混入文書といえるものである。ただし、荘六が所持していたものと竹子および重雄が所持していたものとの明確な区分けは困難であり、とくに書簡・写真・書画などは鈴木荘六文書のなかに一体化しているため、竹子・重雄関係の資料は、別のフォンド、またはサブ・フォンドとはせず、シリーズ④「家族」のなかにサブ・シリーズ①「鈴木竹子」・②「鈴木重雄」を設定した。

シリーズ①「鈴木竹子」は、三つのサブ・サブ・シリーズ（「文書」「書簡」「書画」）から構成されるが、「文書」

は主に竹子が結婚前の教師時代の辞令類が中心である。また、「書簡」は荘六からのものが大半である。なお、書簡の配列は荘六を一番目、家族・親類関係を二番目、第三者を三番目とし、それぞれ五十音順とした。このほか、「書画」は前述したように、荘六か竹子か所持者が不明なものが多いため竹子作成（またはそれと思われる）のものに限定してある。

シリーズ②「鈴木重雄」は、三つのサブ・サブ・シリーズ（「文書」「書簡」「服飾」）から構成されるが、このなかには妻比呂子のものも含まれる。とくに「書簡」は大半が身内からのものであるが、比呂子宛のものも多く含まれている。これらは内容的に重雄に関係するものもあるので、独立したシリーズとはせずここに含めた。

三　合理的なシリーズ編成のあり方

一般的に個人文書の場合、社会的活動にかかわるパブリックな記録と個人的活動にかかわるプライベートな記録が併存し、さらにプライベートな記録には家族関係のものが混在していることが多い。たとえば、ある人物の文書群のなかに実際は別々の文書群としてあつかった方が適切と思われる親や兄弟、または配偶者や子供の文書群が混入しているケースがあげられる。

前近代の「家」を中心にした文書群の場合は、血縁を軸とした複数の個人文書の集合体であるのが一般的であって、編成のうえでフォンドを別にするか否かといった大きな問題は発生しないと考えられる(7)。

しかし、「家」としての半永続的・長期的活動の結果よりも、「個人」としての非永続的・短期的活動の結果、蓄積された近代以降の文書群の場合、配偶者や親子といった血縁でむすばれていても各自が異なる社会的活動を行っている限り、それぞれの文書群は独立性をもっており、基本的には別々のフォンドとしてあつかうべきである。

たとえば、衆議院議員としての共通項をもつ鳩山和夫・一郎・威一郎・由起夫・邦夫、それぞれの文書群が存在すると仮定した場合、前近代的なとらえ方であれば、「鳩山家文書」としてフォンドが設定され、鳩山家としての機能――たとえば、衆議院議員や学校経営といった活動内容に応じたシリーズ編成が想定されよう。もしくは、和夫以下各個人文書をサブ・フォンド（またはシリーズ）として位置づけることもありうる。

しかし、近現代的なとらえ方であれば、たとえ衆議院議員という共通項があっても「鳩山家」というフォンド設定は意味をなさない。これは実質的にはどうあれ、鳩山家が家業または身分として衆議院議員を世襲しているわけではなく、また同じ衆議院議員であってもそれぞれの役割や地位や活動が各時代ごとに異なっているため、各人の手許に蓄積する記録もそれぞれ異なる内容や性格を帯び、これらを無理に一括することは、かえって蓄積した記録の成り立ちや歴史的背景を無視する危険性をはらむからである。

したがって、このケースでは個人別の文書群として個別にフォンドを設定し、それぞれの社会的活動を反映した地位（役職）をシリーズとして編成するのが合理的であろう。

ただし、それぞれの個人活動が明確で蓄積された記録も均等に残されている場合は、このようなフォンドの設定となるが、一人の個人の活動と蓄積された記録が突出している場合、ほかの血縁者の文書群が一人の個人の文書群に包摂されるケースも発生する。このようなケースでは、家族関係の文書群がもつ構造や性質に応じて、独立した文書群（フォンド）としたり、半独立的な文書群（サブ・フォンド）とすることも可能であるが、必ずしも画一的な処理をする必要はなく、残存する文書群の構成に応じてシリーズまたはサブ・シリーズとして編成することも考える必要があろう。

アメリカでは、一人の個人文書に血縁者の文書群を包摂することがしばしば行われる。たとえば、ダグラス・マッカーサー文書（マッカーサー記念館アーカイブズ所蔵）の場合、フォンド以下には一三五のレコード・グループ

（ＲＧ）が設定されている。これは大きくわけると、米陸軍太平洋方面軍司令部や連合国軍最高司令官総司令部などマッカーサーがかかわった組織記録・写真やテレグラムなどの非文字記録・妻や父親などの近親者の記録・マッカーサーの部下の個人記録・文書を所蔵するマッカーサー記念館の業務記録などから構成されている[8]。

出所尊重の原則からすれば、それぞれ独立したフォンドとしてあつかわれるべき近親者や部下の記録がダグラス・マッカーサー文書というフォンドに包摂されている。すなわち、あくまでも家や組織やグループではなく、個人をフォンドとして、その個人に関係する記録であればほかの個人文書も包摂してしまうという考え方である。

出所が異なる文書群がそれぞれＲＧとして独立しているならば、同一のフォンド内にまとめても大きな問題とはならない。また、この場合のＲＧは内容や形態が共通するものではなく、個人の事績を中心にして便宜的に編成されるものとして位置づけられているといえよう。

ただし、アメリカではすべての個人文書でこのようなあつかいが行われているわけではない。ハリー・Ｓ・トルーマン文書（トルーマン大統領図書館所蔵）の場合、トルーマンが大統領時代にホワイトハウスのスタッフたちが手許に残していた文書群は、大統領退任時にそのままトルーマン文書の一文書群として吸収されたが、国務長官など独立性の高い個人文書は、その後に所有者から寄贈されたため、トルーマン文書とは独立したフォンドとなっている。したがって、同じトルーマン政権関係者でも政府職員であるか独立した政治家であるかで文書のあつかわれ方が異なっているといえよう[9]。

組織文書と異なり、個人文書の場合は必ずしも法則性や規則性に則って記録が作成・蓄積されているものではないため、無理にフォンドやシリーズ・レベルに統一性をもたせようとすることはかえって不自然な結果におちいることになる。そのため、残存文書の状態に応じて柔軟に編成を行うべきであろう。

イギリスで個人文書を所蔵する有数の機関であるケンブリッジ大学チャーチル・カレッジ・アーカイブズセンターが所蔵するウィンストン・チャーチル文書の場合、チャーチルが首相（第一次）を退任する一九四五年七月二十七日以前と以後で文書群がわけられている。以前はチャートウェル文書（ＣＨＡＲ）、以後はチャーチル文書（ＣＨＵＲ）と呼ばれるが、これは文書の寄贈者が異なることから起因している（ＣＨＡＲはチャートウェル・トラスト所有、ＣＨＵＲはチャーチル夫人所有）。また、ＣＨＡＲは寄贈前の一九六〇年代にパブリック・レコード・オフィス（ＰＲＯ）が整理を行ったさい、重複資料などの廃棄が行われて原秩序が失われてしまった。これに対して、ＣＨＵＲは比較的原秩序が維持されたままとなっていた。

このようにチャーチル文書は、本来同一の出所であったものが二つの出所に別れ、異なる整理が行われて別々に寄贈されたものである。現在は二つの出所別になっているが、目録上では共通の分野が設定されている。共通の分野はシリーズ（またはサブ・フォンド）に該当すると考えられ、①個人関係（Personal）・②政治活動（Public and Political）・③選挙活動（Constituency）・④著作物（Literary）・⑤演説原稿（Speeches）・⑥公文書（Official）・⑦相続文書（Acquired Papers）の七つが設定されている。[10]

それぞれの階層構造は三階層であり、たとえば、Personal（CHAR1）→Correspondence（CHAR1/1）→Letter from Prince Alfred of Edinburgh to WSC（CHAR1/1/1）となっている。また、各階層内はほぼ年代順に配列されており、書簡は書簡として一括されていないため、書簡と文書が交互に配列されてしまっている。また、文書の中核である②政治活動にかかわる文書群は雑多であり（⑥とは違い、チャーチルの個人的活動が明確なものが②）、第二階層の項目は地域や事件、形態などバラバラである。ウェブサイトでのキーワード検索だけで目的の文書を探す場合はとくに問題はないが、文書の全体像を把握することは難しい構造になっている。[11]

ただし、チャーチル文書にしても原理原則にとらわれずにプラグマティズムに編成が行われ、階層構造が編成されていることは注視すべきであろう。とくに近現代文書の場合、原秩序が崩壊しているかそもそも存在していないケースがきわめて多い。そのような文書群を編成する場合、原秩序の復元に時間を費やすことは効率的ではなく、プラグマティズムに処理していく方が合理的であろう(12)。

おわりに

そもそもISAD(G)もシリーズ・システムも現代の組織文書を対象にしたものであって、古文書や近代以降の個人文書を対象にしたものではない。日本では残念ながら本来当てはめるべき現代組織文書への適用が進まず、ある意味においてガラパゴス化した適用事例と議論が行われてきてしまったといえよう。

その一方で、沖縄県公文書館のようにシリーズを物理的集合体と割り切る考え方も存在する。ただし、ある程度の数量にのぼる文書群を対象とした場合、効率的な編成をかえって妨げる結果におちいるのではなかろうか。とくに個人文書の場合、シリーズを物理的集合体としてもその下部構造を構成するサブ・シリーズレベルでは本人の経歴に近い編成を行わざるをえず、結果的にシリーズの意味がなくなるといえよう。

本稿ではシリーズ設定を中心に論述したが、はじめに言及したように個人文書に対するシリーズ・システムの適用について、その必要性は認められない。しかしながら、組織内における一定のポストにかかわる個人文書を組織文書と関連づけたり、ほかの個人文書と横断的につなげて政策の連続・非連続面を明らかにするツールとしての有効性は発揮できる可能性がある。

行政組織のケースを例にあげると、セクションごとに組織文書が存在する以外に各セクションに所属する職員の個人文書も存在する。たとえば米国務省のように個人が職務期間中に作成・収受した文書はそのまま組織に残されて組織文書の一部として国立公文書館へ移管され、RG59（国務省のレコードグループ）に組み込まれる。

しかし、個人が職務上得た文書を完全に組織に残すとは限らず、一部は個人文書となるケースも発生する。たとえば、駐ソビエト大使（一九四三〜四六年）であったウィリアム・アヴェレル・ハリマンの個人文書が米国議会図書館に寄贈されているが、このなかに本来は国務省の組織文書であるべきものも含まれている。また、官僚ではなく国務長官などの政治家レベルにいたると彼らの個人文書には大量の組織文書が混在する。

このような文書群に対してシリーズ・システムを適用すると、一九四六年のモスクワ会談にかかわる駐ソ大使館の組織文書（米国立公文書館所蔵の国務省文書）と個人文書（米国議会図書館所蔵のハリマン文書）の相互補完が可能になるし、また前・後任者の個人文書が存在する場合は、駐ソ大使というポストの切り口からアメリカの対ソ政策の連続・非連続面を文書から明らかにすることも可能となる。

このように官僚や政治家など組織文書との関連性が強い個人文書の場合、シリーズ・システムは検索による活用の可能性を広げるといいえる。

（1）シリーズ・システムの個人文書（ここではコレクティング・アーカイブズ）への適用については、Adrian Cunningham とPaula Waring とのあいだで議論があった（"Newsletter of the ASA Collecting Archives Special Interest Group", *AUSTRALIAN SOCIETY of ARCHIVIST*, Jan. 2004)。その有効性を強調するCunningham に対して、Waring はその必要性はないと主張したが、確かに有効性は皆無ではないものの、その絶対的メリットはないといわざるをえない。むしろ、アメリカで主流のレコード・グループの考え方が実用性の面において優れているといえよう。

（2）日本における編成記述の議論と応用については、清水善仁「アーカイブズ編成・記述・検索システム論の成果と課題」（『アーカイブズ学研究』一一号、二〇〇九年）参照。

（3）筆者がこれまで利用してきたアジア地域などを除いた欧米のアーカイブズは、公的機関では米国立公文書館・トルーマン大統領図書館アーカイブズ・英国立公文書館・ドイツ連邦公文書館・スウェーデン国立公文書館・スイス連邦公文書館・国際赤十字委員会アーカイブズ・国連欧州本部国際連盟アーカイブズ、民間機関ではスタンフォード大学フーバー研究所アーカイブズ・コロンビア大学レアブック＆マニュスクリプト図書館・イェール大学バイネキー図書館・ケンブリッジ大学チャーチルカレッジアーカイブズ・マッカーサー記念館アーカイブズなどである。アメリカを除くヨーロッパのアーカイブズではISAD(G)を前提としつつも最低限の記述しかないきわめて簡略な目録（国際赤十字委員会など）、自前のシステムとISAD(G)を融合したもの（スウェーデン国立公文書館など）、または第二次大戦前に作成されたカード目録をそのまま使用しているもの（国際連盟アーカイブズ）などであって、それぞれの組織の事情に応じたきわめてプラグマティズムな発想で目録が位置づけられているといえる。また、ここでは欧米のみを事例としたが、ロシアやアジア諸国にまで目を広げると目録は単なるツールでしかなく、日本の精緻化した目録、またはそれをめぐる議論は世界的にも異質である。

（4）アーキビストはじめ文書群の編成記述にたずさわる人びとにとって、対象文書群の生みだされた歴史的背景を把握し理解することは重要な作業である。しかし、社会構造が複雑化する近代以降の文書群を対象にする場合、所属する組織の役割を理解したうえで歴史的背景まで把握することは、その文書群を対象とした歴史研究に踏み込むことにもつながりかねない。

（5）アジア経済研究所以外の機関が所蔵する山﨑元幹文書の概要は、次の通りである。まず、小田原市立図書館所蔵分は、全体として書籍類が中心であり、文書類は山﨑が理事であった一九三二～三六年のあいだの重役会議決議録などである。国立国会図書館憲政資料室所蔵分は、小田原市立図書館と重なる一九三二年の重役会議資料、そして山﨑が一時期満鉄から移った満洲電業時代（一九三七～四二年）の文書である。また、早稲田大学所蔵分は、一九三五～四五年の重役会議資料・決算書類・各種調査書などが中心であるが、満洲事変前後の文書も混在する。なお、山﨑元幹文書の全体像およびアジア経済研究所所蔵分の目録に関しては、アジア経済研究所編、井村哲郎・加藤聖文編集協力『史料　満鉄と満洲事変――山﨑元幹文書――』（上・下巻、岩波書店、二〇一一年）参照。

（6）鈴木荘六文書の目録については、国文学研究資料館調査収集事業部編『史料目録第九五集　近現代文書目録　その二』（国文学研究資料館、二〇一二年）参照。

（7）ただし、筆者としては、必ずしもすべての文書群を家の役割（職務）だけで編成するのではなく、文書群の性格によっては、家をフォンドとしつつ、歴代当主などの個人をサブ・フォンド（またはシリーズ）として編成することも可能ではないかと考える。

（8）ダグラス・マッカーサー文書は文書約二〇〇万点・写真八万六〇〇〇点・フィルム二五〇点・その他数千点の新聞雑誌類から構成される。レコード・グループの詳細は以下のウェブサイトを参照。http://www.macarthurmemorial.org/la_rg_lb_arch.asp

（9）トルーマン文書の概要と構造については、http://www.trumanlibrary.org/hst-pape.htm 参照。

（10）ケンブリッジ大学チャーチルカレッジ・アーカイブズセンターが所蔵するチャーチル文書の概要は、http://www.chu.cam.ac.uk/archives/collections/churchill_papers/the_papers/ 参照。

（11）同様の問題は、英国立公文書館でもみられる。英国立公文書館は、国外からでもウェブサイト検索や閲覧予約も可能な先進的システムを誇っているが、アイテムレベルを探す時は便利であっても、ファイル全体、または特定機関もしくは特定テーマに関連する文書全体などを把握することができない。

（12）アメリカで有数の個人文書のコレクションを誇るイェール大学バイネキー図書館では、文書の受入れからオンラインでの情報公開までを驚異的な速さで行っている（たとえば、三〇〇箱の分量であれば二か月）。これを可能にしているのは、徹底的な専門職員間の分業制であるが、編成記述も段階的に行うことで必要最小限度の情報を素早くオンラインで公開できる体制になっている。ただし、バイネキーが採っている編成記述の順序は、フォンド↓シリーズ↓ファイル↓アイテムの順であって、シリーズレベルの編成完了後にオンライン公開を行い、アイテムレベルは最終段階となっている。このことは、同館でのシリーズ編成は文書群の原秩序復元を反映したものではなく、形態などで便宜的にシリーズ編成を行っていることを意味する。

シリーズ編成を原秩序に近いものにするためには、アイテムレベルの記述が必要不可欠であるが、その場合はある程度の整理期間が必要となる。現在、国内外の所蔵機関で問題となっているバックログ（未処理文書）の増加に対しては、バイネキーで行われているような便宜的なシリーズ編成による迅速なオンライン化が有効といえ、組織文書ではなく民間文書など収集文書の場合、シリーズ編成はそれぞれの機関の実情に応じて行われる好例といえよう（バイネキーでの調査は二〇一二年三月八日実施）。なお、バイネキーの未処理文書に関しては、Christine Weideman, Accessioning as Processing, *The American Archivist*, Vol.69, Fall/Winter 2006 参照。また、バイネキーの作業マニュアルは、以下のウェブサイトを参照。http : //www.library.yale.edu/beinecke/manuscript/process/index.html

組織体の機能構造とアーカイブズ編成——大学アーカイブズを中心に——

清水善仁

はじめに

日本におけるアーカイブズ編成論の歴史のなかで一つの転機として注目されるのは、一九七〇年代の山口県文書館における資料整理の取り組みである。同館では、近現代の県庁文書の整理にあたり、主題別ではなく組織別の編成を採用した。すなわち、文書をまず戦前と戦後とで分類し、「総務部」「企画部」のような組織別の分類を基礎としたのである。それまでの近世文書の整理などでみられた主題別編成とは大きく異なる方法であり、新たな段階へ進むうごきの萌芽的な取り組みとして位置づけられる(1)。

やがて八〇年代となり、海外のアーカイブズ学研究の紹介などもあって、組織別編成が主流として認識されてくると、新たな問題が浮上した。親組織の組織改編により、組織にもとづく編成が困難になるという事態である。これは過去の組織のみにとどまるものではなく将来の組織改編も当然想定されることから、こうした組織の経年変化に対してどのような編成方法が成り立ちうるか、その観点から編成論の検討と実践とが進められた。そのなかで登場したのが組織の機能を軸とした編成の方法論(以下、機能別編成)である。

この機能別編成は、組織別編成の限界を克服する点で、近年ではその理解が広範化するとともに、アーカイブズの現場における編成実践もおこなわれている。(2) 一方で、各地のアーカイブズ機関の目録や検索システムなどを確認すると、従来の組織別編成、さらには主題別編成がおこなわれているケースもみられる。アーカイブ資料群の多様性やそれぞれのアーカイブズ機関における実務の態勢などもあり、こうした編成方法を採用すること自体の是非を問うことはしない。ただ、主題別編成、組織別編成の長い理論と実践の歴史に比して、機能別編成は実践例がいまだ少ないこともあり、その方法論を含めて検討の余地を多く残しているように思われる。

そこで本稿では、大学という組織体および大学内のさまざまな組織などで作成・管理された文書群（以下、大学文書群）を事例に、どのようにして機能別編成を実現するか、そのための方法論を提示することを目的としたい。具体的には、大学文書群の定義を明らかにしたうえで、大学組織の機能構造分析と大学文書群の編成・記述に関する考察をおこない、これらを通じてアーカイブズ編成の理論と実践における機能別編成の可能性を模索したい。

なお、本稿の検討は主として組織アーカイブズの視点が中心となるが、大学という社会的な機能体としての存在、あるいは大学アーカイブズの所蔵資料ということで考えれば、収集アーカイブズへの視点も欠かすことはできない。そこで、収集アーカイブズについても別に節を設け、その構造と編成・記述について言及するとともに、組織アーカイブズとの関連などについてもあわせて検討してみたい。

一　大学文書群とはなにか

本稿の議論の前提として、大学文書群とはいかなるものなのか、筆者なりの全体像を定義しておく必要があるだろう。先に記したように、大学文書群とは大学という組織体および大学内のさまざまな組織などで作成・管理された文書群である。そこで、第一にあげられるものに大学事務組織によって作成・管理される事務文書（administrative records）の一群がある。これは大学自身がその組織運営活動のなかで生みだした、あるいは収受した文書であり、文書管理規程などにもとづくレコード・スケジュールに則って管理され、その一部は評価選別のうえでアーカイブズとして永久に保存管理・公開されるものである。行政のアーカイブズでいえば行政文書（公文書）にあたるものであり、国立大学では法人化以降、法人文書と呼ばれている。第二に大学の事務組織や研究室などが作成する刊行物の類がある。大学案内・シラバス・広報誌など、膨大な数にのぼるこれら刊行物も大学が組織として作成した資料ではあるが、レコード・スケジュールからは外れるものであるため、第一にあげた事務文書とは明確に区別する必要がある。そしてこの第一、第二の資料群が組織アーカイブズとして把握される。

一方、第三として大学に関係する個人や団体の文書（以下、個人・団体文書）の一群があげられる。これは大学に所属する教職員などの個人や、学内のサークルなどの団体によって収集・作成・管理された文書や記録であり、大学の組織的活動のなかで作成されたものではないが、当該大学の歴史や機能、あるいは学内のさまざまな事象の実態を知るうえでは欠かせない資料である。こうした個人・団体文書は組織アーカイブズに対して収集アーカイブズの枠組みでとらえることができ、組織アーカイブズからだけでは知りえない情報を含むものとして重視されている[3]。この点から大学組織に所属あるいは存在する／した個人などによる個人・団体文書が大学文書群に含まれることに異論はなかろう。以上をまとめれば、大学文書群とは事務文書、刊行物、個人・団体文書の三つのカテゴリーを基軸として構成されるものと考えられる[4]。

こうした大学文書群の構成は、行政や企業など、ほかの組織体の文書群構成と比較しても大差があるものではないのではないか。たとえば行政のアーカイブズでも、行政文書、行政刊行物、さらに当該地域の古文書や私文書がアーカイブズ資料を構成する三本柱であるケースが多く、大学文書群とほぼ同様の構成であるといえる。ただ、大学文書群の特徴を強いてあげるとすれば、個人・団体文書に事務文書と極めてつながりの強い文書が数多く含まれているということである。大学アーカイブズにおける個人・団体文書の意義は先に指摘したとおりだが、右に記したような内容を含む資料が、行政のアーカイブズに比較すると極端に多いという印象がある。これは学長を始めとする教員個人の文書についてとりわけいえることだが、教員の多くは学部長や学内の各種委員会の委員長・委員などを務めており、大学運営に関与する場面が少なくない。したがって教員個人の文書のなかに自然と事務文書とつながりの深い文書（場合によっては事務文書そのもの）が蓄積されやすいのである。これは教員が、大学という同じ組織体の構成員であるにもかかわらず、事務職員（事務組織）とは別の勤務体系（教育職と事務職）の存在として位置づけられているがゆえに発生する現象である。行政のアーカイブズと異なり、大学というごく限られた空間のなかで作成・管理された資料群ならではの特徴であるといえよう。(5)

二　大学組織の機能構造分析

(1)　記録・アーカイブズの特性からみた機能別編成の意義

こうした大学文書群に対して、どのような方法論をもって機能別編成をおこなっていくのか。これが本稿の課題であるが、はじめにでも述べたように、機能別編成は、組織別編成のもつ組織の経年変化という課題を克服する方法である。しかし、機能別編成の意義は、記録やアーカイブズの性格や特性に照らして考えてみても、極めて妥当な方法論として位置づけることができるのではないだろうか。そこで大学組織の機能構造を分析する前に、機能別編成の意義を改めてそうした視点から確認しておきたい。

オランダのアーキビストであり、アーカイブズ学研究者として著名なテオ・トマセンの「アーカイブズ学入門」という論文がある。(6)これは教育を目的としてまとめられたテキストの要素を含むもので、要旨には「アーカイブズ学の中心概念の定義と解説をこころがけた」ものであると記されている。本稿の主題であるアーカイブズの編成論のみならず、記録やアーカイブズの概念なども説明されており、二十世紀までの海外アーカイブズ学研究の一つの到達点として理解することも可能であろう。

トマセンはまず、記録とは「相互に関連した複数の業務過程によって発生し、またこれらの業務過程によって構造化され、記される情報である」と定義する。そのうえで、記録は「自らを発生させた過程に結びついて」おり、「機能に従う」ものとして位置づけている。企業の分割や組織改編が想定される場合でも、「情報と作成組織とのつながりは切断されるが、情報と業務過程とのつながりはそのまま維持される」とする。ここでトマセンが記録と機能との「つながり」を重視していることに注意しておきたい。

さらにトマセンは、アーカイブズ機能と構造との関係について、「アーカイブは業務過程を刻印する機能を持っている。その機能は、アーカイブの論理的・機能的構造が業務過程の構造を的確に反映していれば、如実に示される」とし、情報をとりだそうとするとき、「アーカイブと蓄積された記録の構造が、その機能を反映していれば、必要とされる情報はより的確にそしてより迅速に見いだされうる」と述べる。ここで指摘される記録の論理的構造を、トマセンは「編成」とも言い換えており、その定義を「アーカイブズを構成する記録間の論理的且つ機能的関係の反映または表象である」としている。これらの指摘からもわかるように、業務過程の構造とは、すなわち機能の構造であるから、機能の構造を的確に反映させることが、アーカイブ資料群の構造を構築するさいにはもっとも重要であり、それを求められているのが編成というプロセスなのである。これらのトマセンの言説からは、記録やアーカイブズ自身の有する性格や特性を反映させるプロセスとしての機能別編成の意義を見出すことができよう(7)。

（2）前提――大学組織の理念――

ではどのようにして機能別編成を実現していくか、その方法論を考察していく。そこでまず検討すべきことは、大学という組織体がどのような機能を有しているのかということを明らかにする点である。機能が明らかになることによって、その構造を明確にし、もって大学文書群のより構造的な把握を可能とするのである。組織体の機能を分析することは、アーカイブズ学における、いわゆるコンテクスト研究にあたる部分であり、前出のトマセンも現在のアーカイブズ学の方法論として分析の出発点に位置づけている。(8)

ならば、組織体の機能をどう抽出するか。それにはまず組織体の理念（使命）を明確にしなければならない。そこには組織体における理念と機能の関係がある。この点について、富永一也氏は次のように述べる。

諸機能には、目的理念に沿った形で優先順位がつけられなくてはならない。また、あまりに具体性を帯びた機能は、理念にふさわしくない。それは、組織の具体的活動、あるいは施策として、より上位の機能や目的理念に従わせるべきである。つまり、組織において、目的理念、機能（ファンクション）、活動（アクティヴィティーズ）の順に抽象度が高く、図式にすると目的理念を頂点とするピラミッド型になる。(9)

すなわち、機能というのは組織の理念を実現するための手段であり、そこには上下の対応関係が存在している。したがって、組織の理念を明らかにしなければならない。

この点について、筆者はすでに別稿において検討をおこなっており、(10)そのなかで「教育」「研究」「社会連携」「運営」の四項目が学校教育法などで規定された大学理念の実現要件として掲げられていることを提示している。大学組織の機能と活動は、この四つの理念実現要件を基盤として位置づけられていることになる。したがって大学の諸機能に付随して作成・収受される文書は、最終的にはこれら四要件のいずれかに帰結するのである。とするならば、大学文書群の基底にある構造もまた、この「教育」「研究」「社会連携」「運営」によって成り立っているといってよいだろう。

ただし注意しておくべきことは、以下で論じていく大学の諸機能がこれら四要件に個別に付属しているわけではない、ということである。教育と研究の関係を指摘するまでもなく、これらの要件は相互に関連するものであるから、当然機能もまた密接に関連したものとなる。したがってそれぞれの機能を当該四要件のいずれかに個別に付属させることは困難である。これらの要件は個別のそれではあるけれども、文書群の構造あるいは編成としてとらえるさいには総体として把握するべきであろう。

（3） 大学組織の機能とその構造——文書分類表の視角から——

大学組織の理念を確認したうえで、次に大学組織の機能を分析する。どのような方法論をもって機能を抽出し分析するのか。そもそも大学の諸機能を担うのは構成員である教職員であり、その大部分はいわゆる事務組織によっておこなわれているといっても過言ではあるまい。アーカイブズが対象とする組織運営文書のほとんども、事務組織において作成・収受された文書（事務文書）を対象としていることから、ここでは事務組織を中心に大学の機能を考察したい。すなわち、冒頭に指摘したように組織アーカイブズの視点からの考察である。

大学における学部や研究所といった部局組織は、新設はあってもすでに存在する部局組織の頻繁な統合や廃止はあまりないが、本部事務組織は社会情勢の変化などにともない事務分掌の増加・多様化が図られることが多く、そのため事務組織の拡大・複雑化が起こる。そして、そうした改編が毎年度のようにおこなわれることから、アーカイブズにとっては組織別編成が困難となり、機能別編成へとシフトしていくわけだが、たび重なって組織改編がおこなわれると、機能の軸すらも見出しにくくなる。そこで考えうる一つの視角として、本稿では文書分類表をとりあげたい。

所掌	小分類	文書の類型	保存期間	備考
管理運営	1001	法人登記に関するもの	永久	
			30年	
	1101	訴訟に関するもの		
	1102	大学の組織等の設置及び改廃に関するもの 大学の教育、研究、診療及び事務組織の設置並びに改廃に関するもの 学部・学科・講座・学科目等の設置及び改廃に関するもの その他大学の組織等の設置及び改廃に関するもの		
	1103	法令・規則・通達等で大学の規則の規範となるもの		
（以下省略）				

図１−１　京都大学「法人文書分類基準表」の形式

出典：「京都大学における法人文書の管理に関する規程」より引用

文書分類表は、多くの組織においてみずからの文書管理規程などに示されているものである。職員が文書を作成したさい、文書分類表に則って文書を分類し、当該文書の保存期間を設定する。したがって、組織で作成されるすべての文書が、この分類表によって分類されるのである。先記したトマセンの記録の定義にもあったように、記録（文書）は組織の機能に従って作成されるものである。とすれば、文書分類表とは組織の機能をそのまま表現したものとはいえないだろうか。言い換えれば、機能を軸とした現用段階における文書の〝原秩序〟そのものでもある。そうした意味で、組織の機能構造を明らかにし、もってアーカイブズの編成へ導くための一つの手掛かりとして、文書分類表には大きな利用価値があると考えている。そこで本稿では、かつて筆者が所属していた京都大学の本部事務組織（以下、事務本部）を事例として、この視角から考察していきたい。

京都大学の文書分類表は「京都大学における法人文書の管理に関する規程」に掲載されている「別表　法人文書分類基準表」である。[11] 当該基準表のすべてを掲載することは紙幅の都合から困難なため、ここでは基準表の冒頭部分図1−1お

（所　掌）	（文書の類型）	（概　要）
管理運営	法人登記 訴訟 大学組織の設置・改廃	大学の組織・制度、広報、情報公開、評価、情報処理等に関する事項 →主に総務・広報系の文書
人　　事	人事記録・附属書類 就業規則・労使協定・労働協約に関するもの 栄典・表彰に関するもの	給与、手当、服務、任免、栄典・表彰等に関する事項 →主に人事系の文書
会　　計	財務諸表等 中期目標・中期計画に関するもの 長期借入金及び京都大学法人債に関するもの	国有等財産、税金、予算・決算、歳入・歳出、契約等に関する事項 →主に財務・管財系の文書
施　　設	完成建物概要に関するもの 施設の長期計画に関するもの 災害復旧に関するもの	施設整備、工事、災害復旧、防災、環境保全、危険物等に関する事項 →主に施設管理系の文書
教　　務	奨学生原簿 入学・再入学・転入学・編入学・退学・転学・除籍に関する重要なもの 休学・復学に関するもの	入学、学籍、学位、厚生補導、講義、入試、定期試験等に関する事項 →主に教務・学務系の文書
研究協力・国際交流	研究者総覧及び学術のデータベースに関するもの 発明・特許出願申請に関するもの 研修員等に関する重要なもの	外国人留学生、公開講座、産学連携、科研費等に関する事項 →主に研究・国際系の文書
保健管理	学生の健康診断票 職員の健康診断票 学生・職員の健康管理に関するもの	健康診断、健康管理に関する事項 →主に保健・厚生系の文書
図 書 館	図書原簿又は供用簿 蔵書目録 蔵書統計	蔵書、貴重図書、資料の収集・整理・利用等に関する事項 →主に図書（館）系の文書
病　　院	附属病院の開設承認等に関するもの 各種指定医療機関申請に関するもの 厚生労働大臣が定める基準等に関するもの	診療、薬、病院研修、医師、患者等に関する事項 →主に病院系の文書
教員保有文書	管理・運営に関するもの 教育に関するもの 研究に関するもの	教員が各種会議や講義等で作成・収受した文書

図１－２　京都大学「法人文書分類基準表」の構造

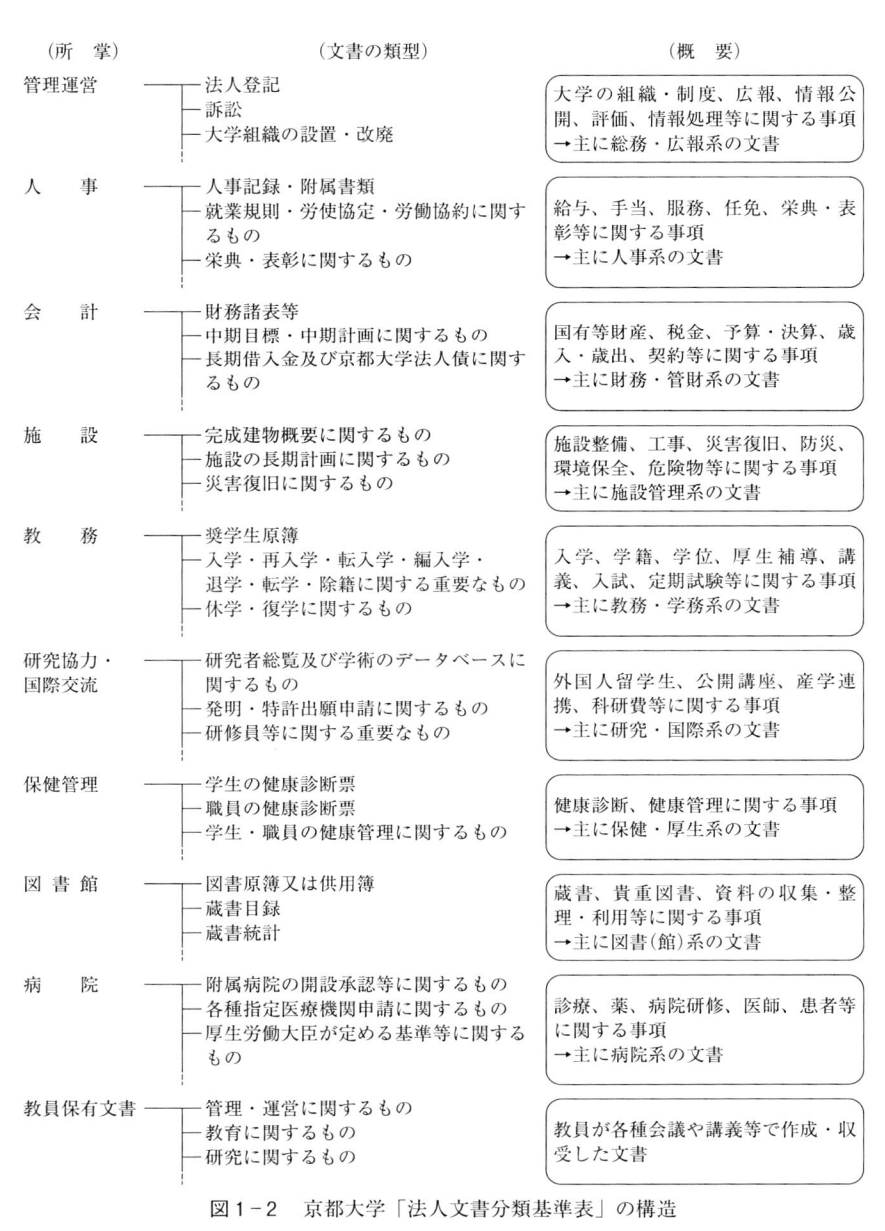

よびその構造の概要を示した図1–2を掲げておく。図1–1の基準表の形式であるが、左の欄に各文書類型の属する所掌事務として「管理運営」「人事」「会計」「施設」「教務」「研究協力・国際交流」「保健管理」「図書館」「病院」「教員保有文書」の一〇項目がならび、それぞれに文書の類型が小分類番号、保存期間、備考とともに明記されている。図1–2はその全体像を示したもので、「管理運営」には主に総務・広報系の文書類型が記載されており、同様に「会計」には財務・管財系、「教務」には教務・学務系などとなっている。さらに個々の文書類型の項目を職務分掌などと突き合わせることにより、総じて当該基準表は京都大学の事務体系をカバーしていることが確認できる(12)。

そのうえで、この基準表を手掛かりに事務本部の機能構造を考えてみたい。青山英幸氏によれば(13)、組織体の機能構造についてアメリカ合衆国では「「機能」('function') ∪「活動」('activity') ∪「業務処理」('transaction')」という機能構造として把握するアプローチ」があり、その定義は左記のとおり示されている。

機能：法律によって、方針として、さもなければ命令にもとづいて、ある団体の挙証責任ある協議事項として明示された、高次な目標、責任ないし仕事。機能は、関連するひとつのセットとしての活動に分割される。〔中略〕例示：訴訟、財政、人事

活動：活動は、ある団体がそれぞれの機能を遂行するために実施される仕事である。それぞれの機能には、一連の活動が伴う。ある場合には、異なった一連の機能のもとで、同じ活動がなされることもある。活動は業務処理を内包している。この業務処理は、レコードを発生させる。例示（リクルート機能の場合）：選考、配置、モニター、評価

業務処理：ひとつの活動の最小単位。業務処理は、レコードの発生をもたらす。そのレコードは、ある機能を満たすために遂行された活動の証拠を構成する。例示：ある業務処理は「トレーニングコースのための評

価票を完成」することとされており、この業務処理から発生した個別のレコードが「評価票」となる。

こうした考え方をふまえて、京都大学の基準表を眺めるとき、「所掌」を〈機能〉、「文書の類型」を〈活動〉ととらえることはできないだろうか。たとえば「会計」の所掌には、国有財産や予算・決算、歳入・歳出などに関する文書の類型が記されている。こうした事象は、まさしく「会計」という大学の〈機能〉を遂行するための〈活動〉である。上記の説明にしたがえば、国有財産や予算・決算などの〈活動〉は、「会計」という〈機能〉を果たすための「ひとつのセット」なのである。こうした関係性はほかの所掌においても同様に指摘できる。したがって、基準表（文書分類表）の視角から大学の機能構造をとらえるとすれば、「所掌」という〈機能〉の下に、「文書の類型」が〈活動〉として位置づけられるのである。

ただし、一つ注意しておかなければならないのは、過去に大学が有していた機能について把握しておくことの必要性である。いうまでもないが、アーカイブズに所蔵される資料には、大学創立以来（場合によってはそれ以前）の文書が含まれることがある。その場合、過去に大学が有していた機能にかかわる文書も存在することがある。しかしそうした機能は、現在の文書分類表に記載されていない。そのため、こうした問題を回避するためには、文書分類表とあわせて過去の職務分掌を確認しておく必要がある。京都大学の事例であれば、大学創立の明治三〇年（一八九七）策定の「分課規程」や戦後直後の昭和二四年（一九四九）の「分課規程」などがあげられる。

三　大学文書群の編成と記述

大学事務組織のたび重なる改編がおこなわれるなかで、組織が有する機能をどう見出し、その構造を明らかにしていくか。これはアーカイブズ編成の前提として重要な作業であり、前節ではその方法論の一つとして文書分類表と職務分掌を利用するアプローチを試みた。ではこうした検討をふまえたうえで、大学文書群のアーカイブズ編成および記述について述べていきたい。

（1） 文書分類表にもとづくアーカイブズ編成への応用

まず、文書分類表を用いることの利点を、アーカイブズ編成の視点から指摘しておきたい。ただその前に整理しておくべき二つの作業がある。第一は、文書分類表には重複する項目があるので、それらを統合する必要があることである。たとえば、京都大学の基準表の場合、「管理運営」の所掌に含まれる文書類型のなかに、「大学が主催する行事・式典に関する重要なもの」（傍点は引用者）と「大学が主催する行事・式典に関するもの」が別個の類型として立てられている。これは保存期間の相違から区別されるものであるが（前者は三〇年、後者が一〇年）、「管理運営」の〈機能〉にもとづく「大学主催の行事・式典」という〈活動〉としてとらえれば、両者は同様のものである。こうした類型区分はほかの所掌でもみられるものであり、編成の段階である程度統合しておく必要がある。

第二に、「その他30年保存の必要があると認められるもの」の類の文書類型への対応である。文書類型は大抵何らかの活動などの名称が付されているが、それらに該当しないもので、しかし当該保存期間にあてはまる文書については、右記のような文書類型に分類されることになる。ただこうした類型をそのまま編成に生かすことはできまい。この文言では大学組織の有する活動を示すことにはならないからである。したがって、この類型に分類された文書については、内容を確認し、適切な名称のシリーズを当該所掌内に立てる必要があろう。

こうした事前の整理をおこなったうえで、組織の機能構造を基底にしたアーカイブズ編成をおこなっていくわけだが、この方法の、とりわけ実務上の最大の利点は、個々の文書をそれぞれのシリーズに分類することが非常にスムーズになるであろうことである。その意味について、筆者の経験をもとに紹介し明らかにしたい。

筆者は京都大学大学文書館で「所蔵資料検索システム」の構築作業にたずさわった(14)。当該システムは階層検索とキーワード検索の二方式を採用したもので、階層検索で示されている文書群の階層構造のうち、事務本部については二一の階層を設定した。表1はそれをまとめたものだが、この階層の策定にあたっては「個々の資料名を手掛かりに、共通性のある内容から事務本部組織の機能を分析・抽出し、それをある程度集約した形での分類」をおこなった。すなわちボトムアップ式に事務本部機能を構築・表現したのである。

しかしそのことによってシリーズの分類に曖昧さを残してしまった。たとえば、留学生向けの講義に関する文書があった場合、この文書は「学務・厚生補導」と「国際交流」のいずれのシリーズに分類すればよいのかが明確でないのである。本稿でとりあげている京都大学の基準表によれば、外国人留学生に関する文書は「研究協力・国際交流」に分類されているのでそこに編成すればよいが、表1のような分類では、主な「含まれる資料の内容」の記載はあるものの「など」が多く、かつ「逐条解説」的なメタデータも準備できなかったため(15)、担当者の判断に大きく依ってしまった。このことは担当者の判断が編成内容を左右することを示すものであり、担当者が変われば編成先も異なってしまう可能性をはらんでいる。

こうした点を考えると、文書分類表にもとづく編成をおこなう利点がクローズアップされる。とりわけ京都大学では、個々の文書には「京都大学法人文書ファイル登録票」というシールが貼付されており、そこで小分類番号が確認できる。実際に文書を編成するさい、我々整理者はなにをみて判断するかといえば、第一はやはり背表紙などに記された文書の名称（タイトル）である。しかし、その名称は当該文書を作成した担当者によって往々にしてばらつきがある。すると、場合によっては同一のシリーズの文書であるにもかかわらず、名称が異なることから、整理者が異なるシリーズに編成してしまう可能性もなしとしない。その点、文書分類表に従えば、仮に文書の名称が不正確であったとしても、小分類番号によって所掌および文書の類型が確定できるので、文書作成

表１　京都大学検索システムにおける本部事務組織のシリーズ項目とその内容

階層名称	含まれる資料の内容
総長	関連行事、式辞、選挙など
人事	任免、勤務、職員定員、履歴、出張、研修、手当、給与、職員の福利厚生、補償など
総務・組織改編等	組織改編、各種往復書類(外部組織からのものも含む)、文書・公印管理、郵便、その他の階層に入らない庶務的業務
記念事業・行事	諸行事、周年記念事業など
評議会・部局長会議、諸委員会等	評議会、協議会、部局長会議、学内諸委員会・懇談会など
学内規則・関係法令	規程・内規・達示等の制定・改正・掲示、官制、大学関係法令など
研究	科研費、その他の研究活動
学務・厚生補導	講義、入試、学位、学生定員、就職、教員免許、学生健康診断、寄宿舎、学生団体、奨学金、授業料免除など
受託研究・寄付・知財等(産官学連携)	寄附・募金(記念事業関係を除く)、受託研究、民間との共同研究、特許など
国際交流	海外渡航、交流協定、留学生、英文概要など
広報・社会連携	広報、情報公開、講演会、公開講座など
財務	予算・決算、歳入・歳出、旅費、契約、国有財産等管理、宿舎、消防など
施設整備	建物・敷地整備など
保健・安全保持	職員健康診断、労災、作業環境整備など
情報	情報基盤整備など
各種調査	各種の調査・統計など
新聞等スクラップ	新聞・雑誌等スクラップ
併設学校等	三高、工業教員養成所、医療技術短期大学部など
関連組織	組合、同窓会、出版会など
外部	文部(科学)省およびそれ以外の機関の業務(各種会議・団体、照会・見学など)
その他	事件・出来事、その他上記の階層に入らない業務

出典：註(14)拙稿より引用。

者が当該文書をどのような機能のそれとして認識しているかを統一の基準で位置づけることができる。ここに編成の正確性ないし妥当性が指摘できるとともに、よりスムーズな編成が遂行できるのである。[16]

（2） 編成実践例

実際の編成は文書分類表の記載に従って進めるが、あわせて青山英幸氏により提示された機能構造体とフォンド階層構造の関係（図2）を参考にすると、京都大学事務本部を事例とした場合、機能構造を反映した編成として図3のような形態が考えられる。

フォンドに「京都大学」が設定され、ついで「事務本部」と各部局（学部・研究所・センターなど）がサブフォンドに配される。その下にサブサブフォンドとして「管理運営」や「人事」などの所掌項目を設定し、文書の各類型をシリーズとしておく形態である。この設定については、ISAD(G)の用語説明などから考えても問題ないものと思われる。[17] なお、実際の編成においてはさらに一つ下にサブサブサブフォンドをおいてもよいかもしれない。文書分類表をみればわかるが、一つの所掌（編成上はサブサブフォンド）のなかに多数の文書類型（編成上はシリーズ）が含まれているものもあることから、より体系的な構造を構築・表現するとともに、効率的な検索をうながす点においても、必要に応じてサブサブサブフォンドをおくべきであろう。ただこのあたりの検討は、アーカイブズにおける文書の移管や保存冊数などの状況、あるいはアーキビストによる不断の組織機能分析などの営為のなかで、弾力的に実施されればよいのではないか。少なくとも骨格となる部分の編成の考え方については、ここに示したとおりである。

ところで、図3では事務本部とともに各部局の名称を並列して掲載した。これは現段階で筆者が、部局の下位構造も事務本部のそれと同様の形式をとるべきと考えているからである。文書の作成・管理の方法は事務本部も

組織構造体	機能構造体		フォンド階層構造
団体	目的・使命		フォンド
部	機能		
課	サブ機能		
	活動	プロセス	シリーズ
	ステップ／業務処理１レベル	サブプロセス	ファイル
	サブステップ／業務処理２レベル	サブ２プロセス	レコード
	サブ２ステップ／業務処理３レベル	サブ３プロセス（最小単位）	ドキュメント

図２　組織構造体・機能構造体とフォンド階層構造

出典：註（７）青山論文より引用。

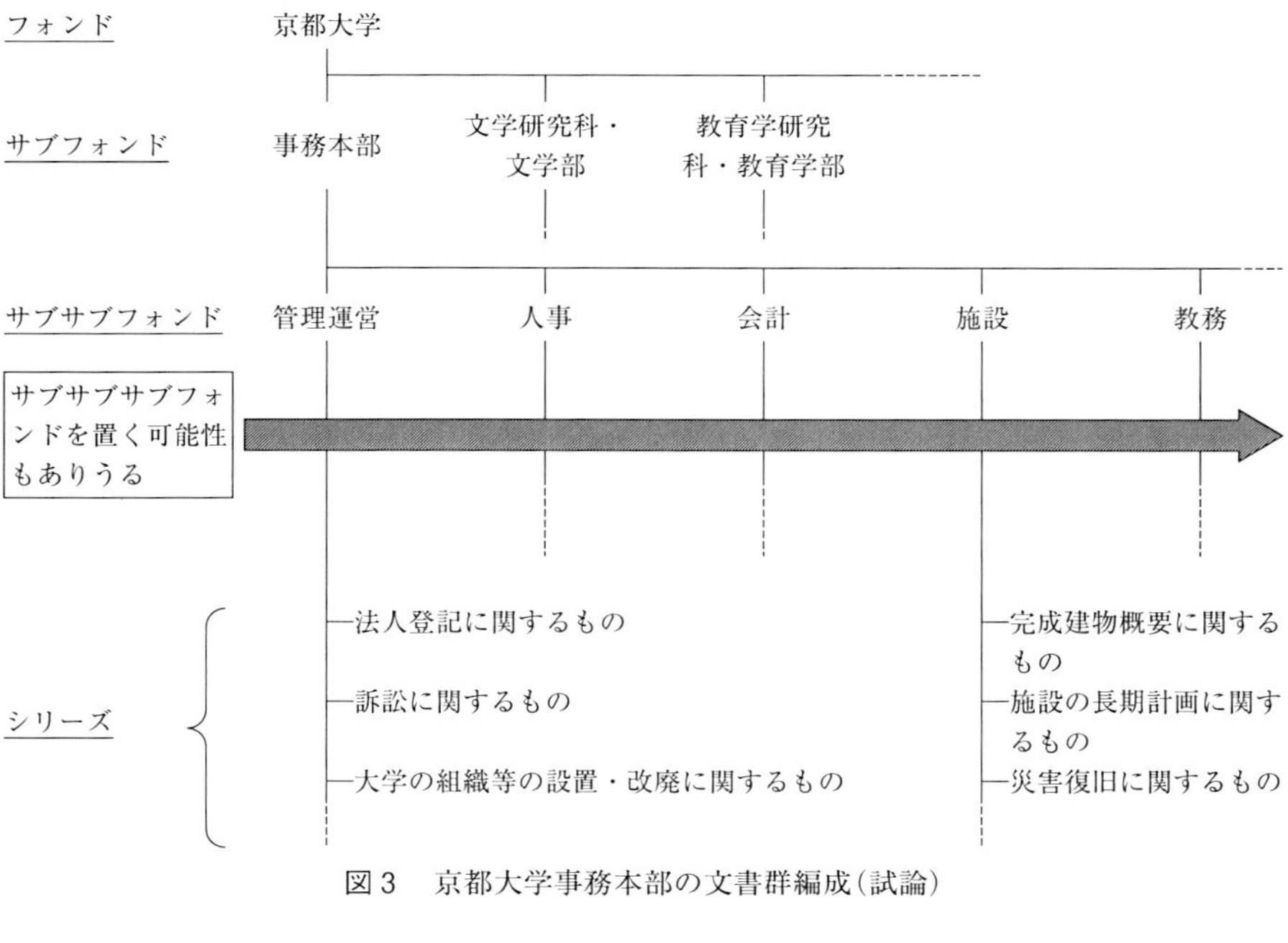

図３　京都大学事務本部の文書群編成（試論）

部局も変わらず、当該基準表に従って運用されてはいるが、アーカイブズの出所原則に従えば、サブフォンドでの事務本部と部局の区別は不可欠という判断である。しかし一方で、〈京都大学〉という一つの組織体の機能構造という視点から考察するとき、事務本部や部局といったサブフォンドの区分が必要なのだろうか、という疑問も残る。編成の軸が単一になり、機能構造をよりクリアに示すことにもつながる。とはいえ、現実の大学運営では学部などの部局の自主性が尊重されているし、レコード・マネジメントの面においても、各部局で作成された文書は各部局内で保存管理されアーカイブズへ移管される。さらに実際の編成において事務本部・各部局を越えた方法を採用することになれば、一つのシリーズのなかに膨大な数の文書データが含まれることが想像され、電子目録検索であればまだしも、紙目録では検索の便に向かないこととなるのではないか。本稿で示したようにサブフォンドとして事務本部と各部局の複数の編成軸をおいたとしても、それが組織体の機能構造を反映していないことにはつながらない。しかも、この方法をとるほうが、より現実の組織構造と文書群構造を表現しているともいえる。そのような意味で、現段階では図3の方法を採用したところである(18)。

ところで、編成とともに取り組むべき記述についても一点だけふれておきたい。機能別編成はもとより、組織別編成、主題別編成においても、記述のもつ意味は大きい。とりわけ機能別編成においては、各レベルの名称に抽象的な表現が使用されているものもみられ、当該レベルにはどのような文書が含まれているのか、一見しただけでは分からない場合がある。たとえば、図3におけるサブサブフォンドに「管理運営」とあるが、ただ「管理運営」といわれても一般の利用者には分かりにくい。そこで、メタデータにおいて、当該レベルには大学の組織や制度・広報・情報公開・評価・情報処理などに関する文書が含まれていることを明記し、場合によっては「総務・広報系の文書」のように部課名を連想させる記述をおこなってもよいかもしれない。そうすることで、各レベル所収の文書の内容が分かるのみならず、組織体の機能構造を理解する助けにもなるのではないかと考えられる。[19]

四　大学文書群のなかの個人・団体文書

（1）個人・団体文書の構造と編成・記述

これまで大学の事務組織とそこで作成・管理される事務文書（組織アーカイブズ）の視点から、組織の機能構造と編成のあり方について論じてきたが、本節ではもう一方の大学文書群の構成要素である個人・団体文書（収集アーカイブズ）の構造と編成・記述についてふれておきたい。

大学組織の個人・団体文書は、日本の大学史に明らかなように、その大部分が明治以降の近現代に作成された文書である。[20]そして大学に限らず、近現代個人・団体文書の構造は資料群を生成する主体によって千差万別であるから、それを事務文書のように一定のモデルや方法論のもとに統一的に把握することはできない。そのため個人・団体文書を編成するさい、現在広範に採用される方法は個人の履歴や事績にもとづく整理である。加藤聖文氏は、近現代私文書の整理や原秩序の把握のむずかしさから、「個人の履歴と事績を参考にしつつ、文書の構造を基本として分類されているのが近現代私文書の目録編成の主流」と指摘するが、[21]筆者もこの主張に賛同するものであり、大学文書群に含まれる個人・団体文書についても、こうした編成を採用せざるをえないと考える。すなわち、編成の方法はケース・バイ・ケースとなる。

個人・団体文書は、大学組織におけるレコード・スケジュールとは異なる形式でアーカイブズに収蔵される資料であるから、出所原則の観点からしても、上記で述べてきたような事務文書の編成に組み込むことはできない。しかし、先に記したように個人・団体文書のなかにも大学の諸機能を示すさまざまな文書があることは事実であるし、大学の創立、日々の学生生活、戦争や学生運動といった大学に関する多様な事象について内容を補完し合うなど、数多くの点で両者間のつながりを見出すことができる。そのため、個人・団体文書はもとより、事務文書の編成・記述にあたっても、そうしたお互いの文書の存在や情報をどう共有させるかという点が大きな課題となる。この場合考えられるのは、メタデータにそうした関連文書の情報を記入することである。すでによく知られているように、ISAD(G)では「関連資料のエリア」に「3・5・3関連資料」として同一機関に収蔵されている関係資料を記述する項目が設けられている(22)。紙目録であればその旨を記載すればよいし、電子目録であれば当該文書のデータへのリンクを貼ることで、両者の関係をより明確にすることができる。

少し具体的な例をあげて考えてみよう。大学における教員の研究活動において、国の科学研究費補助金（科研費）の採択を受けたとする。この場合、教員の手元に残る文書＝教員個人の文書には、研究成果たる論文や実験データはもとより、研究遂行の過程に作成されたレジュメや研究者との打ち合わせメモなどが収められる。一方、こうした教員の研究活動の痕跡は事務文書のなかにも残される。採択を受けた科研費の研究分担者などへの配分や研究費の使途などといった予算処理にかかわる文書や、文科省などへ提出する科研費の申請あるいは成果報告の文書などがあげられる。教員の研究活動は大学の研究機能そのものである。このように個人文書と事務文書それぞれに教員の研究活動にかかわる資料が残されることは、内容的にいえば当該研究活動のより立体的な理解を助けるが、機能論ないし編成論的な観点からすれば、個人・団体文書が大学の機能構造のなかに明確に位置づくことにほかならない。なればこそ、記述の場面において両者をつなぐツールを準備しておく必要があるのである。

大原則として出所が異なるため、同一構造内の同一シリーズに組み込むことはできないが、記述の面では内容的に関係する複数の文書データをつなぎあわせる工夫はいくらでもできる。こうした取り組みをおこなうことで、大学文書群の構造を事務文書と個人・団体文書というように個別的にとらえるばかりでなく、有機的なつながりを有する関係として両者を、さらには大学文書群総体を機能構造的な側面からも把握することが可能となる

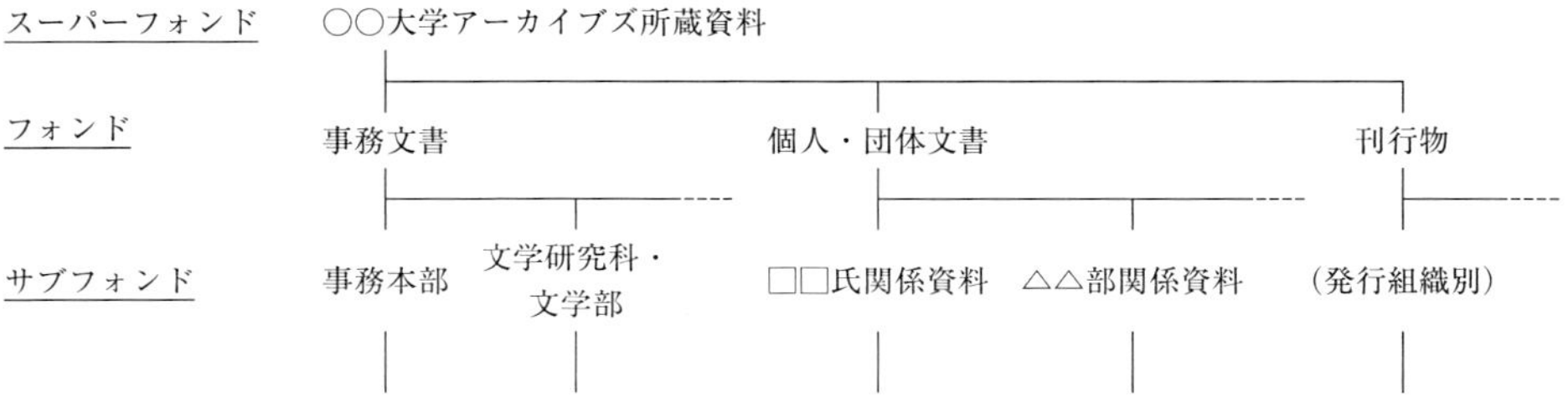

図4　大学文書群総体の編成(試論)

のではないだろうか。

(2) アーカイブズにおける大学文書群総体の編成の考え方

そのうえで大学文書群を個人・団体文書を含めた総体として編成するならば、どのような形態が相応しいのだろうか。これまでもくり返し述べてきたように、大学という出所においては同一であっても、文書の作成や管理あるいはアーカイブズ機関への受入経緯の相違などから、事務文書、個人・団体文書、刊行物を、たとえばシリーズを基軸として〝同じ土俵の上で〟一括して編成することはできない。あくまでも「事務文書」「個人・団体文書」「刊行物」というカテゴライズは大前提として設定されなければならないだろう。実のところ、そうした考え方はすでに実践されており、京都大学大学文書館の所蔵資料検索システムにおいては、「京都大学大学文書館」というスーパーフォンドの下に、「非現用法人文書」「個人資料」「刊行物」がそれぞれ配されている(23)。こうした考え方をもとに大学文書群の編成形態をイメージ化したのが図4である。

スーパーフォンドとして「○○大学アーカイブズ所蔵資料」を設定し、その下に「事務文書」「個人・団体文書」「刊行物」をフォンドとして位置づける。それぞれの下位構造は、「事務文書」については図3で示した考え方を反映させればよいし、「個人・団体文書」は資料群ごとにその構造を確定し編成していけばよい。「刊行物」の場合はそれ自体に機能や活動を見出すことは困難であり、サブフォンドやシリーズを設定しにくい側面があることから、機能別編成ではなく、発行組織別の編成が妥当であろう。

おわりに

組織体の機能構造をいかに発見し、これをどうアーカイブズ編成に結実させるか。この命題の下、本稿では大学アーカイブズの視点から、京都大学を事例としてとりあげながら検討してきた。大学の理念を実現するための諸機能を明らかにする方法として、組織アーカイブズ、とりわけ事務文書に対しては文書管理規程に示された文書分類表を採用することで、大学組織の機能構造を構築・表現する方法論を提示した。あわせて、大学の機能を知るための要素を多分に有する収集アーカイブズについてもふれ、組織アーカイブズを含めた大学文書群総体の編成・記述の考え方を指摘した。そのプロセスにかかわる諸課題とそれへの対応策については、本稿で述べてきたとおりである。

こうした方法論は、事例としてとりあげた京都大学にとどまらず、文書管理規程や文書分類表を有する大学組織には適用可能なものであると考えている。さらにいえば、大学組織のみならず、大学以外の組織体についても、条件さえ合えば採用可能な方法論ではないだろうか[24]。そのような意味で、本稿で示した組織体の機能構造分析とアーカイブズ編成・記述論の妥当性については、理論上の検討とともに、さまざまな組織体における実践例の蓄積を待たなければならないだろう。少なくとも本稿が、そうした議論や実践への一つのきっかけになれば幸いである。

（1） 広田暢久「県庁史料の分類について」（山口県文書館編『文書館ニュース』四号、一九六九年）。なお、この点を含めた戦後日本のアーカイブズ編成論の動向については、拙稿「アーカイブズ編成・記述・検索システム論の成果と課題」

(『アーカイブズ学研究』一一号、二〇〇九年)でより詳しく紹介・検討しているので、あわせて参照されたい。

(2) たとえば、沖縄県公文書館における目録の編成・記述あるいは検索システムの実践事例があげられる。このことについては、富永一也氏による「公文書評価選別と整理のための作業仮説:シリーズ最強論へのステップ」(『京都大学大学文書館研究紀要』六号、二〇〇八年)にその考え方を含めた詳細な記述がある。

(3) 大学アーカイブズにとっての個人・団体文書の重要性を指摘したものは枚挙に暇がないが、ここでは永田英明「大学アーカイヴズ資料論」(全国大学史資料協議会編『日本の大学アーカイヴズ』京都大学学術出版会、二〇〇五年)の指摘をあげるにとどめる。すなわち「個人文書が大学の営みを示す重要資料になりうることは、例えば私立大学において創設者の個人文書がアーカイヴズ資料の一つの核を形成していたり、退職した教職員の個人文書のなかに、大学行政に関わる審議の経過や代案などが残されていることがあるなどといった事例からも、容易に想像することができる」(四五頁)。

(4) 大学文書群を考える場合、これら三つの分類に加えて、研究資料というカテゴリーについてもふれなければならない。研究資料とは「研究機関で研究を通じて蓄積した資料群」(森本祥子「大学組織のアーカイブズ:理論と実践の提示への期待」前掲註3『日本の大学アーカイヴズ』一〇一頁)であり、この定義は研究機関に限らず大学にもあてはまる。大学においても研究の遂行のなかで発生する資料は多数にのぼるからである。ただ、大学アーカイブズの実態からすれば、こうした研究資料は学部などの研究室単位で保管されているケースが多く、これらが大学アーカイブズに引き渡されるさいには、個人・団体文書として位置づけられる場合がほとんどであろう。なぜならそれは、研究資料もまたレコード・スケジュールからははずれた対象だからである。そのような点から、本稿において研究資料は個人・団体文書に含まれるものとして整理しておく。なお、付言すれば、近年では研究資料に特化した大学のアーカイブズ組織も現れはじめており(京都大学に設置された「京都大学研究資源アーカイブ」はその好例)、研究資料をめぐるアーカイブズ学的な議論は今後深化していくものと思われる。

(5) ここで指摘した教員の個人文書について、のちにふれる京都大学の文書分類表では、教員の個人文書を「教員保有文書」として事務文書に位置づけている。そのため原則からいえば、教員の個人文書も事務文書としてレコード・スケジュールに則り管理されるべきであるが、実際には教員の個人文書がそのように運用されるケースはほとんどなく、大学アーカイブズへも個人・団体文書として引き渡されるのが一般的である。したがって本稿においても実態に即して教員の個人文書を事務文書とは位置づけていない。

(6) 初出原題は Theo Thomassen, "A first introduction to archival science", *Archival Science* Vol. 1, 2001, pp. 373–385. なお、本稿での記載は、記録管理学会・日本アーカイブズ学会共編『入門・アーカイブズの世界――記憶と記録を未来に――』（日外アソシエーツ、二〇〇六年）所収の「アーカイブズ学入門」（石原一則訳）より引用した。

(7) 機能別編成を含む九〇年代以降の編成・記述にかかわる国際標準について論じたものとして、青山英幸「国際標準（*ISAD*（*G*）2nd/*ISAAR*（*CPF*）2nd/*ISDF*）による組織構造体と機能構造体としてのフォンドの統一的把握――アーカイブズ・レコード・マネジメントにおけるアーカイバル・コントロール構築のために――」（国文学研究資料館編『アーカイブズ情報の共有化に向けて』岩田書院、二〇一〇年）がある。

(8) 「現在のアーカイブズの方法論は、分析の出発点として出所に関わる（言い換えれば機能的、組織構造的）コンテクストが、よりふさわしいという立場を取ることが多い。したがって、はじめにその使命、機能、任務を分析し、実行者や彼らの権限そして業務過程を調査する」（前掲註6『入門・アーカイブズの世界――記憶と記録を未来に――』六三頁）。

(9) 富永一也「われわれのアーカイヴズ」（『京都大学大学文書館研究紀要』二号、二〇〇四年）四四～四五頁。

(10) 拙稿「大学アーカイブズ活動戦略論」（『国文学研究資料館紀要アーカイブズ研究篇』八号、二〇一二年）。

(11) 「京都大学における法人文書の管理に関する規程」は、http://www.kyoto-u.ac.jp/uni_int/kitei/reiki_honbun/w002RG00000080.html を参照のこと（参照、平成二十五年十二月十日）。

(12) 京大本部事務組織の職務分掌については「京都大学本部事務分掌規程」を参照した。http://www.kyoto-u.ac.jp/uni_int/kitei/reiki_honbun/w002RG00000992.html（参照、平成二十五年十二月十日）。

(13) 青山前掲註(7)論文、一四二～一四三頁。

(14) 同検索システムの構築過程を含めた詳細については、拙稿「京都大学大学文書館における所蔵資料検索システムの構築」（『京都大学大学文書館研究紀要』七号、二〇〇九年）を参照されたい。

(15) 検索システム上においても、各シリーズの「解説」を記すメタ・データ項目はあるが、その内容は表1の記載と同様あるいはそれより短いものがほとんどである。

（16）こうした論法は、文書分類表ではなく、職務分掌から機能を抽出して編成軸を立てる方法にも通じるものであるかもしれない。しかしその場合も、実際の文書と抽出した機能とが合致するかどうかの判断は整理者に委ねられており、先記のように文書の名称に曖昧さが残されている場合、編成の正確性・妥当性に課題が生じるのではないか。ならば、職務分掌から抽出した諸機能について、文書分類表の小分類との対応関係を明確にしておけばこの問題を解決できるかもしれないが、その作業に時間を割くならば、組織の機能を反映させたといっても過言ではない文書分類表を第一に活用した方が、サブサブフォンドの設定なども含めて有用であると考える。なお付言すれば、京都大学のような明確な文書分類表（基準）が示されていない場合には、文書の保存期間基準などを参照・活用することも一つの方法であろう。

（17）ISAD(G)におけるサブフォンド・シリーズの用語説明については、アーカイブズ・インフォメーション研究会編訳『記録史料記述の国際標準』（北海道大学図書刊行会、二〇〇一年）三一～三二頁を参照した。以下に引用しておく。

サブフォンド：相互に関連のあるまとまった記録をもつ下部フォンド。これは、作成組織または機関の業務遂行上の下部組織に対応して設定されるか、またはそれが不可能な場合は、資料自体の地理的区分、編年、機能、あるいは類似の分類によって設定される。〔記録の〕作成組織が複雑な階層構造をもつ時は、基本となる業務遂行単位の階層構造を反映するために、各サブグループは必要に応じてさらに下位のサブグループをもつ。

シリーズ：ファイリング・システムに従って編成された記録。または、同一の蓄積やファイリングの過程で生じたり、同一の活動から生じたためにひとつの単位として管理される記録。または、特定の形態をもっていたり、記録が作成・収受・使用される際に生じたほかのなんらかの関係により、ひとつの単位として保持されている記録。シリーズはレコード・シリーズとも呼ばれる。

（18）この点にかかわって、事務本部・各部局を越えてシリーズ別で文書を表示する方法は紙目録でも電子目録でも十分実現できる。ここではあくまでも、機能構造を尊重しつつも、現実の組織構造や文書群構造をもあわせて表現できる編成方法を採用したのである。

（19）なお、組織アーカイブズのもう一つのカテゴリーである刊行物の編成については、刊行物それ自体は事務文書と異なり、文書管理規程（レコード・スケジュール）に則るものではなく、文書分類表と対応するものでもない。したがって、本稿で論じているような事務文書と同様の編成方法はあてはめにくいものがある。

(20) 一部、近世以前に起源を有する大学や大学創業者にかかわる個人・団体文書のなかに、近世以前の資料を含む場合もあるが、大方の場合、個人・団体文書のほとんどは近現代のそれであることが多いことから、ここでは近現代文書を前提として議論を進める。

(21) 加藤聖文「アーカイブズの編成と記述――近現代史料をめぐる課題――」(国文学研究資料館史料館編『アーカイブズの科学』下巻、柏書房、二〇〇三年)。また加藤氏が編集を担当した、国文学研究資料館編・発行『史料目録第九五集・近現代史料目録(一)』(二〇一一年)においても、凡例において「個人文書の場合、組織体文書と異なり、原秩序が崩壊、またはそもそも当初から体系的整理がなされていないケースが多く、それぞれの文書群の現状を踏まえた上での階層構造分析とシリーズ編成が必要になる。基本としては原蔵者の経歴に応じたシリーズレベル(サブ・シリーズレベルも含む)を設定したが、文書群の構造によっては経歴に形態別を加えた混合型、または形態別のみのシリーズ編成を行っている」と記し、氏の主張を実践している。

(22) この点については、前掲註(17)『記録史料記述の国際標準』五一頁を参照した。

(23) アーカイブズにおける資料群の編成実践(検索システム)において、スーパーフォンドを設定している機関は、京都大学大学文書館のほかに、沖縄県公文書館、山口県文書館、アジア歴史資料センターなどがある。なお、アジア歴史資料センターの事例については、牟田昌平「アジア歴史資料センターにおけるデジタル・アーカイブ」(『アーカイブズ』一三号、二〇〇三年)を参照した。

(24) もちろん、本稿で提示した方法論は、一つの組織で共通の文書分類表を使用しているケースでなければ適用が難しいものであるため、限定的であるといわざるをえないのも事実である。行政組織などでは部や課の単位ごとで文書分類表(行政の場合はファイル基準表の呼び名が一般的かもしれない)を作成するケースが多いため、こうした対象には本稿の方法論をそのまま適用することは困難である。かかる論点は今後の検討課題であるが、一方で大学組織(とりわけ国立大学)に対象を限定してみると、文書分類(表)が全学共通の様式として使用されているところが少なくないことがうかがえる。そうした点から、組織アーカイブズにおける編成論として、本稿で示した方法論は一つの検討素材たりうるのではないかと考えている。

第三編

近世の記録管理とアーカイブズ

転封にみる領知支配と記録——編成記述のための歴史学的アプローチの可能性——

大友一雄

はじめに

近年、記録の利用・管理の実態を解明し、その社会的意義を追究しようとする研究が少なくない[1]。市民の権利、社会の平等性などの問題ともかかわり、さまざまな学問分野から研究者の参加がみられるのも大きな特徴である。この研究の深化、応用的展開において重要となるのは、文書を生みだした団体そのものの分析と、その団体の諸活動における文書の役割と利用システムなどの研究ではなかろうか。基盤研究ともいえるこれらの研究の重要性は多くの研究者が指摘するところでもある。そしてそれらを学問上の重要分野のひとつとして位置づけるのがアーカイブズ学である。アーカイブズを生みだした組織と記録に関する研究は、目録作成・情報資源化・保存措置などのアーカイブズ活動にかかわり、自覚的に行うべき基本的な研究と位置づけられる[2]。とくに時間的な経過などから組織の活動や構造が曖昧な場合、その検討が重要となる。具体的には、（a）組織体の全体的構造を組織機能とのかかわりで追究すること、（b）組織機能の実現がどのような手順（制度）によったのか、その実現と記録の関連を追究しなければならない。アーカイブズ学が諸学の基礎といわれる由縁でもある。

本稿は、以上のような研究の重要性を念頭に、現存する文書群のあり方に注目して、機能実現にかかわって文書がどのように発生し、利用されたものか、歴史学的な分析手法を用いて検討し、大名文書の構造分析のさいの留意点について考えてみたい。

具体的な分析では譜代大名内藤家文書に注目する。同文書は現在、明治大学博物館が収蔵し、目録もすでに刊行されている[3]。それによって全体像を把握することは可能ということもできるが、とくに目録中に内藤が磐城平藩から延岡藩へ転封となる直前の延享四年（一七四七）頃の藩政史料、地方文書が多数含まれることに注目し、転封が記録の伝来・構成をいかに規定したものか、また、転封時における文書の取り扱い（作成・引渡し）について検討したい。このことは江戸時代の「文書による支配」の仕組みや継承について論じることにもなる。現在、市町村合併などによる記録の散逸防止が大きな話題となるが、転封時における記録の取り扱いはこうした現代の問題ともかかわると考えている。

一　転封を通じてみえる藩——領知情報の集約・伝達の前提として——

行論にかかわり先行する研究について簡単に確認しておきたい。従来、転封研究は、時代的な特徴と件数を探り、その歴史的意義を追究してきたが[4]、転封時に記録類がどのように扱われたのか、とくに領地支配にかかわる記録類の取り扱いに注目した研究はほとんどみられない[5]。ここでは、大名（藩）文書が、大名の家に伝えられる「藩侯（家伝）の史料」と「藩庁の史料」では伝来を異にすることを実証し、大名（藩）文書が二つの系統の文書群から構成されることを指摘した笠谷和比古「大名家文書の史料的特質と目録編成[6]」に注目したい。転封において「家伝の史料」と「藩庁の史料」はどのような状態におかれたのだろうか[7]。予想としては持参、廃棄、引継ぎなどが考えられるが、具体的な追究によって、二つの系統の文書群のあり方について理解を深めたい。その成果は転封を経験した大名の文書群を理解するうえではもちろん、すべての大名の文書群を理解するうえでも有用な成果になりえると考えるものである。

分析では大名転封の手続きそのものにも注目したい。それは転入大名が新しい領知においていかに支配を立ち上げるのか、言い換えれば「文書の支配」の実現に関する具体的な検討になると考えられる。本稿が、転封に注目する由縁である。また、現存する文書群を理解するうえでも転封時の文書の取り扱いを明らかにすることは重要である。転封は文書群の伝来や構造を規定するに違いない。さらに転封に関する検討は鉢植えの大名などと称される近世大名の実態やその基本的な性格に迫るための分析となろう。幕府と藩（大名）との関係についても転封のなかにみえることが少なくないはずである。

よって、具体的な事例を延享四年（一七四七）三月十九日、譜代大名三家（譜代大名牧野・井上・内藤）の転封に求めたい。三家を一挙に転封させることから三方領知替などとも称されるが[8]、具体的には日向延岡牧野備後守を常陸笠間へ、陸奥磐城内藤備後守を日向延岡へ、そして笠間井上河内守を磐城へと玉突き的に封じたものである[9]。検討のための史料は、内藤家文書と牧野家文書が残され、三つの転封を比較しながら検討することが可能である[10]。

ついては、まず検討の前提として転封を命じられた三家の城地の変遷と、その特徴を確認したい。

三家の城地変遷をまとめると表1のとおりであり、井上は一一か所、内藤は三か所、牧野は四か所

表1　大名井上・内藤・牧野家転封一覧

大名家	移封地一覧
井上家	慶安2年(1649)　常陸国笠間藩5万石 元禄5年(1692)　美濃国郡上藩5万石 元禄10年(1697)　丹波国亀山藩5万石 元禄15年(1702)　常陸国下館藩5万石 元禄15年(1702)　常陸国笠間藩6万石 延享4年(1747)　陸奥国磐城平藩6万石 宝暦8年(1758)　遠江国浜松藩6万石 文化14年(1817)　陸奥国棚倉藩6万石 天保7年(1836)　上野国館林藩6万石 弘化2年(1845)　遠江国浜松藩6万石 明治元年(1868)　上総国鶴舞藩6万石
内藤家	天正18年(1590)　上総国佐貫藩2万石 元和8年(1622)　陸奥国磐城平藩7万石 延享4年(1747)　日向国延岡藩7万石
牧野家	天和3年(1683)　下総国関宿藩5万3000石 宝永2年(1705)　三河国吉田藩8万石 正徳2年(1712)　日向国延岡藩8万石 延享4年(1747)　常陸国笠間藩8万石

註：石高は入封時の拝領高。

表2　磐城平・延岡・笠間城拝領大名一覧

城　　地	大名・年次・拝領高		
磐城平城拝領大名変遷	鳥居家	慶長5年(1600)	12万石
陸奥国磐前郡	内藤家	元和8年(1622)	7万石
(福島県いわき市)	井上家	延享4年(1747)	6万石
	安藤家	宝暦6年(1756)	6万7000石
延岡城拝領大名変遷	高橋家	慶長5年(1600)	5万石
日向国臼杵郡	有馬家	慶長19年(1614)	5万3000石
(宮崎県延岡市)	三浦家	元禄5年(1692)	2万3000石
	牧野家	正徳2年(1712)	8万石
	内藤家	延享4年(1747)	7万石
笠間城拝領大名変遷	松井松平家	慶長6年(1601)	3万石
常陸国茨城郡	小笠原家	慶長13年(1608)	3万石
(茨城県笠間市)	戸田松平家	慶長17年(1612)	3万石
	永井家	元和3年(1617)	3万2000石
	浅野家	元和8年(1622)	5万3500石
	井上家	慶安2年(1649)	5万石
	本庄松平家	元禄5年(1692)	4万石
	井上家	元禄15年(1702)	5万石
	牧野家	延享4年(1747)	8万石

註：石高は入封時の拝領高。

に城地を得た。内藤・牧野は延享四年以後転封がみられなくなり、井上はその後も浜松・棚倉・館林・浜松・鶴舞（上総）と転じる。政治史的には転封理由に関する具体的な追究が必要となるが、本稿とのかかわりで留意したい点は、所替という手法が、幕府の基本的な政治手段の一つとして構造化されて幕末まで存在し続けた事実と、その具体的な仕組みである。

次に笠間・磐城平・延岡の城への転入・転出状況を示すならば、表2のとおりである。たとえば、笠間では、大名の入封を九回確認できる。井上が二度入るため、家数は八家である。傾向とすると前期～中期にかけては諸大名が頻繁に交代し、延享四年以降は異動がなくなる。各大名の所領規模は、三万石～八万石と異なる。つまり、笠間藩の領域は固定的なものではなく、入封する大名によって増減したわけである。ほかの二藩の場合も同様である。もちろん、大名の持高も、固定的なものではなく、将軍への奉公如何によって増減した。つまり、藩の領域は、入封する大名の拝領高、そしてその後の奉公如何によって拡大縮小したことになる。

では、これらの問題を領知レベルで検討するとどうか。三家の延享四年前後の領知拡大縮小、異動などについて少し具体的に確認しておきたい。

井上は笠間の城を二度あたえられた。二度目は井上正岑が、享保三年（一七一八）三月三日、新恩一万石を得て、都合六万石で入城した。所領六万石は常陸国茨城・真壁、下野芳賀の三郡に分布した。その後、藩主は正之、正経と進み、延享四年三月十九日に「常陸国の領知をあらためて、陸奥国菊多・磐城・磐前・伊達四郡のうちにうつされ、磐城平城を」あたえられた。正経の磐城平での拝領高は高六万石であるが、前藩主内藤の拝領高七万石のうち井上の領知となった村々は城付き五六か村、二万三〇〇〇石（新田高共二万七五一一石余）のみで、残り四万七〇〇〇石余は幕府領に編入され、新設の小名浜代官竹垣治部右衛門が管理した。井上は城付二万三〇〇〇石を磐城郡一一か村、磐前郡四二か村、菊多郡三か村で、残り三万石を陸奥国伊達郡梁川のうちで（延享四年より宝暦五年まで）、七〇〇〇石を常陸国多賀郡のうちで拝領したという(11)。

なお、井上正経は磐城平藩移封後に奏者番・寺社奉行を務め、宝暦六年（一七五六）五月七日に大坂城代に就任、同月十六日、領知は摂津国西成・嶋下、河内国渋川・丹北・石川・古市、播磨国加西・赤穂・多可・美嚢・加東、近江国蒲生・野洲郡の一三郡にすべて移された。宝暦八年十一月には京都所司代となり、同年十二月二十七日には摂津・播磨・近江国の領知を、遠近国敷知・長上・豊田・引佐・鹿玉・山名、近江国浅井・坂田の八郡へ移され、浜松城を得ている。つまり、この時、井上は磐城から浜松に転封となるが、領知そのものはすでに宝暦六年五月の大坂城代就任によって、磐城にはほとんど存在しなかった可能性が高い。

牧野の場合は、享保四年（一七一九）五月十九日、牧野貞通が延岡の遺領八万石を継ぐ。幕府にあっては奏者番・寺社奉行を務めたが、寛保二年（一七四二）六月一日に京都所司代に就任、これにともない日向国児湯・宮崎両郡三万石の地が、河内国茨田、近江国蒲生・野洲・栗太・甲賀、丹波国桑田・船井・天田・何鹿、美濃国不破の一〇郡のうちに移された。延享四年、笠間への転封では、日向・豊後両国の五万石分の領知が常陸国茨城・

真壁両郡に移され、在京賄料三万石はそのままであった。寛延二年（一七四九）、牧野貞通が京都において在職のまま死去すると、在京賄料三万石は同年十二月二十五日、陸奥国磐前・田村・磐城三郡のうちへ移された[12]。

内藤の磐城平への転入は、元和八年（一六二二）九月二十八日、内藤政長が二万五〇〇〇石を加増され、陸奥国磐城・磐前・菊多・楢葉の四郡のうちで都合七万石を領した。新田開発などで実高は一〇万石に達した。延享四年の転封で延岡にあたえられた領知は、牧野が有した日向国臼杵・宮崎、豊後国大分・国東・速見五郡の地五万石（実高六万四九九石余）と、代官岡田庄太夫が支配した日向国宮崎郡二万石、あわせて拝領高は磐城同様七万石、実高は八万石余であった。実高レベルでは二万石の減少である[13]。

以上、延享四年の大名三家による転封は、領知レベルで確認すると、決して玉突きではなかった。また、領知の異動は転封のみでおこるわけではなく、大坂城代・京都所司代などの役職就任が大きく関係したこと、領知は一か所にまとまることはほとんどなく、入封した大名によって藩領の構成が大きく異なる可能性があったこと、同じ拝領高であっても実際にあたえられた村々が異なることなどが明らかになった。これらは、周知のことともいえるが、藩庁機能、藩領支配に関する基本的な問題と自覚的にとらえ、これを組織・機能論とのかかわりで追究した研究はほとんどない。しかし、藩庁で発生する記録の内容・構成を考える場合、これらはまさに基本的な課題ではないか。また、大名の交代は藩の組織構造やその具体的な機能発動を大きく変容させる可能性があったことを考えねばならない。大名家によって意思決定や情報伝達の仕組みが異なることもある。家臣が全面的に入れ替わることを踏まえるならばその異同はさらに大きいものとなろう。

言い換えれば、「文書による支配」は既述のような頻繁な、そして時に大幅な領知異動にどのように対応し、支配を継続させることを実現できたのか、その解明は残された記録のあり方を考えるためにも重要である[14]。

二　転封における上知と郷村高帳

ここでは、延享四年（一七四七）三月に申渡があった譜代大名牧野・井上・内藤家の転封手続きを、とくに領知の取り扱いに注目して検討したい。

転封の手続きは、三月十九日、三家大名が一同に呼び出しを受け、「御座之間」において「所替」を命じられたことに始まる。[15] 現地での領知の引渡しは八月七日、引渡しまでの五か月余は、所替のための実質的な作業期間であり、八月七日はすべての手続きを済ませ、引渡しを完了させる日であった。[16]

さて、延享四年三月十九日、殿中において所替を命じられた三家は、当日のうちに老中・若年寄などへの御礼や、幕府の関係役人などへの連絡に追われたが、そのうち幕府勘定奉行へは「拙者（内藤）義今般日州延岡江所替被仰付之、難有仕合奉存候、領知引渡請取之節者、家来共江宜願御指図候、右為御知旁為可申入以使者申入候」と、領知の引渡し・請取りなどの具体的な作業を念頭に挨拶を行った。これは、勘定所が全国の領知を管理し、関係の事務を担当したことによる。三月二十日には、早速、三家が下勘定所へ呼ばれ、領知の引渡し・請取りの準備について指示を受けた。[17] この件につき内藤家の史料には次のようにある。[18]

一、大手後御勘定所江四時過勘左衛門罷出候処、御殿詰御組頭八木半三郎様・御勘定御組頭上野介三郎様・小木藤助様・犬塚権之介様・御勘定人藤井治右衛門殿・窪田十左衛門殿列席ニ而、半三郎様被　仰渡候者磐城平領只今迄之郷村高帳相認指出可申候、則案詞帳面御渡被成候間、出来次第下帳ヲ以相伺、其上ニて清書可致旨被　仰聞候

右からは、御殿詰組頭八木半三郎を始め関係の勘定組頭・勘定が列席のうえ、郷村高帳の作成・提出を命じられたことが明らかである。三家は案詞帳面（雛型）を請取り、出来次第に下帳をもってうかがい、そのうえで清

書することも指示された。領知関係を担当した勘定所が最初に指示した郷村高帳とはなにか。所替全体の作業のなかでどのような役割を担ったものか、右の史料に続けて収録される郷村高帳作成のための案詞帳面に注目したい。(19)

「　表紙書付如斯

何国何郡
何国何郡之内郷村高帳

内藤備後守家来

何之誰　」

何国何郡之内

一高何程　　　　何村

内何程　改出

寅年
此物成　米何程
永何程

丑年
此物成　米何程
永何程

子年
此物成　米何程
永何程

亥年
此物成　米何程
永何程

戌年
此物成　米何程
永何程

去ル戌より寅迄五ヶ年平均

此物成　米何程
　　　　永何程

外

田畑何程　見取場

此取　米何程
　　　永何程

米何程　何役

米何程　何運上

永何程　何役

永何程　何運上

林何程　何ヶ所

外反別不知　何ヶ所

山何程　何ヶ所

高合何程

何程　拝領高

内

何程　込高

何程　前々之新田

何程　拝領後改出

寛保二戌より延享三寅迄五ヶ年平均

此物成　米何程
　　　　永何程

外

田畑何程　見取場
　此取　米何程
　　　　永何程

米何程　何役

米何程　何運上

永何程　何役

永何程　何運上

林何程　何ヶ所

　外反別不知何ヶ所

山何程　何ヶ所

右者此度従陸奥国磐城平日向国延岡江所替被仰付取来領知上知ニ成候、高物成書面之通ニ御座候、以上

　　　　　　　　　　　　　　　　　　　　　　内藤備後守家来

年号月　　　　　　　　　　　　　　　　　　　　　　何之誰印

　御勘定所

右の雛型は、領知村々一か村ごとに村名、所在（国郡名）、村高、改出、物成（米・永五か年分、五か年平均）、見取場、小物成、運上、林数（反別）、山数（反別）を示し、そのうえで村々の土地関係の合計値（拝領高・込高・前々新田高・拝領後改出高）や年貢総量の五か年平均値（寛保二年～延享三年）、見取場総高、小物成総高、運上総高、山・林総数などの記述を求める。つまり、郷村高帳は石高などの土地情報と、年貢・小物成・運上などの年貢関係情報とを集約する帳簿といえる。

また、「右者此度従陸奥国磐城平日向国延岡江所替被仰付取来領知上知ニ成候、高物成書面之通ニ御座候」とあるように、郷村高帳は領知を上知する事務にかかわり、その地を領した者に提出させた書類であることも確認できた。さらに、その手続きから上知とは幕府が単に土地を収公することではなく、土地や年貢諸役などに関する情報を集約させ、提出させて初めて成立したことが明らかである。[20] こうした理解からすると、領知とは土地とその地を治めるための情報が一体となって、初めて領知たり得たことになる。少なくとも江戸時代中期には、そのような認識のもとに転封の準備が進められたというべきである。

ちなみに実際に作成された記録の扣も現存する。たとえば「陸奥国菊多郡之内郷村高帳」[21]「陸奥国磐城郡之内郷村高帳」[22]などである。

（表紙）
「陸奥国磐城郡之内郷村高帳　扣

内藤備後守家来

宇野与太夫　」

陸奥国磐城郡之内

一、高四百拾七石三斗壱升七合　鎌田村本田高

内壱斗三升弐合　改之上出石

内弐石四斗壱升五合　小物成石無反別

高外

一、同六拾三石三斗三升四合　同村新田高

石〆四百八拾石六斗五升壱合

寅年此物成　米弐百八石八斗九升
金五拾弐両代三拾八文

　　　　米百九拾六石弐斗八升壱合
丑年此物成　金五拾弐両代三拾八文

（後略）

長文であるため、全文の紹介は果たせないが、右のように郷村高帳は、郡ごとに一村ずつ情報を記し、帳末において郡全体の情報を集約する形をとった。そのため帳面の仕立ても基本的に郡単位となったが、その作業はどのように進められたのであろうか。上知とは、土地とその土地に関する情報を一緒に提出させることと指摘したが、その作業工程の具体化は、上知についての理解を深めよう。

以下では、郷村高帳の作成・提出の手続きを、内藤家文書「延享四年萬覚書」[23]を主に利用して検討してみたい。なお、同史料は編年順にまとめられた藩家老の記録簿というべき内容である。

さて、同史料五月二十一日の条に注目すれば、「一、夜入七時過便着郡方より五ヶ年平均帳面仕立出来ニ付右帳并絵図共ニ出来尓付歩持ニ而為差登候、依之磐城立帰足軽弐人三日ニ申付遣候由申来之、此便十九日出立」「此度五ヶ年平均帳面御勘定所江被差出候上清書可申付儀と存候」とある。つまり、五月十九日頃に、郷村高帳下書が国元磐城で作成され江戸に送られたこと、作業段階では帳面下書が「五ヶ年平均帳面」と呼ばれたこと、国元も下帳を提出し、確認のうえで清書を提出することを了解していたことなどを確認できる。

江戸藩邸では、国元から届いた下帳を勘定所に提出し、五月二十五日には、藩留守居が呼び出しを受けた。帳面作成を担当した国元役人の出頭指示と、下帳に関する質問があり、質問には、六月三日に回答している。それは次のとおりである[24]。

一、拝領高七万石之内九百石余小物成石ニ而御座候処、古来より無反別ニ而所務無御座候故、惣〆之所引分ヶ相認申候、尤村々ニ小物成無反別与相記申候ハ右古来より之小物成之儀ニ而御座候

一、荒起間石之儀本田新田之荒起間ニ御座候、一通り高内ニ入申候得共、永引之内江入候石、未本田新田江取

結ひかたき分、石高外ニ取扱軽キ年貢所勢仕候ニ付高外ニ相認申候

一、諸職人・役人ト之儀役人ト遣ひ不申節者、金納ニ仕候品々御座候間、浮役同然ニ奉存書上申候

一、諸運上・小物成之儀、(延享三年)寅年一ヶ年計認可然旨奉畏候

一、反別不知遠山之儀、両郡より山番附置入合ニ仕候、古来より地元分リ不申取扱申候、尤只今引分難仕御座候

一、本田高改出改減之儀、御朱印拝領仕候節之郷帳を本ニ仕増減相記申候、右増減御座候儀ハ寛永年中相改候水帳之反別を本ニ仕、田之所畑ニ成候分石高減申候、畑方之所田高ニ成候分ハ石高増申候、尤反別高ハ相違無御座候へ共、右之通田畑変地前々相改申候ニ付増減御座候、此度茂右之通帳面之面を以石高相改差出申候、過不足差引仕改出五石四斗壱升五合拝領高より出石ニ罷成候ニ付、右出石之分惣〆江出申候

一、本田高不足ニ付新田高より相加へ候義、寛永年中改候節より本田反歩新田之水帳江書加へ有之候付、前々改之節も新田石差加へ置申候、此度御改之儀ニ付当時之取計明白ニ記上申候、尤先年検地之節いか様之訳ニ而右之通致置候哉、相知不申候

一、越石之儀村々願ニ付当時所持仕候村々江相渡、年々其村之免状高江相入年貢取納候ニ付、五ヶ年平均江相当不仕候故、右之通相認申候

右からは、勘定所が本高・小物成高などの高構成、拝領地の異動、荒高・新田・越石の扱いなど、領知の実態を異動も含めて、一定の基準で集約しようとしていたことが推察される。第一条では、本高と小物成高の切りわけを、第六・七条では本高と新田高の切りわけを問題としていたことが考えられる。こうした幕府勘定所の介入は、たとえば、「万覚書」延享四年六月二十五日の条にも確認できる。すなわち、「御勘定所より御尋之儀ハ、磐城五ヶ年平均帳之内竹藪年貢山所付入候処ニ無之候、何村ニ何ヶ所候と相認、惣〆竹藪何百何十ヶ所、年貢山何百

何十ヶ所と承度候、江戸表ニ而不相知候ハ、御在所江申遣早々申達候様被申聞候、尤銘々反別書出候事尓は無之由御勘定衆被申渡候」と、竹藪や年貢山でも同様であり、村ごとの箇所数記載や、郡ごとの統計の方法に変更を求める。

つまり、勘定所が求めた下帳提出とは、記述レベルでも幕府の意向を出来る限り反映させようとするものであった。[25] こうした姿勢は、幕府が全国統治（ここでは所替）にかかわる基本情報を同一基準で集約することを指向していたことを示すものではないか。ただし、実際には、地域的な歴史性や領主支配のあり方によって、同一基準での集約が困難な場合も少なくなかった。たとえば、第八条の越石では、越石分の年貢は、越石を有する側の村の免状に書き加えられたとある。これでは村高と年貢が対応せず、幕府が求める五か年平均も意味をなさないものになる。幕府による標準化への意向は、地域の歴史性とそれに密接にかかわる領主支配の展開を踏まえて調整されたわけであり、幕府の思惑どおりには進まない点も現実には多かったといえる。

以上のような作業を通じて、六月末には三家の郷村高帳がすべて幕府勘定所へ提出された。これを受けて勘定所は七月一日、三家の留守居を呼びつけ、領知を上知し、その地を代官の「当分御預り所」とすることを、担当代官の手代を同席させて正式に伝達した。郷村高帳の完成が上知の実現に不可欠であったことは、この作業手順からも確認できるのである。

三　郷村高帳の作成と領知情報の集約

ここでは、郷村高帳の情報源、情報の集約方法や取り扱いについて検討し、所替と記録に関する議論の展開を試みたい。

既述のとおり郷村高帳は領知一か村ごとに、所在（国郡名）、村高、改出、物成（米・永五か年年別、五か年平均）、見取場、小物成、運上、林数（反別）、山数（反別）を示し、そのうえで領知村々の合計値（拝領高・込高・前々新田高・拝領後改出高）や全体の年貢五か年平均値、見取場総高、小物成総高、運上総高、藩内山・林総数などを記したが、藩が以上の情報を日常的に整え、活用できる状態にしていたとは考えにくい。その一端は勘定所との記述調整作業からも明らかであり、郷村高帳は諸情報をもとに新規に作成されたとみて間違いない。それではその情報源とはなにか、それはいかに集約されていったのであろうか。

まず、『内藤家文書目録』にみられる村石高帳に注目したい。石高帳は延享四年（一七四七）四～五月にのみ確認できる帳簿で、表紙には「磐城郡大森村石高帳」(26)などとあり、一四〇か村分が現存する。村方から提出されたものであり、村高、本田・新田の地目ごとの高・反別、地目変更、永引、そして山年貢などを記し、奥付には「右之通当村田畑石高幷諸役山林共ニ相違無御座候」とある。内容は、郷村高帳の基本情報というべきものであり、所替と密接にかかわることは間違いない。反別・石高などは地目ごとに記されており、記述はより具体的である。

また、これらの情報を集約した「陸奥国磐城領本田石高帳」(27)「陸奥国磐城領新田石高帳」(28)と題される帳簿も現存しており、菊多・磐前・磐城・楢葉郡の村々の本高・改出・小物成高を書き上げる。数値を直した朱書が多数みられ、作業用の帳面というべき内容である。

この点に留意し、村石高帳と郷村高帳との関係について、次に確認したい。まず右に紹介した「陸奥国磐城領本田石高帳」と郷村高帳の磐城郡鎌田村の本高記載を示したい。

○「陸奥国磐城領本田石高帳」

（修正前）一、高四百拾四石九斗弐合　　鎌田村

内壱斗三升弐合　　改之上出石

一、高四百拾七石三斗壱升七合（修正後）　鎌田村
　　内弐石四斗壱升五合　小物成無反別
　　内壱斗三升弐合　改之上出石

○「陸奥国磐城郡之内郷村高帳」(29)

一、高四百拾七石三斗壱升七合　鎌田村本田高
　　内壱斗三升弐合　改之上出石
　内弐石四斗壱升五合　小物成石無反別

「陸奥国磐城領本田石高帳」に注目すると、同史料のそもそもの記述は「修正前」であり、朱書修正を踏まえると「修正後」となる。修正前の本田高は、「村石高帳」の石高と同様であり、同史料には「本田水帳之高」と付記される。つまり、本田高は検地帳を基本とした高である（新田石高帳が別に作成された。なお、本田高は寛永検地高であり、田方の意味ではない）。本田石高帳での修正は本田高に小物成高を加え、その高を明示した点にある。作業的には、本田石高の集約を目的とした帳簿を利用して、小物成高の加算処理を行ったわけである。

一方、郷村高帳の記述は、修正後の記述と同様であり、「陸奥国磐城領本田石高帳」での加算処理は、郷村高帳の石高記載を完成させるための作業であった可能性が高い。そもそも磐城平藩の場合、小物成総高九〇〇石余は拝領高七万石のうちに含まれていたが、無反別であり、実際の場面では村々に小物成として賦課されたため、九〇〇石余は別個に扱われていたようである。しかし、上知では拝領高が問題となるため、小物成高を村高に含めることが求められたものであろう。村方からの石高帳は小物成高を含まなかったために、郡ごとの集約作業のなかで加算処理がなされ、郷村高帳の数値として整えられたのである。

ところで、この村高に関する情報の集約は、村方においても大きな関心事となった。開発や災害などにともな

う改出・改減の郷村高帳への明示を勘定所が指示したためである。内藤家文書には、石高帳提出後、村方からの修正届を一括した「石高吟味之上村方より差出ス書付類[30]」と題する帳面が現存する。

たとえば、磐前郡下山口村は、延享四年五月に中田一畝歩、上畑二畝一〇歩が永引であると修正を届けている。文面には「右者去寅之秋永引ニ被遊被下候小前帳面所持仕候所ニ、今度石高書上之高ニ入、書上申候ニ付奉願候、右之高御除追引ニ御指引被下候様ニ奉願候」とあり、昨年延享三年秋に永引の扱いになった分を、今回の石高書上では差し引かずに書き上げてしまったため、永引への修正を願ったものである。さまざまな願いのなかには、永引分を過大に届けたものもあるが、こうした手直しのあり方からは、郷村高帳が拝領高や寛永検地での数値を基本としながらも、現況を反映させようとしていたことが明らかである。これは、郷村高帳が年貢賦課情報を含めて作成されたためと考えられる。

また、転封にかかわり注目される史料に「反別帳」がある。『内藤家文書目録』に「反別帳」という名称の帳簿は、延享期にしかみられず転封にかかわり村々から徴収されたことは間違いない。その作成について、藩役人は「右反別ニ認候品者、此度指出候五ヶ年平均仕立候高帳之反別用ひ可申事と被存候、此段御伺可被成候」と藩当局に確認を求めている[31]。「此度指出候五ヶ年平均仕立候高帳」とは、郷村高帳のことであり、反別帳に利用する反別は郷村高帳の石高に照応する反別（高帳之反別）を用いるべきか、確認を求めた内容である。ここでも両者の数値的な整合性が強く意識されたのである。郷村高帳では反別記載を求めていないが、石高と反別を無関係とすることはできないとの判断に注目したい。

さて、村々から反別帳の提出を受けた藩では、郡単位に村反別の数値を積み上げる作業を行った。「陸奥国磐前郡村々反別帳[32]」「四郡反別帳（菊多・磐前・磐城・楢葉）[33]」などが実際に作成された帳簿である。

なお、「陸奥国磐前郡村々反別帳（雛型）[34]」の文末には、「右者陸奥国磐城領本田新田反別高ニ御座候、村切水帳相渡置申候、右扣水帳相添差上ヶ申候、以上」とあり、内藤備後守家来が署名する。郷村高帳以外にも提出を義務づけられた帳簿が存在したことになるが、これについては後述するとして、ここでは「陸奥国磐前郡村々反別帳」が、藩庁に存在した村々の検地帳扣とともに提出することが予定される点に注目したい。つまり、反別帳作成では、検地帳との整合性も意識されたのではなかろうか。もちろん、この場合の整合性は、同じ数値ということではなく、反別に変更があればそれらも踏まえて説明できているかどうかということである。反別帳作成では、そのような取り組みが必要とされたものであろう。

以上、村に提出が命じられた石高帳・反別帳に注目して郷村高帳との整合性、情報源としての関連性について検討を加えた。郷村高帳の作成が強く意識され、他の帳簿が作成されたこと、それらの諸情報が集約されて郷村高帳が作成されていたことなどが明らかであった。

ただし、郷村高帳は、石高帳・反別帳の情報のみで記述を満足させることはできず、年貢・諸役などの情報集約も必要であった。これには『内藤家文書目録』にみえる、地域組ごとに作成された定納帳・納帳・村改納永引並位下書上帳などが利用されたことが考えられるが、具体的な検討は今後の課題としたい。

また、『内藤家文書目録』には延享四年四・五月の村差出帳一八〇村分がみられる。陸奥国磐城郡山田小湊村明細帳の末尾には「延享四丁卯歳御所替ニ付認之帳面[35]」とあり、所替に関係して徴集されたことが明らかである。さまざまな形で利用されたことも考えられよう。さらに、同様の年次のものに注目するならば、土地や年貢諸役などの情報を集約した帳面が多数存在する。いくつか示せば、「磐城領浜々漁物十五分一役並五十集荷物出役五ケ年書出控（延享四年七月）」（年貢三二二）、「陸奥国磐城領之内地頭林山反別帳控（延享四年八月）」（年貢三二七）、「陸奥国磐城領山数箇所附帳控（延享四年）」（年貢四一〇）、「陸奥国磐城領竹藪箇所附帳控（延享四年）」（年貢四一一）、「陸奥国菊多郡・磐城郡・磐前郡・楢葉郡馬立役書出帳」（年貢四〇六）、「御領内馬立役銭五ヶ年分書上帳附糶駒上金（延享四年四月）」（年貢二九八）、「陸奥国磐城郡寅戌箇郷帳（延享三年）」（年貢四〇九）、「陸奥国磐城領三ヶ年平均（子丑寅三ヶ年知行高平均）」（財政一九一）、「陸奥国磐城郡五ヶ年平均（寅迄五ヶ年）」（財政一九三）などである。

諸掛物、山・竹藪、諸役、物成などの情報が、群単位、五か年平均などによって集約されるが、これらも郷村高帳の記述内容にかかわる情報であることを想起されたい。郷村高帳を作成するなかで、多くの帳簿を村方単位、組単位に徴し、それをもとに群単位の合計値、五か年平均などの数値が整えられたのである。現存する帳面にはそれを導くための作業用のものも少なくない。帳面の形態が横帳形式の物が多い点もその目的と関連する。『内藤家文書目録』に延享四年の転封に関する文書が多い理由は、こうした村方からの徴集と藩当局の集約作業が関連したのである。なお、これらの帳簿類は郷村高帳の作成にとどまらず、さらに別途利用されるものも少なくなかった。これについては節を改め検討したい。

四　所替と「代官引渡記録」

領知は土地とその土地に関する情報が一緒になってはじめて領知たりえることを指摘し、郷村高帳の作成やその情報源について明らかにしてきたが、ここでは郷村高帳とは別に、領知の引渡しに派遣された幕府代官へ提出する記録群の存在を、郷村高帳とのかかわりで検討したい。

まず「万覚帳」延享四年（一七四七）四月六日条にみえる次の記事に注目したい。

一、岡田庄大夫様御出八太夫罷出候処、此間御音物之御礼、将亦近々日州江御出立ニ付御暇乞旁之御口上被仰置、且又磐城御引渡之節可入帳面書付等手廻ニ拵置可然由尓て、左之通御心入ニ而書付御渡被成候

但、右者何方之御引渡ニ茂左之品々ハ御好ニ而御懸り合之御代官御取被成候由

覚

一、郷村高帳　一、郷村絵図　一、小物成帳
一、誰検地水帳　一、反別帳　一、村々明細帳　但差出帳共申候
一、村々五人組帳　一、宗門人別帳　一、山林藪帳
一、浮役帳　一、威鉄炮帳　一、猟師筒帳
一、差上鉄炮　一、酒造米帳　一、定免附帳
一、普請ヶ所附帳　一、御朱印寺社帳　一、牧山牧馬帳
一、諸事申伝帳　一、磐城より所々江道法帳　一、欠落者帳

以上

右の記録のリストは、磐城の引渡しにおいて必要となるものを、代官岡田庄大夫（延岡領知引渡担当）があらかじめ作成するよう藩留守居宇野八太夫に示した書付である。但書には「右者何方之御引渡ニ茂左之品々ハ御好ニ而御懸り合之御代官御取被成候由」とあり、リストに示された記録類は基本的なものであり、所替では担当の代官が必ず求めるものとする。また、これらの記録は担当代官が御好みで求めるものとしており、取り立ての範囲は代官が地域的特性なども踏まえて判断した可能性が高い。よって、以下ではこれらの記録類を「代官引渡記録」と呼ぶことにしたい。

さて、それでは、郷村高帳作成にかかわり村方から徴された記録（集約作業などによって作成された記録を含む）と「代官引渡記録」とはどのような関係にあるのか、次に検討したい。

まず、郷村高帳の記述内容から勘案すると、「代官引渡記録」には郷村高帳と直接関係しそうにない記録と、関係しそうな記録とが存在する。すなわち、五人組帳、宗門人別帳、鉄炮帳関係、朱印寺社帳、欠落帳などは、

内容的に関係しそうにない。郷村絵図、小物成帳、検地水帳、反別帳、村々明細帳、山林藪帳、浮役帳、酒造米帳、定免附帳（御取箇郷帳）、普請ヶ所附帳などは程度の違いはあろうが郷村高帳の基本的な情報源となりえる内容であり、郷村高帳作成での利用も考えられる。

提出・引渡しなどを確認するならば、郷村高帳は六月末に幕府勘定所に提出され、「代官引渡記録」は八月七日、現地へ派遣された幕府代官へ藩の担当役人から引渡しとなった。藩が村々から石高帳・反別帳・差出帳などの記録を徴した時期は、延享四年四〜五月頃であり、時間的には郷村高帳作成に村方提出の記録類を利用し、そのうえでその記録類を幕府代官へ引渡すことが可能であった。既述の郷村高帳作成の様子からは、引渡しまでに藩が情報などを集約するケースも確認できた。両者は、以上のように密接な関係にあり、時に数値の調整なども ともなったのである。

次に「代官引渡記録」とは、いかなる存在であったのか、「万覚帳」延享四年七月一日条にみえる記事に注目したい。

一、上使江被出候帳面之儀、磐城表ニ而ハ御屋形帳・屋敷帳計ニ而、其外諸帳面絵図共ニ不残江戸ニ而差出之相済候、外ニ磐城ニ而心懸帳面絵図等入不申候由
一、郡方町方寺社方より差出之帳面類ハ不残御代官様江計指出申候、一通り仕立候帳面類一切無御座候由
一、笠間御役人江此方御役人より直ニ引渡候帳面ハ一切引渡不申候、諸帳面絵図共不残御代官様江差上、御代官より井上様江御渡被成候事ニ候由
一、御所替之節ハ、唯今迄之御領地　公儀江被差上候付御代官様御出御受取、其上ニ而井上様御拝領之土地従公儀御渡被成候意味ニ而、御代官より井上様江御引渡被成候、右ニ付跡御領主江御譲り被成候訳ニ者無之候、因是諸帳面ともに御代官様江御引渡申候、直ニ跡御領主江帳面引渡ハ無之候由

一、此度為登候帳面之内新規五人組帳と中帳相見候、前書ニ唯今迄之掟書認申候此帳相止可然候、唯今迄無之儀其上右之掟書ハ当時之思召ニ而被仰付候処、帳面ニ御仕立　公儀御代官江御引渡之儀如何ニ候、郡方同様ニ帳面仕立候由不残相止可申付由

一、郷中掟書先達而村々江壱冊宛相渡り候、此度取上可然候、尤内々ニ而写置候ハヽ、其分之儀、相渡候本書之分一冊茂残不申候様ニ取上候様可申付候、且又町方掟書茂同様ニ取上可然由

一、郷中御貸鉄炮、弥先達而申越候通不残取上、江戸まで陸持ニ而可差登候、其外津留番所植田富岡小名共ニ鉄炮類不残取上可申と存候由

一、先日申越候欠落帳之儀、磐城より申越候帳面之仕立不宜候、委細大和田織右衛門江帳面仕立之儀申含遣候由

右之趣可申遣旨被仰出候由申遣ス

右之外廿六日立之返書遣ス

右は江戸藩邸から国元家老への「代官引渡記録」などに関する指示である。幕府勘定所では郷村高帳が提出されたことを受けて、七月一日、正式に領知が上知され、三藩の領知はすべて担当代官の「当分御預り所」とされた。内藤が上知した領知は、幕府代官竹垣治部右衛門の当分御預り所となった。また、翌七月二日には、幕府勘定所において転封先での領知の申渡しがあり、新領知高、新領知村々が確定した。ただし、両日の公式の手続きによってすぐさま新たな領知支配が開始されたわけではなく、実際には、この申渡しにそって現地での領知の引渡し手続きが城の引渡し手続きとともに必要であった[36]。現地での引渡しは、三か所とも八月七日が予定された。右の指示書は、こうした手続きを念頭に書かれたものであることに注意したい。

さて、指示書は、第一条のみ城の請渡しを担当した上使への引渡し記録について記し、ほかの箇条はすべて

「代官引渡記録」に関するものである。第二・三条では、記録類を次の領主井上に直接渡すのではなく、幕府代官に渡すべきこと、井上家へは代官から引渡すことが示される。なお、その記録は代官が必要と判断したものであったことを想起されたい。

また、江戸家老は、領知を直接井上へ譲れないように、記録類も直接引渡してはならず、公儀から領主へ引渡すべきものとくり返す。領知支配に不可欠な情報は、領知と同様の存在と認識され、同様の手続きで引渡すことが求められたのである。言い換えれば領知の引渡しとは、現実には領知情報の集約物である郷村高帳と土地にかかわる記録類（具体的には代官引渡記録）の引渡し・受取りに象徴されたといえよう。情報を不可分とする領知認識がこのような方法を実現させた可能性が高い。つまり、郷村高帳は幕府勘定所での領知の上知、拝領に欠かせぬ情報として幕府の領知支配を象徴し、一方の「代官引渡記録」は現実の村支配において欠かせない基本情報として、領知の引渡しを象徴したわけである。

領知にかかわる引渡し記録の作成基準とはなにか、統治や知行渡しにかかわって情報の標準化が図られたことを指摘したが、たとえば「五人組帳」などの作成ではどうか、第五・六条の記述に注目したい。「代官引渡記録」のひとつ「五人組帳」は、藩主による掟書を前書に試作され、国元から江戸藩邸に確認を求めていたが、江戸家老は幕府代官へ引渡すものとしては不適当と判断し、その作成の中止を求めている。また、磐城平藩では元文元年（一七三六）三月、郷中掟書、町方掟書を各町村にそれぞれ一冊宛渡していたが[37]、これらをすべて回収することを命じている。

なぜ、このような処置となったのか、その理由は、ひとつに掟書が藩主の意向を示したものであること、また内藤家独自の教諭的規律であることが考えられる。立ち退く場合、領主的な状況をクリーンな状況に戻すことが強く意識されたのではないか。教諭的な規律などが残されることは、幕府の統治権、そして新たな領主の領主権にかかわる問題となる。それらに牴触する記録類は引渡しからはずすことが考えられたというべきである。もちろん、現実には支配の継承・連続が重要となるが、記録の引渡しでは以上のような対応が必要となったのである。幕府への上知とは、このような問題も含んでいたことに注意すべきである。そして、このことは引渡しの対象となる文書の範囲を規定したに違いない。

以上、江戸家老の指示書に注目して「代官引渡記録」の性格について考えてみた。記録は幕府から派遣された所替領知担当の代官に引渡されること、また、代官から次の領主へ引渡されることも明らかになった。また、土地・年貢・戸口関係の記録を基本とし、幕府の統治権や支配を担当する者の領主権と牴触するようなものは引渡さないことも基本であったと考えられた。

ところで、「代官引渡記録」にかかわりもう一点つけ加えたい点は、内藤家が提出した「代官引渡記録」のすべてが、内藤→幕府代官→井上と授受されたわけではないということである。既述のとおり内藤の拝領高は七万石であったが、このうち井上の拝領高に含まれた村々は城回り二万三〇〇〇石に過ぎず、ほかの四万七〇〇〇石（実高七万三一七九石余）は小名浜代官竹垣治部左衛門の支配所となった。[38] つまり、その分の記録は竹垣代官のもとで管理されたことになる。

転封による大名の交代では、藩庁の記録が、次の大名へと引き継がれるようなイメージを我々は抱きがちであるが、第一節で指摘したように、拝領高・藩域は大名によって大きく異なった。領知にかかわる記録は、城とは関係なく、土地（村）を納めるための情報として村を支配する者へと引渡されたのである。[39] 引渡し文書の多くが村を単位に作成される理由もここにあるといえる。しかも、その多くは最新の情報をもとに引渡し作業のなかで新規に作成されており、藩庁に存在した過去の記録類は基本的に対象外であった（現用記録である検地帳などは年次とは関係なく引継ぎ対象となった）。

なお、藩庁文書のうちには、役所の日記や村方からの伺書・願書簿などの過去の記録類が大量に存在したことが考えられるが、仮にそれらの簿冊を新規転入大名へそのまま引継ぐと、藩域外の村々の情報が簿冊内に多数混在することになる。たとえば内藤家の記録を井上が引継いだ場合は、石高から判断すると三分の二が領外の記録になる。また、役所の執務日記などは、家来の奉公の記録でもあり、他領主に引継げるものではない。家臣関係・領外となる村々の記録などは基本的に引渡しの対象とはならないと判断した方が良いのではないか。つまり、所替において、藩庁に存在した多くの記録類は内藤家の記録（「内藤家と内藤家家臣団の記録」）としてあつかわれたと考えるべきである。

『内藤家文書目録』にみられる磐城平藩時代の記録類は、以上のような認識からすると、延享期以前の記録類と、所替にかかわって集積・作成された記録類から成り立っていたと考えられるのである。

おわりに

内藤家に伝来した記録類の構造理解にかかわり、転封時における記録の取り扱いについて、郷村高帳、「代官引渡記録」という二つの存在について注目して検討を試みた。転封の仕組みそのものや、具体的な取り扱いにかんする先行研究がほとんどなく、予想以上に手続き的な記述を重ねることになった。

しかし、大名の所替という特殊ともいえる状況のなかでの記録の扱いについて検討することで、藩庁に蓄積された記録の意味や、領知関係の史料の存在などについて基本的な情報を提供できたのではなかろうか。

既述のとおり笠谷和比古氏は、大名（藩）文書が、「家伝の史料」と「藩庁の史料」に大きくわけられることを主に伝来に注目して指摘したが、「藩庁の史料」の性格を転封という側面から確認するならば、藩庁は今日の役所などとはその性格を異にし、上知にともない引き渡すべき記録類も領知支配に関する記録類に限られた。また、「藩庁の史料」の多くは次の領主に引き継げない大名と家臣団に関わる史料群として存在したといえる。こうした問題は「藩庁の史料」論として、さらに議論の深化が期待されるところである。

また、転封による以上のような大名（藩）文書・記録の取り扱いから、同時代的な文書群の伝来や構造についても検討を発展できる可能性がある。歴史学的には大名・藩の組織的研究に益することになろう。

なお、具体的な検討は今後の課題であるが、所替にかかわる記録は、幕府や他藩に対する説明や、みずからの再転封に備えて保存してきたことが考えられる。内藤家文書群に存在する多くの磐城平藩関係文書は、縷々述べてきた領知替の手続きと、こうした保存認識によるといえるのではなかろうか。その確認には、歴史学との連携が重要となるといえるのではないか。本稿はその取り組みのひとつということになる。

（1）　歴史研究では、公共性論・民主化・官僚制・環境論などにかかわり追究があり、社会学・民族学などでもさまざまな問題関心から言及されている。

（2）　アーカイブズ理解のうえで、組織体構造と機能にかかわる検討の重要性については、安藤正人『記録史料学と現代』（吉川弘文館、一九九八年）をはじめ、多くの研究が指摘する。全体的動向は国文学研究資料館史料館編『アーカイブズの科学』（柏書房、二〇〇三年）、近年の動向については、同『アーカイブズ情報の共有化に向けて』（岩田書院、二〇一〇年）に収録される論文などを参照されたい。なお、拙稿「アーカイブズを理解する」（『アーカイブズの科学』所収）は研究方法・動向について指摘する。

（3）　『明治大学所蔵内藤家文書目録』（明治大学図書館発行、一九六五年）。以下、『内藤家文書目録』と略記する。なお、内藤家の転封過程については、日比佳代子「転封実現過程に関する基礎的考察――延享四年内藤藩の磐城平・延岡引越を素材として――」（『明治大学博物館研究報告』一六号、二〇一一年）があり、全体的な動向を知ることができる。

（4）　藤野保『新訂幕藩体制史の研究』（吉川弘文館、一九七五年）、藤田覚「『新見伊賀守正路日記』と三方領知替中止前後の幕閣」（『東京大学史料編纂所報』一一号、一九七六年）、宮崎克則「藩主の転封と領民動揺をめぐる問題――肥前唐津藩その他を素材として――」(『日本歴史』四四七号、一九八五年)、東谷智「大名転封時における領主と領民――越前国鯖江藩間部氏の転封を素材にして――」(『甲南大学紀要』文学部編(歴史文化特集)一五九号、二〇〇九年)などがある。

(5) 幕府代官による支配所と記録に関しては、久留島浩「近世の村の高札」(永原慶二編『大名領国を歩く』吉川弘文館、一九九三年)、岩田みゆき「江戸時代における文書行政の実態と特質――幕末期の在地社会を中心に――」(小名康之編『近世・近代における文書行政――その比較史的研究――』有志舎、二〇一二年)などがある。

(6) 国文学研究資料館史料館編『史料の整理と管理』(岩波書店、一九八八年)所収。のちに同氏著『近世武家文書の研究』(法政大学出版会、一九九八年)に収載。

(7) 一般的な可能性とすると「家伝の史料」は、大名家に伝えられた性格上、基本的に持参することになり、「藩庁の史料」は次の大名に引き継がれたことが考えられようか。笠谷氏の提起との整合性も得やすい。また、版籍奉還後の記録の取り扱いを考えるうえでも重要な視点となりえる。

(8) 北島正元「「三方領知替」と上知令」(徳川林政史研究所『研究紀要』昭和四十八年度、一九七四年)。

(9) この所替の理由に言及したものに青木美智男「『元文一揆』の展開と構造」(『譜代藩の研究　譜代内藤藩の藩政と藩領』八木書店、一九七二年)、転封過程については前掲註(3)日比論文がある。

(10) 本稿では、とくに断らない場合は明治大学博物館に所蔵される内藤家文書を用いた。同家文書からは、磐城平藩と延岡藩における転封状況の一端が明らかとなる。なお、延岡藩での動向については『宮崎県史』史料編近世二(一九九三年)に基本的な史料が収録される。笠間藩における動向については、笠間神社所蔵牧野家文書からその一端を確認できる(本研究では、茨城県立歴史館が収蔵する写真版を用いた)。なお、関連史料の一部は、『笠間市史資料』第六集藩政資料一(笠間市史編纂委員会、一九九四年)にも収録される。

(11) 井上については『新訂寛政重修諸家譜』第四巻(二九五~二九七頁)と、『笠間市史』通史編上巻(一九九三年)、『いわき市史』第二巻近世(いわき市史編纂委員会、一九七五年)による。

(12) 牧野については『新訂寛政重修諸家譜』第六巻(二七九~二八〇頁)、『笠間市史』通史編上巻、『宮崎県史』通史編近世上(二〇〇〇年)などを参照。

(13) 内藤については『新訂寛政重修諸家譜』第一三巻（一八九頁）と、『いわき市史』通史編、大賀郁夫「内藤延岡藩領の特質とその支配――木村礎「延岡藩領とその支配」の再検討――」（『宮崎公立大学人文学部紀要』一三巻一号、二〇〇六年）などを参照。

(14) こうした仕組みの解明は、幕府の全国統治の仕組み、大名支配のための政策に関する研究をより豊かにするに違いない。なお、初期は、土地・地域に関する情報を握っていた小領主・土豪などが代官・大庄屋などに任用され、地域支配を実現したが、属人的な恣意は次第に否定され、中期頃には、その情報を領主と村役人が掌握する制度が確立したと展望している。

(15) 明治大学博物館所蔵内藤家文書「延享四年卯十二月　奥州磐城平・日州延岡御所替覚帳　江戸　三冊之内上」。

(16) 大名の転封における領知と城の扱いにかかわる史料文言では、転出する大名が「引渡」「相渡」などを、転入大名が「請取」を利用する。転封そのものの意では「所替」が広くみられる。なお、幕府代官の支配所の移動では、「引継」がもっぱら利用された。この大名と代官での文言の違いは質的な違いによるものであり、手続きの違いとしても現れた。この件は岩田みゆき「江戸時代における文書行政の実態と特質――幕末期の在地社会を中心に――」（前掲註5小名編書）も指摘する。

(17) 勘定所などから三家への伝達などは、多くの場合、三家を同時に呼び集め、同一の場で行われた。

(18) 前掲註(15)に同じ。

(19) 前掲註(15)、および内藤家文書「延享四年万覚書」（一－七－三五）。

(20) こうした手法がどのように確立してきたのか、この点は課題としておきたい。

(21) 内藤家文書（土地二－一－二）。

(22) 内藤家文書（土地三四八）。

(23) 内藤家文書「延享四年万覚書」（一－七－三五）。

(24) 内藤家文書「延享四年卯十二月　奥州磐城平・日州延岡御所替覚帳　江戸　三冊之内中」（公勤三－一－八－五）。

(25) 情報集約において、とくに内藤は、元和八年（一六二二）九月二十八日の入封からすでに一二六年が経過し、寛永期（一六二四～一六四三）に総検地が実施されたこともあり、拝領時の領知に多くの異同が発生した。郷村高帳の作成には他藩以上に手間を要したことが考えられる。
(26) 内藤家文書(土地二一八)。
(27) 内藤家文書(土地三六四)。
(28) 内藤家文書(土地三六六)。
(29) 内藤家文書(土地三四八)。
(30) 内藤家文書(年貢七六五)。
(31) 内藤家文書「覚」(代官引渡書類伺)(年貢七六二)。
(32) 内藤家文書(土地二二〇)。
(33) 内藤家文書(土地二二一)。
(34) 内藤家文書(土地一九五)。
(35) 『いわき市史』第九巻(近世資料)、二〇二頁(陸奥国菊多郡植田村差出帳)。
(36) 現地での引渡しについての詳細は他日を期したい。
(37) たとえば、村に示された掟は『いわき市史』第九巻(近世資料)、一〇七~一一二頁参照。掟には「右郷村掟書此度被仰出候通、名主組頭老百姓ハ不及申水呑百姓迄急度相守候様可仕、尤右掟書一冊写之名主方江相渡候間、壱ヶ月一度宛日限を定、名主元ニ而村中之者童部等迄為読聞承知仕存違無之様可致候、勿論退役之節は跡役之者江引渡、其節々御代官江申達様ニ可致候」などとあり、内藤氏から村方に示されたものであった。
(38) 内藤家文書「陸奥国磐城領之内郷村高帳　御料ニ成候分石高帳」(四－一八六)は、代官竹垣治部左衛門の支配所となった村々の郷村高帳である。
(39) この実現には、記録の作成単位が村であることが必要である。複数の村の情報からなる帳面などは、転入大名の領知が確定したのちに、つまり正式には七月一日以降に作成されたことが考えられる。

近世の商家と記録管理

西向宏介

はじめに

近世近代のアーカイブズの編成記述をどのように行うか、という問題を考えるさい、直接の前提となるのは、その組織体の文書群が有する階層構造のあり方であろう。そして、この階層構造分析を行うさいに重要なことは、その文書群の現用段階における作成・管理の実情やそれら文書群の当時における価値認識を理解することであり、このことは、階層構造分析をより正確なものとするうえで、不可欠の前提作業であるといえる。

本稿では、商家における記録管理のあり方を明らかにすることを通じて、近世近代の諸家における記録管理のあり方を理解するための方法論的な提示を行うことを課題としている。具体的には、芸備地方におけるいくつかの商家文書をとりあげ、文書群の構造上の特質や記録管理の特質を考察するなかから、商家文書一般の特質について明らかにし、諸家文書の構造理解に向けての論点提示を行うこととしたい(1)。

ところで、商家文書をとりあげる場合、幕藩領主文書や町・村役人文書などを含む「近世地域アーカイブズ」のなかで、商家文書がどのように位置づけられるのかが、まず課題となるであろう。本稿では、後述するように、商家文書をいわゆる諸家文書の一形態として考えているが、商家の記録管理や文書群の構造は、幕藩領主や町・村役人のそれとは性格が異なる部分が大きい。したがって、本稿ではまず、商家文書とはなにかという根本的な問いかけから始めることとする。そのうえで、商家の記録管理の特質を、商家文書の核となる商業帳簿管理のあり方を通じて考え、諸家文書の構造理解につなげていくことにしたい。

一　商家文書と商家の本質

商家における記録管理を考える場合、前述したように、まずそもそも、商家文書とはなにかという点を考えておく必要がある。商家文書の定義として、身分制社会である近世期においては、まさに「商人身分の家に蓄積された文書」であるといえようし、近世近代を通じて家が存続する場合には、「家が存続するための家産形成の手段が商業経営に依っている家の文書」ということができよう。しかし、一口に商家文書といっても、その内容はさまざまなものを含む。従来から古文書学でとりあげられてきた取引証文や帳簿といった「商業文書」[2]は商家文書の中核を占めるが、それ以外にも家計、生活、冠婚葬祭、文芸・教養などに関する「家文書」も含む。また、当主が庄屋（名主）・町年寄・大庄屋（割庄屋）などの役職を勤める場合が多いため、町・村役人文書も、多くの場合含んでいる。したがって、商家文書は諸家文書の一形態として位置づけることができる。

ただし、商家が記録管理の中心におく「商業文書」の管理は、町・村役人が記録管理の中心におく町方・村方文書の管理にくらべ、記録管理の点では大きく異なる所がある。たとえば、町方・村方文書のように家から家へ文書の引継が行われたり、引継を前提として再三にわたり文書目録が作成されるということは[3]、「商業文書」の場合、一般的ではない。また、旧記の目録調進を指示したり、名寄帳の管理に落ち度があったとして藩が村役人を処罰するといったような、領主権力による強力な関与（干渉）がなされることも[4]、「商業文書」ではみられない。町方・村方文書の場合には、幕府や藩の記録管理と同様、旧例を参照するため文書整理の通達が出されることがあるが、「商業文書」に関しては、そのような指示は通常みられない。[5]

このように、引継や旧例参照のために文書整理がなされる幕藩領主や町・村役人の記録管理のあり方と商家の記録管理のあり方とをくらべたとき、そこには組織体としての継続性の違いが大きく関係しているのではないかと思われる。つまり、商家文書とはなにかを考えるさいには、まず商家とはなにかという、根本的な問いかけを必要とするのである。そこで、まず最初に、商家の考え方が凝縮された家訓や家法（規則）に注目し、そこから商家の本質について、探ってみることにしよう。

安芸国賀茂郡竹原町の商家である吉井家（屋号・米屋）には、近世中期の家訓と店員向けに作成された規則が残されている。吉井家は竹原町の最有力商家とされ、参勤交代時には本陣も勤め、近世初期には質店のほか、酒造業や塩業・塩問屋を営み発展を遂げてきた。[6]同家には、天和元年（一六八一）に三代目当主米屋半三郎による家訓「米屋御先祖様共遺訓」があり、これを六代目当主となる半三郎和篤が書き写した写本が現存している。[7]

この家訓では、まず、「士農工商の内商売の家に生れ来るを扨も々々有かたき事と常に家職を心に念し、片時もつとめを忘るへからす」とあり、家職に出精することが商家の存続にもっとも重要であると説いている。同様の趣旨は、たとえば「家々の商売を心にかけ、先祖の家財等をたのミにおもはす、其身一心のかセきを力として家職より外に面白き事はなしと心を是にうつすならは、たとへ親まつしくとも安楽に暮すほとたくはへ求るにやすかるへし」といった記述にもみられる。家職に出精して稼ぎをあげることができれば、齢なかばにして安楽に暮らすこともでき、だからこそ「四民の内に商人ほと心安きはなしと思ふへし」と説いている。しかしその反面、先祖が蓄えた家財を子孫の世代が使い果たし没落していった例も多く、商家が常に没落の危険性と隣り合わせであることを同時に戒めている。すなわち、「先祖よりの財宝をたのみに思ひて、いたつらに奢り、後のわきまへもなく暮し、其家をやふり世を送り、かねてこゝやかしこにさまよひ、後は乞食・非人となりしも京田舎に其数多く」「親先祖はたらきにてたくはへ求め置たる財宝金銀を子孫取うしなはは、先祖への不孝中てもつくしかたし」「常の行跡をろかにて悪念きさしなは、地獄のかたも覚束なし」など、こうした戒めの記述は随所に記されており、家訓のもっとも重要な部分を占めている。この家訓では、「町人に系図なし、家の続くを系図とす」とも記す。町人（商人）には武家のような系図はなく、家が続くことによって結果として系図ができるのだというこの指摘は、ほかの身分とは異なる商人身分の本質を、当時の商家が認識していたことを的確に示している。

また吉井家には、明和六年（一七六九）に六代目当主半三郎当聡が店員に向けて作成した規則「誠意翁之改家内掟書覚」(8)も残っており、店員の行動を細かく規制している。そこでは、店の評判を落とす行為、たとえば博打・囲碁将棋のとりしまりだけでなく、来客への接客態度（「惣分来客之砌、一家内之者共諸事うらやかに仕、万端不肖之躰仕間敷事」など）も規定している。「客人立去之跡いか躰之儀にてもわらひ候儀厚ク相慎可申事」といったように、その規定は店員の所作にいたるまで細部にわたっている。勿論、財産そのものを守るための注意事項も定めており、火の用心はもとより、盗難防止のため、家内での人々の往来に注意し、手代一人が必ず詰めるよう指示している（「家内人々出入往来惣而心を附、手代共急度相守候儀肝要之筋ニ候条、壱人宛ハ不絶中之間ニ相詰候様に可仕事」）。このような微細にわたる規則を作成し、奉公人を規制することの裏には、常に没落の危機をはらんでいるという商家（商人身分）のもつ不安定性があったといえよう。

備後国芦田郡府中市村の延藤家（屋号・味噌屋）は、福山藩内最有力の商家の一つであり、とくに貸金業や地主・貸家経営を中心に豪商としての地位を確立した商家である。(9)同家には、明治八年（一八七五）に家政改革を行ったさいの規則類が残っており、(10)その序文では、「家産ヲ分チ其業ヲ営ムル者四家アリ（略）或ハ奢侈ニ流レ或ハ逸楽ニ耽ケリ、（略）妄ニ家産ヲ破敗シテ省ミス、（略）仮令今復タ家財ヲ分チ之ヲ賑救スト雖トモ、往時ヲ以将来ヲ徴スルニ、復タ必ス毀敗セン」とし、一族四家が奢侈に流れ、再三家産を失う危機に陥ってきたことを記している。そして、この危機を招いた原因を「其子孫其祖先ノ勤労ヲ忘却シテ、己ノ逸楽ヲ恣ニシ、而之ヲ禁制スル法ナキヲ以テナリ」とし、一族の経営を規制するための法制定（延藤家では「趣法」と称する家法・規則）の必要性を説くのである。

このように、商家は常に没落の危険性をはらんでおり、経営存続への危機意識を強く有していたのである。実は、そのような意識は、商家がみずから作成・管理する文書や帳簿をどのように認識していたかという点とも密接にかかわっているのである。

二　商家の記録認識――商業帳簿の「作成」と「廃棄」――

右に述べた商家の本質を踏まえたうえで、次に、商家の家訓・規則類をより広範囲に検討し、記録（とくに商業帳簿）に対する商家の認識について述べることにする。具体的には、全国各地の家訓・規則類を編集した『商売繁盛大鑑』(11)をとりあげ、近世商家の家訓・規則類に記された商業文書・帳簿に関する規定を検討し、その特徴を指摘することにしたい。

『商売繁盛大鑑』は、近世商家の家訓・規則類のほか、さまざまな教訓書類を一般向けに紹介するべく、原文の読み下し文と現代語訳を収録したもので、当時の家訓・規則・教訓書類の記述から、現代の企業経営に通ずる理念を学びとろうという趣旨のもとに編集されている。原文に忠実な解読文ではなく、また出典の記載が十分でないため、学術書としては不備な点も多いが、各地における商家の家訓・規則類を概括するには便利である。

さて、表1は、この『商売繁盛大鑑』に収録された家訓・規則類のうち、商業文書・帳簿に関する主な規定を抽出したものである。これらの規定から、次の五つの特徴を指摘することができる。

第一に、複数の者による帳簿記載・検査の実施があげられる。江戸の質店・呉服店であった佐野屋菊池家の

表1　各地の家訓・規則類に見る商業文書・帳簿規定

①佐野屋菊池家（江戸質店・呉服店）店教訓（寛政３年〈1791〉以降）

一、売帳・口分帳の経費、其の外の月〆等、毎月十日迄の内に致すべき事、都て売帳・通帳・当座帳・大福帳を〆致し候ハヽ、算者両・三人相用ひ申すべく候、必ず一人の算者にて致す間敷く候事

②橋本家（浦賀干鰯問屋）店改革掟書（天保10年〈1839〉８月）

一、諸帳合の儀、隠居ならびに支配人、時々念入れ相調べ申すべく、猶又其の掛かり持ち切り致さず、相互ひに助け合ひ、無念これ無き様致すべき事

③川喜田家（江戸木綿問屋）店定目（文化13年〈1816〉２月18日）

一、帳合の儀、旧来仕来りの通り、日々多念にいたし、店内一同、毎夜帳面繰り候て終日の見世者等相調べ、付け落ち、出入間違ひ等これなき様相互ひに気を付け申すべく候、尤も現金帳調べの儀、次役・三人目の内にて毎夜消し候て、帰り物等念入れ代呂物引き合はせ候て、間違ひこれなき様入帳致すべき事

④中井家（近江国日野木綿・生糸・紅花商初代源左衛門〈1716～1805〉）家法

一、元方諸帳面、大帳へ写し取り候節、両人立ち会ひ、巨細に写し取り、譬へ幾年相立ち候共、相訳り候様、記帳致すべく候、余事と違ひ、不分明にては申し訳相立たず候条、篤と相守り申すべく候事

附　両替通帳は、錠前付きの引き出しへ入れ置き、〆り役支配人持ち前たるべく候、尤も両替より差し引き調べ申し参り候ハヽ、直様元帳と引き合はせ申すべく候、且つ、元方当座出入り差引帳に〆り役立ち会ひ、隔日怠り無く仕り候事

⑤家内式法帳（三井八郎右衛門・源右衛門→京本店総手代中）（元禄８年〈1695〉２月５日）

一、惣じて手帳拵へ申し候ハヽ、支配人へ断はり仕るべく候、別して子ども手帳拵へ申す事、向後無用に仕るべく候、札かけ・染め地値付けなど、自分に留め申し候由、聞き届け候、此方より指図なきものの写し申す事無用にて候、手帳は反古のうらにて拵へ申すべき事

⑥家内式法帳（三井八郎右衛門・源右衛門→京本店総手代中）（元禄８年〈1695〉２月５日）

一、家内惣古帳、付け立て置き申すべく候、段々入らざる古帳くづし候ハヽ、何月何日にくづし申し候由、支配人判取り申すべき事

⑦三木与吉郎家（阿波藍玉問屋江戸店）店式法覚（文化５年〈1808〉正月）

一、元帳の儀は、支配人の次へ相渡し申すべく候間、遅滞無く荷出帳より元帳へ相写し申すべく候、尤も帳面の儀は支配人一ヶ月に三度相改め申すべく候事

一、雑用付分帳の儀は、三番の手代へ相渡し申すべく候、出入帳より遅滞なく相写し申すべく候、これ又支配人時々相改め申すべく候、尤も荷揚げ改めの帳簿も同人へ相渡し申すべく候事

一、二季書き出し通ひ帳面の儀は、支配人出で仕り、その売り場掛の者が一同にて立ち会ひにて読み合はせ、その上、間違ひこれなく候得ば、相配り申すべく候、尤もこの儀は随分々々吟味の上仕るべく候事

⑧支配勤め集（三井京本店名代中西宗助→支配人ら）（元禄16年〈1703〉10月）

一、諸証文、並びに一切請け状、其の外大切成る書物等、定めの箱に相納むる也、毎夜支配人枕元に差し置き、火事の節持たせ退く可き事、右の外、諸帳面は其の役人宰領仕る可き事

⑨家内用心集（仙台紙商頓宮忠左衛門〈1662〜1740〉）（嘉永２年〈1849〉版）

一、売り物等、見せに遣はす時、尤も指し引きの儀、先つ帳面に控へ置き、その用を弁ずべき事

たとへ何ほどの急用たりとも、先つ帳面にひかへおきて遣はすべし、惣じて急用の時は、却つて物毎をしづかに落ちつきて、帳面に指し引き仕るべし、いそぐ時は、かならず書きちがひ有りて、かへつて遅くなるものなり、いそがしきとて、後にあとにて帳面に付けんとおもふべからず、又外の用事あれば、必ず忘るゝものぞ、此の事を常々たがひに、他よりも気をつけ、大切に仕るべきものなり、歌に

後といひ帳にひかへておかされは　　つけおとしてのそんはたちまち

出典：宮本又次ほか監修・足立政男ほか編『商売繁盛大鑑――日本の企業経営理念――』１〜３・５・10巻（同朋舎出版、1984〜85年）

場合[12]、帳簿の計算役は二〜三人とし、決して一人で帳簿の計算をしないこととされていた（①）。東浦賀の干鰯問屋橋本家の場合も[13]、帳簿担当者は一人だけとせず、複数の者が助け合うべきこととされており（②）、伊勢出身の江戸木綿問屋である川喜田家でも[14]、現金帳の検査は「次役」「三人目」の二人で毎夜照合し、返品などがある場合にも、間違いのないよう記帳すべきことが定められていた（③）。代表的な近江商人である中井源左衛門家の場合も[15]、「元方」の諸帳面を「大帳」（基本台帳）へ写しとるさいには、二人が立ち会って巨細に写しとるよう定められていた（④）。阿波の藍商である三木与吉郎家の江戸店でも[16]、「元帳」（収支の基本となる原簿）・「雑用付分帳」（諸経費用の帳簿）・「二季書出通帳」（正月と盆の二季にわけて記す通帳）の各帳簿について、支配人らが立ち会って念入りに検査することとされていた（⑦）。

第二には、これらの規定と密接に関連する特徴として、帳簿記載の徹底があげられる。仙台の紙商である頓宮家の教訓書は、刊本として広く流布したものであるが、同家ではどんな急用の場合でも、必ず取引内容を帳簿に記帳すべきことが規定されていた（⑨）。

また、第三の特徴として、不要な帳簿作成の禁止があげられる。三井京本店の家内式法帳では[17]、個人的な手帳を作ることについてとりしまっている。もし私的に手帳を作る場合は支配人に断ることとされており、丁稚については手帳を作ること自体を禁じている。とくに値札の記載や染め地の値段などを個人的に記録す

る者がおり、店からの指示なくしてこれらを記録することを固く禁じている（⑤）。

さらに、第四の特徴として、古い帳簿を廃棄するのさいの手続き規定がある。同じく三井京本店の家内式法帳によると、同店では、不要になった古い帳簿を処分するさいには、いつ処分したかを記し、支配人の判をとるべきことが規定されている（⑥）。大谷明史氏の研究[18]によれば、三井家ではその後帳簿の廃棄規定はより細かく具体的になっていったことがうかがえるが、帳簿廃棄の規定がみられるのは、この三井家だけであった。

また、第五の特徴として、現用記録としての帳簿管理の徹底をあげることができる。三井京本店では[19]、諸証文や一切の請状、その他大切な書物などは決まった箱に納め、毎夜支配人が枕元におき、火事のさいはこの箱を持って避難するよう規定している（⑧）。中井源左衛門家でも、「両替通帳」（金銭授受の帳簿）は錠前がついた抽斗に入れ、支配人がその管理を担当すべきことが規定されていた（④）。

さて、以上の諸規定を通じていえることは、文書・帳簿について、大半の商家では「作成」規定が多くを占めているということである。とくに、帳簿の正確な記載を期し、その検査を徹底させようとしている。一方、文書・帳簿の「廃棄」規定については、三井家のような大都市の豪商を除き、大半の商家ではみることができない。商家が存続するためにもっとも重視したことは、帳簿の正確な作成であり、現用記録としての帳簿の管理であった。商業経営の成否は、まさに経営管理のための帳簿作成・管理のあり方にかかっていたといえよう。

この点は、芸備地方の商家の場合にも同様に指摘することができる。備後国福山藩の最有力商家である府中市村延藤家には、弘化元年（一八四四）に作成された家法「当家相続趣法子孫江申伝候ヶ条書」[20]があり、その内容についてはすでに別稿[21]で紹介したことがある。この家法では、毎日の取引に使用する算用帳に遅滞なく正確に記帳すべきことが規定され、さらに翌年正月十日までにすべての精算をすませ、十一日から新年の帳簿を使用できるよう、年末年始の簿記技法について細かく規定している。これは正月の年中行事である「帳祝い」（その年に使用する帳簿を新調して神棚に供える行事）ともかかわっており、芸備地方では広島城下のほか竹原、尾道、福山城下などでも行われていた。[22]この「帳祝い」も、商家が帳簿の「作成」を重視したことの表れであり、廃棄に関する規定がないのとは対照的に、帳簿の作成・記帳については多くの商家で詳細な規定が作られていたのである。

三　商業帳簿組織の基本構造とその価値認識

では、近世の商家がその「作成」を重視した商業帳簿の基本的な組織（体系）とはどのようなものであったのだろうか。また、それら商業帳簿に対して商家はどのような価値認識をもっていたのであろうか。まずは、芸備地方における商家の事例をもとに、商家の帳簿組織の基本構造を考察してみることにしたい。

図1は、広島藩領備後国御調郡尾道町の金融商で町屋敷・塩田地主でもあった橋本家（屋号・角灰屋）と福山藩領同国芦田郡府中市村の同じく金融商兼地主であった延藤家（屋号・味噌屋）の各家における帳簿組織の構造を図示したものである。[23]両家は広島・福山両藩を代表する豪商として知られているが、その帳簿組織は、いずれも本家とその配下に属する出店・経営組織という構造になっていることがうかがえる。各出店・経営組織の勘定帳と本家の商業帳簿が商家の帳簿組織の骨格を形成していたと考えることができる。

（1）商業帳簿組織

本家内部の商業帳簿については、実際には多種多様なものが作成されているが、次に、商家一般に通じる共通項を、両家の帳簿組織のなかから探ってみることにしよう。

まず橋本家文書の場合をみると、経営を統括する「納戸」において帳簿管理がなされていたが、その主要帳簿として、「金銀受払帳」「毎日算用帳」「勘定扣」「本家惣勘定帳」があった。[24]「金銀受払帳」[25]は一年使用の帳簿で、日々の金銭出入りを取引内容別に項目わけして記帳しており、多くの商家で「大福帳」と称されているものに相

図１－１　橋本家の経営組織と帳簿
（文政期〈1818～1830年頃〉）

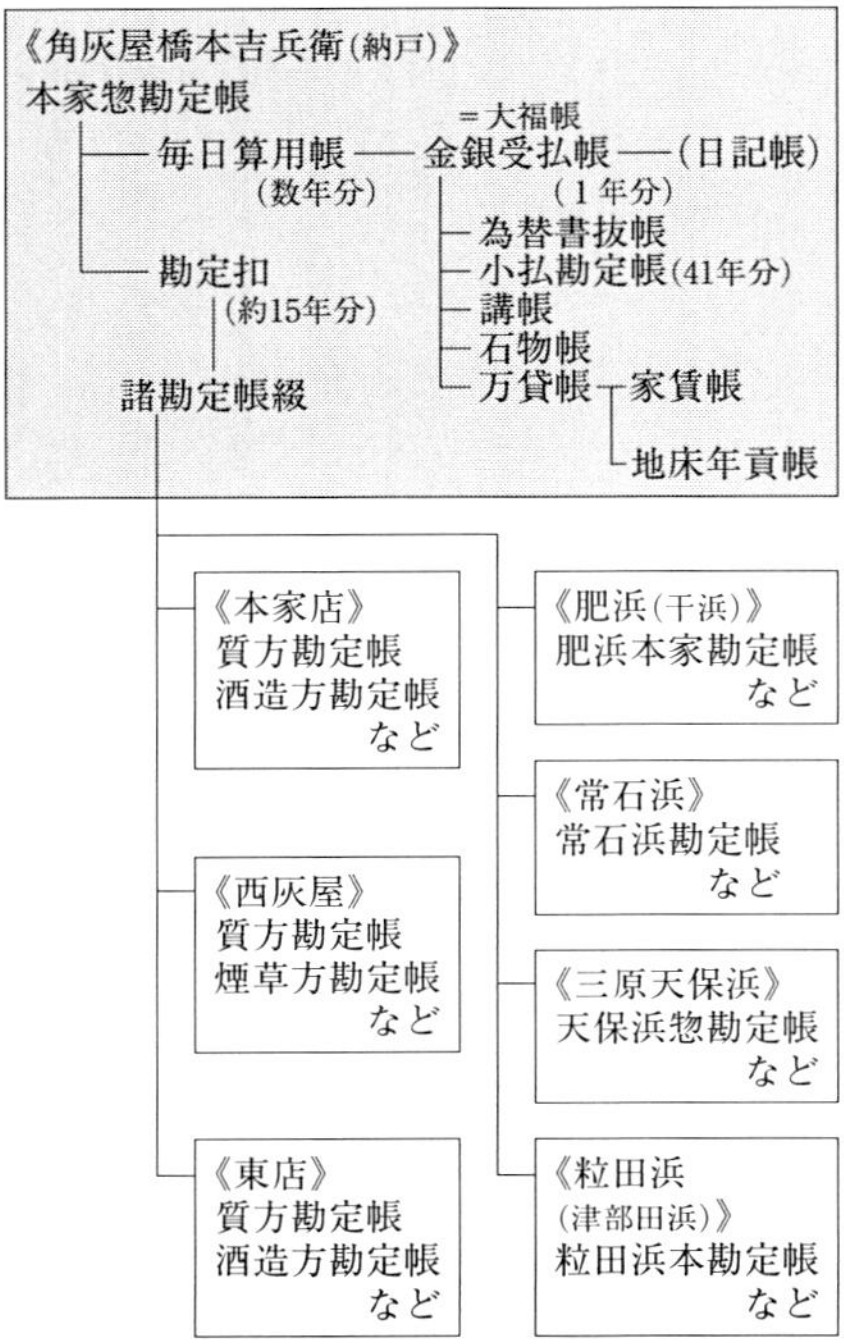

図１－２　延藤家の経営組織と帳簿
（近世後期～明治初期）

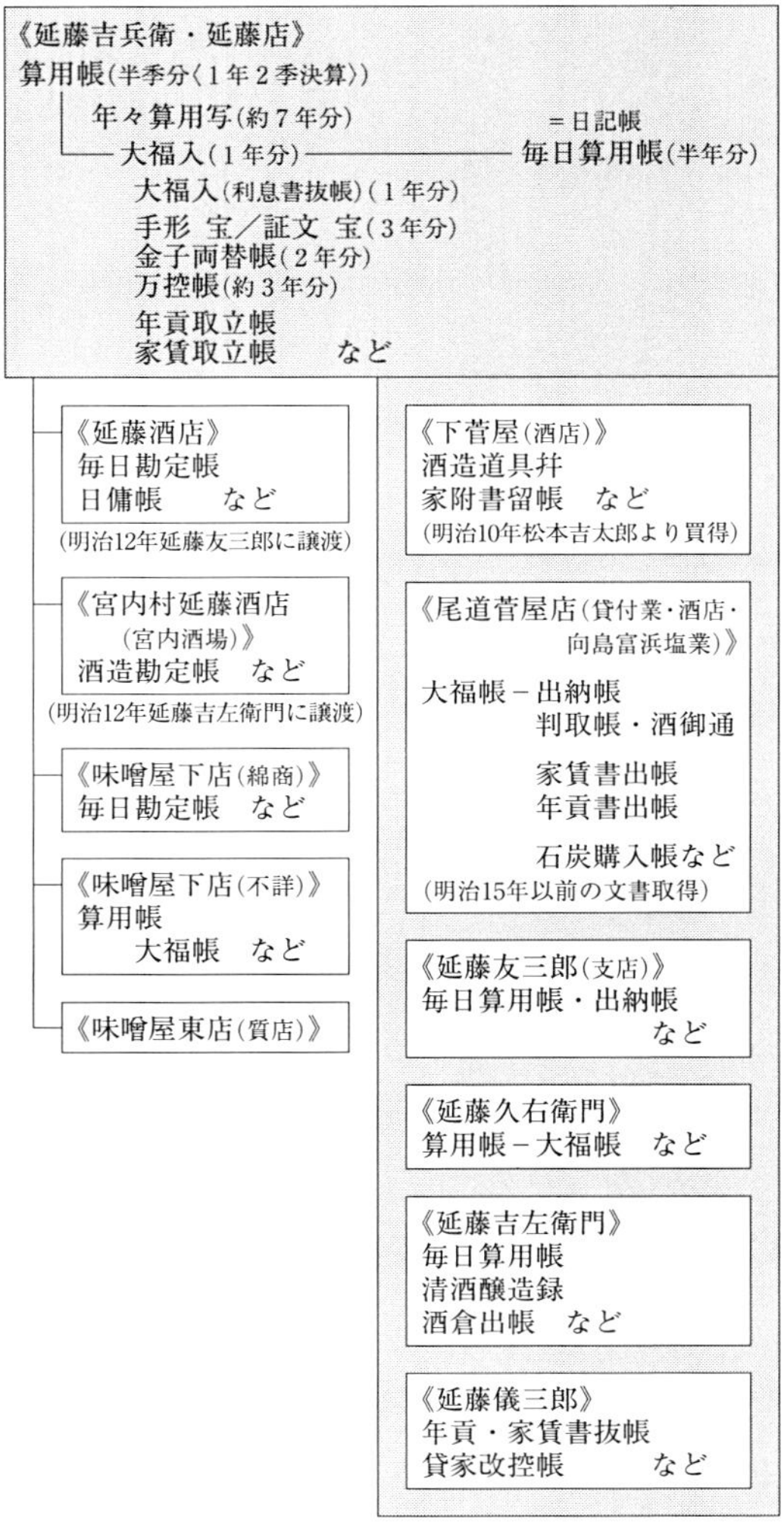

当する帳簿である。「毎日算用帳」[26]は「金銀受払帳」に記された記載を月ごとに集計し、さらに一年間の決算を算出・記録し、それを数年分記録していった帳簿である。また、「勘定扣」[27]は、各出店・塩浜などの経営組織から上がってくる決算報告を転記した帳簿で、一冊につき約一五年分の決算が記録されている。そして、この「毎日算用帳」と「勘定扣」をもとに作成された橋本家全体の総括的勘定帳簿（決算書）が「本家惣勘定帳」[28]である。

次に延藤家文書の場合をみると、本家における主要帳簿として、「毎日算用帳」「大福入」「算用帳」があった。同家の「毎日算用帳」[29]は橋本家と違い、日々の金銭出入りを列記した日記帳に相当するもので、半季使用の帳簿である。「大福入」[30]は、この「毎日算用帳」の記載をもとに取引内容別に項目わけして記帳した一年使用の帳簿であり、橋本家文書における「金銀受払帳」に相当し、多くの商家で「大福帳」と称される帳簿である。おそらく橋本家の場合も、「金銀受払帳」を作成するもとになる日記帳（延藤家における「毎日算用帳」に相当）があったと考えられ、現に明治期については日記帳が存在している。[31]「算用帳」[32]は、延藤家における総括的勘定帳簿（決算書）に相当する。なお、延藤家では、これらの帳簿とは別に「宝」[33]という表題の帳簿があり、これは同家の「毎日算用帳」の記載から手形貸付・証文貸付について抽出し数年分を記した帳簿である。

さて、この両家の帳簿組織から、次の点を共通項として指摘することができる。まず、橋本家の「金銀受払帳」や延藤家の「毎日算用帳」「大福入」などのように、一年使用の日常的な取引記録が存在することである。そして、これらの帳簿を基礎に、橋本家の「毎日算用帳」や「勘定扣」、延藤家の「手形　宝」「証文　宝」などのような複数年使用の経営管理・資産管理のための帳簿が作成され、さらには、それらの帳簿をもとに最終的な総括的勘定帳簿（決算書）が作成されているということである。

ところで、橋本家には明治三十四年（一九〇一）の帳簿目録[34]があり、そこでは同家が管理する商業帳簿を五種類（一か年限り使用主要帳簿・三か年使用帳簿・数年備付帳簿・補助簿・雑帳簿）に分類している。[35]このうち「一か年使用主要帳簿」は、もっとも日常的に使用される日々の金銭出入り記録である。そして「数年備付帳簿」は、台帳類を中心とした経営管理・資産管理のための帳簿であり、同家が近世以来用いてきた「毎日算用帳」や「勘定扣」も、まさにこのなかに位置づけることができる。なお、この目録には総括的勘定帳簿（決算書）が含まれていないが、明治三十年代には「金銀受払帳」が和式帳簿から洋式帳簿へ変わるのにともない、帳簿の末尾に損益計算書や貸借対照表が新たに貼付されるようになっており、この帳簿が決算書の役割を兼ねるようになっていた。[36]

以上のような、商家における帳簿組織の基本構造とその分類のあり方で注目すべきことは、商家にとって、日々の取引を記録する一か年使用帳簿がまず主要帳簿として認識されていたことである。この認識は、商家がなによりも帳簿の正確な「作成」を重視し、現用帳簿の管理に腐心した姿勢に合致するものといえる。そのうえで、商家としての経営を維持・発展させるために必要な経営管理・資産管理の帳簿として「数年備付帳簿」を必要とし、それ以外は「補助簿」であり、経営関係以外の帳簿は「雑帳簿」として分類したのである。

（2） 商業帳簿の証拠性への認識――『日本商事慣例類集』より――

ところで、商家の帳簿に対する価値認識のあり方として、日々の商取引に必要なものという価値認識と、経営管理・資産管理に必要なものという価値認識のほかに、もう一つ商家がもっていた価値認識の指標として、帳簿の証拠性への認識（証拠資料として有用なものという価値認識）があった。そこで次に、明治初年以前における商業慣行を調査した『日本商事慣例類集』[37]の記述をもとに、商業帳簿の証拠性についてふれておくことにしよう。

明治十七年（一八八四）刊行の『日本商事慣例類集』は、商法制定のための参考資料として、太政官商法取調委員が調査作成したものである。日本全国を網羅した調査ではないこと、調査方法が各地で異なり、答申内容も精粗の差が大きいことなど、資料的な不備は多々あるが、近世期の全国的な商業慣行を知るうえで、非常に重要な資料である。

『日本商事慣例類集』のなかで、とくに記述内容が詳細で信憑性が高いと思われるのは大阪の事例であるが、そのなかで、帳簿の証拠性について次のように記されている。

①其印章を押用するものは証拠に立つは論なしと雖ども、②自記のものを以て他人に対し証拠となるものは、当坐帳・市売帳・糶売帳・売上帳・直組帳等にして空行余白なく、売或は買を一切附込たるもの最も効力あり、③又大福帳の如きは（略）諸帳簿中の総括をなし、緊要のものと雖ども畢竟自家に於て緊要なるものにして、他人に対しては証拠となるの効力なく、則ち直接筆記せし前記当坐帳以下の如きものを以て、効力ある帳簿とす[38]

（番号は筆者が注記）

つまり、①取引相手からの証印をもらった帳簿は、証拠としての効力が当然あるものとみなされていた。この点は、京都の事例でも同様であり、「裁判上証拠となる者は、他人の押印あるものに限るなるべし[39]」と記されている。具体的には、金銭や荷物の「渡帳」「判取帳」などがこれに当たる。また、②みずからが記した帳簿のなかでもっとも証拠性が高い帳簿としては、当座帳・売上帳など、空行や余白がなく日々の取引一切を記したものが、もっとも効力が高いとみなされていた。一方、③諸帳簿の総括をなす重要帳簿で、一般に「大福帳」と称されている帳簿については、自家にとっては重要であっても、当座帳などから転記したものであるため証拠性は低いとみなされていた。つまり、証拠性という観点からみた場合にも、日々の取引や金銭出入をあますところなく記した日常的取引記録としての帳簿ほど、価値が高いと認識されていたのである。

総じていえば、商業帳簿のなかでもっとも証拠性が高いのは、相手からの証印を受けた「渡帳」「判取帳」などであり、それ以外の帳簿については、日々の取引を記した帳簿ほど、証拠資料としての効力が高いとみなされ

ていたといえよう。(40)

(3) 商業帳簿の保存と廃棄

では、以上のような商業帳簿への価値認識にもとづいて、各地における帳簿の保存年限は、実際どのように規定されていたのであろうか。

表2(章末に掲載)は、『日本商事慣例類集』に記された各地における商業帳簿の保存年限をとりまとめたものである。これによると、帳簿の保存年限は各地ともまちまちであり、明確な保存年限規定がない場合が多い。表の備考欄においても、「一定の慣習はない」あるいは「保存年限に決まりはない」「各自の適宜」といった記載が多い。また保存年限と使用年限にわけて記載している例もあるが、最初に記載した宮城の例では、使用年限と保存年限を混同しているようにもみえ、保存年の欄の記載も、実際の保存年数なのか使用年数なのか判別しがたいものが多い。しかし、このように保存年限の明確な規定がない所が多いということは、多くの商家が、帳簿を現用記録として作成・管理することに最大の注意を払っていた証しであると理解することができる。

一方、長期間保存される傾向にあった帳簿をみてみると、おおむね「判取帳」や「金銀出入帳」、さらに「大福帳」と称される帳簿が長期間保存されていたことが分かる。「判取帳」は、相手から取引の証印を受けるために作成される帳簿であり、証拠資料としてもっとも高い効力を有する帳簿として重視されていた。また「金銀出入帳」(日々の入金・出金を記した帳簿)は、「判取帳」に記される取引だけでなく、すべての金銭受け払いを記した帳簿であり、日常的な取引記録であると同時に、「判取帳」に記されていない金銭の受け払いについて疑義が生じたさいには、一定の証拠性を発揮するものとして重視されていた。また、「大福帳」は、近世以降全国的に広く用いられた帳簿の名称であり、商売繁盛を祈念する美称としてさまざまな帳簿にこの名称が用いられたが、多くは売掛金の発生・回収・残高を取引先別に記入する管理簿に用いられた。この売掛金管理簿としての「大福帳」は、さきに述べたように、証拠資料としての効力は低いとみなされていたが、それでも長期間保存されることが多かった理由は、商家にとって重要な資産管理帳簿であるのと同時に、日々の取引を取引先別に整理して記録した日常的取引記録でもあったという点に求められよう。つまり、資産管理と日常的取引という両側面を記録する機能をもった帳簿であり、その意味で諸帳簿を総括する重要帳簿として認識されていた（それゆえに「大福帳」と称された）と考えられる。

なお、表2によれば、商業帳簿の一般的な保存年限として、おおむね一〇年が一つの目安となっていたことがうかがえる。これについては、大阪府における次の記述が注目される。

> 保存年限は其帳簿の種類に因り、或は其商業に因り、又は其各自の家風に因り、一定の習慣なしと雖、前記七種類（大福帳・買帳・売帳・注文帳・金銀出入帳・金銀受取帳・荷物渡帳）及其他後證となるべきの帳簿は、長は十年以上にして、或は十年以下に於ても之を廃する者ありと雖、往昔貸金に係る證據は、期限後十年を過去ば無効に属する者と言る習慣なりしを以、十年以内の後證となるべき緊要の帳簿を、故なく廃することをなさず、唯帳簿のみならず往復の文書も亦然り、且往々世々保存して百年に及ぶ者あり[41]（傍線は筆者が注記）

つまり、金銭貸借に関する文書は、一〇年を過ぎればその証拠性がなくなるという一定の慣習的な考え方があり、それまでは大福帳などの重要帳簿を理由なく廃棄することはしないというのである。しかも、往々にして長期間保存し、一〇〇年におよぶものもあると記している[42]。明治二十三年（一八九〇）には旧商法が制定されているが、そのなかで商業帳簿について、一〇余年間という保存規定がなされたことにも留意が必要である[43]。『日本商事慣例類集』は商法制定には直接影響しなかったとされているが、一〇年を目安とする考え方は、近世以来の慣習として存在していたのである。

ところで、帳簿の廃棄に関する規定については、三井家などの大都市豪商の事例が知られている（三井家では元禄期（一六八八～一七〇四）段階からすでに家法のなかに廃棄に関する記述がある）。しかし、帳簿の廃棄規定は、近世の商家において一般的ではなかったと思われる。さきにふれた『商売繁盛大鑑』においても、廃棄に関する記述があるのは三井家のみであり、『日本商事慣例類集』の記述をみても、多くが慣習によって廃棄されていたことがうかがえる。廃棄の規定を有するか否かは、なによりも組織体としての商家の継続性の高さにかかっているといえる。つまり、五年後、一〇年後といった先の廃棄を規定することは、あくまで将来にわたる家の存続が前提である。さきの吉井家や延藤家の家訓・規則類にみられるように、一般的に相続自体が困難な商人身分の不安定性をふまえると、廃棄規定を設けることができたのは三井家のような一部の有力豪商であり、大多数の商家では、まず相続を実現するための経営管理と、そのための適切な帳簿の作成・管理にこそ最大限の注意を払っていたと考えることができる。

四　経営の転機と文書量との関係

これまで述べてきた商家における文書認識、あるいは規則にもとづいて行われる記録管理は、いわば通常の記録管理に属するものである。しかし、商家文書の蓄積過程は、実際には、こうした日常的・規則的な形での文書の蓄積だけでなく、経営の転機となる事態を迎えたさいに生じる、いわばイレギュラーな形での文書の蓄積過程をもともなっており、商家文書はこの二つの蓄積過程によって形成されるものといえる。近世商家の記録管理を考えるさいの、いわば補足的事項として、最後にこの点を考察しておきたい。

図2は、尾道町橋本家と府中市村延藤家の各文書群における帳簿の残存状況を年代別にグラフ化したものである。

図２－１　橋本家文書の年代別帳簿冊数

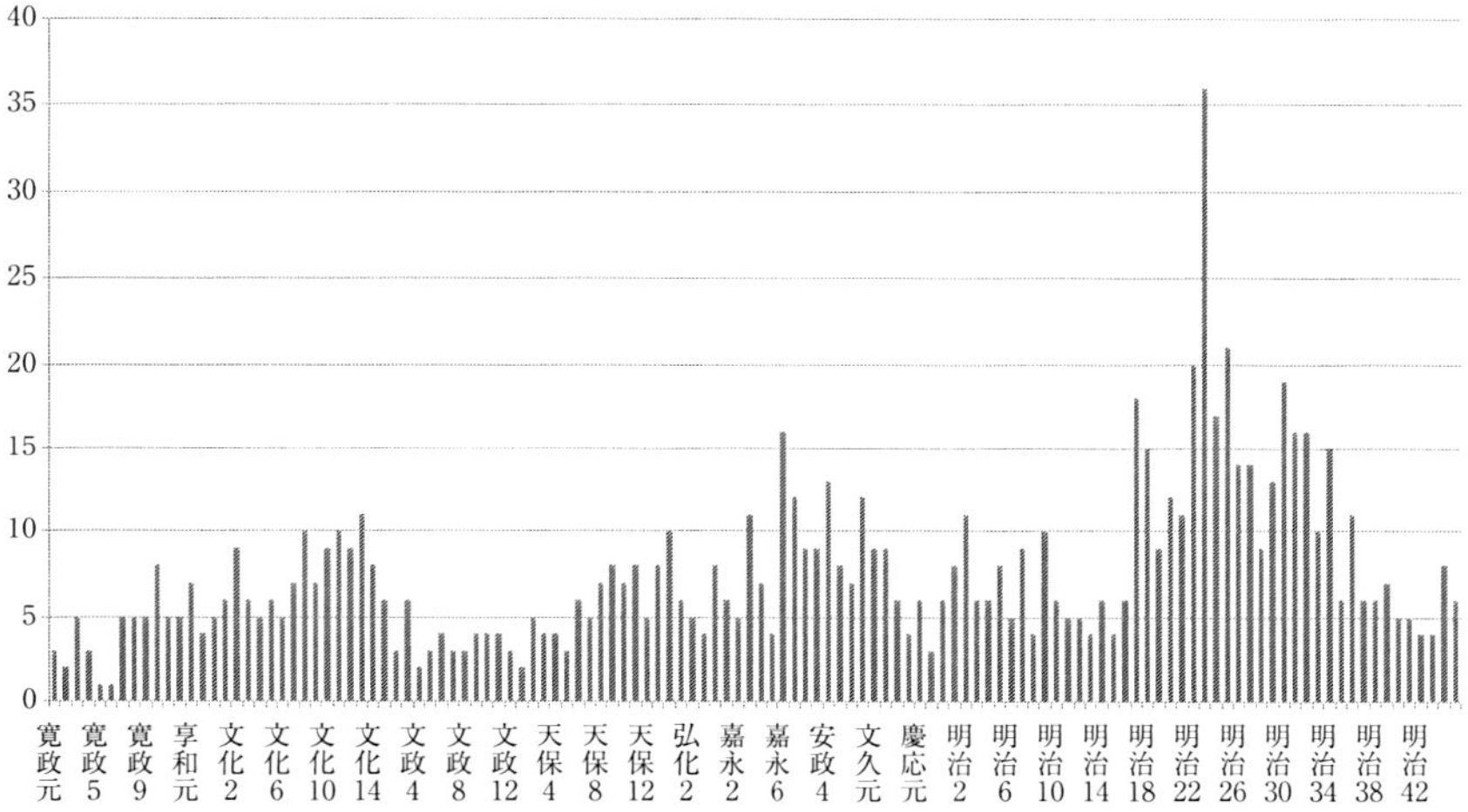

図２－２　延藤家文書の年代別帳簿冊数

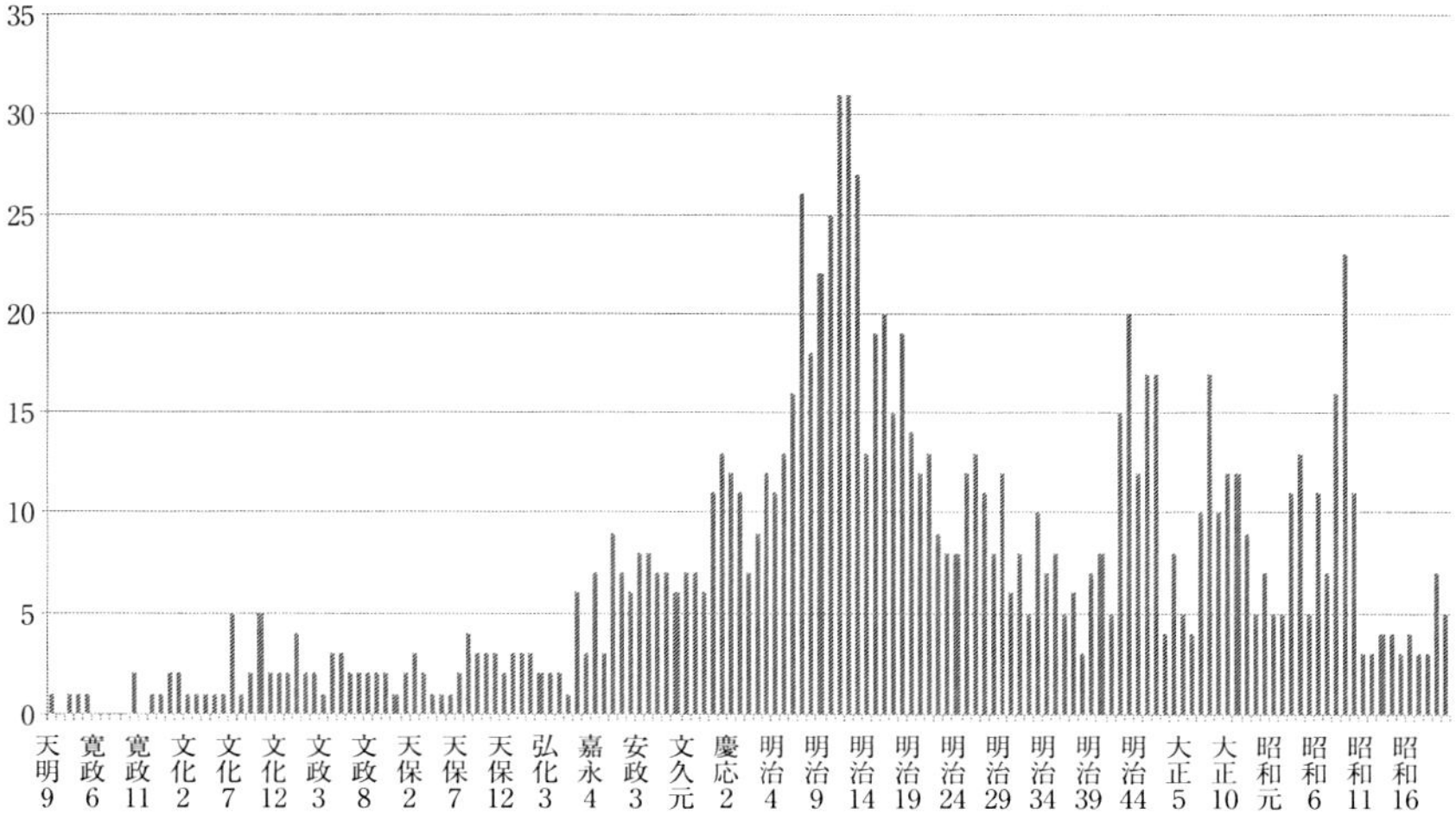

まず、橋本家における帳簿冊数の推移をみると、十八世紀末以降では、大きく三つの山がある。まず、寛政〜文化期（一七八九〜一八一八）には各年五〜一〇冊前後の帳簿が作成されているが、この時期同家では、本家配下の店の経営や塩田地主経営の拡大などがみられた。(44) また、二つ目の山である嘉永〜安政期（一八四八〜一八六〇）では、とくに嘉永六年（一八五三）に一六冊と多くの帳簿が作成されている。この年橋本家では松江藩（出雲藩）の廻米御用（「雲州廻米御用」）を担当することになっており、(45) 新たな御用を担うことにより帳簿数が増える結果となっている。さらに明治二十年代には三つ目のもっとも大きい山を迎えているが、この時期同家では、三原での新開地の開発・修繕をはじめとして不動産経営を拡大しており、これにともなって帳簿数も大幅に増加している。一方、明治三十年代以降、各年の帳簿冊数は急速に減少しているが、これは明治三十二年（一八九九）の内政改革(46)により、当主が尾道の第六十六銀行の経営に専念し、家業であった金穀貸付業やその他出店を閉店するという動きを反映したものである。橋本家の場合、おおむね商家経営の盛衰に比例して帳簿冊数が推移したといえよう。

これに対し、延藤家における帳簿冊数の推移は、橋本家とは異なった動きをみせている。延藤家の場合、明治期以降にいくつかの山があり、とりわけ明治十一・十二年（一八七八・七九）前後の大きなピークが注目される。この時期、同家では家政改革（三代目当主が死没し、四代目が幼少で相続したことによる改革）が行われ、本家の商業経営を実質分家一族の当主らが代行することとなった。明治八年（一八七五）に、表向きは四代目当主が家法を定めるという形をとったうえで、分家一族による本家経営の分課（業務分担）を行うこととなった。(47) 延藤家の一族である松本操次郎が明治十一年（一八七八）に作成した家政改革の建白書(48)によると、延藤家を一つの会社組織とし、本家当主を社長、分家当主を副社長とする「延藤社」を設立するという建白がなされている。この建白の採否は定かでないが、一族による本家業務の分課は、延藤家の経営にとって一つの危機であったといえる。

さきの図1に示したように、この家政改革によって、延藤家では本家が経営していた延藤酒店・宮内村延藤酒店を分家である友三郎・吉左衛門家へ譲渡する一方、下菅屋・尾道菅屋（菅屋は延藤家の二代目当主吉兵衛が相続するさいに別家した兄の家系）の各店を本家が吸収し、さらに分家一族の各家にあった主要な商業帳簿のうちの一部も本家で保管することとなった。そのため、この時期の帳簿が増大することになったのであり、経営発展に比例して増加したものではなかったのである。

また、明治四十三年（一九一〇）をピークとする前後の時期に二つめの山があるが、これは、五代目当主吉兵衛重醇の企業家・名望家活動に由来するものであり、なかでも同年の備後銀行設立と取締役就任が、この時期の帳簿冊数の増加にむすびついている。さらに昭和九年（一九三四）前後にも帳簿冊数が増加しているが、これは備後銀行が同年に芸備銀行（現広島銀行）へ業務一切を譲渡したため、備後銀行の本支店の帳簿のうち不要なものが延藤家へ引きとられたことによるものである。(49)(50)

延藤家の場合、帳簿冊数の推移は経営動向と密接に関連してはいるものの、むしろ経営危機や事業の撤退時に比例して文書量が増大したことがうかがえる。

以上のように、商家文書における年代別の帳簿冊数の動向をみると、その家の転機・画期に当たる時期に帳簿冊数が増大していることが分かる。それは商家としての発展にともなう場合もあれば、衰退もしくは停滞にともなう場合もあった。日常的・規則的な文書・帳簿類の作成管理に加え、業種の転換や一部経営の統合・廃止などにより、特定の時期の文書・帳簿量が増加するというイレギュラーな形での蓄積もあり、これら諸要因の複合によって一つの商家文書が形成されたと理解することができる。

おわりに

本稿では、商家における記録管理のあり方と、商家文書（とりわけ商業帳簿）への価値認識のあり方について、芸備地方の商家の事例を中心としつつ考察してきた。

まず、商家文書の特質（他の諸家文書や幕藩領主文書などと異なる特質）として、商人身分の不安定性と商業経営自体の困難さを背景として、商業文書（とりわけ商業帳簿）の正確な「作成」と、現用記録としての帳簿の管理を重視する価値認識を生みだした点を指摘した。また、商業帳簿への価値認識について、日常的取引に用いる一か年使用帳簿を現用記録として重視し、また経営管理・資産管理のための備付帳簿も重要帳簿として認識していたこと、また帳簿の保存については、その証拠性と資産管理帳簿としての重要性という二つの基準から慣習的に保存されてきたことを指摘することができる。また、商家における文書・帳簿類の蓄積は、日常的・規則的な蓄積だけでなく、経営の転機（発展の転機だけでなく衰退・停滞の転機も含む）に起因するイレギュラーな形での蓄積もなされ、それらの複合的な要因により一つの商家文書が形成されたことを最後に指摘した。

ここで、冒頭に述べた課題、すなわち、近世近代の諸家における記録管理のあり方を理解するための方法論として、本稿で述べた商家の記録管理についての理解がどのような意味（位置づけ）をもつのか、最後に考えてみることにしたい。

最初に述べたように、商家文書とは、いわゆる諸家文書の一形態であると考えられるが、そのことを概念化したのが図3である。諸家文書という範疇には、武家や町・村役人のほか、地主、商家など、さまざまな組織体の文書群が含まれるが、いずれの組織体の文書群も、その内部構成は領主関係文書、町方・村方（あるいは浦方）文書、地主経営文書、商業文書、家関係文書といった各種文書によって構成され、それらは公的領域と私的領域

図3　諸家文書の概念図

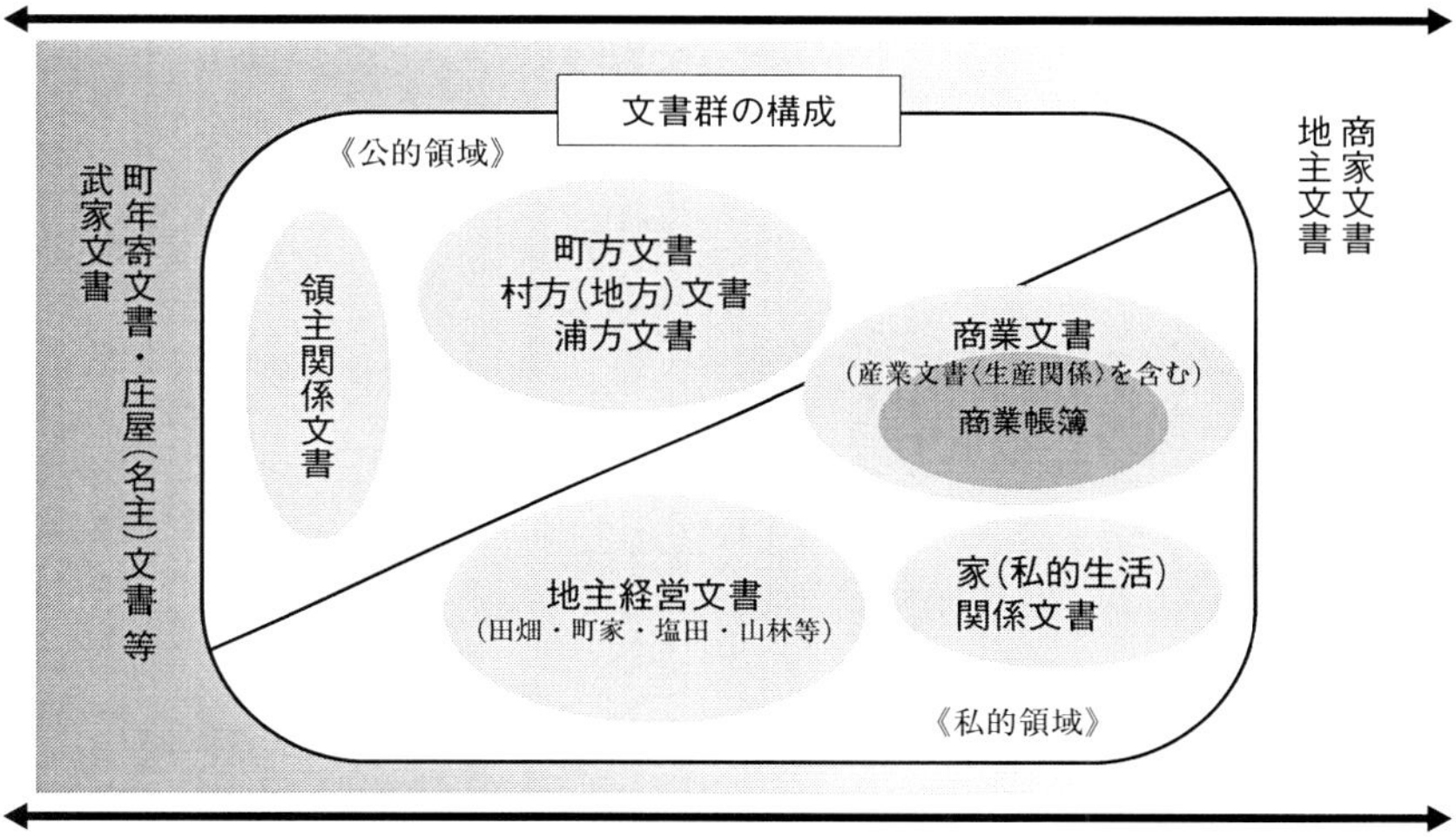

に二分された領域のなかで図のように位置づけることができる。つまり、武士・農民・商人は、それぞれ異なる身分でありながら、組織体として生みだす文書群に焦点を当てた場合、これら各種文書で構成される「諸家文書」という範疇でくくることができ、その構成比率の問題として考えることが可能である。

そして、武家や町・村役人の記録管理のあり方とは異なる商家の記録管理のあり方を明らかにすることは、より普遍的には、諸家文書のなかに含まれる商業文書（その核となる商業帳簿）の管理について明らかにすることでもある。商業文書は、商家にあっては文書群の大部分を占め、他の諸家においては文書群の一部分を占める。商業文書およびその中核的な存在である商業帳簿は、商家だけでなく地主や村役人の文書にも含まれるものであり、公的領域に属する領主関係文書や町方・村方文書に対し、私的領域に属する部分のいわば代表的存在ともいえる文書である。その意味で、商家の記録管理を明らかにすることは、諸家文書全般に関する記録管理への理解を深めることにつながるものといえよう。

(1) 近世の商家文書をめぐっては、古文書学としての成果や商家文書を素材とする歴史学研究の成果、および商家文書の調査報告書類は多数あるが、商家文書自体をアーカイブズ学的視点から論じた研究成果は少ないといわざるをえない。アーカイブズ学の成果としては、主に目録編成論の一環としてとりあげられている。具体的には、大藤修「近世文書の整理と目録編成の理論と技法――信州松代八田家(商家)文書を事例にして――」(大藤修・安藤正人編『史料保存と文書館学』吉川弘文館、一九八六年)、鶴岡美枝子「商家文書の目録編成」(国文学研究資料館史料館編『史料の整理と管理』岩波書店、一九八八年)、拙稿「商家文書における経営帳簿組織の復元と目録編成――備後尾道橋本家文書を事例として――」(『広島県立文書館紀要』第四号、一九九七年)などを参照。

(2) 商家文書の中心的部分を占める「商業文書」については、古文書学の分野でいくつかの成果がある。さしあたり『日本古文書学講座』第七巻・近世Ⅱ(雄山閣出版、一九七九年)、日本古文書学会編『日本古文書学論集』一三・近世Ⅲ(吉川弘文館、一九八七年)を参照。

(3) 冨善一敏「近世村落における文書整理・管理について――信州高島領乙事村の事例――」(『記録と史料』二、一九九一年)、同「近世地方文書の史料群構造」(国文学研究資料館史料館編『アーカイブズの科学』下、柏書房、二〇〇三年)、長沢洋「広島藩における割庄屋文書の引継について――安芸国賀茂郡吉川村竹内家文書と同郡上保田村平賀家文書から――」(『広島県立文書館紀要』第八号、二〇〇五年)。広島藩領では、賀茂郡の割庄屋であった竹内家・平賀家の両家とも、割庄屋交替のさいに文書引継目録が作成され、また村方文書の管理について藩権力側から具体的な指示がなされていた。

(4) 高橋実「近世における文書の管理と保存」(安藤正人・青山英幸編著『記録史料の管理と文書館』北海道大学図書刊行会、一九九六年)。

(5) 前掲註(3)長沢論文。安芸国賀茂郡吉川村の割庄屋竹内家では、村役人の文書引継について、郡役所からの達しを受けて大掛かりな文書の再整理が行われている。

(6) 『竹原市史』第二巻・論説編(竹原市役所、一九六三年)。

(7) 天和元年「米屋御先祖源兵衛様共遺訓」(元文三年写、広島県立文書館寄託・吉井家文書)。

(8) 明和六年「誠意翁之改家内掟書覚」(広島県立文書館寄託・吉井家文書)。

(9) 延藤家の経営活動については、中山富広『近世の経済発展と地方社会——芸備地方の都市と農村——』(清文堂出版、二〇〇五年)第一章第三節・第三章第一~三節を参照。
(10) 明治八年「序・規則」(広島県立文書館寄託・延藤家文書)。
(11) 宮本又次ほか監修・足立政男ほか編『商売繁盛大鑑——日本の企業経営理念——』一~二四巻(同朋舎出版、一九八四~八五年)。
(12) 前掲註(11)書一巻(佐野屋菊池家店教訓、二二四頁)。
(13) 前掲註(11)書二巻(東浦賀干鰯問屋橋本家店改革掟書き〈天保十年〉、二三四頁)。
(14) 前掲註(11)書二巻(川喜田家店定目、二六九頁)。
(15) 前掲註(11)書二巻(中井家家法—掟目、二〇頁)。
(16) 前掲註(11)書二巻(三木与吉郎家江戸店の式法、一九八頁)。
(17) 前掲註(11)書五巻(家内式法帳〈元禄八年〉、五九頁)。
(18) 大谷明史「三井両替店の帳簿とその管理方式」(『経営と歴史』八号、一九八四年)。
(19) 前掲註(11)書五巻(支配勤め集〈元禄十六年〉、七四頁)。
(20) 弘化元年「当家相続趣法子孫江申伝候ヶ条書」(広島県立文書館寄託・延藤家文書)。同年に二代目当主延藤吉兵衛重長が家督譲渡したさいに作成されたもの。
(21) 拙稿「近世の商業文書に関する諸考察」(『広島県立文書館紀要』第一一号、二〇一一年)。
(22) 「帳祝い」については、前掲註(21)拙稿を参照。
(23) 橋本家における帳簿組織については、前掲註(1)拙稿、同「近世近代における尾道豪商の経営活動と文書」(『広島県立文書館紀要』第五号、一九九九年)でも紹介している。
(24) これら四種の帳簿については、前掲註(1)拙稿で紹介している。
(25) 広島県立文書館所蔵・橋本家文書。「金銀受払(請払・請取)帳」は明治期以降のものが四〇冊あり、明治以前は、寛政五年(一七九三)・文政三年(一八二〇)・十年・天保七年(一八三六)・十二年・嘉永二年(一八四九)・万延二年(一八六一)・文久二年(一八六二)・慶応三年(一八五〇)の九冊がある。

(26)「毎日算用帳」は天保八年（一八三七）・九年・十一年・弘化二年（一八四五）・嘉永四年（一八五一）・安政六年（一八五九）の六冊がある。

(27)「勘定扣」は天保七年・嘉永三年（一八五〇）・文久二年（一八六二）・明治九年（一八七六）の四冊がある。いずれも一五年分程度の記載があり、この四冊で連年の記載となっている。

(28)「本家惣勘定帳」は文政八年（一八二五）〜万延二年（一八六一）で二五冊ある。

(29)延藤家の「毎日算用帳」は八九冊あり、うち五七冊は明治期のもの。明治以前のものは文政六年（一八二三）〜慶応四年（一八六八）で三二冊ある。

(30)延藤（味噌屋）吉兵衛名義の「大福入(大福帳)」は、寛政十二年（一八〇〇）〜明治二十六年（一八九三）で一一八冊あり、明治以前のものは九一冊ある。

(31)橋本家の「日記帳」は、明治三十三年（一九〇〇）〜昭和十九年（一九四四）で三八冊ある。

(32)「算用帳」は天明九年（一七八九）〜嘉永六年（一八五三）で六一冊ある。

(33)「宝」は安永九年（一七八〇）〜明治十二年（一八七九）で三三冊あり、明治十二年以外はすべて近世期のもの。

(34)明治三十四年「帳簿目録」(広島県立文書館所蔵・橋本家文書)。

(35)この帳簿目録の内容については、前掲註(23)拙稿（一九九九年）を参照。

(36)「金銀受払帳」の様式変化については、前掲註(23)拙稿（一九九九年）および広島県立文書館の展示図録『平成二十年度収蔵文書展　江戸・明治商家文書の世界――広島県立文書館の収蔵文書から――』(広島県立文書館、二〇〇九年)で紹介している。

(37)瀧本誠一校閲・司法省編纂『日本商事慣例類集』(白東社、一九三二年)。

(38)前掲註(37)書、七二頁。

(39)前掲註(37)書、七八頁。

(40)この点は、拙稿「近世日本の商家文書について」(国文学研究資料館アーカイブズ研究系編『中近世アーカイブズの多国間比較』岩田書院、二〇〇九年)および前掲註(21)拙稿でもふれている。

(41)前掲註(37)書、四五〜四六頁。

(42) 前掲註(40)拙稿（二〇〇九年）を参照。
(43) 明治二十三年四月法律第三二号（商法）第三四条。
(44) 寛政～文化期の橋本家文書には、本家配下の重蔵（十蔵）による質店の経営や同家支配人による肥浜（干浜）・富浜塩田の経営に関する帳簿類が多く含まれている。
(45) 橋本家の「雲州廻米御用」については、拙稿「近世後期尾道商人の経営と地域経済――橋本家の分析をもとに――」（地方史研究協議会編『海と風土　瀬戸内海地域の生活と交流』雄山閣、二〇〇二年）、森本幾子「雲州廻米御用と尾道商人――松江城下廻勤御用と出雲藩屋敷御料理仕出御用――」（『関西大学博物館紀要』一四号、二〇〇八年）を参照。
(46) 前掲註(23)拙稿（一九九九年）を参照。
(47) 前掲註(10)に同じ。
(48) 明治十一年「建白」（広島県立文書館寄託・延藤家文書）。
(49) 杉原茂『府中人物伝』下巻（一九八九年）一八四～二〇六頁。
(50) 創業百年史編纂事務局編『創業百年史』（広島銀行、一九七九年）七四七～七五〇頁。

表２　『日本商事慣例類集』（明治17年刊）にみる主要商業帳簿の保存年限

	最長保存年	一般的な保存年	最短保存年	長期保存帳簿	備考
宮城（宮城県）	数年	１年		判取帳・大福帳	たいては１年限りで新調。大福帳は１年もしくは数年用いており一定せず。
茨城県					
西葛飾郡／猿島郡	永年	10年		質台帳	通常の帳簿は10か年経過で破帳し、質台帳のみ永く保存する。
栃木県					
栃木県		約10年位			
下都賀郡／寒川郡		無期限			保存期限に一定の慣習はないが、およそ無期限である。
千葉県					
安房郡／平郡／朝夷郡／長狭郡	無期・永年	２～５年		金銀出入帳・当座帳・金判取帳・大福帳（台帳）	荷物判取帳の保存期限はその荷物代価の決算が済むまでとし、ほぼ２年位にすぎない。
香取郡		１年			保存期限はだいたい１か年を度とする。
山辺郡／武射郡					保存期限はない。
海上郡／匝瑳郡	50年	10年以上			保存期限は少なくとも10か年以上、多くても50か年を過ぎず。
東葛飾郡		１～３年			
東京府					
東京府庁		10年			諸帳簿の保存期限は約10か年を１期とする。
神田区					保存年限に決まりはない。
麴町区		１年			通帳・物品判取帳の２種は１か年をもって期限とし、その他は期限がない。
日本橋区					保存期限は別段の習慣を聞かないが大商人ではすべて保存する。
京橋区		５年以上15年以下			

浅草区		10年	1年		要用帳簿は概して10年間は保存する慣習がある。その他の小帳面は1年の終わりに廃帳とする。
本所区					保存方法は一定せず。
荏原郡	無期	3～10年	1年	金銀出入帳	仕入帳・金銀判取帳・荷物判取帳は10年。大福帳・日記帳は3年。水揚帳は1年。
東多摩郡／南豊島郡	30年内外	10年前後		金銀判取帳・荷物判取帳・大福帳・仕入帳・質物台帳	金銀判取帳・荷物判取帳・大福帳・仕入帳・質物台帳などは約30年内外保存する慣習。人により永く子孫に伝える者もある。その他の帳簿もだいたい10年前後経たなければ廃棄はしない。
北豊島郡		2～6年			用い終わった帳簿は約2か年ほど備えおき、他日の参考に備える。商業の性質により破帳にする年限に遅速があり、質屋渡世は6か年備えおくのを定例とする。
下谷区	100年 以上				昔時は主だった問屋では旧記を蓄える者が100年以前のものを保存する例もあったが、維新後その慣習は一変し帳簿を保存する者が少なくなり、だいたい2～3年間にとどまっている。
赤坂区	永年				維新以前は質屋・古着屋・古着買・古道具屋・小道具屋・古銅買・唐物屋・古銅屋（八品商売人と称す）の帳簿は永久保存すべきものとし、災害や虫食い等に遭った時は本人より名主の加印を得て町奉行へ進達することになっていた。維新以後は一定の方法なし。
東京	50年以上				維新後は帳簿を10年以上保存する者は甚だ少ない。近年は2～3年保存が多い。
質屋		5～10年			
呉服太物屋		3～10年			保存期限は3～10か年を1期とする。
材木問屋	無期限	約1か年		大福帳	大福帳は無期限。
米穀問屋		2か月～1年			以前は短くて2～3年保存していたが、現在は貸売などの商いが多くないことから約2～3か月ないし1年で解帳する。
魚問屋・魚仲買	10年	半～1年		仕入帳・判取帳	仕入帳・判取帳は10年を1期として保存する。
薪炭問屋		5年			保存期限は5か年をまず1期とする。

	最長保存年	一般的な保存年	最短保存年	長期保存帳簿	備考
酒問屋		7～8年	1～2年		
鰹節問屋		10年			保存期限はだいたい10か年を1期とする。
神奈川県					
三浦郡		約10年			使用は1か年を限り、保存は約10か年。
橘郡		約1～10年			保存期限は不同。約1か年より10か年の間。
北多摩郡					保存期限は各戸の習慣により確認することができない。
足柄下郡	無期			大福帳	大福帳は最も肝要であり無用となるまで保存する。保存期限は各自の適宜により、習慣は一様でない。
勧業課	永年				保存期限は限らず永遠に保存する慣例である。
横浜	10年	1～2年			
福井	10数年	1年			保存期限は各自の適宜。
武生	5年	1年			保存期限は1か年ないし5か年も用いるものがある。(使用期限カ)
飯田	50年	10年以上			
岐阜県					
武儀郡		1年			
安八郡		5年以上			保存期限は一定しないが、中等以上の商人では少なくとも5年以上保存する。
不破郡		1～10年			
厚見郡各務方縣郡郡		10～20年			当座帳・売帳（大福帳・大宝恵）・買帳（仕入帳・仕切帳・元帳）・金銭出入帳は10～20か年保存。
多芸郡／上石津郡					貸借の完結したものは適宜によって存棄する。
大野郡／池田郡					保存期限は各自適宜にて一定せず。
羽栗郡／中島郡				大福帳・仕入帳・判取帳	大福帳・仕入帳・判取帳の類はなるべく保存するが、一定の期限はない。

岐阜県					
恵那郡	永年		1年		保存期限は商業の性質と商家の習慣により永遠保存するものと1年限りのものとがある。
加茂郡		1年			
大垣郡		5年以上			保存期限は一定しないが、中等以上の商人では少なくとも5か年以上保存する。
恵那郡中津川村		1～2年			
下石津郡高須町					保存期限等は一様でない。
羽栗郡竹ヶ鼻村		1年			保存期限はすべて1か年。余白があれば翌年も用いることがあるが、これは小商人が行うことで、独立し資格ある商人は行わない。
山縣郡高富村		12か月			保存期限は普通12か月ごとに改正する。
武儀郡上有知村		1年			
不破郡垂井村		3～5年			
大野郡三輪村		1年			
穴八郡神戸村		1年			保存期限は1年を期限とするものが多い。しかし、質屋等は7・8年もしくは8・9年を期限とする。
多芸郡島田村					保存期限は各家により異なる。
恵那郡岩村	永年		2～3年		
加茂郡細目村		1年			
可児郡御嵩村		3～5年			
恵那郡明知村	永年		1年		
武儀郡關村		14～15年			当座帳・商売品当座貸通帳・金銭出入帳は14～15年。
加茂郡太田村		1年			
郡上郡		10年			保存期限は各家まちまちであるが、おおむね10か年ほど。
静岡県					

	最長保存年	一般的な保存年	最短保存年	長期保存帳簿	備　考
静岡県 商家の分	10年	1～5年	1年	金銀出入帳	総勘定元帳・大福帳・買入帳・売渡帳は5年。書抜帳・倉庫帳・売上帳は3年。当座帳・荷渡帳は1年。
船問屋の分	10年	1～5年	一時	金銀判取帳・金銭出入帳	荷物預帳・荷物調帳・荷積帳・運搬口銭帳・倉敷帳・運賃仕払帳・荷物引合帳・荷物判取帳は5年。出払帳は2年。扣船船積帳・蒸気船積帳・和洋水揚帳・当座帳・仕立帳・荷受帳は1年。輸出帳・荷受帳・荷渡帳は一時。
有渡郡／安倍郡		1年			
引左郡／麁玉郡	紙数の尽きる限り	1年		金銭出納簿・金銭判取帳・輸出帳	仕入帳・売帳・当座帳は1年。
賀茂郡／那賀郡					中等以上の商家では先祖代々以来の帳簿を保存する。それらは主に金銀・物品の貸借に関するもの。
佐野郡／城東郡	永年	10～35年		大福帳	出入帳は10年以上。当座帳・売上帳・判取り帳等は35年備えおく。
愛知県					
中島郡			1年		当座帳・仕入帳は1か年保存。台帳・金銭出入帳は精算済みまで保存。保存期限のない分はすべて精算まで用いる。
名古屋区		3～5年			保存期限はその帳簿の終わった時より満3～5か年。
知多郡					保存期限はまちまちで一定の慣例なし。
南設楽郡		5～10年			旧簿冊はたいてい10年ないし5・6年を経て廃物とする。
渥美郡		3年			帳簿調査は1年を限る習慣。
海東郡／海西郡		6～7年			帳簿は1か年用いる慣例であるが、保存期限は一定の慣例がない。
愛知郡		10年			
丹羽郡／葉栗郡					保存期限等に一定の法則はない。
三重県					
鈴鹿郡		3年以上5年以下			保存期限は家風により一定せず。

一志郡		5～6年		大福帳	概して豪商は大福帳を5～6年保存する。その他はその年限（使用年限カ）で廃毀する。
朝明郡	無期	10～20年		金銭出入帳・大福帳	保存期限は商家の大小により甚だ異同がある。中等以上では金銭出入帳・大福帳は身代ある限り保存し、その他の帳簿は10～20か年間とする。ただし諸帳とも年々改製し1月に起こり12月に止めるのを例とする。
名張郡／伊賀郡					諸帳簿の保存は期限がないが、通帳は半年を限りとする。
大津	50年	10年	2～3年		
京都	幾年も		1年	大福帳・金銭判取帳	幾年も留めおくものもあれば1年1年切り解くものもあり、各家によって異同があり一定せず。ただし大福帳・金銭判取帳などは各商家とも幾年も留めおいている。その年数は各々の家風による。
大阪	10年以上			大福帳・買帳・売帳・注文帳・金銀出入帳・金銀受取帳・荷物渡帳	10年以下の帳簿を廃棄する者もいるが、往借の貸金に関する証拠となるものは期限後10年以上過ぎれば無効になるという習慣があることから10年以内の後証となるべき緊要の帳簿を故なく廃棄することはせず。往復文書も同様。100年保存におよぶ帳簿もある。
堺		10年以上			13種の帳簿は毎年1月をもって新規の帳簿に改める。
兵庫	永年	10～20年		主要原簿（大福帳など）	通常10～20年で廃帳とするものが多い。
馬関	60～70年	8～9年			保存期限は通常8～9年だが、稀に60～70年保存する者もある。
徳島					商家によって保存年限は異なる。
高松	10年		1年		速やかに完結する帳簿は保存期限が短く、完結が遅い帳簿は保存期限が長い。
松山	5年	1～3年	1年	→「備考」	買帳（仕切帳・仕成帳）・金銭判取帳・荷物判取帳・当座貸帳（売掛当座帳・貸売帳）・本帳（大福帳・元帳・台帳）・入質帳（質台帳）
熊本					保存期限等に一定の慣習はない。

出典：瀧本誠一校閲・司法省編纂『日本商事慣例類集』（白東社、1932年）。

萩藩士家における「御判物・御証文」の保存と管理

山﨑一郎

はじめに

福田千鶴氏は、近世文書のうち、①将軍家、大名家、旗本・御家人家、藩士家に蓄積された文書群と、②幕府、藩庁に伝来した文書群とをあわせて武家文書（幕藩文書）とし、さらに、③江戸幕府・将軍から領地判物・朱印状を発給された公家・寺社に伝来した文書群を含めて、領主文書と呼ぶとしている(1)。

この区分にいう近世の武家文書のうち、大名家や幕府・藩庁の文書に関しては、その保存・管理のあり方や史料群構造に関する検討が徐々に進みつつある(2)。一方、藩士家文書の場合、史料保存機関が刊行する目録で、史料群の概要や伝来経緯などが詳細に解説されるケースが増えており参考になる(3)。しかし、藩士家という家組織における文書の保存・管理のあり方、あるいは藩士家文書という史料群が有する構造的特質に関する検討はいまだ多いわけではない。

藩士家文書のなかでも、高野信治氏が「給領領主」と概念化するような上級藩士家であれば(4)、伝来史料群が大きく、検討の手掛かりを得やすいケースもあるが、逆にその史料群の膨大さゆえ、長期にわたる総合的な研究が必要とならざるをえない面もある(5)。そうした史料群は、家の長い歴史を反映して、中世文書や近代文書を含んで構成される場合が多く、そのことが検討をより困難なものとする。一方、中小藩士家の場合、概して伝来史料群が小さく、また伝来の過程で、系図や由緒書あるいは本稿で扱う「御判物・御証文」など一部の文書のみが残され（家による選別）、結果、本来の史料群構造がみえにくいケースも多い。これらの点は、藩士家文書という史料群の構造的特質を解明するさいのひとつのネックになる。

現状において、藩士家文書の編成・記述は、いわゆる主題別分類に依拠するケースが多いように見受けられる。それは、藩士家という家組織がどのような文書記録を生みだし、その結果、藩士家文書という史料群がどのような構造的特徴をもつのかという問題について、いまだ議論が深められていない点にも理由があるだろう。筆者自身、この問題への十分な回答を持ち合わせているわけではない。現時点では、藩士家文書という史料群への理解を深め、史料群の構造的特質、その編成・記述のあり方を考えるための基礎研究となるよう、藩士家という家組織、そこでの文書の作成・保存・管理のあり方について検討を積み重ねることが必要ではないかと考える。

こうした問題関心からみた場合、藩士家での文書の保存・管理を扱った近年の成果として、大名細川氏の家老松井家文書を対象とした八代市立博物館未来の森ミュージアムの企画展「松井家文書の世界――江戸時代の武士が大切にしたもの――」があげられる[6]。文書箪笥や文書箱などの保存容器、伝来文書の多様さ、保存形態からみえる文書の価値・機能など、上級藩士家の文書管理の具体像を示す貴重な成果となっている。また、秋田藩での藩主発給の御判紙をとりあげ、モノとしての文書の価値・役割を論じた大友一雄氏の研究が注目される[7]。氏の意図は、近世の身分制的秩序のなかで御判紙《ごはんし》が担うことになった役割（藩主権威の維持、諸士支配の装置）、その物神化のあり方を検討する点にあるが、藩士家における御判紙の保存・管理について示唆を得る点が多い。

本稿は、以上のような認識を前提に、藩士家での文書の保存・管理に関する研究の蓄積を意図し、旧藩士家に残ることの多い「御判物《ごはんもつ》」「御証文《ごしょうもん》」などと呼ばれる文書を対象に、その保存と管理について検討したい。

藩士家文書のなかには、「御判物」「御仕書《ごじゅうしょ》」などと記された文書箱に収められたものや、巻子や掛軸に表装されたものなど、他文書とは異なる扱いをされた文書が珍しくない。筆者が日頃接する萩藩士家文書を例にとれば、そうしたなかには、その家の中世武家としての歴史にかかわる文書――戦国～織豊期、大内家や毛利家から発給された書状、感状、安堵状、奉行人奉書、さらには鎌倉～室町期の文書など――や、藩政期に藩主や加判役から発給された文書――藩主書状、黒印状、知行宛行状、加冠状、加判役奉書など――が含まれる。(8) 家によって文書に幅はあるが、これらは藩政期、「御先祖様（毛利家の意）より被下置候御判物・御書并御証拠物」あるいは「私先祖江被下置候御感状・御証文」などと表現されることが多い。(9) 本稿では、これらを「御判物・御証文」と総称する。

「御判物・御証文」は、その家の歴史、由緒を伝えるもの、主君毛利家とのつながりを示すもの、藩士としてのさまざまな権利を保障するものであり、各家において特別視・重要視され、一体のものとして意識され管理された場合が多い。これらの文書は、現代においては、利用者（たとえば中世史、近世史研究者）の問題関心により文書ごと別々に利用されることも多い。しかしアーカイブズ学の立場からは、藩政期にそれらが各家で一体のものとして扱われた点を重視し、その一群の文書が各家でどう意識され保存・管理されたかを掘り下げる視点も必要と考える。

本稿では、山口県文書館に所蔵されている萩藩士の家文書を対象としながら、右の問題を考えたい。(10) 山口県文書館には七〇を越える萩藩士家の文書が収蔵されている。一門、寄組といった上級藩士から、無給通など給地をもたず禄米を支給される下級藩士の家文書までを含む。それらさまざまな身分の藩士家の事例を拾い集めることによって、萩藩士家においてある程度共通する文書の保存・管理のあり方、その特徴を浮き上がらせてみたい。

また、「御判物・御証文」の保存・管理のあり方は、藩の動向にも大きく影響されたと考えられる。この点についても検討する。

一　「御判物・御証文」の継承

萩藩の上級藩士・寄組山内就通は、寛文三年（一六六三）八月、子孫に向け「至子々孫々、宜有心得条々、静世之時節調置一通」と題する書置《かきおき》を作成している(11)。三か条からなる書置の最初には次のようにある。

一、当家旧代之重書幷御判物、系図、諸証文等不可分失事

伝来の什書、御判物、系図、証文類を紛失しないように、という戒めである。第三条には毛利家への「忠節可有無二之覚悟」ことが記されるが、藩主家への忠節を命じる条文に先立ち、まず什書、系図の保存を強調する条文が掲げられる点が興味深い。ここからは、「御判物・御証文」の保存・継承が重視されていたことがよくわかる。

山内家は、中世には備後国恵蘇郡地毗荘を本拠とする国人領主で、のち毛利家の傘下に入り、関ヶ原の戦い以後は毛利家に随い防長に移り萩藩士となった。同家文書はすべて『大日本古文書　山内首藤家文書』に翻刻されている。同書には承久三年（一二二一）～元文三年（一七三八）の文書五六七通が収録され、そのほぼ四分の一が鎌倉・南北朝期、半数近くが戦国・織豊期、残りが藩政期の文書である。鎌倉期の文書は所領の由緒・相続、争論関係、南北朝期は軍忠状、着到状の類、室町期は備後国守護山名氏の判物類、戦国期は大内・尼子・毛利氏など中国地方で覇権を争った諸大名の判物、書状類が大部分を占める(12)。書置にある「当家旧代之重書幷御判物」「諸証文」には、これら藩政期以前の文書が間違いなく該当する。加えて、寛文期以前の藩政期の文書、藩主直書や加判役奉書なども含まれたであろう。

山内家の例にみえるように、各家にとって伝来の「御判物・御証文」は、決して散逸させることなく代々引き

継いでいくべきものであった。それゆえ、代替わりのさい、文書の譲渡を明記した譲状が作成された場合もある。その例として、中級藩士・大組能美家のケースを紹介する。

能美家は、もとは安芸国能美荘（現、広島県江田島市）の開発領主の系譜をひき、荘官として能美荘で勢力を伸ばし武士化した家である。遅くとも十五世紀なかば頃までには大内氏の傘下に入り、付近の呉・蒲刈の武士団とともに「三ヶ島衆」と呼ばれた水軍として活動した。その後、宣通（永禄十年〈一五六七〉死去）の代から毛利氏に仕えたと伝えられており、関ヶ原後は毛利氏にしたがい防長に移り住み萩藩大組士として活動した（禄高七五石余）[13]。能美家文書には、藩政期以前の文書が一九通残る（推定年代分含む。写は除く）。能美荘に関するものなど鎌倉～室町期の文書六通、譲状二通を含み、残りは戦国～織豊期に毛利家や毛利家奉行人から発給された文書が占める。

元和八年（一六二二）二月十日、当主能美宣仍が孫の内蔵丞元古に家督を譲ったさい、宣仍から元古に宛て、次のような譲状が作成されている。

以上

我等一跡之事、無残譲遣候、仍永禄三年已来隆元様・輝元様御証判五通幷御打渡等副遣候、以此旨後々無緩御公役目遂其節御奉公連続可仕事肝要ニ候、無相違所令与奪如件

元和八年壬戌二月十日　能美 筑後守（印・花押）

孫 内蔵丞殿

〈能美家七－一三〉

家督の相続にともない、過去に毛利家から発給された文書があわせて譲られている。「永禄三年」とあるのは、

能美家に残る毛利家当主発給文書ではもっとも古い、永禄三年（一五六〇）の毛利隆元知行宛行状を指す〈能美家八－一〉。「隆元様・輝元様御証判五通幷御打渡等」とは、この文書のほか、毛利輝元が能美氏に宛てた永禄十年と天正四年（一五七六）の知行宛行状、永禄十年の加冠状、天正四年の官途書出、藩政期に入り宗瑞（輝元の法名）名で発給された慶長十六年（一六一一）の知行宛行状が該当する可能性が高い。譲られた文書は戦国期から藩政初期のもので、いずれも毛利家当主の花押が据えられている。

このうち慶長十六年の知行宛行状は、元和八年当時現実に効力をもつ文書であるが、それ以外の知行宛行状（藩政期以前の文書）はすでに宛行状としての効力を失っている。譲られた文書は、現実の効力いかんよりも、主君と能美家との歴史的な関係を証明するものとして意味をもつ。その点で譲状にこれら文書が明記されることは十分理由がある。

ところが、同日付けで次のような文書の譲状も作成されている（傍点筆者）。

（尚々書略）

追而悴家芸州能美庄重書四通、当時不入物候へ共渡遣候、能々可嗜置事、尤肝要千万ニ候、恐々謹言

元和八
二月十日　　　能　筑後（印・花押）

内蔵丞殿　　　　　　　　　〈能美家七－一四〉

ここでは、宣仍から元古にあて「芸州能美庄重書」四通が譲られている。具体的には、現在伝来する能美荘関係の文書を含んだ鎌倉～室町期の文書六通のいずれかが該当すると推測される。[14] 注目したいのは、前当主宣仍がこれらの文書を、「現在ではもう不用なものであるけれども」と述べていることである。

この譲状が作成されたのは、関ヶ原以後、本貫の安芸国を離れた能美家が、萩藩士として活動を始めて二十数

年が経過した時点である。能美荘関係の文書はすでに何の効力ももたない。その点は宣仍も十分に認識している。そのうえで宣仍は、これを新当主元古に譲り、「よくよく嗜み置くべき事、尤も肝要千万に候」という。『新訂山口県方言辞典』によれば、「たしなむ」には、「大切にする。保存する」という意味がある。(15)「能々可嗜置」とは、まさに文書を大切に保存しておくようにという意味である。すでに現実的な効力を失った文書の保存と継承が次の当主へ申し送られたのは、それが家の由緒、歴史を示すものとして重要という意識からであろう。

能美家では、一三〇年後の宝暦三年（一七五三）にも、家督相続のさいに文書の譲渡が譲状に明記されている。

譲状

隆元公御判物壱通、輝元公御判物七通、宗瑞様御判物六通、綱広公御判物壱通、御打渡壱通、御奉書九通、御奉書直当四通、御袖判物三通、義興公御感状壱通、入道太宰大弐家政公下知状壱通、系図壱巻、下状弐通、譲状五通、普（譜）録御尋ニ付差出候控壱冊

以上

右之条々不残、尤持懸知行高七拾五石之定譲渡候、堅固遂御奉公無相違可相拘事肝要候、仍執達如件

宝暦三癸酉
正月廿六日　　能美太郎右衛門宣久（印・花押）

息
弥四郎宣定殿

〈能美家三一〉

ここでは、元和八年時点よりも多くの文書が具体的に示され、知行とともに前当主宣久から新当主宣定へと譲り渡されている。掲げられているのは、系図のほか、鎌倉・室町・戦国・織豊各期の文書、さらには藩政期の文書におよぶ。最後の「普録御尋ニ付差出候控」は寛保年間に能美家が藩へ提出した家譜「譜録」（後述）の控で

ある。これら文書のうち、「(大内)義興公御感状」以外はすべて現在も能美家文書として伝存している。

二 「御判物・御証文」の保存

(1) 文書箱と巻子装

本節では、各家での「御判物・御証文」の保存のあり方を考える。関連する範囲で、「御判物・御証文」以外の文書にもふれる。

「御判物・御証文」の保存方法として一般的なものに文書箱に収めるあり方がある。管見の範囲だが、萩藩士が「御判物・御証文」を文書箱に収めていたことがわかる早い時期の例に、寄組山田家のケースがある。同家では、元禄八年(一六九五)に当主山田五左衛門が「御先祖様御感状・御書数通之都合控帳」を作成している〈山田家一二三〉。これは先祖山田民部丞満重、出雲守重正に宛てられた「御感状・御書」の管理目録である。この目録から、文書は二つの箱に分けて収められていたことがわかる。毛利元就・隆元・輝元、小早川隆景、吉川元春らの感状や書状など一六通を収めた「朱ノ小文庫」(「掛子有之」とあるので内部二段の箱)と、百十数通の文書を収める「黒塗ちつ(剔)金文庫」である(蒔絵の箱か)。「朱ノ小文庫」に別置された文書は、寛文期に山田家が藩に提出したものであり(「寛文期御証文」)、藩による「御判物・御証文」提出指示が、各家での文書管理に影響した例としても注目される(後述)。

一方、「御判物・御証文」は巻子にされるケースも多い。山口県文書館所蔵の萩藩士家文書七〇のうち、二一家で巻子装となった「御判物・御証文」を確認できる。

中世石見国の国人領主としての系譜をもつ寄組口羽家は、天和二年(一六八二)以前、「洞春公(毛利元就)より御代々御先祖様方より被下置候御判物・御書幷御証拠物」を「末世に至りちり〳〵に不相成ために、帖二巻に縮置」いている〈口羽家二七八〉。巻子装は、文書を分散させることなく一元的に管理するうえで有効である。

前掲寄組山内家の場合、巻子は甲一〜一五、乙一、丙一〜四、丁一、戊一〜三の計二四本があり、いずれも「文徴」と題されている。甲は、承久三年（一二二一）から延享二年（一七四五）にいたる文書を当主別に集めた巻、乙は戦国〜近世中期の加冠状、一字書出を集めた巻で「賜諱改名」と題されている。丙は「往来雑簡」とあり、甲に含めなかった雑多な書状類を当主別（年代順）にまとめた巻、丁は婦人など当主以外あての書状類、戊は分家や家臣などの文書となっている。当主別・人別の配列を基本としつつ、文書の種類による分類（「賜諱改名」の巻）もとり入れている。中世武家としての歴史をもち、それにともなう文書を大量に所蔵する上級藩士、たとえば一門右田毛利家（安芸国国人領主天野氏の系譜を引く）などでも、同様に中世〜近世の文書を当主別にまとめ巻子としている。

一方、前述の寄組山田家の場合、元禄期には二つの箱に「御判物・御証文」を収めていたが、のちにそれらを巻子に仕立てている。巻子は、「御感状」三軸、「御判物」一軸、「家名相続御奉書」一軸、「下総守当役之中御印判物」一軸、「御書幷御判物」一軸で、文書を種類別にわけている。巻子への表装は文化三年（一八〇六）以前とみられるが、残念ながらその経緯は明らかにしえない(16)。また、中世村上水軍の流れをくむ寄組村上家文書の場合、巻子に「毛利家・小早川家ヨリ御書」「諸家ヨリ感状」などの題箋があり、発給者別に文書を表装している（ただし、表装時期は不明）。

特徴的な巻子として、手廻組厚母家伝来の「厚母家支証」と題された巻子がある。同家では「代々相伝之什書数多」所持していたが、七郎兵衛が先大津宰判向津具に在番中の承応二年（一六五三）八月、台風のため番所が壊され、番所に持ち込んでいた家伝の文書が数多く失われた。そこで「纔残所取集」めて巻子に表装したという〈厚母家巻二〉。この巻子では、文書ごとにその内容や発給されたさいの簡単な説明が記されている。興味深いことに、前述の理由により文書が失われている場合、文書の写を貼り入れたり、内容を記したうえで、（文書がないので当然であるが）該当部分を空白のまま明けたりしている。巻子は、原文書を添付した厚母家の「家譜」としての役割も担っていた。

萩藩士家に伝来した巻子に関し、その成巻のあり方を検討したものは門司家文書を対象としたものがあるのみである。[17] それによれば、巻子は成巻後も、場合により解体され成巻され直すケースがあったという。巻子は表装時期の特定が難しく、関連情報も少ない場合が多いが、表装のあり方や文書が巻子にされた経緯、その意味に注目した研究も必要と思われる。

（2）寄組堅田家における文書管理

藩士家での文書管理のあり方を示すものとして注目されるのが、寄組堅田家の例である。堅田家は萩藩最上層である一門に次ぐ寄組、その筆頭の位置を占めていた家である。

堅田家では、弘化二年（一八四五）八月に「御判物并御密用物控」と題する文書の管理台帳を作成している。[18] これは、「に印九番」の長持に収めた戦国期から藩政期の「御判物・御証文」類――下限は十一代藩主斉元（天保七年〈一八三六〉死去）の発給文書――および絵図の台帳である。宮崎勝美氏が指摘しているが、[19] 堅田家は、先祖元慶が毛利両川の一人小早川隆景と深い関係にあった縁で、江戸時代、小早川家伝来の重要文書を多く持ち伝えていた。それゆえ台帳には、堅田家の家文書に加え小早川家の文書が多数含まれている。

この台帳によれば、各文書はム印一～四四番、ウ印一～四五番の番号が付され、ム印の文書は二つの箱に、ウ印の文書は一つの箱に別々に収められていた。宮崎氏の分析によれば、ム印が付された文書は二二巻、一五冊、二八通、四六枚、六袋ほか、ウ印は三六巻、二袋ほかで構成された。大名家や藩庁において、文書に管理番号を付して管理した例は珍しくないが、藩士家でも同様の管理方法をとるケースがあったことがわかる。

興味深いことに堅田家は、「御判物幷御密用物控」の収録文書以外についても、別途「堅田家什書目録」を作成し管理していた〈一般郷士堅田家一六〉。この目録で管理されたのは、藩政期の活動のなかで蓄積され、先例として重視された文書である。目録の作成年代は不明だが、掲載文書は十八世紀なかばまでのもので占められる。

表1に示したように、文書は一四の主題に区分され一五の櫃で管理されていた。一櫃の「什書之部」にはさらに詳細目録がありその中身がわかるが、それによれば、慶安四年（一六五一）「大照院《（初代藩主秀就）》様御逝去ニ付而江戸より之書状」九通、同年「就政《（堅田）》御事、千代熊丸《（二代藩主綱広）》様御目見として参府之事」三通など、六六の一件文書が納められていた（「当家事書六十六条」とある）。そのほか「仏事事」「道具帳」なども含まれたが、「什書之部」とあっても「御判物・御証文」の類はここにはない。

表1　「堅田家什書目録」での文書区分

櫃番	部
1	什書之部
2	什書之部
3	軍事之部
4	家政之部
5	御役中手控之部
6	御一門其外御家来中来翰之部
7	御大名来翰之部
8	御末家岩国来翰之部
9	諸旗本其外来翰之部
10	地方御用物之部
11	江戸御用物之部
12	江戸方御用物之部
13	公儀御書付・公儀事聞書之部
14	天下御条目・他家聞書之部
15	取集之部

三櫃「軍事之部」には「島原陣書状」「享保唐船打払赤間関出張」などの区分があり、寛永十四年（一六三七）の島原の乱をはじめ、堅田家が出陣あるいは出陣準備をしたことにかかわる一件文書が収められていたようである。五、一〇、一一、一二櫃は当職・当役など藩の重職就任時の文書、七・八・九櫃は書状が相手別に分類され収められた。一三櫃には藩、一四櫃には幕府の法令類が別々に収められている。四櫃「家政之部」には「米銀出入」「仏事諸帳」などの項目があり、一般的な意味での家政に関する文書が収められる。しかし、「当家掟書」「領内重事」「家来申状」などの項目もあり、堅田家家臣

団や給地支配にかかわる文書も含まれていた。「家政」の項に家臣団、給地支配にかかわる文書が入れられている点に、藩士家の文書認識、その特徴がある。

このように堅田家では、「御判物・御証文」とそれ以外の文書が別々の台帳で管理されていた。「御判物・御証文」以外の文書、藩政期における活動で作成・授受された文書のみを対象に、藩士家がその管理台帳を作成した例は、現時点では堅田家が唯一である。そこでの文書区分は、上級藩士家の文書認識を知るうえで興味深く、また、上級藩士家に残された史料群の編成・記述を考えるさいに参考となる点が多いといえる。

(3) 無給通村岡家における文書管理

次に、下級藩士である無給通村岡家における文書管理についてみる。

村岡家は初代藩主秀就に新規召し抱えられた家で、以後代々当主が諸役所の実務役人を歴任した〈禄高二八石余〉。同家では、六代義方が文化年間に「村家什書目録」を作成している〈村岡家七二〉。これは、「什書」すなわち大切に保存すべき文書を示した目録である。大きく「故実之部」と「当用之部」に分け、一七件の文書が掲げられている。

「故実之部」には「系図」「系譜」「御奉書之類」や近世初期の分限帳の書抜きなど、村岡家の歴史にかかわる文書六件（七点＋α）が示されている。村岡家は初代藩主に取り立てられた家であり、上級藩士家のように中世武家としての活動を示す文書はもち伝えてはいない。他家の例を参考にすれば、「御奉書之類」とは、藩政期、家督相続、婚姻、養子などの免許時に発給された加判役奉書や、役任免を伝える文書などが含まれていた可能性が高い。

一方、「当用之部」には、村岡家当主が子孫に対し書き置いたさまざまな心得書、マニュアル一一件一八冊がある。武家生活に関する心得書である「村家什書備手配り」「村家什書子孫江伝ふ口伝之秘書」、書状・御用状の書式をまとめた「常々取遣文章集」、刀・武具・武道などに関する心得書「所持之刀鈎根帳」「武具要説武道心得書」など、藩士としての日々の活動に直結する実用的な内容、心得を記した記録が「什書」と位置づけられている。

これらの管理方法について、目録冒頭に次のように記されている。

此目録に載所之書、什書箱に納め代々大切に致し、他見を堅禁す、兼而置所を極め、火事之節者一番に出し、家内之者持居、脇人江渡へからす、渡すと忽被盗也、此段兼々教置へし、虫干シ之時者人之不見所江干シ、朝出し晩に者什書箱に納む、翌日も亦如此し、全体自身付添居干さねば人に被見、又被盗抔する也、在江戸之節は嫡子取計干すへし、嫡子無之時者出立前に虫干を致し置、留守中は出すへからす、何分能々気を可配事肝要也、偖又虫不付為に樟脳又者匂ひ物を入置へし

ここには、文書は什書箱に収め管理すること、什書類は他見を禁止すること、火事のさいには什書類を一番にもちだすこと（そのさい管理に気をくばり盗まれないこと）、虫干を実施するなど虫害に気をくばること、などが記されている。什書の他見禁止はとくに強く指示されており、虫干は他人のみえない所で原則当主が行い、当主が在江戸の時は嫡子が行うとしている。家伝の重要文書はむやみに他人にみせてはならないとする意識の存在が注目される。

また、火事のさい、什書類を一番に持ち出すとされている点も興味深い。

萩藩士のなかには、火災で「御判物・御証文」を焼失した家がある（閥閲録〈第四節で詳述〉では六三家を数える）が、そのなかに萩城下での火事が原因となった例が目につく。寛永十一年（一六三四）四月二十九日の火事（萩古萩町火災。一三三戸焼失[20]）では大組小川源右衛門家が「御感状御書、家之伝書等迄不残焼失」し（同家譜録）、万治二年（一六五九）三月十一日の火事（萩田町火災。諸士宅一四・町家一三六・寺六焼失）では大組吉田蕃内家が

「御感状御証文」を「焼失或紛失」したという[21]。大組河野甚左衛門家は、天和元年（一六八一）二月十日の火事〈萩山中町他火災。二六〇戸焼失〉で文書を「数多焼失」している〈閥一一八河野〉。

さらに、天和二年三月二十四日、萩堀内（上級藩士居住区）から萩城内まで延焼した大火（『萩市史』第一巻、一九八三年）で文書を焼失した家は多く、寄組口羽家は、一巻にまとめた「御判物・御書幷御証拠物」をすべて失った〈口羽家二七八〉。大組遊佐新右衛門家も同様である〈閥九四遊佐〉。寄組山内家も、この大火により「類火ニ逢、殊更蔵迄致焼失、数代之諸道具不残令焼失」し文書の一部も失った[22]。現在山内家文書として残るものの多くは、この大火をくぐり抜けたものなのである。城下での火災は、多くの藩士の家文書を同時に焼失させた。

秋田藩では、火事のさい、藩主の御判紙を「妻子迄も命かけ取出」すという意識が存在した[23]。萩藩でも、村岡家同様、大切な文書は「火事之節者一番に出」すという危機意識をほかの藩士家も持ち合わせ、そのことが、過去において「御判物・御証文」を中心とする多くの藩士家文書を救ってきた可能性は十分にある[24]。

三　他家に伝来する「御判物・御証文」

藩士家文書のなかには、他家の「御判物・御証文」が伝来しているケースがある[25]。その経緯は言い伝えが残るのみという場合が多い。そうしたなか、萩藩が享保期に編纂した閥閲録には、ある藩士家に他家の文書が伝来した経緯が記されている場合がある。閥閲録編纂にさいし藩は、藩士の所蔵する「御判物・御証文」の写を提出させたが、この時、自家以外の文書を所蔵する場合はそれも提出するよう命じたためである。これを元に、ある家文書が他家に伝来する経緯を検討し、それを通じて「御判物・御証文」に対する藩士家の意識を考えてみたい。

ひとつには、男子なく断絶した家の文書が娘の嫁ぎ先に伝来するケースがある。大組児玉伝右衛門家には多根家の文書七通が伝来する〈閥一〇一児玉〉。多根家は男子がなかったため、一人娘が嫁いだ児玉家に知行地を譲渡し、同家の「御判物・御証文」も児玉家に伝来することになった。文書は永禄～元亀年間の毛利家発給の知行宛行状、感状、書状が含まれる。娘が嫁いだ児玉就久は慶長以前に死去しており、多根家の文書はその後百数十年、児玉家で保存された。伊賀家文書を所持する物頭飯田与一右衛門家の場合も、飯田元信（寛永十四年〈一六三七〉死去）が断絶した伊賀家の娘を娶り、娘が同家文書を飯田家に持参した〈閥五〇飯田〉。この場合も一〇〇年以上にわたり文書を持ち伝えている。

家が断絶し、その家の男子の養子先に文書が伝来したケースもある。大組赤川勘兵衛家には佐藤家の文書が伝来するが、これは佐藤家断絶後、同家嫡子七郎右衛門が赤川家養子となり、以後佐藤家の文書が赤川家に伝来したものである〈閥一〇八赤川〉。無給通竹内平兵衛家のように、兄の家が断絶し弟の家に文書が伝来したケースもある〈閥一四六竹内〉。

一方、ゆえあって当主が萩藩を離れざるをえなくなり、文書を縁故の者に預けた事例もある。

大組佐伯半十郎家には佐武家の文書が伝来している。佐武家には佐伯家の次郎右衛門が養子に入っていた。ところが理由は不明だが、佐武家当主太兵衛が藩に暇を願い「他国え罷出」ることになった。そのさい太兵衛は、伝来の「御判物等」を養子次郎右衛門の実家佐伯家に残しおき、それ以来佐伯家に文書が伝来しているという〈閥九八佐伯〉。

また、寄組渡辺小右衛門家には光永家の文書が伝わっている。光永中務少輔の嫡男喜三郎が宍戸但馬守家を継ぎ、渡辺家の娘と結婚したが、喜三郎が早世し、妻は嫡子七兵衛とともに実家渡辺家に戻った。七兵衛とその子小右衛門は、その後渡辺家を継いだ。一方、光永家は喜三郎の弟が継いだが、「旨趣有之」藩から暇を下された（初代藩主秀就の時）。喜三郎の弟と渡辺小右衛門はちょうど江戸にいたが（両名とも江戸番手中であったと思われる）、喜三郎の弟は「依血筋」、渡辺小右衛門へ家伝の「御感状等」を譲り渡し「他行仕」った。光永家と渡辺家は養子や婚姻関係にはないが、喜三郎の弟にとって渡辺小右衛門は自分の兄の孫になる。藩士身分を解かれた喜三郎の弟は、この「血筋」を縁に光永家伝来の「御感状等」を渡辺家に預け、みずからは「他行」した〈閥三五渡辺〉。

寄組清水宮内家には、同家先祖家来の横井家の文書が伝来している。「先年」、横井家は経済的成り立ちを図るためみずから他国へ出て行き（「身上為在付、先年他国致出行」）、そのまま帰ってこなかった。他国行きの前、横井家は伝来の「御証文」（元亀年間の毛利輝元書状など四通）を清水家に預け、そのまま文書は清水家に伝来した〈閥一二五清水〉。

「他行」「他出」を余儀なくされた右の三家は、萩藩という武家社会から離脱していった存在である。武家社会から脱落した者たちのなかには、貧困に身を沈めざるをえない者も多かったとされる(26)。右の三家が「他出」にさいし家伝の文書を他家に預けたのは、先のみえないみずからの前途の困難さを予想してのことであったろう。

このように、家の断絶や藩地からの「他出」を理由に、自家での「御判物・御証文」の保存・継承ができなくなった時、娘の嫁ぎ先や養子先、血縁、かつての主従関係などを便りに文書が他家に預けられた。そのような行為が行われた背景、その意識を考えるうえで、次に、「御判物・御証文」が意図的に焼却されたケースを閥閲録からみたい。

大組刺賀佐左衛門家の先祖治部左衛門元信は、慶長五年（一六〇〇）の関ヶ原の戦いのさい、毛利軍の一員として出陣した。ところが、国元で留守を預かっていた家来竹内宗斉の耳に元信戦死の噂が届いた。そこで竹内宗斉は、主家刺賀家が毛利家から下された文書を「他人え可渡儀無是非」と考え、文書を「火中」に投じた。しかしその後、元信は無事に国元に帰還した。そのため宗斉はみずからの行為を悔いたという〈閥六六刺賀〉。

また、大組士小川貞右衛門の祖父小川兵部就克は、一三歳から初代藩主秀就の近習として奉公を遂げてきた。慶安四年（一六五一）に秀就が死去すると、就克は殉死の覚悟を決め、所持する御判物類や先祖代々の由緒書をことごとく焼き捨てた。これにつき小川家子孫は、「（就克は）自分一代之御奉公之存念ニて遺跡相続之願曾而無之、然上者御判物等致紛散候而者恐多儀ニ奉存、次ニ者兵部父、其御代々先祖之由緒書幷法名等ニ至迄跡ニ差置無詮儀ニ存、悉焼失候」と記す。就克は自分一代が秀就に奉公を遂げる思いであり、自分の知行を誰かに譲り家を存続させる願いはない。それゆえ、自分の死後、御判物などが「紛散致し候ては恐れ多き儀」であるし、先祖の由緒書が後世に残っても詮なきことと思い焼き捨てたという。殉死の日、就克は藩の目付役に対し、「私相応之武具馬具幷家財」を藩士牧野玄蕃元昌の次男三之丞に遣わして欲しいと希望を述べた。就克が、秀就室龍昌院の依頼で三之丞の後見役となっていた縁による。就克死後、この話が龍昌院の耳に入り、彼女の意向により小川家は三之丞によって継がれることとなった〈閥五五小川〉。

右の二例は、いずれも「御判物・御証文」をみずから焼却した事例である。状況は異なるが、家の断絶、あるいは断絶の危機に直面するなかで、家伝の「御判物・御証文」が「紛散」、あるいは「他人へ渡るべき儀」となることを懸念し、それを焼却した点で共通する。彼らが恐れたのは、大切に保存してきた「御判物・御証文」が分散し、何の縁もない他人へと散り散りになることである。殉死前の小川就克は、武具・馬具・家財を残す一方で、「御判物等」は焼き捨てた。彼にとって「御判物等」は、家断絶後に「紛散」してはならないもの、最後の当主として行く末を定めておかねばならないもの、そのような存在であった。このような事例を踏まえると、家の断絶、藩地からの「他出」という事態に直面した家が、「御判物・御証文」を他家に預ける行為は、信頼する他家に、本来みずからが担うべき「御判物・御証文」の継承、その散逸回避を委託するものであったことがよくわかる。

一方、他家文書を持ち伝える家が、文書を受け取った以降、それを「嗜み置いている」と記す例が閥閲録にみえる。たとえば、大組山県小伝次家は、「秀吉公之御書、私母方大和市左衛門所持仕候処、市左衛門家断絶、已後私嗜置候」〈閥九二山県〉、同三宅五郎左衛門家は、「同名孫右衛門家江之御証文（中略）、孫右衛門家之儀者断絶仕候、御証文者私家ニ嗜置候」〈閥一一四三宅〉と記す。藩政前期に預けられた文書の多くは、戦国〜織豊期の「御判物・御証文」であり、文書を預かる家にとって、それをもち伝えることで何かの権利を継承することはない。文書を手放した家のなかには、藩から暇を下された者も含まれる。文書を「嗜置《たしなみお》」いているという表現からは、文書を預かる家が、それを預けた家の信頼に応え、自家の文書同様、大切に保存・継承しなければならないという意識をもっていたといえる。

四　「御判物・御証文」の保存と藩

萩藩の場合、秋田藩のような、藩主御判のある文書の紛失に対する罰則規定は現時点では確認できない。ただし、藩士家における「御判物・御証文」の保存・管理が、藩の動向に影響された側面は指摘できる。本節では、藩が家臣所蔵の「御判物・御証文」や系図、由緒の提出を命じた点、および藩祖の年忌法要の問題をとりあげる。

（1）　藩による所蔵文書・由緒調査

萩藩が家臣に所蔵文書の提出を求めた事例は大きく三つある。

第一は、寛文三〜五年（一六六三〜六五）、所蔵文書の写を御宝蔵方杉権之助に宛てて提出するよう命じたことである。この時提出されたものは寛文期御証文と呼ばれる。その内容は、毛利家発給の「御感状」「御証文」を中心に、大内家や尼子家など他家発給文書も含む。ただし、その提出はごく一部の家にとどまっている（五六家）。寛文期御証文の提出指示は、新築された御宝蔵の充実を図る目的であったと推測されている[27]。

第二は閥閲録編纂にともなう所蔵文書提出である。閥閲録は、藩士、足軽・中間、百姓町人、陪臣、計一一二四家の所蔵文書を収録したもので、藩命を受けた藩士永田瀬兵衛（政純）が、享保五年（一七二〇）から七年をかけ編纂した（二〇四冊）。編纂は、各家からの所蔵文書写（閥閲録差出原本）の提出、永田による原本校合を経て進められた。編纂の目的は、ひとつには家臣の所蔵文書を藩主の上覧に供することにあり、また、当時進められていた毛利家の御什書整理や江氏家譜（毛利家の系図）編纂にかかわり、文書の年代比定や史実確定の参考資料とする意図もあわせもった。(28)

藩は提出指示を二度行っている。最初は享保五年七月で、①毛利家発給の「御感状・御判物・御証文」、②毛利家以外の発給文書でも毛利家にかかわるもの、の提出を指示した。さらに享保七年には、毛利家発給の①一字書出、②給地宛行の一行状、家督相続時の判物のほか、③他家発給の感状、安堵状などの判物類、④他家へ発給された文書、⑤家の由緒、譲状などの提出を求めた。家臣のなかには享保五年にのみ提出した家と、七年に再度提出した家とがある。

第三は、譜録の提出である。譜録は各家の系図、代々当主の略歴、所蔵文書の写などを書きあげたものである。藩は詳細な雛形を示し、期限を限って家臣にその提出を求めた。提出時期は、元文～延享期、明和～安永期、享和期および天保期の三期で、元文～延享期は上・中級藩士、明和～安永期は下級藩士ほかからの提出が大半を占めた。享和・天保期は上級藩士が再度提出したケースが多い。所蔵文書は、閥閲録に報告した以外を提出するようにとされた。譜録提出も、藩の修史事業に係り、その参考資料を集めることに目的があった。(29)

このように萩藩は、家臣に対しくり返し所蔵文書や家の系譜に関する情報提供を求めた。そのことがその後の各家における文書保存にあたえた影響は大きい。

前述のように、元禄期の寄組山田家では、寛文期に藩へ提出した「御判物・御証文」一六通を「朱ノ小文庫」に収め他の文書とは別に管理していた。藩士にとってそれらは藩に提出した特別な文書であり、保存上、ほかの文書とは異なる扱いがなされたことは十分理解できる。実際、修史事業を行う藩から、所蔵文書に関する指示・問合わせ（何年何々の文書の花押を写して提出して欲しい、といった指示）が各家に伝えられる場合もあった。

また、藩士の家には、藩に提出した閥閲録差出原本や譜録の控が残されたが、このことが各家での文書の保存、管理にあたえた意義も大きい。これらは、各家にとって所蔵文書台帳としての役割を一定度果たすからである。実際、伝来する多くの萩藩士家文書に、閥閲録差出原本や譜録の控が残存する。(30)

さらに、これらを通じ、各藩士が家の経歴、由緒に関心を高めていったことも注目される。

和田秀作氏は、閥閲録に収録される大組宇野与一右衛門家の文書を検討し、その大部分が偽文書であり、収録される系図も信のおけないものであることを明らかにした。氏はその理由として、閥閲録編纂が系譜に対する家臣たちの関心を高めたこと、宇野家の場合も、それにより系譜の整理を進め、その過程で自家をＰＲするための効果的な脚色を加えたことを推測している。(31)

中世以来の長い歴史をもつ山内家の場合も、当主広通が「諸家譜・什書・証文等」を参考に、古い系図の漏れを補い（「覈実事実、補古系之所漏」）新たな系図を作成したのは、閥閲録編纂後の享保十三年（一七二八）であった。(32)

また、譜録提出時には、藩士たちのあいだで本家・末家の関係を明らかにしようとする動きが活発になった。元文期に譜録提出を命じた藩は、掲載する系図について、わかる範囲で記せばよい、本末関係は申し伝えを報告すればよい、不明な点は「よくわかない」と記せばよいと指示した。ところが家臣のなかには、提出前に本末関係を明確にしようと「兎や角詮議いたす衆」が多数おり、譜録提出が遅れる原因となっていた。藩は家臣たちへ「そのような詮儀は無用であるから早く提出せよ」と戒めていた。(33)

閥閲録編纂や譜録の提出指示は、全家臣に所蔵文書の悉皆調査を行わせるものであり、結果、提出本の控が家臣の手元に残り、図らずも各家に所蔵文書台帳が備わることになった。またこれを契機に、家臣たちは自家の系譜・由緒への関心を高め、そのことが、系譜・由緒を裏付ける所蔵文書の保存意識をも向上させたと考えられる。史実の実証に重きをおく藩の修史事業、その史料収集という目的をもった閥閲録編纂や譜録提出指示は、藩の意図を越え、藩士家における「御判物・御証文」の保存・管理意識、その強化、徹底の大きな契機となったといえる。

（2）藩祖法要と所蔵文書

次に注目したいのは藩祖法要とのかかわりである。

萩藩は藩祖・藩主の年忌法要を定期的に実施しており、なかでも毛利元就、輝元、秀就の年忌法要が重要視された（表2）。別稿で検討したが、七代藩主重就の治世下において藩祖の年忌法要が大規模化する[34]。重就は、明和七年（一七七〇）六月に毛利元就の二百回忌法要を、安永三年（一七七四）四月に毛利輝元の百五十回忌法要を営んだが、この二つの法要は、過去とくらべ大規模に営まれた点に特徴がある。具体的には法要期間の延長、講読法華経数の増加であり、注目すべきは法要参列者枠（人数）の拡大であった。法要の大規模化は、藩内における重就の政治的立場強化が意図されており、参列者枠拡大は、毛利家および重就への求心力を高める家臣・領民の統合策としての意味をもった。

法要には当然家臣も参列するが、参列のあり方は家によって異なり、寺詰を認められる者、御斎をふるまわれる者、焼香のみ許可される者、備物を奉納できる者、備物の軽重などさまざまであった。その違いは身分による単純な区分ではな

表2　18世紀後期以降の藩祖法要
（元就・輝元・秀就分）

法要	実施年
毛利元就二百回忌法要	明和7年(1770)
毛利輝元百五十回忌法要	安永3年(1774)
毛利秀就百五十回忌法要	寛政11年(1799)
毛利元就二百五十回忌法要	文政3年(1820)
毛利輝元二百回忌法要	文政7年(1824)
毛利秀就二百回忌法要	嘉永2年(1849)

く、藩祖と各家とのつながり、由緒が考慮された。そのさい、判断材料とされたのが各家の所蔵文書であった。輝元百五十回忌法要の前、藩は家臣に対し、輝元との由緒を申し出れば詮議のうえで参列を認めるので申請するよう指示している。御用掛の役人も、輝元との由緒を示す文書（「御判物」）を所持する者は積極的に申請すべきで、そうしなければ文書を持ち伝えている意味がない、と申請をうながした。藩は申請にもとづき、担当役人が家臣の家筋と藩祖との関係、由緒を調査し、だれをどのように参列させるかの判断書を作成した。これによって、各家の法要への参列の仕方が決定される。

藩士家の由緒、藩祖とのつながりは、法要の場において参列の有り様という形で可視化され、参列者の目にするところとなる。各家にとって、法要にどのような形で参加できるかは大きな関心事であった。それゆえ、萩藩士文書には藩祖の年忌法要関係の文書が残ることが珍しくない。その多くは藩祖との由緒を主張し、より高いランクでの法要参列を藩へ願い出る内容である。たとえば、寄組口羽家が初代藩主秀就の百五十回忌法要（寛政十一年）前に藩に提出した願書では、口羽家が秀就にどんな奉公を遂げてきたのか、また、秀就から下された知行地給与の御判物を所持していることなどが縷々述べられ、「何とぞ軽キ御備物、御寺詣御満散御焼香等被仰付候様」と願い出ている（口羽家一〇五五）。

定期的に催される藩祖法要は、毛利家・藩のみならず家臣にとっても重要イベントであった。それは、藩士たちが家の由緒、藩祖とのつながりを誇示できるひとつの場であった。そのさいの重要資料とされたのが家伝の「御判物・御証文」である。七代藩主重就以降、藩祖法要が大規模化するなかで、各家の「御判物・御証文」は藩主家とのつながりを示すもの、藩祖法要における参列の仕方を決める証拠としての価値が新たに付加された。そのことは、藩政後期において「御判物・御証文」が各藩士家で重要視され、その保存管理に意が注がれる契機のひとつになったといえる。

おわりに

以上本稿では、藩士家文書という史料群の構造的特質の解明、およびその編成・記述を考えるための基礎的研究の蓄積を意図して、萩藩士家を事例に、藩士家における文書、とくに「御判物・御証文」の保存・管理のあり方について検討した。

本稿で明らかにしたように、萩藩士各家では「御判物・御証文」の保存・継承を重視し、散逸を忌避する意識を強く持っており、近世前期から、当主交代時に譲状の形で文書が引渡される例や、子孫への書置で保存・継承が強調される例がみられた。家によっては台帳を作成して管理し、「火事之節者一番に出」すという意識も存在した。それゆえ、家の断絶や、武家社会からの離脱を余儀なくされた藩士家が、「御判物・御証文」の保存・継承を他家に委託し、その後長く他家で文書が「嗜置《たしなみお》」かれるケースもあった。「嗜置《たしなみおく》」とは、「御判物・御証文」を大切に保存することを意味する、萩藩での独特な用語である。

また、その保存・管理意識を高める大きな契機となったのが、藩が繰り返し実施した家臣の所蔵文書や系図・由緒の調査、および十八世紀後期以降大規模化した藩祖の年忌法要であった。これらを契機に藩士たちは、家の歴史、主君毛利家との過去のつながり（そのあり方と家臣団における身分の上下は必ずしも一致しない）、あるいは本家・末家の序列などを強く意識し、それらを証明するものとしての価値を「御判物・御証文」に改めて認識していく。

大友一雄氏は、秋田藩において藩主権威確立に絡み、藩主発給の御判紙の保存に対する厳罰主義が定着し、御判紙の物神化が進んでいったことを指摘した。本稿での検討からは、藩士みずからが「御判物・御証文」の権威化・物神化を支え、それを押し進めていく契機を見出すことができるように思われる。

なお、本稿では萩藩士家という形で上～下級藩士を一括した検討を行ったが、指摘されているように家臣団内部には身分的秩序が存在し、その存在形態も異なる。[35] 藩士家における文書の保存・管理の問題、あるいは藩士家文書の史料群構造の分析においても、そのような藩士身分の違いに留意した視角が必要である。また、萩藩の場合、藩士の多くは藩主毛利家と戦国期以来の長い関係を有している。これに対し、根岸茂夫氏の研究によれば、徳川氏取立大名家の家臣団の場合は、その未定着性・非世襲性という特徴を有しているという。[36] 藩士家文書を考えるうえでは、大名家・家臣団の性格を踏まえることも必要であろう。これらの点は今後の課題としておきたい。

(1) 福田千鶴「近世領主文書の伝来と構造」(国文学研究資料館史料館編『アーカイブズの科学 下』柏書房、二〇〇三年)二章。①には、藩士の家臣＝陪臣家の文書も含めるべきであろう。
(2) 笠谷和比古『近世武家文書の研究』(法政大学出版会、一九九八年)、国文学研究資料館編『藩政アーカイブズの研究』(岩田書院、二〇〇八年)、大友一雄『江戸幕府と情報管理』(臨川書店、二〇〇三年)。萩毛利家の文書については、拙稿「毛利家文庫の形成過程と文書群構造」(『山口県文書館研究紀要』三七号、二〇一〇年)。
(3) 一例として、『立花織衛家文書目録』(柳川古文書館、二〇〇八年)、『岡山藩士松田家文書』『勝山版家老九津見家資料』(岡山県記録資料館、二〇〇六・〇八年)、および佐藤隆「佐竹北家文書・佐竹西家文書について」(『秋田県公文書館研究紀要』一八、二〇一二年)。
(4) 高野信治『近世大名家臣団と領主制』(吉川弘文館、一九九七年)。
(5) 萩藩一門の益田家文書(東京大学史料編纂所蔵、総数一八、〇〇〇点余)は、二〇〇三～〇七年に総合的研究が行われ(研究代表者久留島典子氏)、報告書「大規模武家文書群による中・近世史料学の総合的研究――萩藩家老益田家文書を素材に――」が刊行されている(二〇〇八年)。同書「研究の目的」では、「中世・近世にまたがる武家文書群に関する総合的な研究は、大きく立ち遅れているといってよい」とある。

(6) その内容は同タイトルの図録（財団法人松井文庫、二〇一二年）で知ることができる。
(7) 大友一雄「近世の文字社会と身分序列――秋田藩を事例に――」（『歴史評論』六五三号、二〇〇四年）。
(8) 加判役は萩藩最上層である一門、それに次ぐ寄組から複数名選ばれ、藩主の主従制的支配権を代行した役職（田中誠二「萩藩の家臣団編成と加判役の成立」『山口大学文学会志』五五巻、二〇〇五年）。藩士の家督相続・隠居・養子・婚姻などに許可をあたえる奉書には彼らが連署した。
(9) 萩藩主発給文書の様式について検討したものに、河本福美「萩藩主毛利氏発給文書の変遷について」（『瀬戸内海地域史研究』七、文献出版、一九九九年）がある。
(10) 以下断らない限り、史料はすべて山口県文書館所蔵。繁雑を避け、引用史料は本文中に家名と請求番号を〈能美家三一〉のように略記した。
(11) 『大日本古文書　家わけ第一五　山内首藤家文書』（東京大学出版会、一九七一年）第三四八号「山内就通自筆遺言状」。原本は、山口県文書館蔵山内家文書（甲一四巻）。
(12) 吉川弘文館『国史大辞典』「山内首藤家文書」の項（松岡久人執筆）。
(13) 『広島県史　中世』（広島県、一九八四年）。「譜録」能美太郎右衛門宣久（毛利家文庫二三譜録な三七）。
(14) 能美家文書に残る譲状以外の鎌倉～室町期の文書は、嘉禎四年（一二三八）「入道太宰大弐家藤原資経政所下文」（閥巻七〇能美一〇原本）のほか、同一一～一五の原本がある。一〇は能美荘関係だが、それ以外は近隣安摩荘に関係するものである。「芸州能美庄什書」とは能美家の認識違いもあると思うが、伝来分以外の文書が存在した可能性も否定はできない。写だが嘉禎二年「安芸国能美庄庄官等注進状写」も残る。現時点では本文のように理解しておく。
(15) 山中六彦『新訂山口県方言辞典』（マツノ書店、一九七五年）。
(16) 「文化丙寅　入注文袋」〈山田家二二三〉のなかに「御感状箱入注文」という折紙があり、そこに巻子が書きあげられているので、文化三年（一八〇六）までには表装されたとみられる。
(17) 北九州市立自然史・歴史博物館『門司文書』（二〇〇五年）の「門司文書の伝来――解題にかえて――」。これについては和田秀作氏の教示を得た。
(18) 佐伯隆氏蔵堅田家文書。

(19) 宮崎勝美「毛利家家臣堅田元慶の生涯と堅田家伝来小早川家文書」(『東京大学史料編纂所研究紀要』二一号、二〇一一年)。
(20)『山口県文化史年表』(山口県、一九五六年)。以下、火事の被害状況はこれによる。
(21)『萩藩閥閲録』(山口県文書館刊)、巻一二九吉田蕃内。以下、同書からの史料引用の場合は、〈閥一二九吉田〉のように、本文中に巻数・家名のみを略記する。
(22)『山内首藤家文書』第四五二号。「譜録」山内縫殿広通(一三譜録や一四九)には「類焼之節、什書之内撰分物二、長持焼失、依之古証文之内相伝不仕物も有之由申伝候」とある。
(23) 前掲註(7)大友論文。
(24) 筆者自身の体験であるが、関東在住の旧萩藩士家から所蔵文書を山口県文書館へ寄贈いただいたさい、所蔵者から、「戦時(太平洋戦争)中には最初に文書を防空壕に避難させました」という話を聞いた。また、戦時中東京にあった「吉田松陰関係資料」は、吉田家によって「非常保護」と朱書きされたトランクで保管され、東京大空襲の被害を逃れた(山崎一郎・山田稔「山口県指定文化財『吉田松陰関係資料(吉田家伝来)』について」『山口県文書館所蔵アーカイブズガイド――幕末維新編』山口県文書館、二〇一〇年)。
(25) 山口県文書館所蔵文書でいえば、右田毛利家(一門)に一門阿川毛利家文書、寄組山田家文書、同村上家文書が伝来し、今川家に萩藩士阿曽沼家文書、井原家文書が伝来している例などがある。
(26) 柴田純「武士の精神とは何か」(藤井譲治編『日本の近世 第三巻 支配のしくみ』中央公論社、一九九一年)。
(27) 広田暢久「長州藩編纂事業史(其の二)」(『山口県文書館研究紀要』九号、一九八二年)。以下『紀要』と略記。
(28) 前掲註(27)広田「同右(其の五)」(『紀要』一三号、一九八六年)、拙稿「萩藩元文譜録と永田瀬兵衛」(『紀要』三六号、二〇〇九年)。
(29) 拙稿「宝暦末~明和前期における萩藩の記録編纂事業について――江戸御国大記録方の設置および中山又八郎の活動――」(『紀要』三四号、二〇〇七年)および前掲註(28)拙稿。
(30) 家によっては未収録文書も存在するので、完璧な台帳とはいえないが、概要把握のうえでは便利であったと思われる。

（31）和田秀作「萩藩士宇野家と陶氏の系譜――『宇野与一右衛門家文書』の再検討――」（『史学研究』二五四号、二〇〇六年）。
（32）『大日本古文書　家わけ第一五　山内首藤家文書』第五七二号。
（33）前掲註（28）拙稿。
（34）拙稿「萩藩密用方と中山又八郎の活動について――藩主重就期における密用方設置前後の動向――」（『紀要』三八号、二〇一一年）。
（35）磯田道史『近世大名家臣団の社会構造』（東京大学出版会、二〇〇三年）、森下徹『武士という身分』（吉川弘文館、二〇一二年）など。
（36）根岸茂夫『近世武家社会の形成と構造』（吉川弘文館、二〇〇〇年）。

近世石清水八幡宮の神人文書と文書認識
――分散管理と情報共有の視点から――

東　昇

はじめに

近世石清水八幡宮の神人《じにん》は、幕府から発給される朱印状、八幡宮から発給される補任状を、神人身分の証明となる文書と認識していた。この神人文書は家間を移動し、それとともに身分も変化するという、身分のあり方に規定される史料群構造であり、各家文書群のサブ・フォンドとして位置づけることができる。編成・記述論にそくした神人文書の意義は、移動する文書・身分という視角を導入することで、各文書群間の関連性をより深く意識しながらの編成が可能となり、複雑な近世社会の構造が明らかにできることである。

移動する文書の同様の事例として、幕府の八王子千人同心の株売買がある。馬場憲一、吉岡孝両氏の研究によると、養子相続や番代り型など売買形態が神人文書と共通する点はあるが、同心株売買は株が物権化したもので、朱印状や補任状のように身分証明文書が移動するものではない(1)。このような研究史から考えると、編成・記述論に対しては、神人文書の身分と文書認識という視角が有効となる。

本稿で対象とする家文書は、代々神宝所《じんぽうしょ》神人であった谷村家、天明期に朱印状・補任状の譲渡によって御鉾《おほこ》神人、安居《あんご》百姓となった商家木村家である。この文書群のなかで石清水八幡宮の神人文書として特徴的な、朱印状と補任状を中心に、それぞれの発給・管理・移動の実態を分析し、それらが神人身分＝文書認識と密接に連携していたことを明らかにする。

近世石清水八幡宮領における神人文書に関する研究では、まず竹中友里代氏が、「八幡宮筆記」をもとに、近世の朱印状数や石高を解明している。(2) また稲吉昭彦氏が木村家文書から、石清水領の土地売買、朱印状と朱印地の関係、朱印状の譲渡について明らかにしている。(3) いずれも朱印状を分析対象としているが、これらはもう一つの神人文書である補任状とともに考察する必要がある。

一　石清水八幡宮と神人文書

（1）石清水八幡宮領と住人

まず石清水領の地域と祭祀組織をみていきたい。石清水領は「八幡八郷」（「内四郷」の科手・常磐・山路・金振郷二五町二村、「外四郷」の美豆・際目・生津・川口村）で構成されていた。八幡宮が自称するさいは「神領」、朱印状には「八幡庄」「石清水八幡宮領」と書かれた。また石清水八幡宮・坊など、男山の上は「山上」、麓の八幡八郷は「山下」と呼ばれていた。

祭祀組織は、徳川家綱以降の朱印状をもとに記す(4)（図1）。まず「社務」―田中・善法寺・新善法寺・壇、「山上衆」―豊蔵坊・衆徒・入寺・御殿司を含めた三六坊、八幡宮の神事に従事する「神人」―神宝所・神官・大禰宜・小禰宜・六位・他姓座（大禰宜より以下四座）・七座・三座・鉾座・五座・所司、安居神事を行う「安居神人」の本頭神人・脇頭神人、「安居百姓」の計四五三人である。(5) このうち八幡宮神事には「社家」「山上衆」「神人」、毎年一二月の安居神事には、一部安居神人を兼帯した「神人」「安居神人」「安居百姓」が従事する。「神人」を「神職」、「安居神人」を「社士」というが、兼帯が多く山下に住む両方を広義の「社士」とする。そのほか「禅

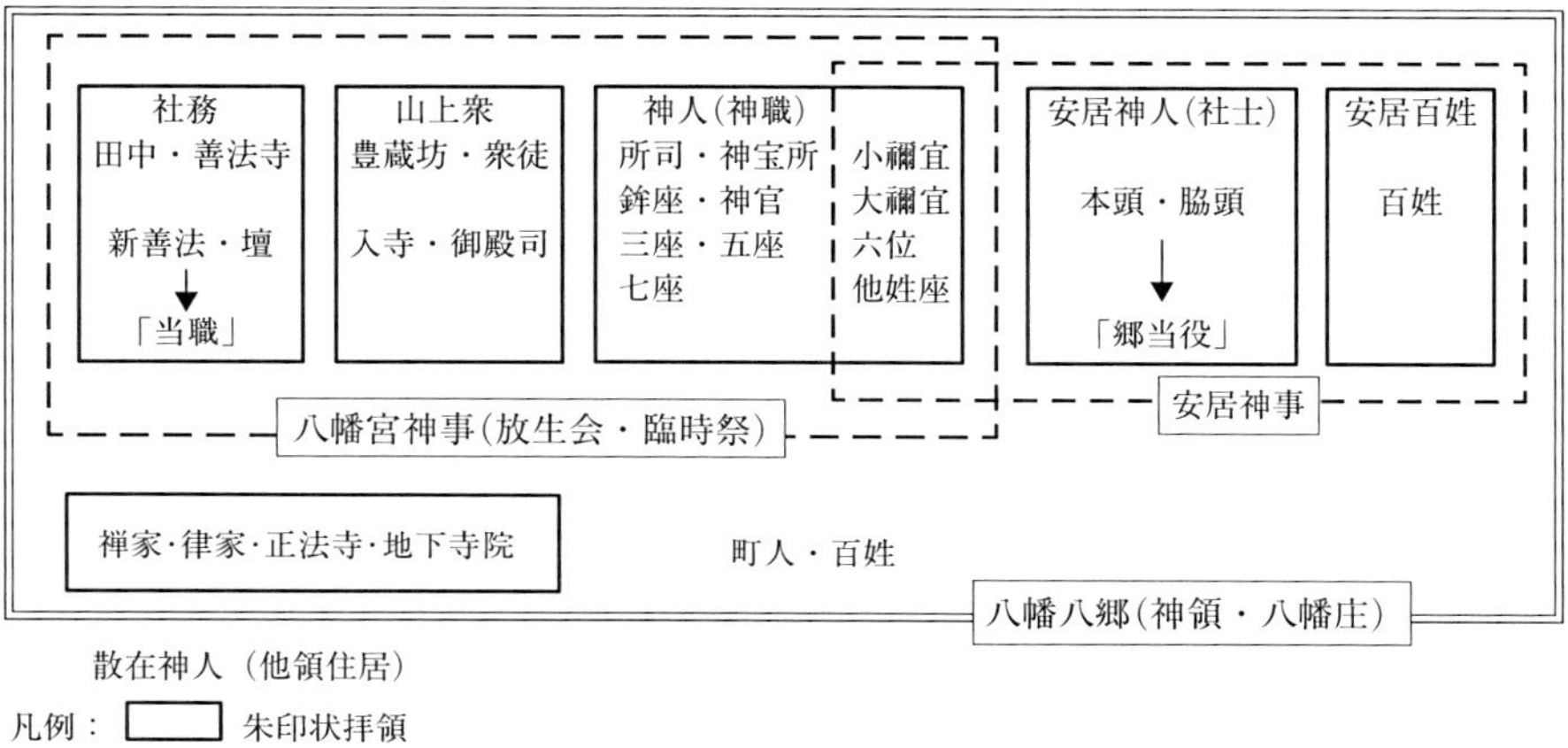

図１　近世石清水八幡宮の組織概念図

家」「律家」「正法寺」「地下寺院」などの寺院、一般の町人、百姓が領内に居住する。また他領住居の散在神人が約三〇〇人存在する。[6]

石清水領の支配は、八幡宮（山上）では社務家の「当職」（将軍代替ごとに廻職する）、八幡八郷（山下）では、安居本頭神人のなかから入札によって選ばれる「当役」（郷当役、地方行政担当）による。

(2)　神人文書の特徴

近世、石清水領に存在する文書は、山上の本宮文書の公文所、社務文書の田中・菊大路家をはじめ、山下の社士・寺院・商家文書がある。[7] 本稿で分析対象とする神人文書は、石清水八幡宮の神事に参加する神人、社士身分に関する文書である。その特徴は朱印状と補任状、作職・本米に関する土地証文を含み、それらが家間を移動することである。近世初頭から続く神人の文書では、これに家職に関する文書が付加される。たとえば神宝所神人の谷村家文書における雅楽関係の文書などである。今回は朱印状、補任状を譲渡され、家文書のなかに新たに神人文書を形成し、神人となった木村家文書の分析を中心とする。

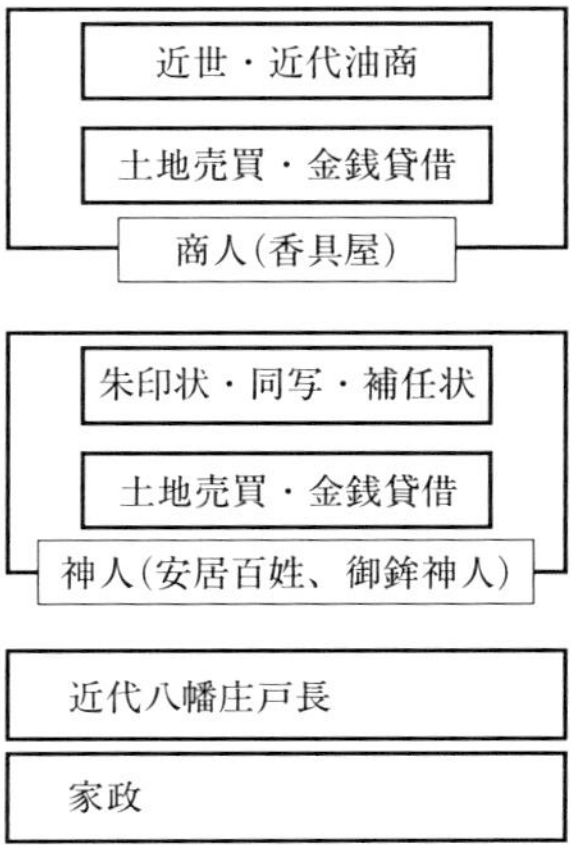

図2　木村家文書の構造

木村家文書は、計二二四三点、調査時点で箱などのまとまりが一五あった(8)。このうち近世文書は箱一（朱印状・同写・補任状・土地証文）の四九点、箱一五（土地売買・金銭貸借証文）の六三〇点である。慶応四年（一八六八）鳥羽伏見の戦いで蔵と文書が焼失したため、近世の経営に関する文書は存在しないが、先祖由緒書である「香家の史伝」には、二代目半兵衛が宝暦十年（一七六〇）頃より油商をはじめたとある(9)。屋号の香具屋の初出文書も、翌宝暦十一年四月「添証文之事」(10)で、文政八年（一八二五）に油絞り納屋建立の文書があることから近世からの商家であったことがわかる(11)。木村家文書の構造を示すと、①近世から戦後までの油関係の商人（香具屋）文書、②近世神人（安居百姓、御鉾神人）文書、③近代八幡庄戸長文書、④家政文書となる（図2）。

このように木村家は、油関係の商家であったが、天明元年（一七八一）に御鉾神人の補任状、天明四年に安居百姓の朱印状を譲り受け、神人となり神人文書を形成した。これら重要文書は「箱一」とした鍵つきのもちだし可能な懸硯に収められている(12)。前扉を開けると下段左右の引き出しに、「御朱印」「御補任」と貼紙があり、空間的にも神人文書としてほかの文書から分離されていた。この文書は譲渡により移動し、それによって木村家の身分も商人から神人、神人から商人などへ変化していく。

（3）石清水八幡宮領の朱印状

①徳川家の朱印状発給数

まず神人文書の一つである朱印状について、発給数とその変化について明らかにする。石清水領の朱印状は、徳川家康・秀忠・家光期に大量発給され、家綱期以降固定された。近世の朱印状は、各領主（大名・公家・寺社の大部分）に一将軍一通が原則である。まず家康については、「男山考古録」に家康の側室で尾張藩主徳川義直の生母相応院の進言により、「朱印三百六十通、更に家康公より一統へ被下」と記されている。[13]慶長五年（一六〇〇）五月に三六〇通という大量発給を行ったのである。[14]

つづく秀忠朱印状は元和三年（一六一七）八月に石清水全体へ一七七通発給された。また八幡庄外の領地については、慶長十七年十二月発給の黒印状に記される。家光は秀忠の継承であり発給数に変化はなく、秀忠期に大きな変化がみられる。秀忠・家光朱印状は、社務・山上衆・安居神人がほぼ個人宛、神人・地下寺院が組・座に統合された。秀忠・家光期は各一七七通、計三五四通、黒印状一六通を含めると三七〇通の発給である。

そして家綱朱印状は『寛文朱印留』「諸社領御朱印留」に「神領百三拾八通、石清水領三拾三通」と他社と別記され、三三通存在した。[15]この朱印状は、秀忠・家光朱印状を一つ書きとしてまとめ、また文頭に「石清水八幡宮領内」の文言を挿入し、石清水領のまとまりを強調した。

家綱以降寺社に朱印状が発給されたのは、一四代家茂までの九代、これに家康・秀忠・家光の三代を加えると、徳川将軍からの寺社領への朱印状は一二代一二通である。しかし石清水領に出された朱印状は、家綱朱印状をもとに分類した表1から、家康三六〇通、秀忠・家光三五四通、家綱以降三三通×九代の二九七通の計一〇一一通、これに秀忠黒印状一六通を加えると一一二七通となる。[16]

このように複数の朱印状が発給された神社は、ほかに富士浅間社・伊勢神宮・上賀茂社などがあるが、各祭祀集団別の大量発給は石清水のみである。この大量発給・他社との別記は石清水の特殊性を表している。

②発給数変化の三類型「人・座・組」

次に朱印状発給数の変化を検討する。先にみたように発給数の大きな変化は、家康→秀忠と家光→家綱の二つ

表1　寛文5年の朱印状と発給数変化

No	宛名	石高	分類	秀忠	分類	家康	分類	人数	分類	区分	変化
1	善法寺神供料	148.3	料	1	料	0	料	1	人人人	A	人→人
2	善法寺(五さ分)	153	人	1	人	1	人	1	人人人	A	
3	新善法寺	100	人	1	人	1	人	1	人人人	A	
4	田中(貞庵分)	106.4	人	1	人	1	人	1	人人人	A	
5	壇	60	人	1	人	1	人	1	人人人	A	
6	豊蔵坊	107	人	1	人	1	人	1	人人人	A	
7	衆徒	1092.2	組	28	人	29	人	28	人人組	B	人→組
8	入寺	199.7	組	4	人	4	人	4	人人組	B	
9	御殿司	60	組	3	人	3	人	3	人人組	B	
10	所司	96.7	組	4	人	4	人	4	人人組	B	
11	禅家	90.5	組	2	組	10	人	10	人組組	B	
12	正法寺	500	組	1	人	1	人	8	人人人	A	
13	律宗5か所	370	組	5	人	5	人	5	人人組	B	
14	浄土宗36か所	155.7	組	1	組	31	人	36	人組組	B	
15	城内本妙寺等3か寺	28.4	組	1	組	3	人	3	人組組	B	
16	禅宗5か所	240	組	5	人	5	人	5	人人組	B	
17	安居本頭神人12人組	283.8	組	12	人	12	人	12	人人組	B	
18	安居本頭神人21人組	532.4	組	21	人	21	人	21	人人組	B	
19	安居脇頭神人14人組	158.9	組	14	人	14	人	14	人人組	B	
20	大禰宜安居本頭人	152.5	組	3	人座	8	人	8	人人組	B	
21	神宝所安居本頭人	199.9	組	9	人座	17	人	18	人人組	B	
22	安居本頭神人18人組	492.7	組	17	人	17	人	18	人人組	B	
23	安居脇頭人89人組	416.6	組	2	座	81	人	89	人座組	B	
24	六位安居本頭人	54.6	組	2	人	2	人	2	人人組	B	
25	小禰宜座安居本頭人	39.8	組	2	人座	4	人	4	人人組	B	
26	神官	73	組	4	人	4	人	4	人人組	B	
27	他生座7人	47.2	組	1	組	2	座	7	座組組	C	座→組
28	七座組	427.4	組	7	座	20	人座	80	人座組	B	
29	三座組	55.8	組	3	座	3	座	14	座座組	C	
30	鉾座	105.1	組	2	座	4	人座	17	人座組	B	
31	内陣役料・勤行料・外陣灯明料	316.1	料	9	料	7	料	9	人人組	B	
32	五座組	57.8	組	5	人	5	人	5	人人組	B	
33	石清水八幡宮百姓96人	192.5	組	1	組	37	小組	96	座組組	C	
	その他			2		2					
	合計	7114	石	176	通	360	通	530	人		

出典：国立史料館編『寛文朱印留』下(東京大学出版会、1980年、104～116頁)。
註：順番は掲載順とした。分類は宛先別にしたもので、その変化をABCの3区分とした。

の時期に現れている。数は三六〇通→一七七通→三三通へと減少し、家綱以降固定される。しかし発給数の変化はすべてが同じではない。それは「人・座・組」を指標としたA～Cに分類できる（表1）。この「人・座・組」は貞享四年（一六八七）七座争論の「乍恐謹而言上」に具体的に表れる。[17]そこには「私共儀人々名々之神職」であり、家康から家光までの朱印状は「あるひハ人別あるひハ座切」で座の頭が頂戴していた。家綱朱印状は「七座壱通」となり、知行が高い者が預っていたが、「勝劣在之候様」になるので今後は「年預まハし」にと、郷年寄中から指示があった。

この「人」は各個人、「座」は駕与丁座のように神人集団で、座名はその役を表現し、各人がその座に所属して神事を執行した。「組」はその座を集めた七座組などと、安居神人・百姓が集まった九六人組などの二種類がある。座の上位集団として、具体的な構成人数で表される。史料にはこの時期の朱印状は、座では座頭、組では知行の高い者が所持していたが、綱吉朱印状から「年預まハし」になっている。このように石清水領内に「人・座・組」という集団が存在し、これらをもとに朱印状が発給され、一方では管理主体にもなっていた。

二　朱印状の発給・管理・移動

（1）　朱印改と発給

ここでは大量発給された朱印状の具体的な発給方法である朱印改・管理・移動について分析する。まず朱印改には新将軍の継目安堵の「代替朱印改」と、石清水領内で定期的に実施する各組内の「組朱印改」と二種類がある。「組朱印改は定期的」であるが、非定期的な「代替朱印改」のための準備といえ、いずれも朱印状の発給に関する制度である。

①代替朱印改

まず将軍の代替朱印改について、他姓座神人河原崎家の日記から、天保九年（一八三八）徳川家慶の事例を検討する。[18] 河原崎家は他姓座・安居脇頭十四人組の筆頭であり、安居本頭十二人組の神原四兵衛分の朱印状を所持し、日記には三組の朱印改の記事がある。

一月十一日郷会所正明寺へ行き朱印状当名帳を差し出し、一月下旬十四人組朱印状を写し、神原四兵衛分朱印状を年預方へ持参、二月五日本紙・写を当職へ、三月八・九日他姓座と十四人組の朱印状を正明寺へ持参した。三月十六日に朱印関東持参衆が江戸へ出立し、閏四月十六日寺社奉行牧野忠雅の屋敷で御朱印改、五月三日に帰郷し、翌四日正明寺で朱印状を受取り、朱印改が終了している。

次に朱印頂戴（受取り）は、まず天保十一年五月朔日正明寺より朱印受取りの旨が伝わり、二日に他姓座・十二人組の年預から朱印状を拝見するようにとの廻文が到来した。四日所司代牧野忠雅から石清水の代表が朱印状を受取り、五日正明寺で服装を整え十四人組朱印状を受取り、その後当職へ御礼に行った。六日、御朱印の写を正明寺へ持参し、年預宅で十二人組朱印状拝見、七日当職が所司代に御礼、十一日他姓座朱印状拝見となっている。[19]

以上が代替朱印改の実態であるが、朱印改・朱印頂戴についてまとめると、(1)朱印状は写を三通作成し、(2)朱印の受取りには裃で行くなど日常とは違う意識がある、(3)関東への朱印改には社務・郷当役をはじめ各組の惣代が参加、(4)朱印改は寺社奉行屋敷で老中・林大学頭などが実施、所司代から受取る、(5)朱印改入用は高懸かりで均等に配分する、となる。

②組朱印改

組朱印改は組朱印状を預かる年番（年預）を中心に実施される。他姓座では、年番交代は正月六・八日の「吉書初」に行われ、このさい前年の年番宅へ集まり祝い酒を飲み、次の年番に証書をとって朱印状箱を渡している。また安居脇頭十四人組は惣代を河原崎大炊が勤めており、年番制とは違い四年に一度の正月に仲間中を巡回し朱印改を行っている。四年一度の朱印改では、朱印改帳と「覚」により、組の朱印高を当職へ差し出す[20]。

この組朱印改は毎年実施された年番交代と、各組が四年に一度行うものと二つがあり、いずれも朱印改帳が作成される。これらは非定期の代替朱印改のための準備と、普段から大量にある朱印状の移動・変化を把握するために行われているといえる。

(2) 朱印状の管理と届

ここでは発給された朱印状の管理について、管理規定である定書《さだめがき》、朱印状の移動・安否報告の届を分析する。

①定書

「定書」は朱印状を管理するための規約であり、各組で定められたと考えられる。このうち天保九年(一八三八)「安居百姓頭九拾六人組定書」は、この時期の朱印状管理の内容をうかがえる文書である[21]。

一条は延享年中の「定法書」が守られず、今回再度定め直すという趣旨で、二～四条までは朱印状に対する個人の基本姿勢を述べたものである。二条は「銘々御大切ニ奉守護」と朱印状守護の基本姿勢の確認であり、この言葉は証文などの文書で使用される。三条は「銘々是迄勝手儘ニ由緒ヲ申立」る譲渡を禁止。四条は朱印状奉拝のさいの服装規定である。

五条以下は年番関係の条文が続き、五条は五か年目(四年ごと)朱印改と朱印状を粗略にあつかった場合に年番が預かる規定。六条は出火・出水のさいの安否報告。七条は年番廻章が廻ってきた場合の出席、これは多くの場合朱印状改・受取りのさいに出された。八条は守護できない朱印状は年番が守護人を見立てるというもので、この例には後述するが「後家」「病身」「幼年」の三例がある。この「定書」六・八条と具体的事例をもとに、以下出火・出水・幼年・後家・病身という届の五類型を示す。

②出火・出水

まず朱印状自体が消失する可能性のある出火・出水である。宝暦十三年(一七六三)三月十五日美豆下司大森伝兵衛家が西左市に対して「以口上書御届ケ申上候」を提出した[22]。本文は十二日の火事で家は焼失したが、朱印状一通と補任状三通は無事で佐兵衛に預けたという報告である。朱印状を代々所持・守護していた大森伝兵衛家が焼失したので届け出たもので、朱印状とともに安否確認された補任状は、「駕与丁美豆下司」という神職への補任状である。この届は駕与丁長西左市に出され、美豆村の年寄と思われる美豆太左衛門が奥書をしており、届には役職・居住地の長の証明が必要であった。

次の出水安否届は、八幡庄が東を木津川、北を淀川に挟まれ洪水多発地帯であったことに由来する。嘉永元年(一八四八)の洪水は八月九日から十三日にかけて、淀まで木津川筋の堤が切れている[23]。このとき八幡では十九日に「当職ゟ触書、洪水ニ付御朱印別条有無改候而水引次第届候様」という触が届き、二十二日「覚」を届けでた[24]。まず洪水で家が浸水し朱印状に被害がおよぶような事態が発生すると、当職より平地に居住する朱印組に対して、朱印状の安否届を提出するように触が出される。そして水が引いたあとに早速各組は安否確認の書付を当職に提出した。このような触・書付が洪水のたびにくり返されていた[25]。

③幼年・後家・病身

ここでは朱印状所持者の状況変化による移動の届をみていく。まず世代交代で当主が幼年化し守護困難になったとみられる寛政三年(一七九一)十二月二十二日の「御請書」である[26]。大森伝兵衛の家康朱印状を、子孫の午之助が幼年なので、一五歳まで大森久次郎が預かるという内容で、当職宛に出された。先ほどの出火と同じく保証人として駕与丁長・美豆村年寄・組合の三者が奥印をしている。一五歳になれば返還するという内容から女性・子供は朱印状を守護できないと意識されていたことがわかる。また一五歳が朱印状守護・神役勤めが可能な年齢であることを表している。

次に安居百姓美豆善右衛門の家康朱印状を譲渡した、文政六年（一八二三）十二月「御届ケ申上候口上」である。譲り主は浜田源兵衛の後家であるが、浜田源兵衛の印を捺し、本文に「後家ニ相成難」とある。また安居百姓馬場之町孫左衛門四人組の家康朱印状に関して、寛政八年（一七九六）十一月二十三日「御届申上候口上」がある。(27) ここでは譲り主今井権右衛門から「病身ニ付難相勤」とある。このように幼年・後家・病気など神役を勤めることが不可能ならば、朱印状は所持できないという論理があった。

（3）　朱印状の移動と身分

朱印状が所持できない理由が発生すると、朱印状は移動する。安居百姓、御鉾神人を勤めた木村家には、安居百姓に関する朱印状の譲渡証文がある。すでにこの点については稲吉昭彦氏の論考に詳しいが、この朱印状譲渡は金銭の授与文書が付属する貴重な事例である。(28) 天明四年（一七八四）四月の木村半兵衛から柴座町行司への「申上一札事」では、当職からの許可を得て、朱印状の守護、町内の作法を守ることが記されている。(29) その後十二月、譲主の元美豆木下半左衛門から木村半兵衛に対して、朱印状の「譲渡証文之事」が交わされた。(30) 内容は、美豆二石衛門への「権現様御朱印壱通高四石六升」は、自分が譲り受けたが「縁類之由緒依有之」ため木村半兵衛へ譲渡するとある。

この譲渡は、安居百姓組の当名帳でも反映されている。安永四年（一七七五）正月二十七日「安居百姓頭連判帳」には、譲渡前の「美豆二石衛門所持、当名元美豆木下半左衛門」とある。(31) そして寛政四年（一七九二）の貼紙では「当名柴座町木村半兵衛」と変更されている。

また、文政六年（一八二三）十二月八日の美豆善右衛門の家康朱印状の譲渡では、譲り主浜田源兵衛から、当職役人宛に「乍恐口上」、郷役人と常盤町年番宛に「御届ケ申上候口上」と、同日付で三通の文書が出されている。[32]当職へは許容願、郷役人へは当職の許容を伝え、いずれも年番の奥書がある。そして年番には帳面書きかえを依頼している。この木村・浜田の文書から譲渡の流れをまとめると、譲り受けた者は、当職へ許容を願い、郷役人へ届け出て、年番へ帳面の書きかえを依頼する。その後、居住町内の行司に報告し、当事者同士で文書を確認したといえる。

これら安居百姓に対して、社士と呼ばれる安居本頭・脇頭神人の朱印状譲渡・相続は相違していた。享保十五年（一七三〇）十一月、社務家から本頭・脇頭中に出された「定」には、まず「当社安居神事者天下泰平、公武御安全之御祈」であると、安居神事の位置づけを示す。[33]そして神事を勤める安居本頭・脇頭神人は「自往古社士之家」であるが、近年「社士中養子、或者埋たる御朱印名跡相続」に際して、「家筋不正之輩」が相続する場合がある。そのため今後は百姓町人が商売をやめて別家しても、本頭・脇頭の家相続願は禁止する。そして神職名跡も同様であり、今後は社士中の養子や御朱印名跡相続の際には、人柄や筋目などを町内社士や朱印組で吟味し、郷年寄の推挙後、社務へ出礼するようにとある。この届け出の流れは、先にみた安居百姓の場合と順番が逆であるが、届け先は同じである。

その後も、社士身分では養子に関して「口上覚」による許可制をとり、町内社士の同意のうえ、郷役人へ由緒書とともに届け、そこから社務へ推挙するという方法であった。実例として、寛政五年（一七九三）十二月、花井蔵人後家いわの京都町奉行組与力真野嘉右衛門二男七兵衛、文政二年（一八一九）二月、花井七兵衛尉の大住村郷士岡本久右衛門二男完蔵、安政五年（一八五八）四月、溝口駿河の伏見奉行組与力小野三十郎次男藤之助などがある。[34]筋目のある京都や伏見奉行の与力、他村の郷士などから養子をとっていることがわかる。

三　補任状の発給・管理・移動

(1)　神人文書における補任状

石清水領の補任状は各家の世代交代に発給され、各家で管理された。その神人身分、とくに安居頭人に関するものとして、補任状に加えて差定《さじょう》・斎服免許状がある。神宝所神人谷村家には、表2のように補任状である「石清水八幡宮寺符」「八幡宮寺符」「宮寺符」一八通のほか、差定一四通、斎服免許状四通、計三六通が現存する。

このうち補任状の発給元は「神符務公文所」とあり、神宝所神人一三通、安居頭人五通となる。神宝所神人は、天正十年（一五八二）初代新介から当主一一代分と、一族と思われる二人分が存在する。この初代の「宮寺符」には、「補任彼職」と職名はないが、同年十一月の「差定」に「科手郷住人神宝所神人大谷町谷村新介」とあり、同人が神宝所神人であることが判明する。[35]その後、正徳四年（一七一四）五代光伴まで神宝所神人、宝暦元年（一七五一）六代光邦から一一代光益まで「神宝預禰宜職」と変更された。安居頭人は安居神事を実行する主祭者であるが、「差定」では谷村家は七回実施したことがわかる。「石清水八幡宮寺符」による補任は五通であり、初代、二代分が存在しない。

「石清水八幡宮寺符」は、律令制下の公式令に定められた「符」が起源である。「符」は上級官司から下級官司へ命令を伝達する文書で、平安時代以降、寺社の政所で一般的な命令文書として用いられた。「石清水八幡宮寺符」もその形式を継承し、文頭に「八幡宮寺符」、文末に「符到奉行」の定型句が挿入されている場合がある。

差定は、七回の安居頭人に対して、安居頭役、堂荘厳宝樹預が各一通である。発給元は公文所、兼官の連署で

表2　谷村家の補任状・差定一覧

	年代	西暦	文書名	内容	作成	宛名	代数	番号
1	天正10年11月15日	1582	差定	安居頭役	平(印)・公文所(印)・都維那法橋上人位(花押)・都維那法橋上人位(花押)	科手郷住人神宝所神人大谷町谷村新介	1	1
2	天正10年12月吉日	1582	宮寺符	補任彼職	神苻務公文所(印)	藤原光勝谷村新介	1	3
3	天正10年12月吉日	1582	差定	伝式宝樹	平(印)・公文所(印)・都維那法橋上人位(花押)・都維那法橋上人位(花押)	科手郷住人大谷町谷村新介	1	4
4	寛永8年12月吉日	1631	八幡宮寺符	神宝所神人職	公文所上座法眼院玉(花押)	藤原谷村十右衛門尉		9
5	正保3年12月吉日	1646	石清水八幡宮寺符	神宝所之神人	上座公文所法眼院玉(花押)	谷村重右衛門尉	2	5
6	正保3年12月吉日	1646	差定	堂荘厳宝樹預	上座公文所法眼院玉(花押)・絵所藤木法眼祐高(花押)・兼官法橋(花押)		2	6
7	正保3年12月吉日	1646	差定	安居頭役	上座公文所法眼院玉(花押)・兼官法橋(花押)	科手郷住人大谷町神宝所神人谷村重右衛門尉	2	7
8	寛文5年5月15日	1665	八幡宮寺符	神宝所神人職	神符務公文所法眼院康(花押)	谷村重右衛門尉	3	10
9	延宝7年12月吉日	1679	石清水八幡宮寺符	安居頭人	依幼少用印判上座公文所(印)	谷村重右衛門尉藤原光定	3	11
10	延宝7年12月吉日	1679	差定	堂荘厳宝樹預	依幼少用印判上座公文所(印)	谷村重右衛門尉藤原光定	3	12
11	延宝7年12月15日	1679	差定	安居頭役	上座公文所(印)・絵所藤木法橋上人位慶尊(花押)		3	13
12	天和2年8月11日	1682	石清水八幡宮寺符	神宝所神人職	依幼少用印判上座公文所(印)	谷村徳左衛門尉光敬	4	15

13	天和２年８月11日	1682	石清水八幡宮寺符	神宝所神人職	依幼少用印判上座公文所(印)	谷村重右衛門尉光寿		20
14	元禄10年12月11日	1697	差定	安居頭役	神符務公文所法眼院卓(花押)・兼官法橋寛尊(花押)	谷村市之進光敬	4	16
15	元禄10年12月15日	1697	差定	堂荘厳宝樹預	上座公文所法眼和尚位院卓(花押)・藤木法橋上人位寛尊(花押)・兼官法橋寛尊(花押)		4	18
16	元禄10年12月11日	1697	八幡宮寺符	安居本頭神人職	神符務公文所法眼院卓(花押)	谷村市之進光敬	4	19
17	正徳４年２月７日	1714	八幡宮寺符	神宝所神人職	神符務公文所法眼院卓(花押)	谷村右京藤原光伴	5	22
18	享保15年12月11日	1730	差定	安居頭役	神符務公文所法眼・兼官法橋尊令(花押)	谷村右京藤原光伴	5	24
19	享保15年12月11日	1730	八幡宮寺符	安居本頭神人職	神符務公文所法眼	谷村右京藤原光伴	5	25
20	享保15年12月15日	1730	差定	堂荘厳宝樹預	神符務公文所法眼・兼官法橋上人位尊令(花押)・兼官法橋尊令(花押)		5	26
21	宝暦元年12月11日	1751	石清水八幡宮寺符	神宝預禰宜職	公文所法眼院哲(花押)	谷村新吾藤原光邦	6	28
22	明和４年８月11日	1767	石清水八幡宮寺符	神宝預禰宜職	神符務公文所法眼院盛(花押)	谷村信濃藤原光雄	7	29
23	安永７年３月24日	1778	石清水八幡宮寺符	神宝預禰宜職	神符務公文所法眼院覚(花押)	谷村冬蔵藤原光冬	8	34
24	天明元年12月15日	1781	差定	堂荘厳宝樹預	公文所院秀(花押)・会所法橋上人位好役(花押)・兼官法橋資俊(花押)		8	31
25	天明元年12月吉日	1781	差定	安居頭役	上座公文所院秀(花押)・兼官法橋資俊(花押)	谷村右京藤原光冬	8	32
26	天明元年12月11日	1781	八幡宮寺符	安居本頭神人職	神符務公文所院秀(花押)	谷村右京藤原光冬	8	35

27	天明2年8月13日	1782	［斎服免許状］		公文所上野亀丸紀院秀(花押)・兼官従五位上右衛門大尉源資俊(花押)	谷村右京藤原光冬	8	33
28	文化8年8月11日	1811	石清水八幡宮寺符	神宝預禰宜職	神符務公文所権大僧都院秀(花押)	谷村遠江藤原光昭	9	45
29	文化8年8月	1811	［斎服免許状］		公文所権大僧都紀院秀・兼官上総介紀意尊	谷村遠江藤原光昭	9	43
30	文政8年12月15日	1825	差定	堂荘厳宝樹預	公文所上座権大僧都法印院秀(花押)・会所従四位上上総介意尊(花押)・兼官正五位下肥後守明俊(花押)		9	44
31	文政8年12月吉日	1825	差定	安居頭役	公文所上座権大僧都法印院秀(花押)・兼官正五位下肥後守明俊(花押)	谷村右吉藤原光昭	9	46
32	文政8年12月11日	1825	石清水八幡宮寺符	安居本頭神人職	神符務公文所権大僧都院秀(花押)	谷村右吉藤原光昭	9	47
33	弘化4年8月11日	1847	石清水八幡宮寺符	神宝預禰宜職	神符務公文所権大僧都法印院芳(花押)	谷村市之進藤原光輝	10	36
34	弘化4年8月	1847	［斎服免許状］		公文所権律師紀院香奉・兼官代阿波守源愛俊奉	谷村市之進藤原光輝	10	38
35	慶応2年9月11日	1866	石清水八幡宮寺符	神宝預禰宜職	神符務公文所権律師法橋芳観(花押)	谷村信之進藤原光益	11	39
36	慶応2年8月	1866	［斎服免許状］		公文所権律師紀芳観奉・兼官阿波守源愛俊奉	谷村信之進藤原光益	11	40

註：代数は谷村家文書89「家系図下書」参照。

ある。差定とは差文ともいわれる社寺の仏事諸会の諸役を定め記した文書で、該当者に通知して承認を求めるものである。この場合は、毎年十二月に執行される安居神事の頭役、堂荘厳宝樹預を勤めることを表す。

斎服免許状は、神人の身分表象といえる神事の際の装束である斎服の許状であり、ほぼ補任状と同時に当職・公文所から発給される。十八世紀後期までの谷村家当主にはなく、天明二年（一七八二）の八代光冬以降に発給されている。[36] これが制度の変更によるものか、文書の消失によるものかは不明である。

（2）補任状の発給

次に補任状の発給過程について、一〇代市之進光輝（範之丞）の弘化四年「出礼日記」の事例でみていきたい。[37] 七月二十五日谷村勘ヶ由が当職の所へ行き、谷村民之助、谷村範之丞の八朔における出礼願を述べ、取次が対応している。二十八日には八朔出礼のさいの祝物として、社務への鳥目五〇疋をはじめ、扇子などを準備している。八月朔日社務中、社士中へ回礼、次の補任願を作成した。

奉願口上覚

谷村市之進藤原光輝

此度私儀補任頂戴仕度奉存候、則先代頂戴仕候補任之写持参仕候、以上

弘化四丁未年八月　谷村市之進印

公文所殿

右之通於座中別条無御座以上

神宝預禰宜惣代

谷村式部印

この補任願では、公文所に先代の補任状の写を提出し、さらに同じ神宝預禰宜の惣代である谷村式部の奥書を記し、組全体の承認を得ていた。同時に斎服着用願が出されたが、文書形式は、本文、奥書ともにほぼ補任願と同じであり、宛先の公文所に兼官殿代が追加される。八月二日にこの願書と補任状の写を公文所へ持参し、その後、当職へも願書を持参し重ねて依頼した。十一日当職の所へ行き、斎服許容状を渡され、すぐに御礼の引合料二〇〇文を取次へさしだした。この時発給された斎服免許状は、公文所権律師紀院香、兼官代阿波守源愛俊が作成し、「右於当宮布斎服着用之事御免許」とある。(38)この様式は、袖判と文末の「長吏仰執達如件」が、中世の長吏御教書に似ているが関連は不明である。(39)

十三日には公文所へ行き、補任状を渡され、補任銭青銅一貫文、取次へ二〇〇文をさしだし、その後社務中へ回礼し、補任状頂戴(受取り)の一連の儀式は終了した。この時発給された補任状は次のとおりである。(40)

石清水八幡宮寺符

可早以谷村市之進藤原光輝

補任神宝預禰宜職事

右以旧例之旨補任処如件

神符務

公文所権大僧都法印

弘化四年八月十一日　院芳(花押)

補任状の発給は、一三通のうち、天和二年(一六八二)二通、明和四年(一七六七)・文化八年(一八一一)各一通が八月十一日付でこの日付が多い。これは慶応二年(一八六六)「出礼日記」によると、八月八日「北堤数ヶ所急破損ニ付放生会御延引九月之事」とあり、補任状も九月十一日の日付となっている。このことから代替わりの補任状発給は、放生会に参加するため、八月に実施されたことがわかる。同じように十二月は吉日や十一日が多く、天正十年（一五八二）・寛永八年（一六三一）・正保三年（一六四六）・宝暦元年（一七五一）の四通が存在する。これも十五日の安居神事に参加するための発給と考えられる。このように石清水八幡宮神人の補任状発給は、重要な神事である放生会や安居神事にあわせて実施されたといえる。[41]

（3）補任状の移動と管理

①御鉾神人木村家

次に補任状の移動と売買について、木村家文書の事例からみていきたい。現在の木村家文書に含まれる朱印状は、先にみたとおり安居百姓の美豆二石衛門の家康朱印状であった。このため木村家は天明四年（一七八四）以降、安居百姓となった。しかし木村家はもう一つ神人身分である御鉾神人を獲得した。天明元年十一月の文書に次のように記される。[42]

永代譲申御鉾神人之事

一其許儀此方由緒有之候故伝来候

石清水八幡宮御鉾八本之頭之内壱本之御鉾主株、永代譲り申処実正也、然ル上者已来木村ニ可被相改候、則謝礼銀弐拾枚慥ニ致受納候、依之補任三通

権現様御朱印地七拾石之内ニ候、尤御朱印之儀者、当所納所町会所致守護相違無之候、右株之儀ニ付外ゟ違乱申者有之候者何時ニ而も印形人罷出急度埒明、其許へ少も損難相掛ケ申間敷候、為後日券状仍而如件

天明元丑年十一月　　河村与三郎（印）

奥村播磨（印）
淀木村藤左衛門（印）

香具屋半兵衛殿

この文書では、御鉾神人とは、「御鉾八本之頭之内壱本之御鉾主株」であると記す。木村藤左衛門から香具屋半兵衛に譲られた御鉾神人に関して、株の譲り渡し、木村への改名、謝礼銀、補任状数、朱印状の状況について記している。「補任三通」のとおり、木村家文書には、「淀納所御鉾本頭之内壱本之御鉾主」の寛文五年（一六六五）・延享二年（一七四五）・安永七年（一七七八）の三通の補任状である「八幡宮寺符」が現存している。[43]

同じく木村藤左衛門から香具屋半兵衛宛の寛政十三年（一八〇一）二月「永代譲切御鉾神人添証文之事」には、その後の展開が記される。[44]この文書では、天明元年の御鉾神人譲渡には故障があったが、今回鉾座の取り計らいで解決し、残金七枚が支払われ、永代譲渡となった。宛先が木村となっておらず、譲り主の木村藤左衛門としては、いまだ木村姓を譲っていないと認識していた可能性はある。そのためか、木村半兵衛へ最初に出された補任状は、この文書の直後、享和元年に改元した同年八月十一日の放生会の直前であり、名前も「木村半兵衛藤原吉久」とある。[45]谷村家でもみたように初出仕は、重要な祭礼の前に実施されるため、この補任状も正式に木村半兵衛となったさいのものと考えてよい。

しかし天明元年の御鉾神人譲渡ののち、香具屋半兵衛から木村半兵衛へ変化したのは、先にみた天明四年の家康朱印状譲渡証文の宛名が初出である。[46]一般的な文書の宛名としては、天明七年十二月二十四日の「永代譲リ渡申田地之事」、差出人としては、寛政十二年（一八〇〇）四月「替地池之事」が最初である。[47]一方、本来の屋号である香具屋は、宝暦十一年（一七六一）四月「添証文之事」から、明治三年（一八七〇）四月「永代譲り渡シ中田地之事」まで、木村と併行して使用された。[48]

また木村家が所蔵する「系図由緒書」には、清和天皇にはじまり、一色氏が尾張で丹羽、木村に改めたと記す(49)。そして初代木村藤衛好邑が城州淀に住み、二、三代は尾張、四代は八幡へ移った。五代忠兵衛、六代半兵衛は、八幡木村家の先祖由緒書である「香家の史伝」のなかでは、祖忠兵衛、二代・三代の半兵衛と名前が一致する(50)。奥書に天明二年木村藤衛より八代目木村藤左衛門尉源周邑が改めたとあり、御鉾神人譲渡後に八幡木村家の先祖を組み込んだ系図を、八幡木村家が作成し伝えたものと考えられる。株、名前そして系図も変更し相続していたことがわかる。

この補任状の発給は、明治になっても続く。明治二年（一八六九）八月十一日、近世と同じく御鉾神人職補任の「石清水八幡宮符」が公文所から木村半兵衛藤原邦久に出された(51)。この日付に近い祭礼は、近世では放生会であったが、明治元年に中秋祭、さらに明治三年に男山祭と改称された(52)。しかし明治五年、神人が参加する神幸が廃止され、明治七年からは私祭「八幡祭」が新暦九月十五日に実施されるようになる。それをうけて、明治八年八月には、八幡宮の御祭典取扱所から大御鉾木村半兵衛に対して、八幡祭の執行の刻限などが通知されている(53)。御神幸は午前一時に登山し、御還幸は午後四時に下院へ参集、出勤名簿の持参、装束の貸し出しについて記している。翌年八月二十五日には、九月十五日となった八幡祭について、八幡祭取扱所から大御鉾座中に対して同様の内容が通知されている(54)。

②駕与丁神人と補任改

右の放生会には、鳳輦を担ぐ駕輿丁神人が補任され、散在神人として八幡宮領の東隣の御牧郷、佐山組の村々に神人がいた(55)。駕輿丁神人の職に対して、享保二十年（一七三五）八月「駕輿丁神人定」が、公文所から林村大西勘左衛門・城七左衛門宛に出されている(56)。その冒頭には散在神人は放生会で八幡へ到着したさい、神人の長へ届け出ること、補任のない者や代役の出勤を禁止するとある。その後、行列、装束の受取りと返却に関する内容が記される。この地域の駕輿丁神人は散在神人であること、神役の勤には補任状が重要であることがわかる。

この駕輿丁神人に関して、寛永十一年（一六三四）八月吉日「宮寺符」として補任状が符戸村壱人、田井村久太夫に出されている(57)。このことから、近世の早い段階から散在神人に対して補任状による支配・把握が実施されていたことがわかるのである(58)。

このような領外の散在神人の補任状管理には、各家管理に限界があったようで、八幡公文所から駕与丁座中に出された卯七月十八日「御補任御改触書」では、補任改の内容が記される(59)。神職のなかに補任状を所持しない者や、親が頂戴した補任状で勤めている心得違いがある。今回補任改を行うので、来月二十七、二十八日に補任状を持参するようにとある。これを受けて「御補任御改之儀ニ付申達状」で、駕与丁座の大森与助が田井村田井伝右衛門らに対して、補任状を自分の所へ持参すること、今年交替する補任状がある場合には古い補任状を持参すること、組から一人出頭することとしている。

おわりに

本稿では三節にわたり、近世石清水領の神人文書と文書認識について、朱印状と補任状の発給・管理・移動を中心に分析した。石清水領では、中世以来放生会や遷宮などで、八幡八郷や近隣の神人を神事に従事させた。近世初頭に安居神人を中心として、八幡庄に限定した徳川家康からの大量の朱印状が発給される。その後、朱印状は統合され、家綱段階では、新たに「石清水八幡宮領」として三三通にまとめ、朱印状の移動や相続を、組や定によって管理していく。

石清水領の神人文書の特徴は、朱印状と補任状の両方、または一方を含み、いずれも株化して移動していき、それとともに身分も変化することである。朱印状は将軍から石清水八幡宮にかかわる八幡庄内居住者に、将軍の代替時に発給され、幕府の朱印改、八幡全体・組の朱印改、定書、届で管理される。一方補任状は、石清水八幡宮の公文所から、石清水八幡宮の放生会を中心とした神事にかかわる八幡庄内外の神人・社士に、神人の代替時に発給され、各家で管理される。散在神人の場合には一部、頭による補任改がある。

今回、文書認識と身分という視点で分析したため、朱印状と朱印地、補任状と下行米など経済的な側面に関して分析ができなかった。朱印状から分離した朱印地の本米・作職などについては今後の課題である。

（1）馬場憲一「江戸幕府御家人株売買の実態について――八王子千人同心を事例として――」（『古文書研究』三六、一九九二年、三三～四五頁）。吉岡孝『八王子千人同心』（同成社、二〇〇二年、三四～四八頁）。
（2）竹中友里代「近世石清水八幡宮の石高――新史料「八幡宮筆記」を中心に――」（『資料館紀要』三六、京都府立総合資料館、二〇〇八年、三八～九〇頁）。
（3）稲吉昭彦「近世石清水八幡宮領内の土地売買――木村家文書解題――」（東昇・竹中友里代編『八幡地域の古文書・石造物・景観――地域文化遺産の情報化――』京都府立大学歴史学科、二〇一〇年、二〇二～二一〇頁）。
（4）国立史料館編『寛文朱印留』下（東京大学出版会、一九八〇年、一〇四～一一六頁）。
（5）『八幡市誌』二（一九八〇年、一七八～一八〇頁）。
（6）正徳四年「八幡町村家数・人数・寺社数・橋数之事」（『京都御役所向大概覚書』下、清文堂出版、一九七六年、三七三頁）。
（7）石清水八幡宮社務所編『石清水八幡宮史』六社領編（一九三六年）、『大日本古文書　石清水文書』四～六（一九一五年）など。
（8）前掲註(3)稲吉論文、二〇九～二一〇頁。
（9）大正二年（一九一三）成立、木村家七代恒久がまとめる。詳細は杉山三佳「木村家のあゆみと八幡の民芸品――紙鯉とかんざしの記憶――」（前掲註3東・竹中編書、六八～六九頁）。

(10) 木村家文書一—四六。
(11) 木村家文書一五—二五八。
(12) 谷口拓「収納状況の記録」(前掲註3東・竹中編書、四三頁)。
(13) 『石清水八幡宮史料叢書』一男山考古録(石清水八幡宮社務所、一九六〇年)。これは五座組宮大工(宮工司)の長浜越前尚次によって嘉永元年(一八四八)に書かれた八幡宮の歴史書、地誌である。
(14) この数は現存朱印状・記録により一致する。明治五年「神官由緒書」朱印状写三四九通(京都府庁文書、明治五—六五・六七・六八、京都府立総合資料館所蔵)。『徳川家康文書の研究』四通(中村孝也『徳川家康文書の研究』丸善、一九五九年の上・中・下三巻、徳川義宣『新修徳川家康文書の研究』吉川弘文館、一九八三年)。「安居百姓頭連判帳」六通(斉藤家文書五七)。河原崎家文書一通の計三六〇通である。
(15) 前掲註(4)『寛文朱印留』下、一〇四~一一六頁。
(16) 前掲註(2)竹中論文によると、「八幡宮筆記」には家康朱印状は三六一通とある。
(17) 『大日本古文書　石清水文書』六(一九一五年、拾遺七八)。
(18) 「河原崎日記」は途中欠本もあるが、寛政三年から慶応四年までの日記が現存する。
(19) 安政六年禅宗十ヶ寺組「御朱印高幷通数名前当名書」から「御本紙正明寺ゟ受取之後御本紙之通写取文章等丁寧ニ相改正明寺へ差出す事、写紙ハ正明寺ゟ渡サル事、御朱印書替ニ付役所へ者都ニ人ヅ、印形持参ニて出る事」と朱印状を受取ったのち写を作成し正明寺へ持参している(講田寺文書一一)。
(20) 河原崎日記、天保三年五月二日。
(21) 斉藤家文書七三、『斉藤家文書目録』(八幡市教育委員会、一九九九年)。
(22) 石清水八幡宮領駕与丁座文書一五、京都府立総合資料館所蔵。
(23) 水本邦彦「江戸時代の木津川水害」(京都府立大学・同女子短期大学部『南山城地域学術調査報告』一九九〇年、一一~一三頁)。
(24) 河原崎日記、弘化五年八月。
(25) 嘉永五年・慶応二年の日記にも同様のものが提出されている。

(26) 石清水八幡宮領駕与丁座文書一六。
(27) 斉藤家文書七。
(28) 前掲註(3)稲吉論文。
(29) 木村家文書一五―一三七。
(30) 木村家文書一五―二五。
(31) 斉藤家文書一二。
(32) 斉藤家文書三五~三七。
(33) 『大日本古文書　石清水文書』四(一九一二年、田中一四四〇)。
(34) 河原崎日記、寛政五年・文政二年・安政五年。
(35) 個人所蔵文書。
(36) 斎服免許状は、個人所蔵文書の四通。
(37) 個人所蔵文書。
(38) 個人所蔵文書。
(39) 永徳三年(一三八三)八月十二日「石清水八幡宮寺長吏御教書」離宮八幡宮文書五一(『大山崎町史』史料編、一九八一年、六四一頁)。
(40) 個人所蔵文書。
(41) 個人所蔵文書。
(42) 木村家文書一―一〇。
(43) 木村家文書一―二二~二四。
(44) 木村家文書一―一一。
(45) 木村家文書一―二五。
(46) 木村家文書一五―二五。
(47) 木村家文書一―四六、一五―二三二。

(48) 木村家文書一五—一七三、一五—三九三。

(49) 木村家文書一五—六二一。

(50) 前掲註(9)杉山論文。

(51) 木村家文書一三—一七三。

(52) 西中道「石清水八幡宮の祭祀と僧俗組織——放生会と安居神事をめぐって——」(榾山林繼・宇野日出生編『神社継承の制度史』思文閣出版、二〇〇九年、七四~七五頁)。

(53) 木村家文書一五—四五五。

(54) 木村家文書一五—四五六。

(55) 『久御山町史』一(一九八六年、七一一~七一五頁)。

(56) 城一隆家文書『久御山町史』一(七一四頁)。

(57) 符戸—山田久司家文書『久御山町史』史料編(一九九二年、七五頁)、田井—田井良夫家文書『久御山町史』一(七一一頁)。

(58) 応永十三年(一四〇六)には、放生会の神人として淀庄・河内国など各地へ宮寺政所下文を発給している事例はあるが、近世の補任状と性格が相違している(「石清水八幡宮毎年放生会成文」『石清水八幡宮史』二、一九三三年、四九八~五一九頁)。

(59) 田井良夫家文書『久御山町史』一(七一二~七一三頁)。

近世アーカイブズの紙質調査と組織体の料紙

青木　睦

はじめに

これまでの紙質調査は、第一に、史料に用いられた料紙に関して、その原料、抄紙・色・用途・産地等によりさまざまな名称は何であるのか、また、それらの紙は、文書の発給者や使用者の身分や格式によってどのような使い分けがなされているかを調査し、史料の発生と機能を解明する重要な手掛かりとするために調査されてきた。第二には、紙の材質は何か、どのように劣化・損傷しているのか、どのくらい劣化・損傷がひどいのか、などの科学的な調査・分析により、劣化損傷の原因を究明してアーカイブズの保存管理・修復・強化処置に役立てようとする目的で行われている。

近世以降の史料は、残存する量が厖大なこともあって、古代・中世史料に比べて史料群中の一点ごとの紙質調査が行われることは稀であるが、近年、国文学研究資料館収蔵アーカイブズの紙質調査を目的とした利用が増えている。陸奥国弘前津軽家文書にある徳川幕府発給の朱印状・判物は顕著な例である。調査者は、古文書学、史料学や保存科学の研究者である。紙質調査分析によりもたらされた成果は、アーカイブズ資源研究の分野において、記録を生み出す組織・個人と記録の存在を究明し、記録（群）の内容・構成、他の記録や記録群との関連性を解明するためにも注目すべきものである。

しかしながら、その分析結果についての情報を共有化できる環境は整備されているとは言い難く、その情報を公開するための環境整備に努めることが求められる。

本稿では、まず、近世史料を対象とした紙質調査方法を概観し、近世期の料紙の使用事例を文献から抽出し、その紙名や形状・紙利用基準に留意しつつ、組織体の料紙使用の実態を考察する。

一 アーカイブズの紙質調査

アーカイブズを対象として紙質調査を行う場合、詳細な科学的分析データを採る目的以外には、非破壊で行うことが基本である。現在の紙に関する非破壊調査方法には、肉眼観察・顕微鏡観察（光学顕微鏡・ＣＣＤカメラデジタル画像、スキャナー画像処理）等がある。

ここでは、これまでの紙質調査方法や状態調査を検討し、それぞれの紙質調査に関する特徴をまとめ、どのような傾向があるか見ていきたい。

（1） 研究の動向

近世期の紙資料を含む非破壊的紙質調査の主な報告[1]には、増田勝彦「肉眼観察を中心とした和紙の特徴の記述」（一九九三年）、園田直子「素材としての和紙に関する研究」（一九九四年）、富田正弘「古文書料紙原本にみる材質の地域的特質・時代的変遷に関する基礎的研究」（一九九五年）、「紙素材文化財（文書・典籍・聖教・絵図）の年代推定に関する基礎的研究」（二〇一〇年）、稲葉政満他「パークス和紙コレクションの紙質調査」（一九九七年）、「ライデン国立博物館所蔵シーボルトコレクションの紙質調査」（二〇〇九年）、青木睦「史料に用いられた紙資料群の科学的類別に関する研究」（一九九九年）、「版本・錦絵・古文書に用いられた紙の材質に関する基礎研究」（二〇〇四年）がある。

増田氏は、肉眼観察の方法について墨跡観察による識別方法をまとめている。墨の滲みやカスレによる紙表面の風合いを観察し、紙の原料、滲み止めの有無等を判断した。園田氏は、非破壊的方法として、紙の特徴の記録に画像瞬間校正紙使用の可能性を探り、填料《てんりょう》や特殊な表面加工のない和紙は、原寸大での正確な記録が可能であることを実証した。

富田氏代表の古文書原本を用いた料紙調査は、文献調査、分析調査により、その使用目的と料紙選択の相関性の解明に努めた。さらに、紙の特質を物理的な計測・繊維の光学的観察・化学分析といった客観的科学方法のデータの作成を目的とした。本研究は、古文書料紙に関する研究方法の変遷の流れの中で、文書原本の観察と文献史料の検討に加え、積極的に抄紙技術との関連で料紙の性質を考え、新しい段階の料紙研究の方法を模索したといえる。

海外の和紙コレクションの紙質調査を行ったのは、稲葉氏である。英国ヴィクトリア&アルバート美術館所蔵のパークス和紙コレクション、オランダ・ライデンの国立民族学博物館所蔵のシーボルトコレクションおよびブロンホフコレクションについて調査した。この調査は、非破壊での紙質調査のあらゆる方法を用いて実施された。

青木は、古文書・版本・錦絵等を対象として、その材質、特性を科学的類別することを目的にマイクロスコープ（デジタル顕微鏡）を用いた研究を行っている。史料群を対象とした、紙の特性を明らかにするための基礎情報を蓄積することを意図する紙質測定技術の基礎的研究である。史料群の中の作成文書と受領文書を区分した分析から紙質の違いを検討し、紙の使途を探った。

表1　紙質調査項目

シーボルトコレクションの紙質調査（稲葉政満代表研究）	紙素材文化財（文書・典籍・聖教・絵図）の年代推定に関する基礎的研究（富田正弘代表研究）
Catalogue No.	
comment	
Name of Paper	b01）料紙の材質（楮紙か、斐紙か。楮紙ならば檀紙・引合・杉原・奉書紙等の別、斐紙ならば鳥の子かその他かの別）
Province（地）	
Japanese Name（紙名）	
Size（寸法）／mm　W（横），H（縦）	a04）料紙の縦横の寸法
Deckel edge（耳）＊	
Thickness（厚さ）／m	a03）料紙の厚さ
Weight（重さ）／g	a05）料紙の重さ
Basis w,（坪量）／g・m−2	
Density（密度）／g・cm−3	
Mould（簀の種類）	
Laid ines（簀の目の本数）／3 cm−1	a01）簀目の本数（1寸当たりの本数）
by FTT（画像処理）	
Chain l.dist.（糸目の間隔）／mm	a02）糸目の間隔
Laid streaks（受け桟の本数）／lines	
Dist.btwn.1.s（受け桟の間隔）／cm	
Sheet formation（地合）	b05）紙質の外見的判断（大小・厚薄・堅柔・品質）
	b07）紙面に漉皺があるか否か
	b11）漉上げの精粗
Fibre（繊維の種類）	b09）紙の繊維の外見（太さ・長さ・密度）
Filler（填料）	
Bark（皮の混入）	b10）漉上げの痕跡
Fibre bundles（繊維束の量）	
Discolouration（変色）	
Lab 表色系　L＊a＊b＊	b06）紙面の色（光沢の有無も）
Remarks（備考）	
Card No,	

Phot.No.	
	b02）再生紙か否か（宿紙等）
	b03）染紙か否か（染紙ならばその色は何か）
	b04）打ち紙か否か
	b08）使用されている墨の種類（松煙・油煙の別）・乗り・滲み
	b12）破損状況

註：富田氏のａは客観的データ、ｂは主観的データ

紙の調査項目の例を表1に示した。富田・稲葉両氏の研究グループの調査票をまとめたものである。紙の種類を特定するための説明は、主観的・感覚的な言葉では適切な判断ができない。測定データを基本とした客観的判断材料が求められ、紙質の特性を共有化することに貢献する情報でなければならない。

稲葉氏の調査票を用いたオランダ・ライデンの国立民族学博物館所蔵のシーボルトコレクションおよびブロンホフコレクション中の和紙約四〇〇点の紙質を調査では、結果がデータベースとしてまとめられた。そのデータは、大阪でシーボルトとブロンホフが購入した一二六種と、既調査のパークス和紙コレクションと合わせ、紙名と生産地が判明した近世の和紙総体を調査した基本的なデータである。特に、スキャナーによる紙の画像処理を行い、等倍の繊維画像と簀《す》の目の本数を蓄積した。これは簀の目測定帳[2]によるのと同程度の値が得られ、かつ紙面の広範囲にわたり実物に近い画像データを収集していることが特徴である。紙名・産地が明らかな資料であることから、簀の目の数による地域性、繊維の粗さとの関連性を指摘している。

（2） 簡易的紙質調査と紙質データベース

科学的分析として紙の構造や填料の観察には、走査電子顕微鏡（ＳＥＭ）が有効である。被写界深度が深く、また高倍率での精微な観察ができるとともにデータとしての蓄積ができる。ＳＥＭにＸ線分析装置が付属していれば、紙に含有さ

れる物質、填料粒子の元素分析も行える。

しかしながら、大量の近世史料を分析するには、史料を閲覧する環境において非破壊的に実施できることが求められる。ここで調査方法として紹介するのは、ＣＣＤ（電荷結合素子）カメラ（モリテックス：PICO SCOPEMAN 90）による観察法である。接眼部にカメラを装着してコンピューターに接続し、画面上ピントを合わせ観察する（五〇〜六〇〇倍）。画像ソフトWinRoof（三谷商事：Ver. 5）を使ってデータとして保存する技術である（写真1）。

筆者は、ＣＣＤカメラを用いた紙質画像を取り入れた「収蔵アーカイブズ紙質データベース試作版」（データベースソフトFileMaker Pro6）を作成した。拡大画像はＣＣＤカメラによるもので、倍率は繊維の方向性や長さが判断しやすい五〇倍と繊維形状がわかる六〇〇倍を採録した。光学顕微鏡より焦点深度が深く、立体的な構造を観察するのに適している。事例は、後述する国文学研究資料館（以下、国文研と略す）越後国三島郡深沢村高頭家文書である。文書の料紙の種類について入用帳等に記載があるため、紙名と使用帳簿を特定することができる。このように紙質の特徴を画像で記録し、画像以外の紙質調査データも含めたデータベースを構築することが必要と考え、試作版を作成した。なお、『必携古典籍・古文書料紙事典』(3)では、より簡易な各種機器による観察方法が紹介されている。

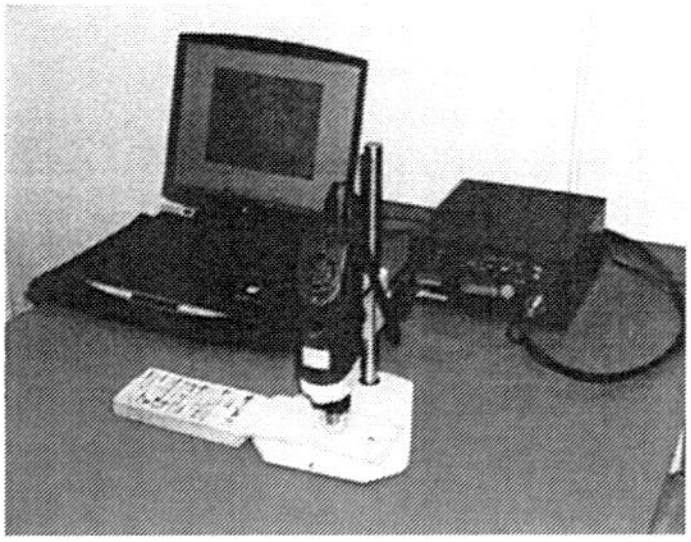
写真1　CCDカメラ

次に、アーカイブズなどの保存利用機関での簡易な調査方法についての概要をまとめる。

調査では、肉眼で紙表面の観察を行い、感触から得られる繊維の形状や紙の厚さ・色・風合い・地合《ぢあい》を総合的に判断し、紙の原料を推測する。紙質測定の範囲は、寸法・重量・厚さの計測・簀の目の本数・糸目の間隔・受け桟《さん》の本数・漉き簀の素材（竹簀・萱簀・紗）・刷毛跡の観察・地合・繊維の形状等がある。簀の目などはライトテーブルで透過光を当てるとよく観察できる。画像記録には、デジタルカメラによる接写でも鮮明な画像を撮影することができる。その場合、スケールを撮し込み、倍率を記録することが必要である。これらの方法であれば、アーカイブズの閲覧においても史料の負担を軽減して記録撮影可能である。

情報化の動きに照応させてみると、解決すべき課題はかえって増えている。課題の第一は、アーカイブズの保存情報の活用のための電子化システム内でのリンクについてで、今後どのように全体の情報管理システムへ組みかえるべきか、という問題である。第二に、保存情報を利用に供する手段のシステム化である。史料情報の一環として、史料の保存状態、複製化による代替化の有無、保存措置の状態、修復記録、記録媒体記録、閲覧・複写・貸出など利用の履歴に関する情報を管理していくシステムが望ましい。一般利用者へのそれら保存状態公開のためのＱＲコードによるバーコードリーダー（携帯電話付属リーダー等）の導入等についても検討が必要である。

これらのシステムをどのように構築していくかは、インターネットでの公開も含めて今後の課題となる。紙質調査の分析結果についての情報環境に関する現状を報告した事例はなく、その情報の共有化をどのように進めていくべきか、具体的な提案が求められている。これは古代・中世史料の紙質調査情報の共有化のためにも寄与するものと考える。なお、先に紹介した稲葉氏の研究成果であるデータベースは、ウェブ上での公開はされていない。

（3） 保存状態調査

近年、劣化状態調査の報告が多く出されている。(4) 保存管理を進めていくための保存計画の進め方は、まず資料の素材と劣化状態を把握し、保存環境整備、劣化原因の究明と対策、そして保存・利用のバランスを考えた長期保存のシステムを構築していくことである。筆者は、アーカイブズを対象とした保存状態の調査は、保存計画立案のためと位置づけている。劣化状態を正確に判断する前提として、紙質調査によって資料素材の特徴、特に劣化の要因を見つけ出すことが重要である。

この保存状態調査は、アーカイブズとして継承されてきたモノとしての履歴であり、現状記録でもある。紙質調査と保存状態調査を同時に実施することが望ましい。ただし現状では、時間的制約、また調査者のスキルも課題である。国文研収蔵アーカイブズの保存状態調査では、「資料劣化損傷調査記入用紙の記述マニュアル」をもとに、「資料状態調査記入用紙」を作成して、史料の保存措置を行う際、一点ごとに劣化損傷の程度を記録・評価し、修復を行った場合や原形を変更する場合にも日付を入れて記録を残している。また閲覧に耐えられない、専門家による修復を必要とするものについて判断し、今後必要となる処置に関する情報を残している。

「資料状態調査記入用紙」の決まった項目にチェックしていくことで、統一した表現での記録が可能となり、厖大な量の史料を対象とした劣化状態のデータを管理しやすくなる。しかし、劣化損傷レベルが提示されていても、主観的になりやすい。判断が適切であったか実物を再検討して基準を一定にすることが必要である。また、判断の基準となるモデルを蓄積するために、画像で記録化し、視覚的に理解できるよう具体化しておくことも方策である。

（4） 多角的な紙質調査と蛍光X線解析

次に非破壊的に紙の含有物、塡料（土泥などの土壌成分）を解析できる可搬型蛍光X線分析装置を用い、国文研所蔵陸奥国弘前津軽家文書の領知目録の分析事例を提示し、紙の中に含まれた塡料に由来する元素の検出、その特色・特性について紹介しておく。[5] なお、この領知目録の紙質調査は、紙の厚さ・坪量（一平方メートル・あたりの重量、以下、単位は記号で表記）・密度を計測し、間似合紙《まにあい》（泥入・雁皮）の多角的な材質調査を実施した事例でもある。

調査資料は、陸奥国弘前津軽家文書にある徳川将軍一三代のうち一〇代分の所領の宛行状《あてがい》である領知朱印状・判物に添えられた、寛文四年（一六六四）以降の所領領域を記した朱印改奉行の連判した形式の領知目録である。領知目録の料紙は、間似合紙で調製され、所領が多いときは二枚継にし、朱印改奉行が継ぎ目裏に黒印を捺す。本紙は竪紙で末尾より巻く表内の形状である。上包は竪に上下折り、鳥子紙といわれる。鳥子紙は雁皮を原料とする。泥入間似合紙は一般に、泥土を混入した紙で、紙の地色が卵色（黄色）であり、耐熱性にすぐれて虫害の影響も少ないといわれている。

測定対象は、領知目録一〇点、領知朱印状二点と、比較資料とした現代の手漉和紙五点である。

分析には、エスアイアイ・ナノテクノロジー社製可搬型蛍光X線分析計（Field-X SEA200）を用いた（写真２）。測定条件は、管電圧五〇kV、管電流：自動、測定時間：一八〇秒、コリメーター：φ五ミリメートルである。紙を継いだ本紙は、それぞれの紙について測定を行った。一資料につき一紙目、二紙目ともに二か所以上測定を行い、得られたスペクトルデータに基づき元素の同定を行った。測定箇所には、表面の汚れや墨書きの認められない部分を選び測定し、得られたスペクトルデータに基づき元素の同定を行った。

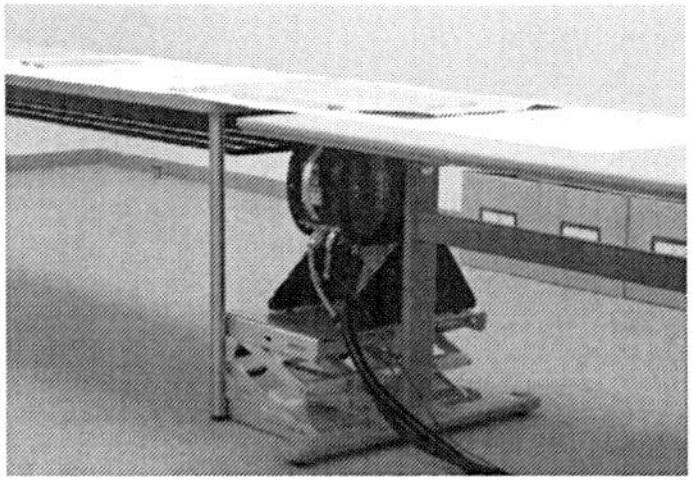

写真２　可搬型蛍光Ｘ線分析計

検出された元素のうち、紙質調査にかかわる元素としては、Ca（カルシウム）、Ti（チタン）、Fe（鉄）の三元素があげられる。主に検出された元素の組み合わせから、Caのみ、Ca・Fe、Ca・Ti・Feの三つの傾向があることを指摘できる（表２・３）。史料番号685では、一紙目と二紙目で検出元素に違いが認められた。

検出された元素のうち、料紙に由来する元素としては、Ｋ（カリウム）、Ca（カルシウム）、Ti（チタン）、Mn（マンガン）、Fe（鉄）の五元素があげられる（表２）。検出元素のうち特徴的な傾向を示す元素について、検出強度が高い元素は「●」、低い元素は「▽」、検出されない元素は「－」で示した。なお、朱印状（683・694）からは、泥に由来すると推定されるＫ（カリウム）は検出されなかった。

さらに検出された元素の分析結果と紙質の相関関係を見るため、紙の厚み計測を行った（計測器ミツトヨ社製デジマチックインジケータNO547-321、計測箇所は二〇か所以上／写真３・４）。本紙の紙の厚みは、年代を追うごとに増し、坪量も同傾向を示した（表４・５）。

表２　領知目録から検出された元素の傾向

史料番号（将軍名）		K	Ca	Ti	Mn	Fe
685（４代家綱）寛文４年（1664）	封紙	▽		－		
	本紙	▽		－		
688（５代綱吉）貞享元年（1684）	封紙	▽		－		
	本紙					●
692（６代家宣）正徳２年（1712）	封紙	▽		－		
	本紙					●
696（８代吉宗）享保２年（1717）	封紙					●
	本紙					●
700（９代家重）延享３年（1746）	封紙	▽		－		
	本紙	▽		－		
704（10代家治）宝暦11年（1761）	封紙			－		
	本紙	●		－		
708（11代家斉）天明８年（1788）	封紙	▽		－		
	本紙	▽		－		
712（12代家慶）天保10年（1839）	封紙	▽		－		
	本紙	▽		－		
716（13代家定）安政２年（1855）	封紙	▽		－		
	本紙	▽		－		
720（14代家茂）安政７年（1860）	封紙	▽		－		
	本紙	▽		－		

凡例１：K（カリウム）・Ca（カルシウム）・Ti（チタン）・Mn（マンガン）・Fe（鉄）
２：検出元素高＝●、検出元素低＝▽、検出元素無＝－、検出元素一定量＝空白

表3　蛍光X線スペクトルの検出結果

分類ｉ：史料番号688本紙

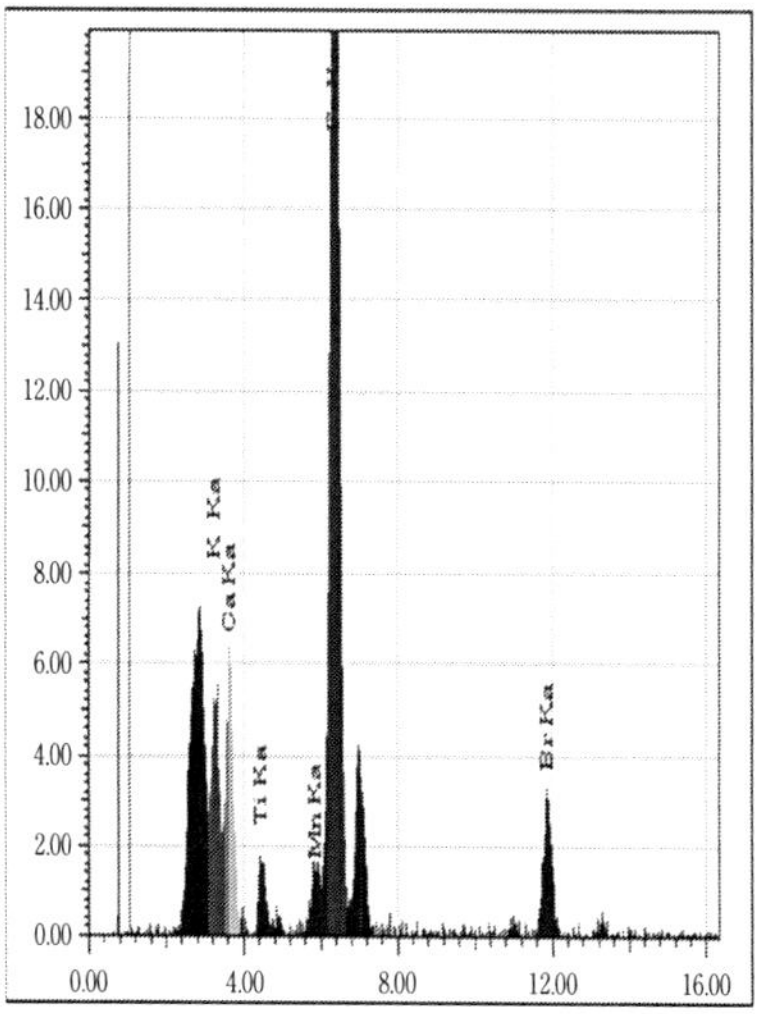

分類ii：史料番号685本紙

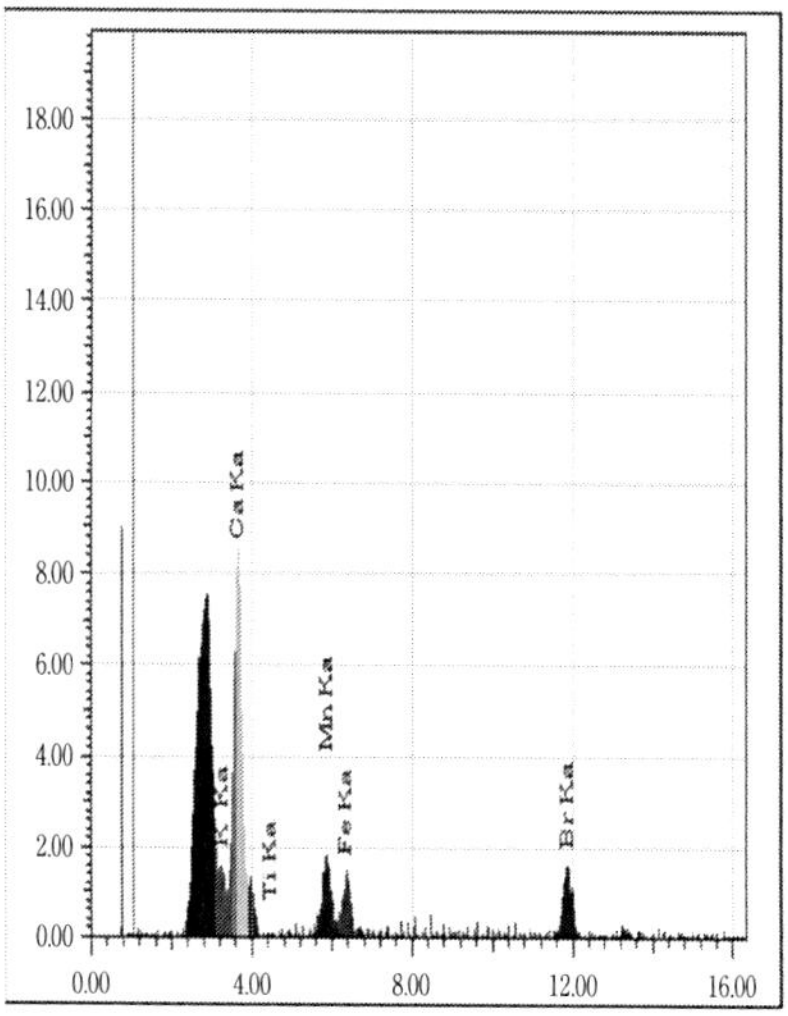

分類iii：史料番号704本紙

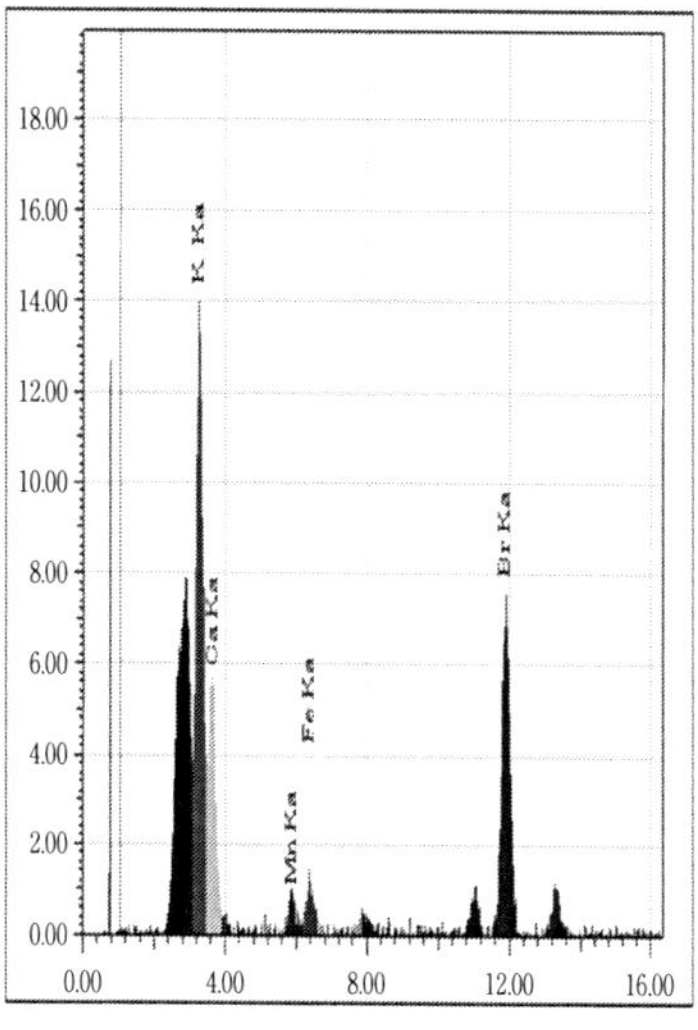

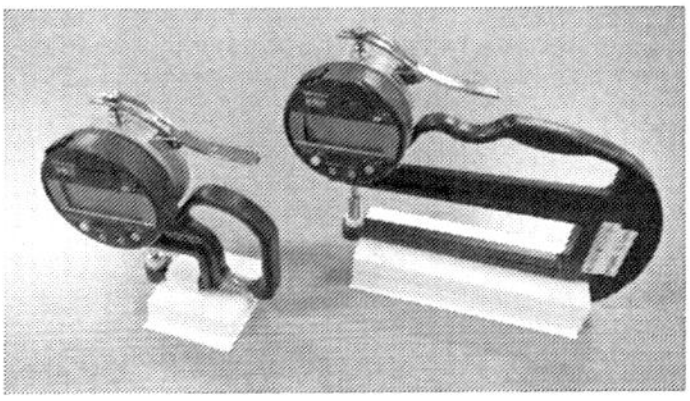
写真３　紙厚計

写真４　紙厚計計測状況

紙の肉眼・感触観察では、Ⅰパターン（史料番号685）は光沢があるが薄く、Ⅱパターン（688～700）は淡い褐色で厚みがあり、Ⅲパターン（704～720）になると濃い褐色、厚さが増して折れ目の弾力性がなくなる。色差計測の結果（表6・写真5）は、紙の観察の特徴と同様の傾向を示している。

　蛍光X線分析による紙質の三つの傾向は、紙の厚みの傾向とも類似性が見られることが指摘できる。今回の調査から、検出元素や紙の厚みと色差計、地合の傾向は三つのパターンを示しているといえよう。なお、領知目録は、一枚仕立てのものと二層に分かれて圧着させたものが確認された。Ⅲパターンの紙の中には表面と裏面の地色に明らかな違いを見ることができるものが含まれる。領知目録の紙には同一の類似した紙が使用されていると考えられてきたが、地合の異なる紙を継ぐ場合も認められた。

　さらに、蛍光X線分析結果から、封紙と本紙が同質紙と考えられるものと、異なる材質のものが確認された。特に、封紙と本紙が異なる系統に分類された、史料番号688（五代綱吉）、692（六代家宣）、704（一〇代家治）は同じ紙である可能性が低いことを指摘できる。しかし、封紙と本紙が同一系統に属する史料に関しても、Caの強度が高く、封紙と本紙が同質紙とは言い切れない。

　また、大川昭典氏（元高知県紙産業技術センター）[6]に704（一〇代家治）の本紙の繊維同定の調査の結果、本紙に用いられた泥入間似合紙の一部の繊維は楮であるということが明らかとなった。間似合紙は雁皮で製造されたとい

表4　領知目録・封紙の面積・重量・坪量・紙厚

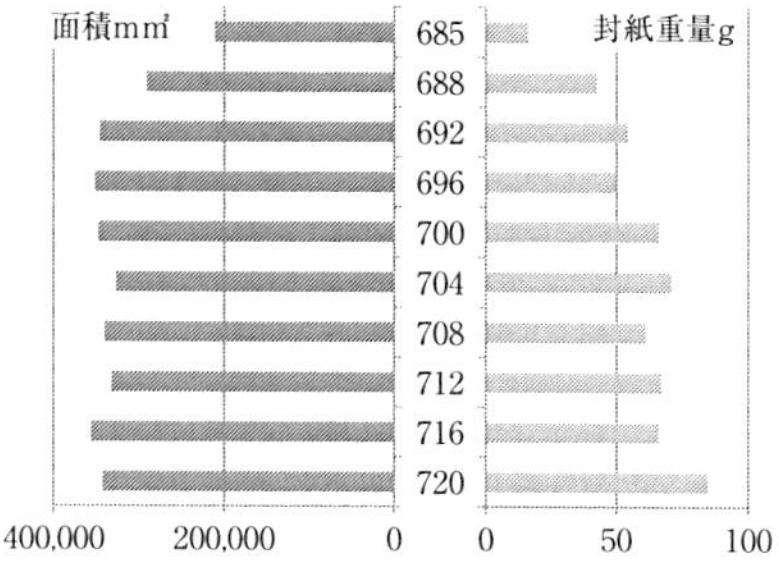

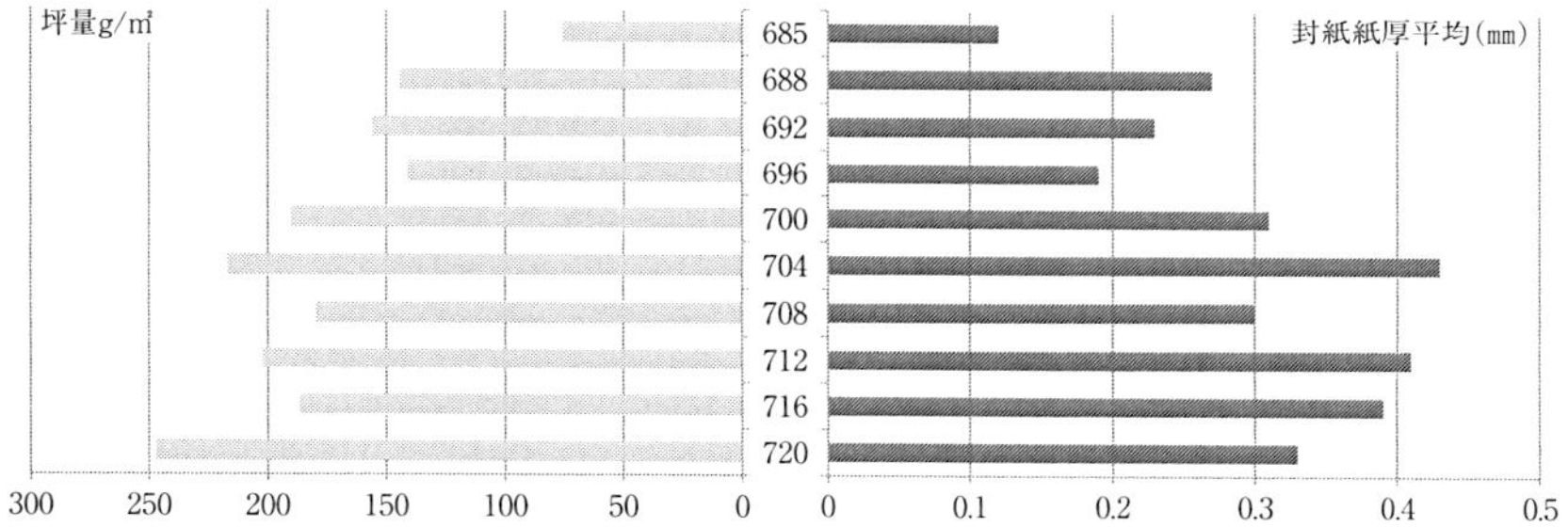

表5　領知目録・本紙の面積・重量・坪量・紙厚

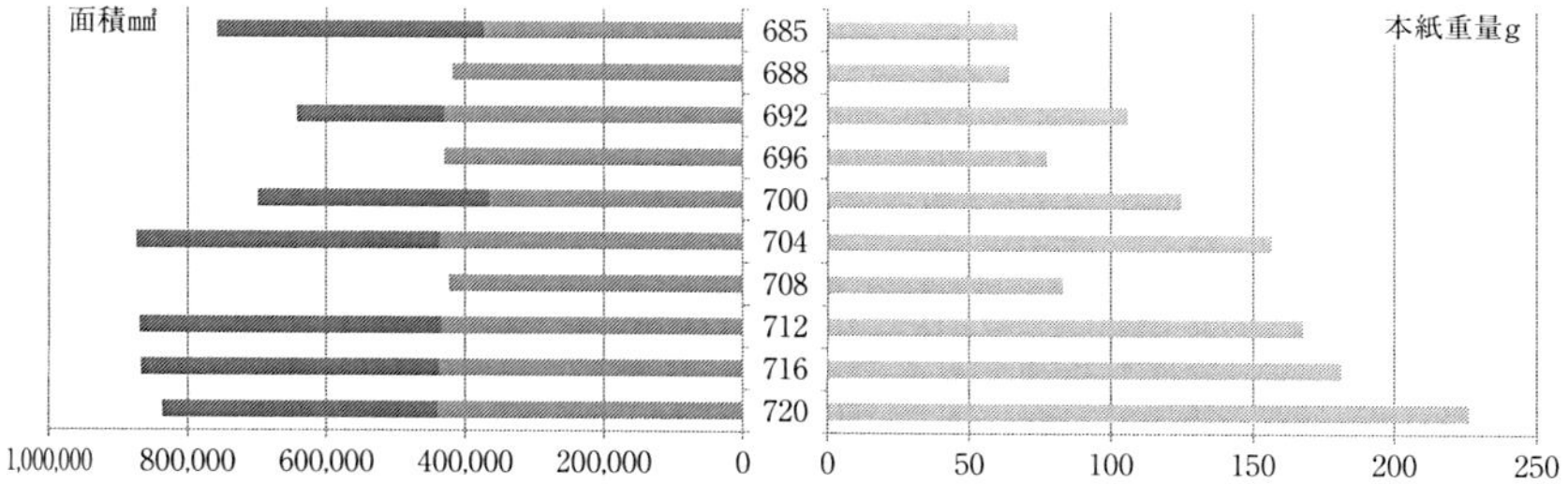

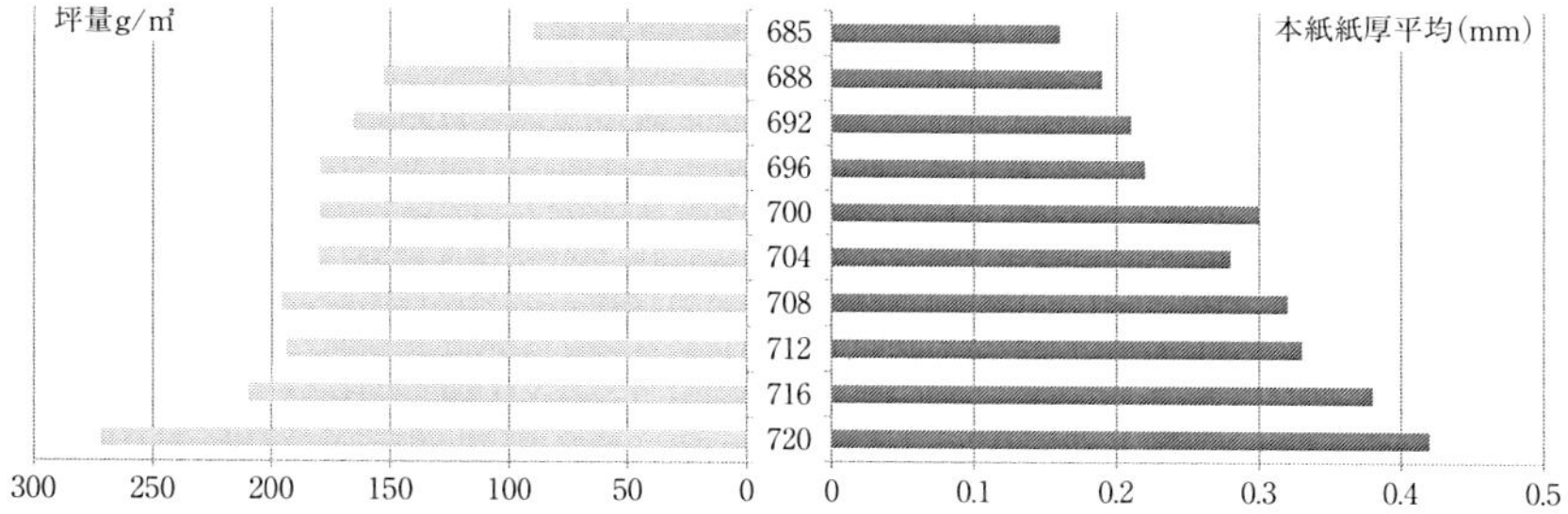

表6　色差計のLab 表色系傾向

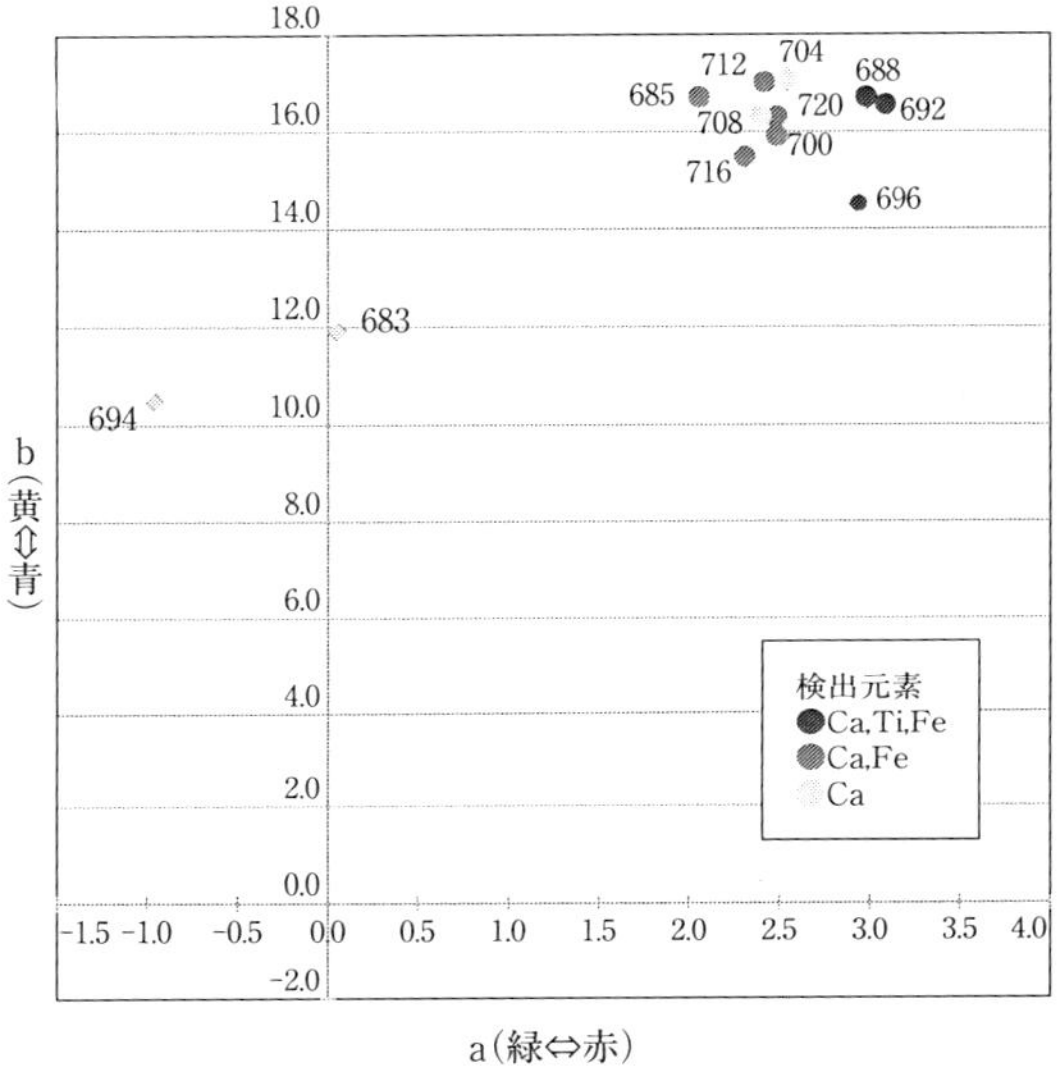

683本紙：寛文４年（1664）家綱朱印状
694本紙：享保２年（1717）吉宗朱印状
685.688.692.696.700.704.708.712.716.720本紙：領知目録

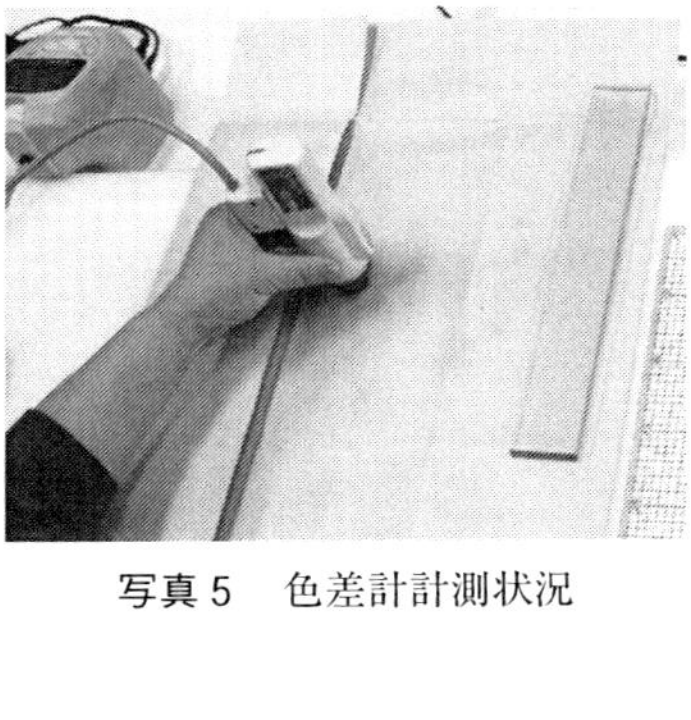

写真５　色差計計測状況

うのが通説であるが、楮が含まれていることが検証された。

以上の分析結果から、一般に領知目録は雁皮を原料とする鳥子紙（上包）と泥入間似合紙（本紙）といわれるが、時代によって原料や含有物が異なることが明らかとなった。この事例から、多角的なアーカイブズのモノとしての分析が不可欠であることが確認できたといえよう。

現在、非破壊調査方法による肉眼観察・顕微鏡観察等があり、より詳細なデータを積み上げつつある。料紙利用方法の具体化など、史料学・文書学的な観点でなされる研究が増えつつある点が特徴であり、これらの研究は史料群構造研究へとさらに発展できる可能性があることを指摘しておきたい。さまざまな提案がなされてた調査法を、いかに史料群の構造分析につなげるか、それは分析を行うものの自覚と判断にあると考えられる。

二　組織体の料紙

近世においては、それぞれの組織体ごとに文書の用途に応じて、料紙の種類と形状・書式・書体・文体・判の有無・判の種類等々、様態をそれぞれに定めている例が多い。幕府と藩、あるいは幕府・藩と村・町という上下の関係にある組織体相互において、下から上に提出する文書については、上位の組織体の指示で様式が定められている。近世文書の様態は、組織体を超えた共通面・標準面と同時に、それぞれの組織体の独自性にも留意しつつ分析することが求められることが指摘されている。このような近世文書の様態に身分・格式が反映していることは、大藤修氏・大野瑞男氏・藤田覚氏の研究(7)で具体的な分析により検証されている。まずここでは、これまでの文書の料紙の種類と形状、様態についての研究を整理し、料紙調査論との関わりでこれからの研究課題を考えることにする。

(1)　文書料紙の使用事例

①幕府発給の文書料紙と形状

幕府が発給する文書料紙となる御用紙の生産者・生産地としては、備中上房郡広瀬の柳井左衛門、その他土佐成山・越前五箇・甲斐市川大門・肥後八代などが知られる。越前国今立郡岡本地域の「五箇」のうち、大滝村三田村家(8)は、福井藩の御紙屋の頭であり、幕府からの注文を受けて用紙を納める五箇で唯一の家であった。元和期(一六一五年頃)にはすでに江戸に家宅を構え、幕府御用達の奉書屋と呼ばれ、慶安の初め頃(一六四八年頃)からは江戸城西の丸の奉書御用も勤めた。紙の種類は奉書類を初めとして元結紙・檀紙・鼻紙・間似合紙・墨流・鳥子紙・水玉紙など種々であった。元禄・宝永年間（一六八八年頃）の御用の記録用の奉書の種類は、幅広大奉書・大奉書・中奉書・小奉書である。

以下、御用紙として調えられた料紙を用いて発給された文書料紙について、概括しておくことにする。

徳川将軍発給の領知判物・朱印状は、本紙・封紙ともに大高檀紙を用いる。御内書は、本紙が大高檀紙、封紙は大奉書である。領知判物・朱印状に添えられた領知の対象となる国郡村名を記した領知目録は、料紙には本紙に間似合紙が、上包には鳥子紙が使用されたとする。

また、徳川幕府四代将軍家綱が寛文四年（一六六四）、同五年に諸大名および公家・寺社に対し一斉に発給した領知判物・朱印状と領知目録の研究[9]は、宛先の大名・公家・寺社の官位や格式、階層序列と寺社本末関係に則った整然とした位階制的編成とその様式が対応していたことを検証した。

次に、老中・若年寄・側用人・側衆等の重役発給文書である老中発給文書の料紙の特徴を見ていきたい。老中連署奉書である常陸国土浦城主の土屋氏に宛てた老中連署奉書の料紙は、大奉書で、それを横に二つに折り、折り目を下にして書く折紙の形状である。封紙も奉書紙で、封紙を縦長にし、それをまず竪に二つに折って、そのうえで本紙を巻き、封紙の上下の両端を後ろの方に折り返す。老中奉書は、折紙にして、まず真ん中で半分に折り、それを二つ折りにし、さらにまた二つ折りにする（八つ折り）。封紙・封式は、老中連署奉書に同じである。老中・若年寄・側用人・側衆発給の御返札の料紙は、奉書紙で、折紙である。

切紙の老中奉書では横に半截し、余白が広くても堅に切ることはない。切紙の老中奉書は、勤番の申し付けより一段軽い江戸城への登城命令の伝達に用いられている。この横切紙の老中奉書では、封式は折紙奉書と同じであるものの美濃紙を用いている。本紙の料紙の大きさをみると、大奉書を横に半截した場合、記載量は少ないものでも、余白をのこしたままで美濃紙の封紙を付けている。

老中御書付の料紙の大きさは、大奉書を横に半截した寸法である。ところが横の長さはまちまちである。これは記載量に合わせて竪にも切り、無駄な余白を残さないようにしたためである。老中御書付は左端より順次折り畳んでいく。そうすると最後に端裏部分の宛書が上にくる。それが封紙の宛書に代わる機能を果たし、略式化、簡便化が顕著に表れている。老中発給の切紙文書は、「御奉書」と称されたものと「御書付」と称されたものとでは、外形的にも書式的にも格の上下が明示されていたのである。

大目付発給文書の事例を土屋家にある「大目付達書」に見ると、包紙には「御剪（切）紙」と記されている。本紙は、横切紙にし、三枚継ぎ合わせて、左端より順に折り畳んでいる。美濃紙で包み、それに糊付けして封をした事例がある。

御書取は、大名からの伺いに対する幕府の回答で、奉書紙で切紙とした事例を藤田氏があげている。また、単独で機能しない付札について、真田家文書・土屋家文書・島津家文書の中の付札を紹介している。

幕府が発給する文書の料紙と形状について、上位の組織体における定式化された事例をとりあげた。これらの事例から、幕府発給者の職制上の地位・宛先の地位・格式、用件内容により、料紙・形状に相関関係が見いだされること、また、組織の文書管理のシステム化、簡略化・簡素化が進む時代的変化の様相も意識した文書の存在に留意することが求められることが改めて理解できよう。合わせて、付札は単独では機能せず、伺書や願書の本紙に貼付されて初めて機能するものであるが、幕府発給の文書と同様に、料紙の種類や形状・様態からの考察が不可欠であることを指摘しておきたい。

幕府の上位部局が発給する文書の料紙と形状について、先行研究を紹介する形でまとめたが、方法論的にはこれらの成果は、古文書学の文書様式論を発展させた成果といえる。調査方法は、肉眼による調査である。そのほか各種の分析方法と連鎖させることで、物理的視点からも摺り合わせるべき点は少なくないように思われる。つまり、こうした歴史学・古文書学的な研究蓄積と連携することで、調査方法そのものの高度化が可能となると考えられるのである。

②幕臣が提出する文書料紙と形状

幕臣が差し出す文書について、料紙・形状・使用法との関係を検討したのは、藤田覚氏である。具体的に分析された『田村日記』に見られる。料紙（本紙・包）の種類は、大鷹紙（大高檀紙）・奉書紙・程村《ほどむら》紙・西の内紙・糊入・岩城紙・日向紙などである。形状・封式としては、竪紙・竪状・半紙竪帳・切封・上包折掛・切紙・半切・付札・下札である。

藤田氏は、大名が差出す伺書・願書と諸奉行・役所間相互での文書のやりとりにおける料紙・形状を対比すると、第一に、料紙は両者とも奉書紙などを切紙にして用いていること、第二に料紙が切紙に用いられることは同様であるが、料紙の種類は諸奉行・役所の場合とは異なるようであること、第三に、幕臣の場合は程村紙を用いることが圧倒的に多く、西の内紙も見られるとする。つまり、幕府に提出する同種の文書でも、身分・格式によって料紙の種類・形状に格差がつけられ、その違いには規則性と基準があることを明らかにしている。

③幕府勘定所・代官所に関わる文書料紙と形状

幕府勘定所勝手方において作成、授受された種々の帳簿や書付のうち財政に関するものの基本類型を示し、その性格・機能・様式などを検討するとともに、勘定所・代官所の相互授受関係を体系的に考察しているのが、大野瑞男氏である。幕府勘定所・代官所にかかわる文書料紙と形状を概観するため、その論文から採録して表7（章末）をまとめた。その後年の代官所で作成し勘定所へ提出した文書について、大藤修氏は、弘化元年（一八四四）の「役所用紙位下之義ニ付伺書」（『牧民金鑑』）の事例を分析している。この史料は、最近紙類の値段が高騰しているので文書の用紙を従来より低位なものにしたい旨を伺い、勘定所より付札でもって回答をえた内容であ

表8　弘化元年幕府代官所から勘定所に提出する文書料紙の紙名

文書(冊物)の種類	従来の料紙　→　弘化元年代官伺の料紙変更案	勘定所の回答
御勘定帳　御勘定元控	灰汁打アツ程村　→　上西之内	伺之通
村鑑帳	上西之内打　→　是迄之通り	伺之通
御取箇帳	上西之内　→　下西之内紙	伺之通
郷帳	上西之内　→　下西之内紙	伺之通
御勘定帳　御加印之方	上西之内　→　下西之内紙	伺之通
高国郡村名帳	西之内　→　美濃紙	並西之内可被相用候
手付手代姓名帳	西之内　→　大半紙	別ニ差出候ニ不及候
勤方明細帳	八寸紙　→　美濃紙	伺之通
御物成納払明細帳	八寸紙　→　美濃紙	伺之通
御普請出来形帳	八寸紙　→　半紙	伺之通
定免検見仕訳書	美の紙　→　大半紙	蔵半紙可被相用候
高国郡訳帳	美の紙　→　大半紙	伺之通
諸伺並米金手形写	大半紙　→　半紙表紙なし	諸伺写は大半紙ニ而被差出、尤表紙なしにて不苦
諸御届並其時限仕訳書等之類(冊物)	表紙無之半紙	

※伺之通相心得、冊物は都而竪帳ニ可被致候

文書（通物）の種類	従来の料紙　→　弘化元年代官伺の料紙変更案	勘定所の回答
勤方書付	1帖銀25匁位の大障子　→　1帖銀14匁位の大障子＊	別段可被相伺候
置証文幷御金手形	厚程村　→　延程村	伺之通
当証文	上西之内紙　→　美濃紙	並西之内可被相用候
定免切替伺	美の紙　→　半紙	伺之通
諸運上冥加取調伺書	美の紙　→　大半紙	伺之通
手付手代姓名帳	短冊美の紙　美濃紙	尤美濃紙短冊計可差出候
諸伺並米金手形写	短冊美濃紙	米金手形写は半紙可被相用候
半切書上物	私共身分(代官)ニ付諸願御届書は糊入半切 其外は都而駿河半切上包なし	上物都而駿河半切可被相用候、尤上紙二不及候
諸御届幷其時限仕訳書等之類(通物)	大半紙	

出典：『牧民金鑑二』、弘化元年正月「役所用紙位下之義ニ付伺書」(旧幕府引継書、東京府図書記、明治写、荒井顕道編、NDL 請求記号802-41)を出典として作表したため、註7大藤ⓑ論文引用の『牧民金鑑』(上巻、刀江書院、1969年、160-164頁)とは一部記述が異なる。

註：(　)は、筆者による注記である。紙名・文書名は、出典表記のままとした。＊「勤方書付」は、勘定所提出「勤方帳」(将軍上納)のことである。「十ケ年程以前」とあり、天保5年(1834)頃までの料紙を示す。

り、それぞれの帳簿・書付ごとに、その用途、重要度に応じた用紙が定まっていたことを示している（表8）。さらに、代官所が勘定所に提出する文書の料紙を変更する場合、上位の役所の指示に従うことを義務づけられていたこと、定期的に提出する文書の料紙と形態が指示されているだけでなく、臨時に提出する文書の料紙も指示をえなければならなかったことを指摘した。

以上、「役所用紙位下之義ニ付伺書」から明らかなことは、「此度諸向御入用ニ付料紙位下候趣ニ而、私共役所ニおゐて相用候紙類も、享保度御入用御定後追々高直ニも相成候間」とあることから、享保期に代官所紙類の入用が決められ、弘化元年まで変更されていなかったことである。また、半切書上物については、「私共（代官）身分ニ付諸願候届書は糊入半切、其外は都而駿河半切上包なし」であったが、「上物都而駿河半紙半切」と変更され、元は「身分」に応じた紙種の使い分けがなされていたのが、ここで同じ扱いになっている点である。

紙種の変更に見られる特徴は、冊子・書付ともに、半紙と大判紙となって、美濃紙の使用が半減している。この変更から明らかとなる料紙の品位は、糊入半切→大障子→灰汁打厚程村紙→厚程村紙→上西の内打紙→上西の内紙→西の内紙→八寸紙→美濃紙→蔵半紙→大半紙→半紙→駿河半切の順となる。

時代や政治上の問題から料紙の利用の基準が変更されることを指摘したわけであるが、この点については、いうまでもなく各料紙の特徴が提示される必要がある。また、それらのモノとしての差異を明らかにしなければ、研究情報として共有化することにはならないといえよう。

④藩庁における文書料紙と形状

では、松代藩での文書作成の紙はどのようなものであったのだろうか。松代藩の御用紙と紙の使用例の一端を紹介しておきたい[10]。信濃国水内郡内で漉かれた和紙は山中紙と呼ばれていた。元禄二年（一六八九）には紙運上として松代藩に納める紙を漉いており、漉かれた紙は松代藩で使う御用紙が中心であった。

松代藩で使用している御用紙の種類は、天明四年（一七八四）における郡奉行からの御用紙方宛の御用紙買上値段を見ると、史料記述順に列記すれば、奉書紙／並杉原紙／上粘入紙／並粘入紙／中太田紙／上端不端切紙／下端不切紙／小盤紙／上小杉／新中小杉／新下小杉があげられている。文化一三年（一八一六）における御用紙の種類は、厚漉奉書紙／薄漉奉書紙／並杉原紙／上粘入紙／並粘入紙／並小右衛門紙／上不端切紙／下不端切紙／同切之方／小盤紙／小盤紙切之方／黄小盤紙／並小盤紙／白半紙／黒半紙／廣漉返紙／黄漉返紙／中太田紙／上芳野小杉／本中小杉／中小杉／下小杉／上小杉／芳野小杉／並小杉／廣漉返・端吹紙／黒廣漉返紙とあり、上質の奉書紙とともに漉返紙、いわゆる宿紙が含まれている。なお、この記載順は、藩内における紙品位と捉えることができよう。

上納された御用紙は、御紙方御役所の取扱となり、御蔵屋敷内「御用紙御蔵」（三間・二間半）に収蔵される。

松代藩の文書量の膨大さとその中に占める反古紙や宿紙（漉き返し紙）の多さは特徴的である。その反古紙の使用の例を勘定所元〆日記にみると、天明三年（一七八三）、御賄所諸帳面に反古紙を使用することについて詮議した結果、「土蔵玄米月々請払元帳幷品々御臨時渡元帳等」厚反古で済ますとして、御賄役の御用紙受け取り分のうち反古紙の分を三束六帖増しとし、白紙九帖を減ずるとある。反古紙を使用しての倹約にあたり、勘定所元〆日記の年頭にその年の郡方の反古紙使用量を示している。文政一三年（一八三〇）には、反古紙一八五〇枚、内訳として当用役所日記などに一〇〇五枚とある。三の丸には、普請方・細工所の中に「紙繕」が設けられている。反古紙のリサイクルに関与していたと推測されよう。松代藩庁文書に宿紙・反古紙が多いのは、藩の倹約政策を受けてのことであることがうかがえる。松代藩の場合も、幕府勘定所と同様な状況といえる。ここでも精緻な分析が必要と考えられるのである。

⑤村における文書料紙と形状

表9 「武州秩父郡大野村諸書物取調帳」（安政6年）に見られる文書料紙の種類と形状

出典番号	表題	年代	作成など	宛名	数量	料紙	形状
6	御林之内苗木・成木御改帳扣	安永6年8月	名主　八兵衛、名主　弥七、外組頭・年寄・百姓代共　拾六人連印	前沢藤重郎様	表裏共15枚	八分広紙	竪帳
7	御林御吟味ニ付申上候書付写	文化元年11月	榊原小兵衛御代官所　武州秩父郡大野村百姓代　与八、拾五人印形無之	御見分御役人中	表裏共9枚	八分広紙	竪帳
8	御林植付改帳	文化13年閏8月	小前・請負人惣連印		表裏共27枚	八分広紙	竪帳
18	御林木代金割賦惣小前連印帳	文化2年11月			1冊（表裏共15枚）	八分広紙	竪帳
19	御林植付御請書	文化13年10月21日		川崎平右衛門様御手代中川順蔵様、宇野勘六様	1冊（表裏共13枚）	八分広紙	竪帳
22	御林幷村方絵図面隣地地主連印	明和6年	隣地地主連印	伊奈備前守様御内　八田仙右衛門様、栗田安六様	1通	八分広紙	継紙
24	字摺鹿山之内（西のおね鳶のす）山銭場山論議定書	天明6年10月	村方連印		1通	八分広紙	継紙
25	字摺鹿山之内山銭場山論議定書出入済口証文	天明6年閏10月	村方連印	前沢藤重郎様	1通	八分広紙	継紙
28	御林植付御届帳	嘉永5年5月		林部善太左衛門様御手代　山田金次郎様、宇佐美定三郎様	表裏共5枚	八分広紙	竪帳
35	御林植付一件御見分御届書	嘉永3年10月		御勘定幷御様御懸り中	1通	八分広紙	継紙
68	三ヶ村稗穀俵数書上帳入用割議定書				1通	八分広紙	継紙

10	御林植付様シ願	弘化２年３月15日	小前連印	林部善太左衛門様	１本	西之内	継紙
11	御林炭焼立御見分願	天保12年８月	百姓代　助右衛門印、与頭　武左衛門同、年寄恒右衛門親　八右衛門同、年寄名主　角左衛門同	山本大膳様	１本	西之内	継紙
12	御用炭始末書	弘化２年７月	小前惣代兼当名主　長右衛門印、与頭　平左衛門同、百姓代　弥五右衛門同、右惣代願人年寄恒右衛門養人　八右衛門印	林部善太左衛門様	１本	西之内	継紙
21	御用炭請負儀定書	弘化４年９月		新橋御会所	１通	西之内	継紙
26	御林反別木品書上帳	天明８年８月	百姓代　儀兵衛、与頭　角左衛門、名主　善左衛門	伊奈半左衛門様	１冊（表裏共５枚）	西之内	横帳
40	七重山御林松木拾壱本損木御訴下書御吟味之上村買請	同年12月		御同人中様	１通	西之内	継紙
60	三ヶ村組合納屋一件為取替儀定書	天保15年11月	芦ヶ久保村小前惣代　庄蔵印、村役人惣代名主　重郎左衛門印、椚平村小前惣代　弥兵衛印、村役人惣代名主　七右衛門印、大野村小前惣代兼村役人惣代年寄　恒右衛門印、岩鼻村世話人亀屋　太平印		１通	西之内	半裁
13	御林入札帳	弘化３年４月			１冊（表裏共14枚）	半紙	竪帳
17	御林御見分木数幷枯木改帳	元文５年３月	名主　佐兵衛、外拾壱人連印		表裏共26枚	半紙	竪帳
20	御林松・檜御改扣帳	天保５年５月・同８年10月			１冊（表裏共16枚）	半紙	竪帳
27	御林請入用帳	弘化２年３月			１冊	半紙	竪帳

出典番号	表題	年代	作成など	宛名	数量	料紙	形状
29	御林植付御届帳植付木数書上帳	嘉永６年２月９日		御林御懸　近藤力蔵様、片山椿助様	１冊(表裏共27枚)	半紙	竪帳
32	御林御見分　林部善太左衛門様御手代　水嶋貴三郎様御廻村入用帳	弘化２年				半紙	横帳
33	七重山　御林入札帳	弘化２年９月			１冊	半紙	横帳
34	(浅間の前山鳶巣やま)御林入札帳	弘化２年４月			１冊	半紙	横帳
36	御用炭御請負被仰渡書面	弘化４年３月18日		林部善太左衛門様	１通	半紙	継紙
39	右同断(七重山御林松木拾壱本損木)尺〆帳	同12月６日		御勘定星野録三郎様、御普請役増内多録郎様	１冊(表裏共５枚)	半紙	竪帳
62	三ヶ村稗穀俵数書上帳	嘉永６年４月			１冊	半紙	竪帳
65	同断(三ヶ村組合)納屋破損修覆入用割合帳	安政３年正月13日			１冊	半紙	竪帳
66	三ヶ村稗穀俵数書上帳人足帳	安政２年８月			１冊	半紙	竪帳
67	三ヶ村稗穀俵数書上帳雑費帳				１冊	半紙	横帳
70	当村出穀帳				３冊	半紙	竪帳
9	御林改帳	享保３年９月	名主　弥右衛門、外七人連印	堀内六郎兵衛様	１冊(表裏共６枚)	半紙	竪帳
16	御林山江栗・松植付御尋ニ付御請書	明和７年３月	名主　源左衛門、外五人連印	伊奈半左衛門様	表裏共８枚	我野紙	竪帳

出典：埼玉県立文書館収蔵資料森田家(目録-018-01)560「武州秩父郡大野村諸書物取調帳」(安政６年５月６日)、紙焼番号 CH69

註：本表は、紙名記載のある表題で整理し、料紙紙名でまとめ、同紙名内は出典の記述順とした。本史料は、富善一敏氏よりご教授いただいた。記して謝意を表す。

ここでは、埼玉県立文書館所蔵の武蔵国秩父郡大野村森田家文書[11]と国文研所蔵の越後国三島郡深沢村高頭家[12]の事例により、村における文書料紙と形状についてとりあげる。

安政六年（一八五九）五月に、伊奈半左衛門御代官所武州秩父郡大野村元年寄金兵衛が作成した「武州秩父郡大野村諸書物取調帳」は、「御水帳其外御用・村用ニ而入用之諸書物」を年番名主佐平に引き渡すにあたりとりまとめた史料である。同史料から料紙と形状の記載のある文書名を表9にまとめた。ここに収載されているのは、御林運営に関わる文書がほとんどであるが、これは大野村近辺が、近世初期より幕領であり、炭用材の供給のための幕府直轄林（御林）があったことによる。

安永六年（一七七七）「御林之内苗木・成木御改帳扣」（表裏共一五枚）、代官前沢籐重郎様宛、文化一三年（一八一六）「御林植付御請書」（表裏共二七枚）、代官川崎平右衛門様御手代宛他四冊は、冊子型の竪帳で簿冊丁数が明記され、料紙が八分広紙とある。八分広紙で書付型の継紙は、明和六年（一七六九）「御林幷村方絵図面隣地地主連印」代官伊奈備前守様御内宛他四点である。西之内紙の継紙は、弘化二年（一八四五）「御林植付様之願」代官山本大膳様宛他五点である。西之内紙の横帳は、天明八年（一七八八）「御林反別木品書上帳」代官伊奈半左衛門様宛である。半紙の形状は、竪帳一一冊、横帳四冊、継紙一通である。地元産の紙である我野《あがの》紙で竪帳を調製した明和七年（一七七〇）「御林山江栗・松植付御尋ニ付御請書」代官伊奈半左衛門様宛があり、表裏共八枚で仕立てている。

幕領の村が代官に提出する文書については、一定の料紙の種類と形状に則って作成していたことがうかがえる。その基準は代官所が示したと見てよかろう。さらに、引継取調書に料紙の種類と形状を記載している点は、今後の作成のための凡例として用い、その前例を参考として文書を作成しなければならなかったと考えられる。

次に、地元産の紙を用いている高頭家の事例を紹介しておきたい。

高頭家のある深沢村は、元和六年（一六二〇）以降、廃藩まで長岡藩領である。高頭家の文書群は、肉眼・感触観察によって、強目の厚めで黄色い紙質という特徴がある。特に冊子型文書は、黄色めであることが際だち、美濃紙に比して腰も強く厚手に感じられるものである。文書の料紙の種類について、入用帳等の記載の一部にみられる紙の購入と用途には、「小国紙弐束代　三組年番諸帳面幷問屋中使三人へ渡候分、小国紙壱束代　右は諸帳面嶋方割札入用」（文化七年〈一八一〇〉）、「のり入紙　弐枚、西紙　壱折、小国紙五帖　但し三帖ハ古田地割帳」（文政九年〈一八二六〉）、「小村屋平兵衛　壱貫四拾文　厚伊沢紙　四折　宗門帳紙ニ取、四百五拾文　小国紙五折　右同断宗門下長入用ニ取」（嘉永四年〈一八五一〉）、「美濃紙　壱状、縁切　壱束」（文政一三年〈一八三〇〉）とある。

この記載を見ると、厚伊沢《いざわ》紙を宗門帳紙として、小国紙を宗門下帳に用いたことがわかる。地元産以外に、のり入（糊入紙）、西紙（西之内紙）、美濃紙などの記載を、採取することができる。村の文書群には、地元産の紙の使用事例を見いだすことができる。さらに、藩に提出する文書だけでなく、村で作成する文書料紙も細かなルールが存在していたことを示しているといえよう。

小国紙も伊沢紙も越後地元産の紙の名称である。小国紙は、刈羽郡小国郷内にて製し、竪九寸二分×一尺三寸、伊沢紙は、東頸城郡松代町（旧伊沢村）が産地で、小国紙よりも大判の一尺×一尺四寸でより厚い。

ここでは、一般的な紙種以外にも、地域ごとに用いられる地元産の文書料紙が使用されていた事例を示し、地域的な特質という観点で、料紙を見直すことが必要であることを指摘しておく。

（2）料紙の種類と形状

これまで、幕府発給文書、幕臣が提出する文書、幕府勘定所・代官所にかかわる文書の料紙と形状について要説した。そこでとりあげた典拠とした文献の記述をもとに、特に料紙の種類とその形状に注目して検討する。なお、文献を年次順に整理すると、A『田村日記』宝暦一三年(一七六三)~寛政三年(一七九一)、B『地方凡例録』寛政三年(一七九一)、C『御勘定所定出役心得留』文政期(一八二〇年前後)、D『勤要集』天保末・弘化期(一八四〇年代)、E「役所用紙位下之義ニ付伺書」(『牧民金鑑』)弘化元年(一八四四)となる。(13)

①料紙の種類

文書の料紙には和紙が用いられているが、和紙にも原料・抄紙法・大きさ・色・用途・産地などによって多種多様なものが存する。しかし、先にあげた文献から抽出した文書の料紙は、以下の通りに並べることができる。大高檀紙、鳥子・間似合紙、奉書紙、糊入紙、大障子、程村紙、西の内紙、八寸紙、日向紙、美濃紙、岩城紙、蔵半紙、大半紙、半紙、駿河半紙、赤目紙である。料紙の品位が文書の内容・重要度と相関関係があることから、その順を大まかに推定して提示してみた。混ぜて漉く場合もあるので、主たる原料で分類すれば、楮・雁皮・三椏である。

〈楮〉大高檀紙、奉書紙、糊入紙、大障子、程村紙、西の内紙、八寸紙、日向紙、美濃紙、岩城紙、蔵半紙、
大半紙、半紙、赤目紙
〈雁皮〉鳥子紙、間似合紙
〈三椏〉駿河半紙

つづいて、各紙名について摘録しておくことにする。(14)まず、〈楮〉の紙種についてあげる。

[檀紙]檀紙の幕府御用紙漉きとして著名なのは、備中広瀬(現、岡山県高梁市)の柳井家であり、先述した越前国五箇三田村家でも檀紙を納めており、丹後(京都府北部)・阿波(徳島県)・京都などでも漉いていることが知られる。楮を原料とした厚紙で、紙面にこまかい皺紋がある。この皺紋は縄にかけて乾燥するものと干板に張っ

てつけたものがある。大高檀紙（大鷹檀紙）は、檀紙で大判のもので、判物・朱印状に用いられ、『新撰紙鑑』では、竪一尺七寸一分×二尺二寸三分とあり、『諸国紙名録』では竪一尺七寸三分×二尺二寸五分で少し大きい。

［奉書紙］『新撰紙鑑』によると、越前産には、大広・御前広（中広）・大奉書（本政）・中奉書（間政）・小奉書（上判）・色奉書・紋奉書・墨流などの銘柄がある。またより大判のものを長高（丈長・丈永・尺永）奉書という。越前のほか各地で産し、美濃産は袋奉書と言い、甲斐には肌好・糊入奉書、下野に那須奉書がある。直紙とも言い、『新撰紙鑑』によると大直紙は竪一尺ないし一尺六分×一尺四寸六分で、中直紙は上美濃ともいって竪九寸五分～六分×一尺三寸八分、小直紙は書院美濃・書院小直とも言い、竪九寸～九寸二分×一尺三寸七分である。

［糊入紙］米粉を塡料に加えて漉いた白めの楮紙のこと。普通杉原紙とするが、糊入奉書（甲斐の市川大門産）を本判、駿河で漉かれたものを駿判といった。三椏の駿河紙にも糊入紙があり、各紙にも抄紙法としての糊入があるため、どの紙かの断定は難しい。松代藩の御用紙は、奉書紙→杉原紙→糊入紙の順の紙品位となっている。

［大障子］これは、書院紙を指すものと推定される。障子紙の別名が書院紙であり、その大判のものであろう。

［程村紙］下野国（栃木県）那須郡下境村（烏山町）の小字程村を原産地とする厚い楮紙で、水戸藩領で、西の内紙とともに使われ、いわゆる水戸物を代表する紙である。寸法は、『新撰紙鑑』によると、竪一尺四分×一尺四寸で、西の内紙より厚く小さい。典拠文献に頻出する紙名である。

［西の内紙］常陸（茨城県）の那珂郡山方町西野内が原産の厚い楮紙。寸法は竪一尺一寸×一尺六寸である。甲斐産を甲州西という。程村紙とともに、典拠文献に頻出する紙名である。

［八寸紙］那須紙は、下野（栃木県）那須地方に産した紙で、那須八寸と呼ばれるものがある。竪八寸からきた呼称と思われる。

［日向紙］日向（宮城県）に産した半切紙を指す。幕領の本庄（宮城県東諸県郡国富町）の豪商和泉屋が扱って普

及したとある。藤田氏によると、幕府役人の届書は日向紙、諸書物は美濃紙で構わないとの支配からの指針が示され、程村紙は高額であるということである。よって、紙品位は、程村紙→日向紙→美濃紙と位置づけられる。

［美濃紙］もともと美濃国（岐阜県南部）に産した紙であることからの呼称であるが、各地で製造された。美濃産の紙は種類が多く大小厚薄もさまざまであるが、比較的厚く強靭な紙で、実用性に富んでいた。

［岩城紙］磐城延紙・岩城延紙を岩城紙と称したと思われる。福島県磐城地方に産した楮紙で、『諸国紙名録』には、寸法は竪九寸五分×一尺三寸七分とある。

［蔵半紙］大坂に集まる紙には、蔵物と納屋物があり、諸藩で集荷して大坂の諸藩蔵屋敷に送られた物を蔵物という。納屋物は、諸国の問屋・商人が大坂へ搬送した物である。蔵紙の多くが半紙であったので、それを指すと考えられる。

［大半紙］半紙の大判のもので、『諸国紙名録』によると竪九寸×一尺三寸五分である。

［半紙］もともとは、全紙を竪半分に切ったものであるが、縦八寸～八寸五分×横一尺八分～一尺一寸五分の判型で製造するようになる。

［赤目紙］伊賀国（三重県名張市赤目町）の赤目地区に紙漉を行っていたというので、この産の紙と推定される。次に、〈雁皮〉の［鳥子紙・間似合紙］について。鳥子紙は、斐紙と同じく雁皮を原料とする紙であり、薄茶色をした鳥の卵の殻の色に似ているところからいう。同じ雁紙でも「間に合い半間」（三尺）の間尺に合う紙を間似合紙という。泥・土を塡料として用いると泥入間似合となる。

〈三椏〉の［駿河半紙］は、静岡県の安倍・興津・富士の各河川流域に七十余の紙郷があって、糊入紙・半切・半紙・小半紙・塵紙・厚紙など、いわゆる駿河物（駿河紙）とよばれる紙を江戸市場に出荷した。三椏を原料として導入しているのが特色で、駿河半紙はとくに著名である。製紙原料として広く三椏が導入されたのは近世初期といわれてきたが、近年、大川昭典氏の分析により、中世文書からも発見され、近世以前から用いられていたことが判明している。

冊子型文書の料紙は、幕府勘定所・代官所に関わる文書（表7・8）にあるように、重要書類には程村紙、西の内紙が多く用いられ、灰汁打のものがある。灰汁打は、灰汁に漬けて乾燥・打ち叩きを繰り返して、紙面を平滑にして紙を締まらせる技法である。

これらの料紙の多様な名称をその由来で整理すると、［産地］程村紙・西の内紙・日向紙・美濃紙・岩城紙・赤目紙・駿河紙、［原料名称］檀紙、［形状・判型］間似合紙・大障子・八寸紙・大半紙・半紙・半切、［製法］糊入紙、［流通］蔵紙、［形相］鳥子紙となる。なお、これらの文献から抽出された料紙の産地の特徴として、幕領および幕府に関わりのある地域の紙が用いられている傾向があることを指摘しておく。

②書付型文書の形状

ここでは、先に記述した文書料紙の使用事例に見られる書付型の形状について要略しておく。

［竪紙］全紙を使用したもので、幕府が発給する領知判物・朱印状・印判状・老中下知状、大名・旗本が幕府に提出する願書・伺書、相続関係の重要願書が竪紙である。町・村から幕府に差し出す願書なども竪紙が用いられる。年貢割付状・触廻状・達書・裁許状などの領域支配の基幹にかかわるものには竪紙、その継紙が使用されている。

［継紙］竪紙一枚で文書様式を完結する場合ではなく、内容の用量によって紙を貼合せて用いる。

［折紙］竪紙を横半分に折って、折目を下にして書く。老中奉書にみられる。

［中折紙］檀紙あるいは奉書紙を竪半分に切った大きさに製した楮紙。中等の厚さで、美濃中折紙が著名で各地で漉かれた。全紙を竪半截にした場合、簀の目が横になる。紙質が檀紙・奉書紙であるので、形状で説明し

た。

〔半紙〕全紙を縦に半截したものであり、もとの形は杉原紙の寸延判といわれ、近世には竪八寸〜八寸五分×一尺八分〜一尺一寸五分に製した。『新撰紙鑑』『諸国紙名録』では、石州半紙・土佐半紙竪八寸×一尺一寸、『聚玉紙集』駿河半紙竪七寸四分×一尺に製した。大半紙については、先述した。

〔切紙〕竪紙を竪または横に切断して用いたもので、近世では竪に切った竪切紙は、手形類に多くみられ、横に半截した横切紙が一般的形状となり、両者ともに切紙と称する。

〔半切紙〕半切紙は全紙を横半截に切ったもので杉原紙の横半切が標準であったが、さまざまな紙を横に半截した。

〔半切〕大小さまざまの形に切った紙という意であるが、全紙を横半分に折って、折目で切断したのが「半切」と呼ばれた。需要に応じて横半截そのもののサイズでの製造が盛んになった。美濃半切は、『新撰紙鑑』竪五寸三分×一尺六寸・『諸国紙名録』竪四寸五分×一尺三寸、水戸半切が、『新撰紙鑑』竪五寸五分×一尺六寸・『諸国紙名録』竪五寸二分×一尺八寸、駿河半切は、『聚玉紙集』竪六寸×一尺七寸であり、時代・産地によって寸法が異なっている。貼り継いで横に巻いたのを巻紙として書状に用い、適宜切って使った。

〔短冊〕細長い紙片で、代官所で作成する「手付手代姓名帳」「諸伺並米金手形写」は短冊美濃紙、『田村日記』の姓名短冊書付は、「本紙程村、金さし（曲尺）竪九寸横二寸」が用いられた。

〔付箋〕付札について藤田氏は、程村紙・西の内紙などの丈夫な紙が使われたと推定し、事例をあげて、ほぼ共通して竪一五〜一六センチとする。このサイズは、五寸から五寸三分位であるので、半切と等しい。付箋の紙質については、今後の具体的実物分析により、明らかにすることが求められよう。

書付型の単位呼称は、状物・通物が用いられ、一本という表記も見られる。封式・包については、『田村日記』

に「上包美濃折掛」と折封が頻出し、「竪状結文」と結封を書表している。当時における形状や単位呼称、特に封・包・袋の形状は、多様な表記が見られ、経時的な簡略化についてもさらなる検討が必須である。

③冊子型文書の形状

国文研における冊子型文書の形状(15)は、広範に用いられた紙型を基に、実寸大の型紙を用いて標準化を考慮した大きさ表記を採用している。冊子の外観の形状から、竪帳と横帳に大別し、美大（大美濃竪折判）・美（美濃竪折判）・半（半紙竪折判）・横長（美濃横折判）・横長半（半紙横折判）などと大概を表記する。

幕府勘定所の地方勘定帳(16)は、「厚程村紙、竪一尺四分、横七寸六分、綴目七分、袋綴、綴目ニ御老中御調印有之候ニ付、平苧綴外付張ニして、綴目不高様ニ致ス」とあり、勤方帳は、「竪九寸五分、横六寸七分、綴目外七分、紙大障子小口綴」で、紙種と縦横寸法・綴部分の幅寸・綴方が明記されている。文書の重要度と長期の文書管理と保存に適した素材と綴方であり、帳簿の機能と用途を勘案した形といえよう。ただし、寸法に規定がある冊子以外は、「勘定所処へ出す諸帳面寸法定めなし」とあるので、すべて指示されるのではないことを示している。

綴方には、双紙綴・苧縄双紙綴・苧縄本綴・縒り苧本綴・白芋糸綴・平苧綴・苧綴・袋綴・小口張・鎹《かすがい》綴などの表記がある。双紙綴と本綴は同義で使われており、鎹綴はその語義から仮綴である。袋への収納については、「西之内袋」、「美濃紙四ツ手」（畳紙・四方帙）の記述がある。綴方・綴紐の種類そのものも史料的意味をもっている一例である。これらは冊子型の形状の重要な構成要素であるので、その種類の事例を蓄積し、その名称と形状を理解して確定していかねばならないだろう。冊子型の場合、閲覧において前後を繰り返し参照するのが容易であり、加除も比較的簡易である。なお、綴に文字があるものは、一枚一枚書き上げて、編綴装訂《へんてつそうてい》したことが予想できる。すでに編綴装訂したものに書き込む場合は、綴じ部分に文字が近接しないという特徴を付記しておきたい。

おわりに

本稿では、まず、近世史料を対象とした紙質調査方法とその成果の現状を概観し、近世期の料紙の使用事例を文献から抽出し、その紙名や形状・紙利用基準に留意しつつ、組織体の料紙使用の実態を考察してきた。

まず、現在の紙に関する非破壊調査方法による肉眼観察、顕微鏡観察・画像処理等で、どれだけの紙質の特質を把握できているのかを確認した。さらに、紙質調査としての蛍光X線解析による非破壊的な紙の含有物・填料の解析を紹介し、多角的なアーカイブズをモノとして分析することが不可欠であることを指摘した。次に、アーカイブズ学の分析対象である近世アーカイブズ資源そのものに関する研究として、組織・個人の相互の授受関係を示す記録としての文書の料紙の種類と形状・様態について、組織体を超えた共通面・標準面・その経時的あり方に注目して考察した。

これまでの研究成果を整理したことによって見えてきた課題は、文書群の特性を示す編成記述にどの程度、紙種や形状・様態の情報を反映させることが必要なのかという点である。編成記述にそれらの情報が充実されれば、データベースでの統計的解析も可能となろう。しかしながら、これらの情報をすべて編成記述に求められるということではない。史料そのものを理解する上で、必要となる情報を適切に伝えることが重要であり、情報の羅列が必要とされるわけではない。アーカイブズの保存情報を資源として活用できるようにする電子化システムの環境整備は課題ではあるが、アイテム・レベルでの物理的情報・外形的要素の記述内容については、さらに検討しなければならない。記述の標準化と同時に、各史料の特性を踏まえ、どのような情報を利用者に伝えることが必要か、史料そのものの理解を深めることが重要となろう。

今回、文献に記された文書の実物を具体的に提示した紙質調査の事例は数少ない。文書の紙質や形状の特徴を特定するため、同様な性格の原文書を比較調査することが必要であるが、その点についても今後の課題である。

(1) 増田勝彦「肉眼観察を中心とした和紙の特徴の記述」(『和紙文化研究』一号、一九九三年)、園田直子「素材としての和紙に関する基礎的研究」(『国立歴史博物館研究報告』五七号、一九九四年)、富田正弘編ⓐ『古文書料紙原本にみる材質の地域的特質・時代的変遷に関する基礎的研究』(一九九五年)、富田正弘編ⓑ『紙素材文化財(文書・典籍・聖教・絵図)の年代推定に関する基礎的研究』(二〇一〇年)、稲葉政満ほか「パークス和紙コレクションの紙質調査」(『東京芸術大学美術学部紀要』三三号、一九九七年)・「ライデン国立博物館所蔵 シーボルトコレクションの紙質調査」(『東京芸術大学美術学部紀要』四六号、二〇〇九年)、青木睦「史料に用いられた紙資料群の科学的類別に関する研究」(『文部省科学研究補助金研究成果報告書』一九九九年)・「版本・錦絵・古文書に用いられた紙の材質に関する基礎研究」(『同前』成果報告書』二〇〇四年、測定協力:山崎圭子)。この他、保立道久『禅宗寺院文書の古文書学的研究成果報告』(二〇〇五年)は、透過光画像を素材としてフーリエ変換画像解析による簀の目本数計算などの計測を実施している。

(2) 簀の目測定帳は、増田勝彦氏が作成した簀の目幅を計測するための標準紙である。宍倉佐敏『必携古典籍・古文書料紙事典』(八木書店、二〇一一年)に添付してある。筆者は、これを透明シートにコピーして簀の目計測の際に用いている。透過光画像撮影時に撮し込み、簀の目幅の記録として蓄積している。

(3) 前掲註(2)宍倉書。

(4) 近世史料は、例示した簡易な調査票を用い、近現代史料には、(財)元興寺文化財研究所に委託されて作成した「国立公文書館所蔵公文書等保存状況等調査について」(『アーカイブズ』四号、二〇〇〇年)を採用している。同研究所の金山正子氏らが考案した調査票である。

(5) 青木睦・二宮修治・広瀬真紀・三浦麻衣子ほか「蛍光X線分析による泥入間似合紙の材質調査」(『文化財保存修復学会 第三二回大会研究発表要旨集』二〇一〇年)、「蛍光X線分析による泥入間似合紙の材質調査(第二報)」(『同前』

第三三回大会研究発表要旨集』二〇一一年）。なお、分析データの整理には高科（広瀬）真紀氏が貢献した。

（6）大川昭典氏は、多くの文化財の繊維分析を手がけ、中世期の打紙や三椏紙の繊維同定を行った。

（7）第二節における基本文献は、大藤修ⓐ「近世文書論（上・中）」（『史料館研究紀要』一二・一三号、一九九一・一九九二年）、同ⓑ「組織体と文書料紙――幕府代官所作成文書を事例に――」（前掲註1富田編ⓑ書）、大野瑞男ⓐ「幕府勘定所勝手方記録の体系」（『史料館研究紀要』五～七号、一九七二～七四年、「幕府勘定所勝手方記録の体系――幕府財史料の類型論序説――」として日本古文書学会編『日本古文書学論集』近世Ⅰ、吉川弘文館、一九八七年に再収）、同ⓑ『江戸幕府財政史論』（吉川弘文館、一九九六年）、同ⓒ「領知判物・朱印状の古文書学的研究」（『史料館研究紀要』一三号、一九八一年、『日本古文書学論集』近世Ⅰに再収）、藤田覚『近世史料論の世界』（校倉書房、二〇一二年）であり、論述内容を典拠とし、断らない限り右記の各論文を参照した。

なお、右の論文に引用された以下の文献については、各文献を参照して表を作成し、内容の記述にあたった。「田村藍水・西湖公用日記」（『史料纂集』七九、続群書類従完成会、一九八六年、『田村日記』と略）、『地方凡例録』（近藤出版、一九六九年）、『御勘定所定出役心得留』（三井文庫所蔵『御勘定所定出役諸帳面寸法其外心得留』（原典には当たれず、前掲大野ⓒ論文によった。『御勘定所定出役心得留』と略）、『勤要集』（天保末・弘化期一八四四年頃の内容、山梨県立図書館所蔵甲州文庫（原典には当たれず、前掲大野ⓒ論文によった。『勤要集』と略）、刊行物の『牧民金鑑』（上巻、刀江書院、一九六九年）に誤読があったため、「牧民金鑑」（『牧民金鑑二』、旧幕府引継書、東京府図書記、明治写、荒井顕道編、国立国会図書館ＮＤＬ請求記号802‒41）を用いた。また、『徳川幕府県治要略』（安藤博編、一九一五年、『復刻徳川幕府県治要略』柏書房、一九七一年）を参照した。

（8）小葉田淳『日本経済史の研究』（思文閣出版、一九七八年）。

（9）前掲註（7）大野ⓒ論文。

（10）『信濃の和紙』（長野市立博物館、二〇〇〇年）、『史料館収蔵史料目録　第九一集（信濃国松代真田家文書　その一二完）』（国文学研究史料館、二〇一〇年）。降旗浩樹氏には松代藩の御用紙について、「松代御蔵屋鋪絵図」にある「御用紙蔵」については、原田和彦氏にご教授を得た。記して感謝したい。

（11）目録―〇一八―〇一、森田家文書五六〇（ＧＨ六九）。この史料にある我野紙は、地元の埼玉県飯能市の長沢地区瀬尾（旧東吾野地区）で漉かれたものである。

(12)『史料館所蔵史料目録　第六七集（越後国三島郡深沢村高頭家文書）』（国文学研究資料館、一九九八年）。

(13)前掲註(7)参照。

(14)久米康生『和紙文化研究事典』（法政大学出版会、二〇一二年）、同『和紙文化辞典』（わがみ堂、一九九五年）、『手漉和紙』（毎日新聞社、一九七五年）。

(15)国文学研究史料館（史料館）で採用してきた美濃判・半紙判の大きさの根拠となる和紙寸法は、『新撰紙鑑』［享保十三年（一七二八）編集］『諸国紙名録』［明治十年（一八七七）出版］『聚玉紙集』［明治十三年（一八八〇）出版］によっている（史料館研究会一九六九年九月「近世史料の整理と管理」原島陽一報告）。実寸大型紙は、一九七九年に安藤正人氏が作成し、竪帳・横帳両方共通で測定できるタイプとして二〇一〇年に筆者が改良版を作成した。冊子型表記については、原島陽一「冊子型史料の形態表記について」（『史料館研究紀要』一四号、一九八二年）、大藤修・安藤正人『史料保存と文書館学』（吉川弘文館、一九八六年）の「帳簿の工程系統図」における詳細な説明を参照されたい。なお、原島氏は、書付型文書について、真田家目録で竪寸法を表記し、松代藩内の作成部署ごとに用いられる料紙の特徴を見いだす試みも行っている。

(16)勘定帳・勘方帳は「牧民金鑑」（国立国会図書館版・前掲註7）の記述を採用した。なお、「平苧綴外付張」の箇所は、『地方凡例録』では「切付張（キリツケテウ）」とあるので、大野論文では「切付帳」としている。「綴目外」とは綴紐の位置から右小口に外側という意味でとれば、平苧（苧から縄・苧茎の平紐、色は黒）で綴じたところの外側をかぶせて張り付けた形状と推定される。今後原本の解読により検証することが必要である。

表７　幕府勘定所・代官所に関わる文書の料紙と形状

地方勘定帳に関わる文書

名　称	料　紙	形状	大野論文の記述・注記	大野論文出典
勘定帳	厚程村紙	竪一尺四分、横七寸六分、綴目七分、袋綴、綴目に老中方調印あるに付、平苧綴切付帳にして、綴目高からぬ様	地方・御金蔵勘定帳とも同じ、地方は後に表紙とも白紙を七枚入れて綴じる。 地方勘定帳は年貢米金の出納・皆済後決算する帳簿、老中連名の奥印をなす。	地方凡例録・御勘定所定出役心得留
証文・納札の写	小直紙	帳に仕立差出	掛り勘定の証文合わせ・納札合わせを受けた証文・納札は写して帳面に仕立て、勘定所に提出。	地方凡例録

御金蔵勘定帳に関わる文書

名　称	料　紙	形状	大野論文の記述・注記	大野論文出典
勘定帳	厚程村紙、袋綴	長一尺四分、横七寸六分、綴目七分、袋綴、小口紙張り、美濃紙で覆をかけ西ノ内袋に入れる	御金蔵・預所は、後に表紙とも白紙を五枚を入れて綴じる。 代官所が御金蔵より受取った金銀を元に立て、その払方を列記し、証文合わせを済ませたのち、勘定合わせの手続を経ずに勘定奉行以下組頭までの奥印にて代官へ下付される収支決算簿、勘定奉行以下組頭までの奥印にて代官へ下付され、老中の奥印なし。	御勘定所定出役心得留
証文・納札の写	小直紙	帳に仕立差出		地方凡例録
納札上帳		上書は寸法竪九寸、横六寸		御勘定所定出役心得留
勘定帳下帳	上西ノ内灰打紙	縒り苧本綴	勘定帳下帳は、下勘定所帳面方組頭へ提出の際、金銀納札帳・前年増減差引書付を添える。 ３帳まとめて、西ノ内四ツ手(畳紙か)に入れる 宝暦９年(1759)４月４日の申渡(『牧民金鑑』上巻)では代官所の分は10月に御加印(老中奥印)が済む内、預所の分とも吟味に手間どらぬよう認め、この節より麁紙にて下帳を差出して吟味を受けよとある。	御勘定所定出役心得留
金銀納札帳	岩城紙	帳面、かすがい綴(鋲綴、仮綴と推定)		
前年増減差引書付	岩城紙	帳面、かすがい綴(鋲綴、仮綴と推定)		

当証文(当年限証文)			当証文・置証文に色紙を付けて地方元払・御金蔵元払・預所元払などに仕訳け番付をしたものを、照合を済ませた役所控勘定帳下と、さらに参考のために前年勘定帳役所控と一緒に持参する。御金蔵組置御証文写・御預所組置御証文写は地方と別帳にする。	御勘定所定出役心得留
置証文(年季証文)				御勘定所定出役心得留
置御証文写	岩城紙		置証文は上りにならないので、岩城紙に丸写を作成して帳面方に持参する。	御勘定所定出役心得留
上証文		西ノ内袋に入れる	帳面方の掛り勘定での当証文・其年年季限置証文は残らず上証文となる。 上証文は、代官所・預所・御金蔵に分けて西ノ内袋に入れる。地方御勘定組証文は、元組証文と払組証文に分けて綴り、御金蔵は分けずに一緒に綴って入れ、袋の上書にはそれぞれ元組・払組・免除・不用上各証文の通数と置証文壱冊と記し、裏に差図の勘定の姓名を記す。これをさらに西ノ内大袋に入れる。	御勘定所定出役心得留
地方御勘定組証文		西ノ内大袋に入れる		御勘定所定出役心得留
一口限り是書	美濃紙	印物	証文合わせ後、納札の記載の通りに年貢等の訳を記す。 納札は勘定帳の通り同名前の分を下綴りにし西ノ内紙で上覆をし、員数と納札枚数を記し、勘定帳書順に従って肩に番付をし、上薄程村壱枚袋に上書し枚数を記し、裏書には証文入と同じく差図の勘定姓名、仕上の手代姓名を記す。	御勘定所定出役心得留
納札・納札袋		西ノ内紙で上覆、上簿程村壱枚袋に上書、袋は、折目を糊張りし、封印		御勘定所定出役心得留
納札袋		折目を糊張りして封印	勘定組頭の本札合わせ時。	御勘定所定出役心得留
可入可引之書付	美濃紙半截		勘定帳始終式の手続きでの書き抜き。	御勘定所定出役心得留

勤方帳に関わる文書

名　称	料　紙	形状	大野論文の記述・注記	大野論文出典
勤方帳	大障子	寸法極り、一字充離し続け字・略字等なき様手跡も吟味して認む	享保18年(1733)年創始、幕府代官所．預所ごとに毎年作成して将軍・老中・勘定所の検閲を受ける代官の考課状といわれるもの。竪紙返物相添差出し大造なる書物、弘化元年(1844)『牧民金鑑』上巻では、大障子を一帖銀25匁位から14匁の品への変更を伺う。	地方凡例録

勤方帳　上納	小直	寸法竪九寸五分、横六寸七分、綴目七分、小口張(ばり)		地方凡例録
勤方帳　老中方控	大障子			
勤方帳　勘定所控	大障子			
(勤方帳)御上り	大障子極上	寸法竪九寸三分、横六寸七分、綴目七分、カスガイトジ(仮綴)、小口張	将軍上納と推定。	御勘定所定出役心得留
(勤方帳)中清	美濃紙		老中方控と推定。	
(勤方帳)初差出	美濃紙		勘定所控と推定。	
(勤方帳)御上り	極上美濃	寸法竪九寸三分、横六寸七分、綴目六分、カスガイトジ(仮綴)、小口張	将軍上納と推定。	勤要集
(勤方帳)中清	上美濃		老中方控と推定。	
(勤方帳)初差出	美濃または岩城		勘定所控と推定。	
勤方明細帳	八寸紙	寸法の定めなし、美濃紙四ツ手の袋に入れ差出	代官所と預所を別冊にして袋に入れ、勤方帳と一緒に皆済後差出。	地方凡例録
八箇条		寸法竪九寸三分、竪紙	勤方明細帳提出時の竪紙通物。	地方凡例録
八ヶ条通物	大障子	寸法竪九寸三分	大障子(勤方帳と同じ)。	御勘定所定出役心得留
八ヶ条通物	大障子	竪紙一紙物	八ケ条の書出しは折目より三ッ目中頃とし、勤方書付のうち代官所の袋へ入れて明細帳と一緒に出す。	勤要集

年貢米金皆済目録に関わる文書

名　称	料　紙	形状	大野論文の記述・注記	大野論文出典
小手形			村方へ手代を差出して取立る時の手代姓名にての受取書。	地方凡例録
納札	小直紙		蔵奉行よりの其日納めた俵数書。	地方凡例録
村方皆済目録			地方三帳(郷帳・年貢割符・年貢皆済目録)の一つ。	地方凡例録
年貢米金皆済目録			代官が御殿皆済方へ帳面に仕立てて提出するもの国郡訳・定免検見訳等をせず、一支配総緋りにて高を記し、本途・見取・高掛物・小物成・口米永・諸運上分一等に計り立を付け、そのほか払物代金まで御蔵・御金蔵へ納めるべき品を一口限り記し、石代の分は内訳して代金を記し、元払勘定に合わせた帳面。	

皆済届書	八寸紙帳面	寸法なし	代官所・預所は一冊ずつ別帳にし、袋に入れて御殿皆済方に提出。	地方凡例録
皆済届書の振合	粘入半切			地方凡例録
同年御物成米金皆済御届書				地方凡例録
皆済目録之内郷帳突合書付	美濃紙	かすがい綴		地方凡例録

納払明細帳に関わる文書

名　称	料　紙	形状	大野論文の記述・注記	大野論文出典
納払明細帳	八寸紙	寸法なし、鋲綴、袋に入れて提出	八寸紙を美濃紙にしたき旨伺(『牧民金鑑』上巻)代官所．預所におけるその年の浅草御蔵(その他の幕府の御蔵も含む)・御金蔵へ納めるべき一切の諸納物を組み入れ、村方渡の米金等もすべて払に立て、ただ地方勘定帳に組まない分は外書として最後に記し、勘定仕上げの元楚なす帳簿。	地方凡例録
大積御届	大半紙		納払明細帳を提出後、その胴尻(総計)の書き抜き。	地方凡例録

御取箇郷帳に関わる文書

名　称	料　紙	形状	大野論文の記述・注記	大野論文出典
御取箇郷帳	中程村紙	竪一尺五分、横七寸六分、綴目外八分、苧縄双紙綴、印物、美濃紙覆・上書付き、美濃紙四ツ手・上書付き	郷帳と略称し、成箇(取箇、年貢)および定納物の額を村ごとに記載した年貢元帳。 郷帳は紙嵩が増え取扱に不便なので、天明8年(1788)に細字に認めるよう達したところ、その後提出の郷帳も従前の紙嵩であるので、寛政2年(1790)8月、郷帳振合を渡してそのように細字に認めるよう申し渡している。上西之内から下西之内に位下げになっているから、弘化元年以前は上西之内紙を使用した(『牧民金鑑』上巻)。	地方凡例録

御取箇郷帳	西ノ内	竪一尺五分、横七寸六分、綴目外七分、白苧糸綴、表紙二枚重ね		御勘定所定出役心得留
御取箇郷帳	西ノ内	寸法なし、鋲綴、袋に入れて提出、苧縄本綴、表紙二枚重ね	綴方は、江戸横山町二丁目佐藤孫四郎に申し付け綴じさせるのがよいとしている。	勤要集
年貢割付			年貢割付状は相当量が残存し、支配・地域・年代によってその様式や書式は大いに異なる。	
取箇帳	西ノ内	寸法定めなし、袋張(ふくろとじ)、七種の書類と一緒に西の内紙袋に入れ、添付書類も併せて表書をし、小捻紙にて上部を結ぶ	上西之内から下西之内に位下げになっているから、弘化元年以前は上西之内紙を使用した(『牧民金鑑』上巻)、取箇帳と一緒に提出の書類として『徳川幕府県治要略』には、七種の書類と一緒に西の内紙袋に入れ、添付書類も併せて表書をし、小捻紙にて上部を結ぶ、とある。	地方凡例録
取箇帳	厚程村・上西之内また程村		増減差引下ケ札は美濃紙を用い、郡限り・国限りおよび反高.見取寄へ見出し紙を付ける。取箇帳と一緒に提出の書類として、五種を半紙帳にて作成し、袋に入れて提出するとしている。	勤要集

村鑑大概帳に関わる文書

名　称	料　紙	形状	大野論文の記述・注記	大野論文出典
村鑑大概帳	上西の内、灰汁打	竪一尺五分、横七寸六分、綴目外八分、苧縄双紙綴	幕府代官所.預所村々の様子を将軍の親閲の為に代官が毎年作成する帳簿で、享保6年(1721)に創始。 板目紙の厚表紙、郡限り・国限りに青紙見出し付き。	地方凡例録
村鑑大概帳	上納打白・勘定所控アク打			御勘定所定出役心得留
村鑑大概帳	から打		綴方は郷帳同様佐藤孫四郎に申し付けるがよいと記している。表紙は、美濃紙の覆をして上書し、美濃紙四ツ手に入れ、四ツ手にも上書する。	勤要集
家数人別牛馬増減書付	美濃紙			勤要集
家数人別牛馬増減		短冊		御勘定所定出役心得留

代官所作成の諸帳簿

名　称	料　紙	形状	大野論文の記述・注記	大野論文出典
高国郡訳帳	西の内竪紙		取箇方の帳面は村名を書き幷に小直紙四半帳壱冊、外に手代姓名帳と云物を添て出す、銘々扶持切米高姓名を西の内帳に小直紙にて短冊張札に認め、壱冊小直紙四半帳壱冊、高国郡訳帳と一同に差出、入替り増減ある節は、短冊紙に書て張替ることなり、右小直紙四半帳の分は奉行方の控になる。	地方凡例録
高国郡訳帳	美濃紙竪帳	寸法なし		勤要集
高国郡村名帳(御殿中ノ間・同御勝手方へ)	西ノ内帳	竪一尺八分、横七寸八分、鋲綴	西之内帳は半枚に一行四か村五行に認める。	地方凡例録
高国郡村名帳(下勘定所御取箇方)	西ノ内帳	竪一尺八分、横七寸八分、鋲綴		地方凡例録
高国郡村名帳(下勘定所知行割へ)	西ノ内帳１帳・美濃紙四半帳１帳	西ノ内帳竪一尺八分、横七寸八分、鋲綴、美濃紙四半帳は竪四寸五分、横六寸五分、鋲綴	美濃紙帳は半枚に一行三か村四行に認める。	地方凡例録
高国郡村名帳(評定所へ)	西ノ内帳			地方凡例録
高国郡村名帳(公事方勘定奉行控)	美濃紙帳	袋綴２冊		地方凡例録
高国郡村名帳(公事方勘定奉行控)	美濃紙帳	袋綴３冊		勤要集
高国郡村名帳	西ノ内帳	竪一尺五分、横八寸		勤要集
高国郡村名帳	美濃紙帳	竪九寸五分、横七寸		御勘定所定出役心得留
手附手代書役姓名帳(御取箇方へ)	西之内帳	美濃紙短冊竪九寸、横一寸八分、鋲綴		御勘定所定出役心得留

手附手代書役姓名帳（公事方両奉行所へ）	四半帳	美濃紙帳		御勘定所定出役心得留
御代官幷手附手代分限高書付	西之内竪帳	竪帳鋲綴、代官はじめ一人別に認め張り付けた短冊寸法は、長さ三寸五分、 幅は代官三、四寸、手附手代は二寸、鋲綴		御勘定所定出役心得留

出典：大野瑞男「幕府勘定所勝手方記録の体系」（『史料館研究紀要』 5 ～ 7 号、1972～1974年、「幕府勘定所勝手方記録の体系——幕府財史料の類型論序説——」として日本古文書学会編『日本古文書学論集』近世Ⅰ、吉川弘文館、1987年に再収）。

あとがき

現代社会を考えるうえで「アーカイブズ」が大きなキーワードのひとつであることは間違いない。アーカイブズは人類共有の知的遺産（アーカイブズ）であると同時に、団体・市民の権利や社会の健全な発展、国際関係などの面からも欠かせないものとなっている。その裏付けとなる学問への関心も高く、学際的学融合的なその性格は、まさに二十一世紀の学問というべきである。

本研究は、アーカイブズ学全体を大きくデザインすることを試みながらも、とくに重要となるアーカイブズ群の構造的な理解と、その表示（編成記述）について、具体的な検討を試みたものである。時間軸のなかで文書（情報）は、作成―授受―一時的保管（再利用）―アーカイブズというように段階を経ることになるが、各段階ごとに担い手や空間を異にし、その存在価値も変化する。段階を逐った検討が重要となるが、同時にアーカイブズを構造的に捉える視点が欠かせない。適切な構造的な理解が、よりよい保存や公開を実現するための大きな条件である。アーカイブズの構造分析と、その構造をもとに実際にそれをどのように記述するか、本研究はまさにこの点を目指したものである。

また、この研究は、アーカイブズという存在が内在する価値をどのように捉えるか、いうならばアーカイブズを理解するうえでのもっとも基本的な研究といえる。アーカイブズを所蔵・公開する諸機関、関係者、利用者にとっても欠かせぬ研究と考えている。具体的な構成や狙いは、「序」において示したとおりである。

本書刊行にいたる経過について、簡単に紹介しておきたい。本書の問題関心・構成は、国文学研究資料館のアーカイブズに関わる共同研究（基幹研究）「近世地域アーカイブズの構造と特質」（二〇一〇～二〇一二年）の活動のなかで議論されてきた成果による。議論は多岐にわたり、本書のほかにも江戸時代の幕藩アーカイブズの文書管理に関する研究のとりまとめを準備している。なお、この準備は、科学研究費補助金基盤研究（B）「幕藩政アーカイブズの総合的調査・研究」（代表高橋実）と連携して進めつつある。

二〇一〇年から年数回の研究会、公開の研究会、関連史料調査などを通じて研究の進展に努めてきた。報告いただいた数は相当である。また、より広く意見を取り入れたいと考え、公開での研究会を次のように開催した。

・二〇一一年一月十五日（土）　日本アーカイブズ学会との共催、国文学研究資料館　大会議室
坂口　貴弘「文書管理の近代的展開：日米における分類論を中心に」
森本　祥子「オーストラリア・シリーズ・システムの可能性について」
柴田　知彰「資料群の構造分析の課題――内的秩序の構成理論に基づく整理から――」
・二〇一一年十一月二十六日（土）　地方史研究協議会との共催、筑波大学東京キャンパス文京校舎
中野　達哉「弘前藩江戸日記の管理と日記役」
江藤　彰彦「福岡藩の記録仕法と記録管理」
・二〇一一年十一月二十七日（日）　筑波大学東京キャンパス文京校舎
太田　富康「目録編成記述の課題」
清水　善仁「アーカイブズ編成・記述論の新視角――大学アーカイブズを中心に――」

この間、二〇一一年三月十一日には、東日本大震災があり、メンバーからは岩手県釜石市役所文書の再生活動や茨城県下の被災資料救出活動に関わる報告もなされた。これらの取り組みの成果については別個に集約されることになる。ここでは、地域の役所や民間の資料の存在価値を共有し普段から適切に管理すること、万一に備えた防災への対応が必要となること、これらが強く意識されたことを明記しておきたい。

さて、本共同研究に参加いただいたメンバーは次の通りである（協力者を含む）。

〈外部関係者〉太田富康・久留島浩・白井哲哉・西向宏介・東昇・中野達哉・松澤克行・山﨑一郎・山崎圭・吉村豊雄・江藤彰彦・森本祥子・福田千鶴・冨善一敏・原田和彦・加藤昌宏・藤田雅子・来見田博基・山口華代・林千寿・種村威史・坂口貴弘・定兼学・柴田知彰・浅倉有子・大石学・戸森麻衣子・日比佳代子・林匡・澤村怜薫・山崎竜洋・花岡公貴・新井敦史（順不同）

〈館内関係者〉青木睦・入口敦志・大高洋司・太田尚宏・大友一雄・加藤聖文・高橋実・西村慎太郎・山田哲好・渡辺浩一・工藤航平（機関研究員）・榎本博（ＲＡ）・北村厚介（同）・南隆哲（同）・清水善仁（非常勤）

以上のとおり多くの方々に参加いただいた。本書執筆に直接には関わらなかった方々も少なくないが、これは別本を用意していることによる。

なお、本書刊行の準備にあたっては、編集ワーキング・グループ（大友一雄・太田富康・太田尚宏・白井哲哉・山﨑一郎・渡辺浩一）を設け、全体的な構想について検討し、各執筆者に原稿をお願いした。また、原稿提出後も編集ワーキング・グループで調整などを実施した。ご多忙の所、館外からご協力をいただいた太田富康・白井哲哉・山﨑一郎の三氏には厚く御礼を申し上げたい。また、本書は「国文学研究資料館研究成果刊行促進制度」（平成二十五年度）による出版助成を受けて刊行されるものである。

最後に、アーカイブズの企画にご理解をいただき本書の出版を引き受けていただいた思文閣出版、そして編集を担当された田中峰人氏に心から御礼を申し上げたい。

国文学研究資料館研究部　研究主幹
大友一雄

執筆者紹介（収録順）

※初版発行時

大 友 一 雄（おおとも　かずお）
1955年生．学習院大学大学院人文科学研究科博士後期課程単位取得退学．博士(歴史学)．人間文化研究機構国文学研究資料館・研究部教授．
『日本近世国家の権威と儀礼』（吉川弘文館，1999年），『江戸幕府と情報管理』（臨川書店，2003年），『近世の環境と開発』（共編，思文閣出版，2010年）．

太 田 富 康（おおた　とみやす）
1959年生．慶應義塾大学文学部史学科卒業．埼玉県立文書館公文書担当部長．
『近代地方行政体の記録と情報』（岩田書院，2010年），「アーカイブズ理解の50年／公文書管理法への50年」（『アーカイブズ学研究』11号，2009年），「地方改良運動期の郡報――地域情報施策と公報メディア・アーカイブズ――」（『国文学研究資料館紀要アーカイブズ研究篇』 9号，2013年）．

柴 田 知 彰（しばた　ともあき）
1962年生．新潟大学人文学部文化課程卒業．秋田県公文書館公文書班副主幹．
「記録史料の展示に関する一試論」（『秋田県公文書館研究紀要』 3号，1997年），「記録史料群の内的秩序の復元に関する一考察」（『同前』 7号，2001年），「明治前期秋田県の文書管理制度の成立について」（『同前』11号，2005年）．

森 本 祥 子（もりもと　さちこ）
1968年生．ロンドン大学ユニバーシティ・カレッジ，図書館学・アーカイブズ学・情報科学大学院，海外レコード・マネジメントおよびアーカイブズ管理学専攻(修士課程)修了．東京大学総合研究博物館(東京大学史史料室)特任准教授．
「アーカイブズにおける記述標準化の動向」（日本図書館情報学会研究委員会編『図書館目録とメタデータ：情報の組織化における新たな可能性』図書館情報学のフロンティア 4，勉誠出版，2004年），「大学組織のアーカイブズ：理論と実践の提示への期待」（全国大学史資料協議会編『日本の大学アーカイヴズ』京都大学学術出版会，2005年），「国立国語研究所における研究資料の保存と活用について：集中管理の実現とEADによる資料記述の模索」（国文学研究資料館アーカイブズ研究系編『アーカイブズ情報の共有化に向けて』岩田書院，2010年）．

渡 辺 浩 一（わたなべ　こういち）
1959年生．東北大学大学院文学研究科博士後期課程中退．博士(文学)．人間文化研究機構国文学研究資料館教授／総合研究大学院大学文化科学研究科教授．
『近世日本の都市と民衆――住民総合と序列意識――』（吉川弘文館，1999年），『まちの記憶――播州三木町の歴史叙述――』（清文堂，2004年），『中近世アーカイブズの多国間比較』（岩田書院，2009年）．

西 村 慎 太 郎（にしむら　しんたろう）
1974年生．学習院大学大学院人文科学研究科博士後期課程満期退学．博士(史学)．国文学研究資料館准教授．
『近世朝廷社会と地下官人』（吉川弘文館，2008年），『宮中のシェフ，鶴をさばく』（吉川弘文館，2012年），「文書の保存を考える」（『歴史評論』750号，2012年）．

工 藤 航 平（くどう　こうへい）
1976年生．総合研究大学院大学文化科学研究科博士後期課程修了．博士(文学)．東京都公文書館史料編さん係専門員．
『史料目録第96集　信濃国埴科郡松代伊勢町八田家文書目録（その５）』（国文学研究資料館，2013年），「幕末期江戸周辺における地域文化の自立」（『関東近世史研究』65号，2008年），「近世地域社会における蔵書とはなにか――地域〈知〉の史料論的研究を目指して――」（『国文学研究資料館紀要アーカイブズ研究篇』７号，2011年）．

加 藤 聖 文（かとう　きよふみ）
1966年生．早稲田大学大学院文学研究科博士後期課程修了．人間文化研究機構国文学研究資料館助教．
『満鉄全史――「国策会社」の全貌――』（講談社，2006年），『「大日本帝国」崩壊――東アジアの1945年――』（中央公論新社，2009年），「歴史記録としての戦争体験――口述記録の証拠性と公開性をめぐって――」（『歴史評論』739号，2011年）．

清 水 善 仁（しみず　よしひと）
1979年生．中央大学大学院文学研究科博士後期課程単位取得退学．神奈川県立公文書館非常勤職員．
「大学アーキヴィスト論」（『京都大学大学文書館研究紀要』８号，2010年），「アーカイブズにおけるアウトリーチ活動論――大学アーカイブズを中心として――」（『アーカイブズ学研究』14号，2011年），「大学アーカイブズ活動戦略論」（『国文学研究資料館紀要アーカイブズ研究篇』８号，2012年）．

西 向 宏 介（にしむかい　こうすけ）
1965年生．広島大学大学院文学研究科博士課程後期単位修得．広島県立文書館副主任研究員．
「商家文書における経営帳簿組織の復元と目録編成」（『日本のアーカイブズ論』岩田書院，2003年），「近世日本の商家文書について」（『中近世アーカイブズの多国間比較』岩田書院，2009年），「近世の商業文書に関する諸考察」（『広島県立文書館紀要』11号，2011年）．

山 﨑 一 郎（やまさき　いちろう）
1963年生．広島大学文学研究科博士課程後期単位取得退学．山口県文書館専門研究員．
「萩城櫓における文書の保存について」（『日本史研究』503号，2006年），「萩藩における文書管理と記録作成」（『藩政アーカイブスの研究』岩田書院，2008年），「近代における毛利家文庫の形成と萩藩庁文書」（『史学研究』280号，2013年）．

東　　昇（ひがし　のぼる）
1972年生．九州大学大学院比較社会文化研究科博士後期課程中退．京都府立大学文学部准教授．
「藩の産物調査と土産・名物・献上」（水本邦彦編『環境の日本史4　人々の営みと近世の自然』吉川弘文館，2012年），「津山藩における宗門改制度の変遷――宗教と地域情報の把握――」（『京都府立大学学術報告(人文)』64，2012年），「近世対馬藩の文書管理とデータベース構築」（『アートドキュメンテーション研究』20，2013年）．

青木　睦（あおき　むつみ）
1957年生．立正大学文学部史学科卒業．学士．国文学研究資料館研究部准教授．
「アーカイブズ保存のための物理的コントロールに関する現状」（『国文学研究資料館研究紀要アーカイブズ研究篇』1号，2005年）．「紙資料の管理　保管・収納」（『紙資料の劣化と保存』岩田書院，2009年），「東日本大震災における被災文書の救助・復旧」（『国文学研究資料館研究紀要アーカイブズ研究篇』9号，2013年）．

アーカイブズの構造認識《こうぞうにんしき》と編成《へんせい》記述《きじゅつ》

2014（平成26）年3月31日発行

編　者　国文学研究資料館
発行者　田中　大
発行所　株式会社　思文閣出版
〒605-0089 京都市東山区元町355
電話 075-751-1781（代表）

装　幀　佐々木歩
印　刷
製　本　亜細亜印刷株式会社

 ISBN978-4-7842-1736-6　C3021

アーカイブズの構造認識《こうぞうにんしき》と編成《へんせい》記述《きじゅつ》
（オンデマンド版）

Digital Publishing

2017年10月10日　発行

編　者　　国文学研究資料館
発行者　　田中　大
発行所　　株式会社 思文閣出版
〒605-0089　京都市東山区元町355
TEL　075-533-6860　FAX　075-531-0009
URL　https://www.shibunkaku.co.jp/

装　幀　　上野かおる（鷺草デザイン事務所）
印刷・製本　株式会社 デジタルパブリッシングサービス
URL　http://www.d-pub.co.jp/

AJ992

ISBN978-4-7842-7034-7　C3021　　Printed in Japan